ग़ज़ल...

दुष्यंत के बाद

(भाग–दो)

संपादक
दीक्षित दनकौरी

वाणी प्रकाशन

वाणी प्रकाशन
ज्ञान के विविध आयामों के प्रकाशक
वाणी प्रकाशन का 'लोगो' विख्यात चित्रकार मक़बूल फ़िदा हुसेन की कूची से

वाणी प्रकाशन, 4695, 21-ए, दरियागंज, नयी दिल्ली-110002
वाणी प्रकाशन, अशोक राजपथ (पटना कॉलेज के सामने), पटना (बिहार)

GAHZAL... DUSHYANT KE BAAD (Part-II)

Edited by Dixit Dankauri

Gahzal

ISBN : 978-93-5229-580-7

प्रथम संस्करण
द्वितीय संस्करण 2010
आवरण-चित्र : कुबेर दत्त
आवरण : वाणी चित्रांकन

मूल्य : 500/-

वाणी प्रकाशन
फोन : 0091#11#23273167, 23275710
फैक्स : 0091#11#23275710
वेबसाइट : www.vaniprakashan.in
ई-मेल : vaniprakashan@gmail.com
vani_prakashan@yahoo.com

मेहरा ऑफसेट प्रेस द्वारा दिल्ली-110002 में मुद्रित

थोड़ी आँच बनी रहने दो, थोड़ा धुआँ निकलने दो
कल देखोगी कई मुसाफ़िर इसी बहाने आएँगे

दुष्यन्त कुमार
(1 सितंबर 1933 – 30 दिसम्बर 1975)

प्राक्कथन

देश-विदेश में 'ग़ज़ल...दुष्यन्त के बाद' को अपार लोकप्रियता मिली है। हज़ारों पाठकों/समीक्षकों की प्रतिक्रियाएँ हमें मिली हैं जिनमें ग़ज़ल के क्षेत्र में किए गए इस ऐतिहासिक कार्य की भूरी-भूरी प्रशंसा की गई है। डॉ. हरीश नवल ने लिखा है कि किसी भी विधा विशेष पर विश्वभर में इतना बड़ा और प्रमाणिक कार्य सम्भवतः अभी तक नहीं हुआ है। सैकड़ों ग़ज़लकारों के भी पत्र हमें मिले जिनमें 'ग़ज़ल... दुष्यन्त के बाद' का दूसरा भाग भी प्रकाशित करने का आग्रह किया गया। और जैसा कि हमने पहले भी अर्ज़ किया था कि देशभर के सभी ग़ज़लकारों तक पहुँच पाना सम्भव नहीं है अतः ज़ाहिर है पहले भाग में बहुत सारे ग़ज़लकारों की ग़ज़लें प्रकाशित नहीं हो पाईं। ग़ज़ल-प्रेमी पाठकों, ग़ज़लकारों एवं रिसर्च स्कॉलरों के आग्रह पर हमने दूसरा भाग भी प्रकाशित करने का निर्णय लिया और व्यक्तिगत पत्राचार एवं पत्र-पत्रिकाओं में विज्ञप्तियों के माध्यम से ग़ज़लकारों की ग़ज़लें आमन्त्रित कीं।

'ग़ज़ल...दुष्यन्त के बाद' भाग-2 के प्रकाशन की विज्ञप्ति/सूचना प्रकाशित करने वाली तमाम पत्रिकाओं के हम आभारी हैं, विशेषकर 'नई ग़ज़ल', 'म. प्र. विवरणिका', 'संयोग साहित्य', 'गुफ़्तगू', 'प्रयास', 'सर्वशान्ति', 'फ़नकार', 'ललित लालिमा', 'परिधि', 'आसपास', 'मसिकागद', 'शिवम्' और 'आरज़ू' के। हम सर्वश्री अनमोल शुक्ल, महावीर सिंह 'दुखी', हरेराम 'समीप', राजेन्द्र 'रहबर', सुशील 'गुरू', इम्तियाज़ अहमद ग़ाज़ी, राम मेश्राम एवं नीरज शर्मा शुभम् के भी आभारी हैं जिन्होंने व्यक्तिगत रुचि लेकर अनेक ग़ज़लकारों की ग़ज़लें एकत्र करके हमें उपलब्ध कराईं। हम यह भी जानते हैं कि इतने प्रचार और व्यक्तिगत पत्राचार के बावजूद देश में अभी भी अनेक ग़ज़लकार हैं जिन्होंने अपनी ग़ज़लें हमें उपलब्ध नहीं कराईं...कारण जो भी रहा हो। बहरहाल...हम आभारी हैं उन सभी ग़ज़लकारों के जिन्होंने अपनी ग़ज़लें प्रकाशनार्थ हमें भेजीं। आभारी हैं हम जनाब निश्तर ख़ानक़ाही साहब के जिन्होंने अपनी अस्वस्थता के बावजूद हमें आशीर्वाद स्वरूप अपना आलेख उपलब्ध कराया।

ग़ज़ल विधा के प्रति समर्पित, चर्चित ग़ज़लकार दीक्षित दनकौरी की लगन, श्रम और सम्पादकीय कौशल का ही परिणाम है कि 'ग़ज़ल...दुष्यन्त के बाद' का यह दूसरा भाग आपके सम्मुख है। आपकी प्रतिक्रिया की प्रतीक्षा रहेगी।

मोईन अख़्तर अंसारी
निदेशक, मोमिन मीडिया, दिल्ली
टेलीफ़ैक्स : 22114433

सम्पादकीय

''दुष्यन्त कुमार से पहले ग़ज़ल लगभग डेढ़ हज़ार वर्षों से फ़ारसी में, फिर उर्दू में भारतीय उप-महाद्वीप में प्रचलित रही है लेकिन उर्दू ग़ज़ल जहाँ मध्यकाल से अभी तक सिर्फ़ अदब-अदीब और बुद्धिजीवियों तक सीमित थी, दुष्यन्त ने इसे आम आदमी की रोज़मर्रा की पीड़ा तक पहुँचाया। शब्दों का व्यवहार सम्मत सृजन संसार दिया जो सबकी समझ में आ जाता है। सन् 1935-36 में प्रगतिशील आन्दोलन के आरम्भ ने हिन्दी-उर्दू के साहित्यकारों को अतीत की रोशनी में वर्तमान में सोचने समझने का रास्ता दिखाया था और उसी रास्ते का एक पड़ाव दुष्यन्त बने, जहाँ से कई रास्ते फूटे हैं और अपनी-अपनी मंज़िल की तलाश में अनेक क़ाफ़िले लगातार आगे बढ़ रहे हैं! 'दुष्यन्त के बाद' यह भी एक क़ाफ़िला है जिसमें ग़ज़लकारों की, ग़ज़लकारों के द्वारा चुनी हुई ग़ज़लें भी है और जाने माने विद्वानों द्वारा ग़ज़लों पर बेबाक चिन्तन भी है। इसलिए सम्पादक का प्रयास सराहनीय है।...यह संग्रह निश्चित ही हिन्दी साहित्य में ग़ज़ल की ज़मीन को ऊर्जा और शक्ति प्रदान करेगा। नई ज़मीन की तलाश में मदद करेगा। यह एक खुली शुरुआत है–अपनी तमाम कमियों और कमज़ोरियों के साथ, पर यह रचना का लोकतन्त्र भी है, पाठक जिसे चाहे अस्वीकार या स्वीकार करे। पाठक ही निर्णायक है।''

यह अंश है माननीय कमलेश्वर जी के उस कथन का जो पूर्व प्रकाशित 'ग़ज़ल...दुष्यन्त के बाद' (भाग–1) में प्रकाशित है।

सच तो यह है कि सम्पादकीय के रूप में कहने के लिए अब ज़्यादा कुछ है नहीं सिवाय इसके कि ग़ज़ल-प्रेमी पाठकों की सूचनार्थ निवेदन कर दूँ कि इस अंक में प्रकाशित ग़ज़लकारों के अतिरिक्त लगभग सवा सौ ग़ज़लकारों की ग़ज़लें भी प्राप्त हुई हैं जो स्थानाभाव के कारण इस संकलन में प्रकाशित नहीं हो पाई है। अतः तीसरा भाग भी प्रकाशित करने की योजना है।

'मैं सर्वश्रेष्ठ', 'मैं उस्ताद', 'मैं विलक्षण', 'मैं नम्बर वन' वाले इस माहौल में अनेक ग़ज़लकार हैं जो बड़ी इंकिसारी से ग़ज़ल की सच्ची साधना कर रहे हैं।

'ग़ज़ल...दुष्यन्त के बाद' के सम्पादन के दौरान ग़ज़ल-यात्रा के सैकड़ों मुसाफ़िरों की हज़ारों ग़ज़लों से गुज़रते हुए जो काव्य-जनित उन्मेष और आनन्द प्राप्त हुआ, अनिवर्चनीय है। हाँ, निष्कर्ष स्वरूप अपना एक शे'र आपकी नज़्र करता हूँ–

कुछ तो थक जाएँगे, कुछ भटक जाएँगे
कुछ यक़ीनन तेरे बाम तक जाएँगे

दीक्षित दनकौरी

76, डी.डी.ए. फ़्लैट्स,
मानसरोवर पार्क, दिल्ली–110032
फ़ोन (011) 22586409, मो. 9899172697

ग़ज़ल क्या है?

यदि कोई यह प्रश्न करता है कि ग़ज़ल क्या है तो मेरे विचार में इस विषय की प्रारम्भिक चर्चा के समय उसे यह उत्तर दिया जाना चाहिए कि ग़ज़ल जो कुछ भी हो वह गीत कदापि नहीं है। ग़ज़ल निश्चय ही गीत की विधा से एकदम भिन्न और बिलकुल अलग प्रकार की विधा है। अपनी शैली, संरचना, अभिव्यक्ति और अन्दाज़ आदि प्रत्येक दृष्टिकोण से ग़ज़ल अपना स्वतन्त्र अस्तित्व रखती है।

अब तक की शोध से जो तथ्य सामने आए हैं उन से ज्ञात होता है कि प्राचीन काल में एक अलग काव्य-विधा के रूप में ग़ज़ल का प्रचलन नहीं था। क़सीदे (राजा-महाराजाओं की प्रशंसा में लिखे जाने वाले महाकाव्य) में शायर अपने प्रशंसात्मक शे'रों के बीच में एक ऐसा टुकड़ा भी डाल देता था जो प्रशंसा से अलग प्रेम, बसन्त बहार, प्रकृति के सौन्दर्य, शराब या शृंगार रस से जुड़े कुछ अन्य विषयों से सम्बन्धित होता था। कालान्तर में यह टुकड़ा क़सीदे से अलग हो गया और ग़ज़ल के नाम से एक अलग विधा के रूप में स्थापित होता चला गया। सूफ़ी समुदाय के हाथ में आते ही ग़ज़ल एक और रास्ते की तरफ़ मुड़ गई। यह रास्ता था अध्यात्म या रूहानियत का। अध्यात्म के जुड़ते ही ग़ज़ल के सम्बोधन में क्रान्तिकारी परिवर्तन आया। धीरे-धीरे इसमें जीवन से जुड़े और भी बहुत से विषय सम्मिलित होते गए। यहाँ तक कि ग़ज़ल का वह जनवादी रूप सामने आया, जो आज हमारे सामने है।

क्योंकि ग़ज़ल की एक विशेषता यह थी कि उसका प्रत्येक शे'र अपनी विषय वस्तु के दृष्टिकोण से अपना पूर्ण अस्तित्व रखता था और उसमें यह सुविधा थी कि शायर ग़ज़ल के हर शे'र को एक नया विषय देकर रच सकता था इसलिए इसने भारत की जलवायु को अपने स्वभाव के अनुकूल पाकर यहाँ की मिट्टी में अपने पाँव जमा लिए और उर्दू-हिन्दी दोनों भाषाओं में अभिव्यक्ति का एक सशक्त माध्यम बन गई।

सर्व-प्रथम, जिस बात पर सबसे अधिक और सबसे पहले ज़ोर दिया जाना चाहिए, वह है इसके छन्दों या बह्रों का पर्याप्त ज्ञान। पुस्तकीय ज्ञान न भी हो तो ग़ज़ल की वे सारी बह्रें (छंद) जिसके अन्तर्गत कोई शायर अपने 'अशआर' रच रहा है, उसके अवचेतन में विद्यमान हों। वह अनुभव करे कि शे'र कहते हुए

वह छन्द-मुक्त तो नहीं हो गया है बह्र से बाहर तो नहीं चला गया है? उसे एहसास हो कि वह कहाँ-कहाँ पर ग़लतियाँ कर रहा है? यह योग्यता कई कवियों और शायरों में ग़ज़ल के व्याकरण का पुस्तकीय ज्ञान प्राप्त किए बिना भी आ जाती है। उदाहरण के लिए जब हम देखते हैं कि घर का एक बालक अपनी मातृभाषा का पुस्तकीय व्याकरण जाने बिना भी बातचीत में बिलकुल सही भाषा का प्रयोग करता है, वह वाक्य की बनावट में भाषागत व्यवस्था से सम्बन्धित कोई बड़ी भूल नहीं करता तो हमें कोई आश्चर्य नहीं होता। क्योंकि बालक होश सँभालते ही उस भाषागत व्यवस्था से परिचित हो जाता है, जिसे आस-पास के बड़े उसके सम्मुख क्रियात्मक रूप में पेश करते रहते हैं। धीरे-धीरे उसके कान और उसकी बुद्धि शब्दों की भाषाई व्यवस्था को चुपचाप ग्रहण करती रहती है और अन्त में बालक व्याकरण का पुस्तकीय ज्ञान अर्जित किए बिना ही सही शब्द और सही वाक्य बोलने-लिखने के योग्य हो जाता है। ठीक इसी से मिलती-जुलती स्थिति ग़ज़ल की भी है। यदि कोई काव्यानुकूल-स्वभाव वाला व्यक्ति निरन्तर ग़ज़ल की संस्कृति के सम्पर्क में बना रहता है, अभ्यास करता रहता है, यह जानने की कोशिश करता रहता है कि ग़ज़ल के पहले के उस्तादों ने अपने 'अशआर' किस ढंग और किस अन्दाज़ से कहे हैं, वह उन्हें पढ़ता रहता है और याद करता रहता है, तो यह बिलकुल सम्भव है कि वह एक अच्छी और दुरुस्त ग़ज़ल कहने के योग्य हो जाए। शर्त यही है कि उस व्यक्ति का स्वभाव सर्वप्रथम तो काव्यानुकूल हो, दूसरे उसने ग़ज़ल कहने-लिखने का लगातार अभ्यास किया हो। तीसरे, पहले के स्थापित उस्तादों की ग़ज़लें उसने पढ़ी और कण्ठस्थ की हों, उन्हें सामने रखकर यह समझने का प्रयास किया हो कि इन्हें किस व्यवस्था के अन्तर्गत लिखा गया है। इन पंक्तियों के लेखक को यह सोचकर कई बार आश्चर्य हुआ कि सन्त कबीर, जो उन अर्थों में शिक्षित नहीं थे या शब्द ज्ञान नहीं रखते थे जिसे हम किसी व्यक्ति का शिक्षित होना स्वीकार करते हैं, फिर भी जब 'कबीर' ग़ज़ल कहते हैं तो व्याकरण-सम्बन्धी कोई ऐसी अशुद्धि नहीं छोड़ते, जिस पर दूर से ही उँगली उठाई जा सकती हो।

ऊपर की पंक्तियों में हमने रचनाकार के लिए काव्यात्मक स्वभाव अनिवार्य बताया था। अच्छा हो कि हम तनिक खुलकर इस विषय पर चर्चा करें। काव्यात्मक स्वभाव छन्द को तुरन्त और बिना किसी विशेष कठिनाई के ग्रहण कर लेता है। जबकि छन्दों के अनुकूल प्रवृत्ति न रखने वाला व्यक्ति प्रयास करने के बाद भी ऐसा नहीं कर पाता। उर्दू-भाषियों में तो यह कहावत प्रसिद्ध है कि शायर पैदा होता है, बनता नहीं। इस कहावत को कसौटी पर परखकर देखें तो अनुभव होगा कि कबीर क्योंकि जन्म से ही काव्यात्मक स्वभाव लेकर पैदा हुए थे, इसलिए वे ग़ज़ल का शास्त्रीय ज्ञान न रखते हुए भी एक सही और दुरुस्त ग़ज़ल कह सके, जबकि हमारे शिक्षित युग का रचनाकार नियमों का ज्ञाता होने के बाद भी एक

शुद्ध और कसौटी पर खरी उतरने वाली ग़ज़ल कहने में समर्थ नहीं है।

यह बात अच्छी तरह समझ लेनी चाहिए कि व्याकरण का ज्ञान या 'अरूज़' की पूर्ण जानकारी किसी अकवि को कवि बनाने की क्षमता नहीं रखती। जिसका स्वभाव काव्य के अनुकूल नहीं है, उसे व्याकरण द्वारा कवि-स्वभाव वाला व्यक्ति नहीं बनाया जा सकता। ठीक इसी तरह जैसे भाषागत व्याकरण के ज्ञान से कोई व्यक्ति उस भाषा को बोलना नहीं सीख पाता। वह केवल वाक्यों के शुद्ध-अशुद्ध होने का ही पता लगा सकता है। ठीक इसी तरह छन्दों का ज्ञान किसी व्यक्ति को कवि नहीं बना पाएगा, केवल अशआर के शुद्ध-अशुद्ध होने का ज्ञान मात्र ही देगा।

तो पहली शर्त यह हुई कि छन्द-सम्बन्धी ज्ञान अर्जित करने से पहले व्यक्ति को काव्यात्मक स्वभाव का होना चाहिए, क्योंकि यदि उसकी मौलिक प्रवृत्ति काव्य की लयात्मकता से मेल नहीं खाती तो लाख व्याकरण के बाद भी एक सही और दुरुस्त ग़ज़ल नहीं कह सकता।

साहित्य की जिस विधा का नाम ग़ज़ल है, उसकी सबसे बड़ी विशेषता है विभिन्न बह्रों (छन्दों) के माध्यम से उसकी संरचना। यदि बह्र (छन्द) नहीं है तो ग़ज़ल भी नहीं। बह्रों (छन्दों) से मुक्ति पाने के प्रयास में उर्दू के अनेक कवियों ने नसरी ग़ज़लें, जिन्हें हिन्दी में गद्यात्मक ग़ज़ल कहा जा सकता है, कहनी आरम्भ की थीं। उनका विचार था कि छन्दमुक्त कविता की भाँति गद्यात्मक ग़ज़ल भी चलन में आ जाएगी और लोकप्रिय बन जाएगी। किन्तु उनका यह प्रयास सफल नहीं हो सका।

छन्द की व्यवस्था को खण्डित करके बह्र के अरकान को घटाकर या बढ़ाकर अथवा ग़ज़ल को छन्द विहीन बनाकर उसे ग़ज़ल के रूप में बनाए रखना सम्भव नहीं है इसलिए ग़ज़ल के ढांचे के साथ किसी प्रकार की छेड़छाड़ करना उचित नहीं है। सारांश यह कि ग़ज़ल की पहली व्यवस्था उसका छन्दबद्ध होना है।

ग़ज़ल की एक और विशेषता है उसमें शब्दों का किफ़ायत के साथ प्रयोग, जिसका ध्यान न रखने पर ग़ज़ल अपने स्तर से गिर जाएगी। उसका सुगठन उसकी चुस्ती विखण्डित हो जाएगी। ग़ज़ल दरअस्ल कम-से-कम शब्दों में बड़ी-से-बड़ी बात कहने की विधा है।

ग़ज़ल में व्यक्तिगत शैली अथवा ग़ज़लकार के निजी एवं सशक्त लहजे का विशेष महत्त्व है। इस वाक्य में प्रयोग किए गए 'सशक्त' शब्द पर विशेष रूप में ध्यान दें। हमारा कहना है कि ग़ज़ल के शे'रों पर ग़ज़लकार की व्यक्तिगत छाप यदि साधारण है, अद्‌भुत, गहरी एवं आकर्षक नहीं है, सशक्त एवं प्रभावपूर्ण नहीं है तो वह साहित्य में कोई बड़ा स्थान नहीं बना सकेगी।

ग़ज़ल की बुनियादी विशेषता और उसका सबसे प्रमुख तत्व है 'तग़ज़्ज़ुल'

या ग़ज़लियत। इस बिन्दु पर मैं और आप दोनों सहमत होंगे कि आदमी अपने शरीर की बनावट के कारण ही श्रेष्ठ नहीं है। वह अपने स्वभाव के भीतर निहित आदमीयत के कारण और ज्यादा श्रेष्ठ है। जिस प्रकार आदमीयत को छूकर या हथेली पर रखकर नहीं बताया जा सकता है उसी प्रकार ग़ज़लियत का भी किसी प्रयोगशाला में रासायनिक विश्लेषण नहीं किया जा सकता।

दरअसूल, नए से नया कहने और ढूँढ-ढूँढकर नए-से-नए प्रतीक लाने की होड़ में इन दिनों उर्दू और हिन्दी भाषाओं के ग़ज़लकारों को इस सम्बन्ध में संयम बरतना होगा। उन्हें यह रहस्य भी जान लेना चाहिए कि नवीनता या नयापन शब्दों में नहीं होता, विचार और शैली में होता है। यदि विचार और शैली में नयापन या नवीनता नहीं है तो शब्दों या प्रतीकों का अनोखा प्रयोग शे'र को स्थायित्व प्रदान नहीं कर पाएगा। क्योंकि नए-से-नए शब्द और नए-से-नए प्रतीक एक-न-एक दिन तो पुराने हो ही जाने हैं, जबकि शैली और अन्दाज़े-बयान की अद्वितीयता शे'र को या कलाम को हमेशा नया बनाए रखती है।

बी-4, मौ. जाटान, चामुण्डा रोड,
बिजनौर (उ.प्र.) 246701

निश्तर ख़ानक़ाही

अनुक्रमणिका

विश्वप्रकाश दीक्षित 'बटुक'

जन्मतिथि : 20.8.1918, चन्दसारा (मेरठ)
शिक्षा : एम.ए. (हिन्दी), साहित्य रत्न
प्रकाशन : गद्य और पद्य की लगभग 60 पुस्तकें प्रकाशित।
सम्मान/पुरस्कार : देशभर की दर्जनों साहित्यिक संस्थाओं द्वारा सम्मानित/ पुरस्कृत
सम्प्रति : आकाशवाणी में 22 वर्ष सेवा पश्चात सेवा-निवृत्त। वर्तमान में पूर्णकालीन साहित्य-साधना में रत।
सम्पर्क : ए-26, लाजपत नगर, ग़ाज़ियाबाद (उ. प्र.) 201005
फोन : 2631531

जागते रहना न मुमकिन, नींद भी आती नहीं
रास दिन आते नहीं हैं, रात भी भाती नहीं

भीड़ में जीना हुआ था एक दिन बेशक मुहाल
इस क़दर वीरानगी भी अब सही जाती नहीं

हो गया उनका कड़ा दिल इस तरफ़ से, हो गया
कुसुम-कोमल हाय! छाती टूट क्यों जाती नहीं!

आम बौराया हुआ-सा सोचता है चुप खड़ा
क्यों भ्रमर आते नहीं है, कोकिला गाती नहीं?

दिन-ब-दिन बदरंग होती जा रही है ज़िन्दगी
है हिना-सी पिस रही क्यों रंग फिर लाती नहीं?

झेल चुका मैं तो चौरासी, है जो बाक़ी और झिला
भरने दे पैमाना साक़ी! और पिला ला और पिला

बार-बार मिट्टी की मूरत गढ़ता और मिटाता है
बच्चों-जैसी हरकत करके, कह तो जीता कौन क़िला?

सच बतला, क्या वर देने का तुझको है अभ्यास नहीं
जब भी मिला मुझे तो केवल बस तुझसे अभिशाप मिला

शंख-घंट-घड़ियाल बजाए, ऊँचे स्वर में मंत्र पढ़े
तू ऐसा पत्थर बन बैठा, नहीं जगह से तनिक हिला

परिभू और स्वयंभू तू है, मैं भी स्वेच्छाचारी हूँ
जैसी करनी वैसी भरनी, फिर तुझसे क्या करूँ गिला

बोल अरी पत्थर की प्रतिमे! शीश झुकाए दर पर हूँ
रस्म-अदाई कुछ तो कर ले आख़िर तेरे घर पर हूँ

सागर है तू लेकिन मुझसे ठीक किनाराकशी नहीं
हूँ तो मैं तेरा ही हिस्सा, बेशक एक लहर भर हूँ

सच है, अपनी ही नज़रों से क़ीमत आँकी जाती है
दुनिया भर के लिए सुधा-घट, तेरे लिए ज़हर भर हूँ

तेरा-मेरा नाता भी क्या? तू है, अपनी जगह अटल
पानी के बुलबुले-सरीखा मैं बस एक पहर भर हूँ

मन क्यों रोने-रोने को है?
क्या जाने क्या होने को है?

हृदय सँजोए अनगिन यादें
तन तो बोझा ढोने को है

आहें दर्पण धुँधलाने को
हर आँसू मुख धोने को है

दिया ज़िन्दगी ने बहुतेरा
मिला सभी, पर खोने को है

फूल समय ने सभी चुन लिये
अब जाने क्या बोने को है?

क्या कहें, किससे कहें? कोई कहीं हमदम नहीं
एक भी अब आँख हमको दीखती पुरनम नहीं

हो रही तू-तू इधर तो हो रही मैं-मैं उधर
क्योंकि तुम हो तुम नहीं, और हम भी हम नहीं

पास जो था यार के आख़िर वही देता हमें
पीठ में ख़ंजर चुभाया है हमें कुछ ग़म नहीं

कौन से ग्रुप का रगों में दौड़ता इनके लहू?
सिर्फ़ नारे हैं ज़ुबाँ पर हाथ में परचम नहीं

शिष्य बन किसके यहाँ चूमें चरण? कुछ तो कहो
हैं छँटे उस्ताद सब, कोई किसी से कम नहीं

चाहीराम 'सरस'

जन्मतिथि : 4.2.1921, जिला मुजफ्फरनगर, उ. प्र.
शिक्षा : एम.ए. (हिन्दी)
प्रकाशन : 'सरस-प्राण' काव्य-संग्रह प्रकाशित। अनेक पत्र-पत्रिकाओं में रचनाएँ प्रकाशित। प्रकाशनाधीन 'सम्पूर्ण गीता-शास्त्र का दोहों में पद्यानुवाद'।

उनके ख़याल आए तो आए चले गए
दोनों जहाँ के सदमे, भुलाए चले गए

रहमत का अब्र बरसेगा, उम्मीद है हमें
दरयाए-दिल में जोश, जगाए चले गए

तारीकियों को दूर भगा, पाए हैं वही
दिल का चिराग़ जोकि, जलाए चले गए

किस को, कहाँ से, उनके क़दम के निशाँ मिलें
अपने निशाँ जो आप, मिटाए चले गए

जब तक कि एक-एक ने, सीखा नहीं 'सरस'
उल्फ़त का एक पाठ, पढ़ाए चले गए

ख़ारों पे है निखार, चमन गुलज़ार नहीं है
कोई कहे बहार, यह बहार नहीं है

बाज़ारे-हुस्न तो मिलेगा, हर जगह तुम्हें
लेकिन यह सच है, इश्क़ का बाज़ार नहीं है

रंजिश से, दुश्मनी से है, दुनिया को प्यार ख़ूब
अफ़सोस, एक प्यार से ही, प्यार नहीं है

सुनते ही ख़ाक हो गया, किस वास्ते उदू
मेरा यह इक ख़याल है, अंगार नहीं है

बरबादियों के हर तरफ़, आसार बन चुके
दोज़ख़ कहो तो कह लो, 'सरस' संसार नहीं है

इंसाँ ज़मी पे, फ़लक पे, तारे उदास हैं
ये बात क्या है आजकल, सारे उदास हैं

क़ुदरत के दिलफ़रेब नज़ारे उदास हैं
क्या छिन गया है? दर्द के मारे उदास हैं

कोई किसी की बात नहीं पूछता यहाँ
हमदर्दी रो रही है, सहारे उदास हैं

गुम हो गई कहानियाँ, तहज़ीब की कहाँ
गंगो-जमन के दोनों किनारे उदास हैं

कहता रहा खुदा, न सुनी, एक भी 'सरस'
इन्सान! देख तेरे पियारे उदास हैं

तेरे बिना है ज़िन्दगी, दुश्वार क्या करूँ
रहता नहीं क़रार, बरक़रार क्या करूँ

सर खम किए खड़ा हूँ, क़लम कर भी दीजिए
पाई है सख़्त जां, मेरी सरकार क्या करूँ

कोशिश तो है कि भूल सकूँ, आपकी तरह
आ जाता है ख़याल, बार बार क्या करूँ

किससे गिला करूँ, मैं करूँ किससे शिकायत
अपना नहीं है कोई, मददगार क्या करूँ

होशोहवास मेरे ठिकाने नहीं रहते
पागल बना रही 'सरस' झंकार क्या करूँ

देगी न अब शफ़ा कभी, कोई दवा मुझे
देना है दीजिए फ़क़त, अपनी दुआ मुझे

सारा जहान बन गया, काजल की कोठरी
आया यहाँ न कोई नज़र, पारसा मुझे

सर ख़न किया है मैंने, जफ़ाओं का इस तरह
हैरत से देखता है, जहांने-वफ़ा मुझे

तक़दीर देखता रहा, तदबीर कुछ न की
लेकर कहाँ चला है, मेरा ना ख़ुदा मुझे

होता रहे जहान मुख़ालिफ, मेरे ख़ुदा
मतलूब सिर्फ़ एक तेरा, आसरा मुझे

आर.पी.शर्मा 'महर्षि'

जन्मतिथि : 7.3.1922, गोंडा (उ.प्र.)

शिक्षा : मैट्रिक

प्रकाशन : 'हिन्दी ग़ज़ल संरचना—एक परिचय' (उर्दू छंद शास्त्र का 1984 में सर्वप्रथम हिन्दी में रूपातंरण) 'ग़ज़ल-निर्देशिका', 'ग़ज़ल विधा', 'नागफनियों ने सजाई महफ़िलें'। प्रकाशनाधीन : व्यावहारिक छंद शास्त्र, ग़ज़ल और ग़ज़ल की तकनीक।

सम्मान/पुरस्कार : देश की अनेक साहित्यिक संस्थाओं द्वारा सम्मानित।

सम्प्रति : सेवा निवृत्ति के पश्चात पूर्णकालीन साहित्य साधना में रत।

सम्पर्क : ए-1, 'वरदा', कीर्ति कालेज के निकट, वीर सावरकर मार्ग, दादर (प.) मुम्बई - 400028
फ़ोन—24324271

फूल खिले गुंजार हुई है
एक ग़ज़ल साकार हुई है

छनके हैं शब्दों के नूपुर
अर्थ-भरी झंकार हुई है

मन की कोई अनुभूति अचानक
रचना का आधार हुई है

रह-रह कर रसना से रिमझिम
अमृत की बौछार हुई है

बात कभी शबनम-सी 'महरिष'
और कभी अंगार हुई है

तर्जुमानी जहान की, की है
इस तरह हमने शायरी की है

ख़ुद ग़मों से निढाल होकर भी
हमने औरों की दिलदिही की है

जो हमें एक सूत्र में बाँधें
उन प्रयासों की पैरवी की है

उससे सीखेंगे ख़ुशबयानी हम
इक परिंदे से दोस्ती की है

हमने पाई जहाँ झलक 'महरिष'
आदमीयत की आरती की है

रत है जो संघर्ष में तदबीर है
श्रेय लेने को मगर तक़दीर है

मेमने-से है बहुत मासूम ख़्वाब
भेड़ियों जैसी मगर ताबीर है

क्रूरता से आज के रांझा के हाथ
हो रही है क़त्ल जो, वो हीर है

चटपटी है बात लछमन-सी मगर,
अर्थ में रघुवीर-सी गम्भीर है

सुनके 'महरिष' यूँ लगा उसका सुख़न,
चाप से अर्जुन के निकला तीर है

क़िस्मत ने पीड़ाएँ लिख दीं
हमने मगर कविताएँ लिख दीं

मायावी मृगजल ने मिथ्या
बालू पर आशाएँ लिख दीं

फूलों की क्षण-भंगुरता पर,
शबनम ने क्षणिकाएँ लिख दीं

बूँद ने इक आँसू की अनगिन,
दुख की परिभाषाएँ लिख दीं

पीड़ाओं ने कितनी 'महरिष',
कालजयी गाथाएँ लिख दीं

क्यों न हम दो शब्द तरुवर पर कहें
उसको दानी कर्ण से बढ़कर कहें

विश्व के उपकार को जो विष पिए
क्यों न उस पुरुषार्थ को शंकर कहें

हम लगन को अपनी, मीरा की लगन
और अपने लक्ष्य को गिरधर कहें

तान अनहद की सुनाए जो मधुर
उस महामानव को मुरलीधर कहें

वंदगी को चाहिए 'महरिष' मक़ाम,
हम उसे मस्जिद कि पूजा घर कहें

अब्दुल सत्तार खां 'झांकर'

जन्मतिथि : 22.8.1922, कालपी (जालौन) उ.प्र.
प्रकाशन : पत्र-पत्रिकाओं में रचनाएँ प्रकाशित
सम्मान/पुरस्कार :अनेक संस्थाओं द्वारा सम्मानित
सम्प्रति : पूर्णकालिक साहित्य साधना
सम्पर्क : 82, हैदरीपुरा, कालपी - 285204
जालौन (उ.प्र.)

सहमे हुए गुलशन की घुटन देख रहा हूँ
मुरझाई सी हर गुल की फबन देख रहा हूँ

इख़लाक के पहलू में चुभन देख रहा हूँ
बिगड़ा हुआ इंसाँ का चलन देख रहा हूँ

मुमकिन न था मिलना वो मिलन देख रहा हूँ
है सोच के दल दल में वतन देख रहा हूँ

मज़लूम की आँखों के समन्दर में उतरकर
अहसास के माथे पे शिकन देख रहा हूँ

मैं ज़श्न अँधेरों का मनाता नहीं 'झाँकर'
यों सुब्ह के सूरज की किरन देख रहा हूँ

कोई सुनता नहीं ज़माने में
बात क्या है मेरे फ़साने में

बिजलियाँ जज़्ब हो के रह जाएँ
ऐसे तिनके हों आशियाने में

बर्क़ इतना तुझे ख़याल रहे
मेरी दुनिया है आशियाने में

तेरे होते हुए मेरे मौला
आग लग जाए आशियाने में

किससे 'झाँकर' करें शिकायत हम
कोई अपना नहीं ज़माने में

भाई भाई का ख़ून बहाए देखो ना
घर का भेदी लंका ढाए देखो ना

काँटों में जो बरसें गुज़रीं, सोने में
फूल की सेज पे नींद न आए देखो ना

किसका, किसका ख़ून बहा इस धरती पर
कौन है अपने, कौन पराए देखो ना

रहबर जो थे, रहज़न बनके टूट गए
कौन हमें अब राह दिखाए देखो ना

शेखो-बरहमन, दैरो-हरम का ये झगड़ा
अपने घर को आग लगाए देखो ना

कर कर तहज़ीब के टुकड़े अरे नादान रहने दे
तेरी पहचान है जिससे वो हिन्दुस्तान रहने दे

मेरी ऐ शेख़! दुनिया में यही पहचान रहने दे
फ़रिश्ता मत बना मुझको, मुझे इन्सान रहने दे

ये शम्मे-इश्क़ है, जलकर नहीं बुझती बुझाने से
इसे तू क्या बुझाएगा अरे तूफ़ान! रहने दे

ये लगता है पसन्द आई है मेरी बेघरी उनको
मुझे ऐ आस्माँ! तू बे सरो-सामान रहने दे

तू आगे बढ़ न मुड़कर देख पीछे अपने ए 'झाँकर'
तुझे जो देखकर हैरान हैं, हैरान रहने दे

'बेकल' उत्साही

मूल नाम : लोदी मौहम्मद शफ़ी ख़ान

जन्मतिथि : 1.6.1924, रमवापुर (गोंडा) उ.प्र.

शिक्षा : विशारद मुंशी (इलाहाबाद), अदीब, माहिर कामिल (अलीगढ़ उर्दू बोर्ड)

प्रकाशन : हिन्दी, उर्दू, अवधि भाषा में गीत, ग़ज़ल, नज़्म, दोहे, भजन, नात आदि विधाओं की लगभग डेढ़ दर्जन पुस्तकें प्रकाशित। सात पुस्तकें प्रकाशनाधीन

पुरस्कार/सम्मान : पद्मश्री (भारत सरकार) सहित सैकड़ों एवार्ड, पुरस्कार एवं अलंकरण

सम्प्रति : पूर्व सांसद (राज्यसभा), देश-विदेश की दर्जनों साहित्यिक, सांस्कृतिक एवं सामाजिक संस्थाओं में सक्रिय भागीरथी, साहित्य साधना में रत।

सम्पर्क : 'गीतांजलि' सिविल लाइन, बलरामपुर (उ.प्र.) फ़ोन–(05263) 232369
मोबाइल : 9415120838

ये दुनिया तुझसे मिलने का वसीला काट जाती है
ये बिल्ली जाने कब से मेरा रस्ता काट जाती है

पहुँच जाती है दुश्मन तक हमारी ख़ुफ़िया बातें भी
बताओ कौन-सी कैंची लिफ़ाफ़ा काट जाती है

अजब है आजकल की दोस्ती भी दोस्ती ऐसी
जहाँ कुछ फ़ायदा देखा तो पत्ता काट जाती है

तेरी वादी से हर इक साथ बर्फ़ीली हवा आकर
हमारे साथ गर्मी का महीना काट जाती है

किसी कुटिया को जब 'बेकल' महल का रूप देता हूँ
शंहशाही की ज़िद मेरा अँगूठा काट जाती है

फटी कमीज़ नुँची आस्तीन कुछ तो है
ग़रीब शर्मो-हया में हसीन कुछ तो है

किधर को भाग रही इसे ख़बर भी नहीं
हमारी नस्ल बला की ज़हीन कुछ तो है

तुम्हें तों चर्ख़ पे उड़ने से फुरसतें हैं कहाँ
हमारे पाँव के नीचे ज़मीन कुछ तो है

लिबास क़ीमती रखकर भी शहर नंगा है
हमारे गाँव में मोटा महीन कुछ तो है

गुमान अहले-ख़िरद को हर इक दलील पे है
हम अहले-दिल को ख़ुदा पर यक़ीन कुछ तो है

सादगी सिंगार हो गई
आइनों की हार हो गई

आँख ही थी ज़ख़्म की दवा
आँख ही कटार हो गई

चाँद नाव में उतर पड़ा
अब नदी अपार हो गई

दोस्तों का कारवाँ तो है
दोस्ती गुबार हो गई

'बेकल' और अश्क बह चले
जब हँसी शिकार हो गई

वो तो मुद्दत से जानता है मुझे
फिर भी हर इक से पूछता है मुझे

रात तन्हाइयों के आँगन में
चाँद तारों से झाँकता है मुझे

सुब्ह अख़बार की हथेली पर
सुर्ख़ियों में बिखेरता है मुझे

होने देता नहीं उदास कभी
क्या कहूँ कितना चाहता है मुझे

मैं हूँ 'बेकल' मगर सुकून से हूँ
उसका ग़म भी सँवारता है मुझे

जो मेरा है वो तेरा भी अफ़साना हुआ तो
समझे थे जिसे अपना वा बेगाना हुआ तो

क़स्बे की ज़ियारत का सफ़र करने चले हो
रस्ते में कहीं कोई सनम-ख़ाना हुआ तो

तुम क़त्ल से बचने का जतन ख़ूब करो हो
क़ातिल का अगर लहजा शरीफ़ाना हुआ तो

कम ज़र्फ़ को इतनी न मुहब्बत से पिलाओ
लबरेज़ अगर वक़्त का पैमाना हुआ तो

'बेकल' ने तुझे दुश्मने-जानी ही कहा है
तुझसे जो अचानक कहीं याराना हुआ तो

ईश्वर दत्त 'अंजुम'

जन्मतिथि : 5.7.1924, शकरगढ़ (गुरुदासपुर, अब स्यालकोट, पाकिस्तान)
शिक्षा : मैकेनिकल इंजीनियरिंग डिप्लोमा
प्रकाशन : पत्र-पत्रिकाओं में रचनाएँ प्रकाशित
सम्प्रति : डेसू से सेवा निवृत्त
सम्पर्क : A7/78, मोती नगर, नई दिल्ली-15

तुमको रोना है तो महफ़िल न सजा कर रोना
दिल का हर दर्द ज़माने से छुपा कर रोना

वो भी रोएँगे तो रोने का मज़ा आएगा
रोने वालो कभी उनको भी रुला कर रोना

रोने-धोने के भी दस्तूर हुआ करते हैं
अपने अश्कों में लहू दिल का मिला कर रोना

जिसको चाहा है दिलो-जान से अब तक तूने
दिल वो तोड़े तो चराग़ों को बुझा रोना

ग़म की गहराइयों का अन्दाज़ा न कर ले दुनिया
खुद को दुनिया की निगाहों से बचा कर रोना

यूँ ही बरबाद न कर अश्कों को अपने 'अंजुम'
रू-ब-रू अपने कभी उनको बिठा कर रोना

जाने वाले कोई अनमोल निशानी दे जा
बीते लम्हों की कोई याद पुरानी दे जा

ताज़गी दिल में रहे तेरी मुलाक़ातों की
कोई पैग़ाम निगाहों की ज़बानी दे जा

मेरी आँखों की तपिश इससे हो कुछ कम शायद
इन सुलगती हुई आँखों को तू पानी दे जा

आख़िरी साँस तलक जिसको भुला भी न सकूँ
ना-मुकम्मल ही सही ऐसी कहानी दे जा

तेरा अहसान न भूलेगा ये तेरा 'अंजुम'
इसके ठहरे हुए अश्कों की रवानी दे जा

दिल में तुम्हारा नक़्श उतारा कभी-कभी
घबरा के ग़म से, तुमको पुकारा कभी-कभी

तड़पा हूँ इस क़दर कि मेरा दिल भी रो दिया
देखा है आँसुओं का नज़ारा कभी-कभी

फूलों से भी मिली है मसर्रत कभी मुझे
काँटों में भी किया है गुज़ारा कभी-कभी

अपने न काम आएँ कभी जिस मक़ाम पर
ग़ैरों का भी लिया है सहारा कभी-कभी

मैं मात खाने वाला तो 'अंजुम' न था मगर
क़ुदरत की मार ने मुझे मारा कभी-कभी

रात ग़म की बसर नहीं होती
ऐ ख़ुदा क्यूँ सहर नहीं होती

ज़िन्दगी को सजा के रख दिल में
ज़िन्दगी बे-हुनर नहीं होती

दिल ही रोता है आँख के बदले
आँख अब अपनी तर नहीं होती

वो भी रातें गुज़र ही जाती हैं
जिनकी कोई सहर नहीं होती

रास्ते भी भटक गए 'अंजुम'
राह भी हमसफ़र नहीं होती

शब अँधेरी है रौशनी लाओ
उसके जल्वों की चाँदनी लाओ

ऐ हवाओ वो खो गया है कहीं
उसकी ख़ुश्बू ही तुम कभी लाओ

जो तरसते हैं मुस्कराने को
ऐसे होठों पे नग़मगी लाओ

दूर माहौल की हो बे-रंगी
उनकी आँखों से दिलकशी लाओ

उसकी रहमत हो मेहरबाँ 'अंजुम'
अपनी आँखों में कुछ नमी लाओ

बशीर अहमद 'मयूख'

जन्मतिथि : 16.10.1926, जिला कोटा (राज.)

शिक्षा : उच्च माध्यमिक

प्रकाशन : 'अवधू अनहद नाद सुने' काव्य-संग्रह सहित आध्यात्मिक-दार्शनिक काव्य की 6 पुस्तकें प्रकाशित। पत्र-पत्रिकाओं में रचनाएँ प्रकाशित

सम्मान/पुरस्कार : 'दशरथमल सिंधवी राष्ट्रीय एकता पुरस्कार', 'रामेश्वर टांटिया पुरस्कार, राजस्थान श्री', 'दीन दयाल उपाध्याय साहित्यकार पुरस्कार' आदि सहित अनेक संस्थाओं द्वारा सम्मानित/अलंकृत

सम्प्रति : कृषक। सदस्य, रेलवे हिन्दी सलाहकार समिति रेल मन्त्रालय, भारत सरकार। अनेक साहित्यिक संस्थाओं में सक्रिय भागीदारी

सम्पर्क : 2-ल-17, विज्ञान नगर, कोटा-5 (राज.)
फोन : 5122307

जब नम्र निवेदन निष्फल हों, हठ-योग की ठाना करते हैं
ऐ परदानशीं तेरा परदा, मस्ताने न माना करते हैं

हम जानते बिकती तंग-दिली, उपदेशक तेरी दुकानों में
पर प्यास हमारी व्यापक है, पैमाने न माना करते हैं

मस्जिद में मिले, मंदिर में मिले, गिरजे में मिले, गुरुद्वारे में
पी लेते कहीं पर भी जाकर, मैख़ाने न माना करते हैं

तू ही मैं हूँ, मैं ही तू है, प्रतिबिम्बित दिल के दर्पन में
जब जान लिया तो हम अपने-बेगाने न माना करते हैं

हमने उसको पहले तो अनन्त, अगाध अनादि अनूप कहा
फिर क़ैद किया दीवारों में, दीवाने न माना करते हैं

अपने अहसास की आँखों से, जो रूप 'मयूख' ने देखा है
उस ज्योति को जल जाने वाले, परवाने ही जाना करते हैं

आया कोई ख़याल तो क्या-क्या न कर गया
अव्यक्त एक रूप को साकार कर गया

पल में अनन्त-अनादि की तस्वीर देख ली
गर्दन उठा के यार का दीदार कर गया

जन्मान्तर की श्रृंखला अब तक अभंग है
आवागमन की सीढ़ियाँ चढ़कर उतर गया

ये सिलसिला हयात का गन्तव्य तो नहीं
आया कोई पड़ाव तो पलभर ठहर गया

ज़र्रे में जलवा 'तूर' का देखा 'मयूख' ने
फिर बुतकदे की राह से होकर गुज़र गया

वक़्त की गर्दन पे इतनी तेज़ तलवारें न तान
क़त्ल हो जाएगा 'माज़ी' चीखता है वर्तमान

इस तरह से मिट रहे जैसे पेड़ हों रेत पर
युग-पुरुष-पैग़म्बरों के पैर के पावन निशान

अब न चिनगारी इबादत की जगाती रूह में
मंदिरों की आरती हो या कि मस्जिद की अज़ान

विश्व का सर्जक-नियन्ता एक अकेला ब्रह्म है
उपनिषद् का सार ये ही घोषणा करता क़ुरान

सैकड़ों सदियाँ चले हैं हम सफ़र में एक साथ
एक साझे कारवाँ का नाम है हिन्दोस्तान

लोग पत्थर तलाशने निकले
हम तेरा दर तलाशने निकले

बन्द अलमारियों के पोथों में
लोग रहबर तलाशने निकले

हम तो दानिशवरों की दुनिया में
सरफिरे सर तलाशने निकले

हम तो दो गज़ ज़मीन के भीतर
अपना बिस्तर तलाशने निकले

ये धरा तो 'मयूख' छोटी थी
लोग अम्बर तलाशने निकले

जन्म से मरण तक जो, कर्म-गोपियाँ नचाता है
नाचती है सारी दुनिया, महारास वो रचाता है

आदमी ज़माने में कोई ऐसा आता है
वक़्त की शिलाओं पर नाम लिख जाता है

दूर के सितारे तो रोशनी नहीं देते
पास का अँधेरा ही रास्ता बताता है

आहटें मिली होंगी फिर कहीं उजालों की
रात का जो सन्नाटा चौंक-चौंक जाता है

रोशनी बखेरी है सैकड़ों 'मयूखों' ने
पीढ़ियों का अँधियारा लौट-लौट आता है

निश्तर ख़ानकाही

जन्मतिथि : फरवरी 1930, जहानाबाद (बिजनौर)

प्रकाशन : 'मेरे लहू की आग', 'दस्तरस', 'सराय में शाम' तथा 'मंज़र-पस-मंज़र मालूम नामालूम' (उर्दू ग़ज़ल संग्रह), 'मोम की बैसाखियां' (उर्दू ग़ज़लों का हिन्दी रूपांतर), 'ग़ज़ल मैंने छेड़ी' (हिन्दी ग़ज़ल-संग्रह), 'ग़ज़ल और उसका व्याकरण' (ग़ज़ल रचना का व्याकरण) सहित व्यंग्य, सामाजिक चेतना आदि विषयों पर पुस्तकें।

सम्मान/पुरस्कार : मीर अकादमी पुरस्कार (लखनऊ), उर्दू अकादमी पुरस्कार (लखनऊ), चार बार मानवाधिकार आयोग पुरस्कार (दिल्ली) सहित देश की अनेक साहित्यिक/सामाजिक संस्थाओं द्वारा सम्मानित/पुरस्कृत।

सम्प्रति : स्वतंत्र लेखन।

सम्पर्क : बी-4, जाटान, चामुण्डा रोड, बिजनौर (उ.प्र.)

सर जब कटकर गिर ही गया तो ज़ख़्मी धड़ से जूझा मैं
रात बड़ा तूफ़ानी रन था, तेज़ हवा और तनहा मैं

मुझको दुश्मन फ़ौज के दस्ते रौंद के रोज़ गुज़रते हैं
दोनों तरफ़ है दश्त हवा का, एक अकेला रस्ता मैं

मेरी बस्ती, उसका पत्थर, इसका ख़ला औ' उसका दश्त
आके कहाँ सब जमा हुए हैं, आँधी शोला, सहरा, मैं

तुमने जब-जब सींचा मुझको, दर्द के खारे पानी से
नाख़ुन-नाख़ुन उतरा ख़ुद में, रेशा-रेशा फैला मैं

किसको ख़बर थी मेरा सब कुछ सतहे-बदन के नीचे है
बाहर-बाहर पत्थर, बरसे, अन्दर-अन्दर टूटा मैं

हमने ता-उम्र भटकने का मज़ा माँगा था
घर से अपने जो कभी अपना पता माँगा था

अलकुहल हो कि हो गंगा का मुक़द्दस पानी
हमने हर जाम में जीने का नशा माँगा था

तुमने क्यों मुझसे तअल्लुक़ में वफ़ा चाही थी
मैंने क्यों तुमसे वफ़ाओं का सिला माँगा था

अपनी झोली में लिए बैठा हूँ पत्थर कितने
ज़िन्दगी! मैंने कभी तुझसे ख़ुदा माँगा था

आग की दलदली धरती से गुज़रने के लिए
मुझसा नादाँ! कि सहारे को असा माँगा था

किस अभागे घर की हम चादर हुए
सर ढका तो हाथ-मुँह बाहर हुए

आदमी मन में है कुछ, अधरों पे कुछ
शब्द सच की राह पर पत्थर हुए

घट के इतनी रह गई है ज़िन्दगी
घर बसाया, घूस दी, नौकर हुए

अपनी धुन, पैसे की धुन, बच्चों की धुन
वीरता यह है कि हम कायर हुए

ज़िन्दगी! झूठे मुक़दमे की तरह
हम अदालत में तेरी दायर हुए

मुझे अपना तो क्या, मेरा पता देता नहीं कोई
भटकता हूँ घने वन में, सदा देता नहीं कोई

बता ऐ शह्रे-नाशुक्राँ, ये क्या तर्ज़े-गदाई है
तलब करते हैं सब, लेकिन दुआ देता नहीं कोई

ख़ुदा जाने कहाँ होंगे वो मुशफ़िक़ दामनों वाले
तपिश सहता हूँ, दामन की हवा देता नहीं कोई

मेरे माथे के धब्बों पर ये दुनिया तन्ज़ करती है
मगर हाथों में मेरे आइना देता नहीं कोई

अब अक्सर सोचता हूँ मेरा मर जाना ही बेहतर है
कि बीमारी में ज़िद करके दवा देता नहीं कोई

न मिल सका कहीं ढूँढे से भी निशान मेरा
तमाम रात भटकता रहा गुमान मेरा

मैं घर बसा के समुन्दर के बीच सोया था
उठा तो आग की लपटों में था मकान मेरा

जुनूँ न कहिए इसे, ख़ुद-अज़ीयती कहिए
बदन तमाम हुआ है लहू-लुहान मेरा

हवाएँ गर्द की सूरत उड़ा रही हैं मुझे
न अब ज़मीं ही मेरी है, न आस्मान मेरा

मुसीबतों के भँवर में पुकारते हैं मुझे
अजीब दोस्त हैं, लेते हैं इम्तिहान मेरा

रामस्वरूप सिन्दूर

जन्मतिथि : 27-9-1930
शिक्षा : एम.ए. (हिन्दी)
प्रकाशन : आठ पुस्तकें (काव्य-संग्रह संकलन)
सम्मान/पुरस्कार : उत्तर प्रदेश सरकार सहित अनेक संस्थाओं द्वारा सम्मानित
सम्प्रति : डी.ए.वी. (परास्नातक) कालेज, कानपुर के हिन्दी प्रवक्ता-पद से सेवा-निवृत्त, सम्पादक 'गीतान्तर' (गीत-ग़ज़ल त्रैमासिक)
सम्पर्क : 'अस्मिता' 4/113, विवेक खंड, गोमती नगर, लखनऊ (उ. प्र.) 226010
फोन : 0522-2394141
मोबाइल : 98391-39710

सर पे तपती धूप ले ली, गुल को साया दे दिया
शामे-गुलशन की नज़र में, मैंने दिन ज़ाये किया

आज काफ़ी देर तक मैं, आईना देखा किया
दिल ने रोने को कहा, बेसाख़्ता मैं हँस दिया

ख़्वाब बारे-ज़ीस्त थे, अपनी हक़ीक़त के हुए
मैंने सब-कुछ खो दिया, या मैंने सब-कुछ पा लिया

शब की तारीकी को दे, कुछ देर साहिल का पता
इससे ज़्यादा, कुछ न कर पाएगा दर्या का दिया

चश्मे-पुरनम के अँधेरे, नूर में ढलते गए
मैं किसी संगे-निगह में, 'तूर' को देखा किया

देर तक महफ़िल में तैरी, एक ग़ज़ल 'सिन्दूर' की
आँख कितनों की भरी, कितनों ने सिज्दा कर लिया

उस बेज़ुबाँ के सामने हम बेज़ुबाँ रहे
कितने निहाँ रहे, मगर कितने अयाँ रहे

ये और बात है कि हम तनहा दिखा किए
तनहा न रह सके कभी, हम कारवाँ रहे

साक़ी तेरा जवाब, न अपना जवाब है
मीना छुआ न हमने औ' पीरे-मुग़ाँ रहे

ऐ गर्दिशे-अय्याम! जो देना है, दुआ दे
सीने में यूँ-ही दिल रहे, मुँह में ज़ुबाँ रहे

उसकी नज़र से गिर गए 'सिन्दूर' क्या हुआ
अपनी नज़र से गिर के भी हम आसमाँ रहे

ज़िन्दगी रहेगी ही, सिलसिला गुनाहों का
दिल गुलाम होता है, फ़ितरती निगाहों का

ये इनाम ही तो है बेशक़ीमती फ़न का
काम कलाकारों का, नाम बादशाहों का

माँगना ही है तुझे, माँग तू फ़क़ीरों से
आज के ज़माने में, दिल ग़रीब, शाहों का

ये जहाँ परीशाँ है आप के फ़सानों से
हर अदीब होता है, देवता गुनाहों का

काश! 'सिन्दूर' को भी, ऐतबार आ जाए
दिन गए हक़ीक़त के, वक़्त है गवाहों का

बिछुड़ के तुझसे एक उम्र मैं उदास रहा
ख़ुदी से दूर, बेख़ुदी के आसपास रहा

उसे कहूँ तो किस तरह से कहूँ बेगाना
न दूर-दूर रहा वो, न पास-पास रहा

तमाम रंग भर दिए जहान में जिसने
वो रंगरेज़, यहाँ जोगिया लिबास रहा

न मैंने देखे कभी तख़्तो-ताज के सपने
तमाम उम्र कोहेनूर मेरे पास रहा

किसे पता है कि 'सिन्दूर' की निगाहों में
न कोई आम रहा, औ' न कोई ख़ास रहा

वो जो मुझको सोच रहा है
मेरा चेहरा भूल गया है

भीतर वो तूफ़ान उठा है
गूँगा आख़िर चीख पड़ा है

वो मंज़िल पर पहुँच चुका था
क्योंकर मेरे साथ हुआ है

भूखा कब से सोच रहा है
बच्चे की मुट्ठी में क्या है

किसे पता है, कौन बताए
आज किधर 'सिन्दूर' चला है

राजेन्द्रनाथ 'रहबर'

जन्मतिथि : 5.11.1931, शकरगढ़ (गुरदासपुर) पंजाब (अब जि. सियालकोट)
शिक्षा : एम.ए., एल-एल.बी.
प्रकाशन : छह पुस्तकें प्रकाशित।
सम्मान/पुरस्कार : देश भर की अनेक संस्थाओं द्वारा सम्मानित/पुरस्कृत।
सम्प्रति : पूर्णकालीन साहित्य साधना में रत।
सम्पर्क : 1085, सराय मुहल्ला पठानकोट 145001
फोन : 0186-2227522

किसने अपना दामन झटका, किसने अपना हाथ छुड़ाया
बस्ती-बस्ती महफ़िल-महफ़िल, हमने ख़ुद को तन्हा पाया

दिल करता है दुनिया तज दें, जंगल का रस्ता अपनाएँ
जैसे इक दिन गौतम बुद्ध ने जंगल का रस्ता अपनाया

शाम ढले ये किस जोगिन ने, कानों में रस घोल दिया है
मन्दिर के आँगन में किसने, मीरा के भजनों को गाया

सुब्ह सवेरे, नूर के तड़के ख़ुशबू सी हर जानिब फैली
फेरी वाले बाबा ने जब संत कबीर का दोहा गाया

मुझसे बिछुड़कर तेरे दिल पर, क्या बीती मालूम नहीं है
तुझसे बिछुड़कर मैंने बरसों अश्क बहाए सोग मनाया

अपने इक-इक शे'र में 'रहबर' तूने दर्द की फ़स्लें बो दीं
इतना सोज़ कहाँ से आया, इतना दर्द कहाँ से पाया

आइना सामने रक्खोगे तो याद आऊँगा
अपनी ज़ुल्फ़ों को सँवारोंगे तो याद आऊँगा

भूल जाना मुझे आसान नहीं है इतना
जब मुझे भूलना चाहोगे तो याद आऊँगा

ध्यान जाएगा बहरहाल मिरी ही जानिब
तुम जो पूजा में भी बैठोगे तो याद आऊँगा

चाँदनी रात में, फूलों की सुहानी रुत में
जब कभी सैर को निकलोगे तो याद आऊँगा

शमा की लौ पे सरे-शाम सुलगते, जलते
किसी परवाने को देखोगे तो याद आऊँगा

दिल को जहान भर के मुहब्बत में ग़म मिले
कमबख़्त फिर भी सोच रहा है कि कम मिले

कुछ वक़्त ने भी साथ हमारा नहीं दिया
कुछ आप की नज़र के सहारे भी कम मिले

बे-इख़तियार आँखों से आँसू छलक पड़े
कल रात अपने आप से जिस वक़्त हम मिले

खोया हुआ है आज भी पस्ती में आदमी
मिलने को इसके चाँद पे नक़्शे-क़दम मिले

'रहबर' हम इस जनम में जिसे पा नहीं सके
शायद कि वो सनम हमें अगले जनम मिले

क्या आज उनसे अपनी मुलाक़ात हो गई
सहरा पे जैसे टूट के बरसात हो गई

वीरान बस्तियों में मिरा दिन हुआ तमाम
सुनसान जंगलों में मुझे रात हो गई

करती है यूँ भी बात मुहब्बत कभी-कभी
नज़रें मिलीं न होंठ हिले बात हो गई

हम को मिटा सकें ये अँधेरों में दम कहाँ
जब चाँदनी से अपनी मुलाक़ात हो गई

बाज़ार जाना आज सफल हो गया मिरा
मुद्दत के बाद उनसे मुलाक़ात हो गई

क्या करे ऐतिबार अब कोई
रूठ जाए न जाने कब कोई

वो तो ख़ुशबू का एक झोंका था
उसको लाए कहाँ से अब कोई

क्यों उसे हम इधर उधर ढूँढें
दिल ही में बस रहा है जब कोई

आज दिन क़हक़हों में गुज़रा है
रो के काटेगा आज शब कोई

उससे क्या अपनी दोस्ती 'रहबर'
वो समझता है ख़ुद को रब कोई

अनवर इलाही वारिसी

जन्मतिथि : 9.7.1932
प्रकाशन : पत्र-पत्रिकाओं में रचनाएँ प्रकाशित
सम्मान/पुरस्कार :अनेक संस्थाओं द्वारा सम्मानित
सम्प्रति : साहित्य सृजन
सम्पर्क : मौ. नारो भास्कर, जालौन (उ.प्र.)

रगे सौदा के लिए गर कोई नश्तर होता
सर में होता न मेरे पाँव में चक्कर होता

यार तक़दीर से मेहमाँ जो मेरे घर होता
मेरी क़िस्मत का सितारा महे अनवर होता

हाथ में गर मेरे दस्ते सितमगर होता
हाथ एक हाथ में इक हाथ ज़िगर पर होता

शुक्र है दर्दो-ग़म रंजो-अलम सब हैं नसीब
और क्या क़िस्मत को मय्यसर होता

शीशए-दल को मेरे संगे-जफ़ा से तोड़ा
और क्या इसके सिवा तुझसे सितमगर होता

आके दुनिया में अबस 'अनवार' गुनहगार हुआ
काश पैदा ही न होता मैं तो बेहतर होता

मेरी खोई हुई हर ख़ुशी मिल गई
आप क्या मिल गए ज़िन्दगी मिल गई

शीशा-ओ-जामो सागर न तोड़ दूँ
हुस्न से आपके बेख़ुदी मिल गई

मेरी दुनियाए-दिल में अँधेरा सा था
आप जब आ गए रोशनी मिल गई

मंज़िलें राहबर से लिपटने लगीं
यादे-जाना से वो बेख़ुदी मिल गई

उनसे 'अनवार' कह दो कि सद आफ़रीं
नक्शे-पा से मुझे रहबरी मिल गई

क्या पूछते हो मुझसे क्या मेरा हाल है
मैं तुमसे कुछ कहूँ क्या मेरी मजाल है

मेरी नज़र में कोई सरापा जमाल है
किस किस से दें मिसाल कि वो बेमिसाल है

आँखों की रोशनी तेरे जलवों ने छीन ली
अब तेरी रहगुज़र से गुज़रना मुहाल है

किस किस को हम सुनाते फिरें माजराए-दिल
जो अपना हाल है वो ज़माने का हाल है

जाकर हरीने-नाज में 'अनवार' क्या करे
जब रू-ब-रू किसी के तड़पना मुहाल है

दैरो कहाँ हरम कहाँ कूए-बुताँ कहाँ
भटका तेरी तलाश में जाने कहाँ कहाँ

बिस्तर पै जिस्म जुल्फ़ में दिल जान यार में
मैं एक नातवा हूँ मगर हूँ कहाँ कहाँ

महबे-जमाले यार हूँ मुझको ख़बर नहीं
दिल है कहाँ जिगर है कहाँ जिस्म जाँ कहाँ

हसरत बरस रही है सरे गोरे मय कशाँ
शीशा कहाँ शराब कहाँ बदलियाँ कहाँ

ग़म है तो ये बादेफ़ना 'अनवार' छोड़कर
ठहरेगा हसरतों का मेरी कारवाँ कहाँ

मोहब्बत नगमए-दिल है इसे गाया नहीं जाता
जुबाँ पै नाम भी इसका कभी लाया नहीं जाता

कहीं रुसवा न हो जाए मुहब्बत सारे आलम में
के अब दाग़े ज़िगर भी हमसे दिखलाया नहीं जाता

खुदा को वास्ता देता हूँ तुमको अब तो आ जाओ
किसी तरह दिले-बेताब बहलाया नहीं जाता

कभी हम उनके पहलू में कभी वो मेरे पहलू में
कि इस मंज़र का दिल से आज तक साया नहीं जाता

उन्हीं के हुस्न की रौनक है सब 'अनवार' आलम में
हसीं उन सा ज़माने में कोई पाया नहीं जाता

उदय प्रताप सिंह

जन्मतिथि : 1.9.1932 (जन्माष्टमी), गढ़िया छिनकौरा, मैनपुरी (उ.प्र.)

शिक्षा : एम.ए. (अंग्रेजी, हिन्दी)

प्रकाशन : काव्य-संग्रह 'देखता कौन है'। काव्य-संकलन 'रौशनी के बीज' में रचनाएँ सम्मिलित। पत्र-पत्रिकाओं में रचनाएँ प्रकाशित

सम्मान/पुरस्कार : डॉ. शिवमंगल सिंह 'सुमन' सम्मान, 'शायरे-यक़ज़हती', 'ब्रजभूषण' सहित सैकड़ों संस्थाओं द्वारा सम्मानित। पैरामारी बू यूनीवर्सिटी, सूरीनाम द्वारा मानद उपाधि 'आचार्य' से विभूषित। विश्व हिन्दी सम्मेलन (1993) सूरीनाम में भारतीय प्रतिनिधि मंडल का नेतृत्व

सम्प्रति : संसद सदस्य (राज्य सभा)

सम्पर्क : 12ए, गुरुद्वारा रकाबगंज रोड, नई दिल्ली-110001, फोन : 23092757
मोबाइल : 9868181198

अभी समय है सुधार कर लो ये आनाकानी नहीं चलेगी
सही की नकली मुहर लगाकर ग़लत कहानी नहीं चलेगी

घमण्डी वक़्तों के बादशाहों बदलते मौसम की नब्ज़ देखो
महज़ तुम्हारे इशारों पै अब ये हवा सुहानी नहीं चलेगी

किसी की धरती, किसी की खेती, किसी की मेहनत, फ़सल किसी की
जो बाबा आदम से चल रही थी वो बेईमानी नहीं चलेगी

समय की जलती शिला के ऊपर उभर रही है नई इबारत
सितम की छाँहों में सिर झुकाकर कभी जवानी नहीं चलेगी

चमन में काँटों की बदतमीज़ी का हाल ये है कि कुछ न पूछो
हमारी मानो तुम्हारे ढँग से ये बाग़वानी नहीं चलेगी

'उदय' हुआ है नया सवेरा मिला सको तो नज़र मिलाओ
वो चोर-खिड़की से घुसने वाली प्रथा पुरानी नहीं चलेगी

जाने ये विधाता को ख़बर है कि नहीं है
दुनिया में ग़रीबों की गुज़र है कि नहीं है

संसद के देवताओ ये गाँवों को बताओ
जो बात इधर है वो उधर है कि नहीं है

विष दे के मेह्रबान दोस्त देख रहे हैं
इस आदमी पे कोई असर है कि नहीं है

ये मसअला साँपों में अभी ज़ेरेबहस है
इन्साँ में हमसे ज़्यादा ज़हर है कि नहीं है

घबरा के अँधेरों में समय चीख़ रहा है
इस रात की क़िस्मत में सहर है कि नहीं है

जहाँ जाते हैं हम कोई कहानी छोड़ आते हैं
ज़रा सा प्यार थोड़ी सी जवानी छोड़ आते हैं

कहानी राम की वनवासियों पर फ़ख्र करती है
उसूलों के लिए जो राजधानी छोड़ आते हैं

हमारे मयकदे का ख़ास ये दस्तूर है वाईज़
यहाँ आए तो बाहर बदगुमानी छोड़ आते हैं

कहीं पर दिल नहीं मिलता, कहीं महफ़िल नहीं मिलती
इसी चक्कर में हम शामें सुहानी छोड़ आते हैं

मुहब्बत में 'उदय' देना न दिल कमज़र्फ़ लोगों को
नई की धुन में जो चीज़ें पुरानी छोड़ जाते हैं

भूलकर नज़दीकियाँ वो फ़ासला रखने लगा
रुतबा पा के कोई रिश्ता क्यों भला रखने लगा

जब से पतवारों ने मेरी नाव को धोखा दिया
मैं भँवर में तैरने का हौसला रखने लगा

मौत का अन्देशा उसके दिल से क्या जाता रहा
वह परिन्दा बिजलियों में घोंसला रखने लगा

ज़िन्दगी ताज़ा हवा के झोंके सी लगने लगी
जब से दिल का बन्द दरवाज़ा खुला रखने लगा

ज़िन्दगी की तल्ख़ सच्चाई समझने के लिए
मैं महाभारत के ऊपर करबला रखने लगा

हमने माना कि महका के घर रख दिया
कितने फूलों का सिर काट कर रख दिया

दे के कस्तूरी हिरनों की तक़दीर में
प्यास का एक लम्बा सफ़र रख दिया

अपना चेहरा न पोंछा गया आपसे
आईना बे सबब तोड़ कर रख दिया

आख़िरी फ़ैसला वक़्त के हाथ है
सच ने तलवार के आगे सर रख दिया

तुम 'उदय' चीज क्या हो? कि इस प्यार ने
देवताओं का दिल तोड़कर रख दिया

चन्द्र कुमार सुकुमार

जन्मतिथि : 3.10.1932, जयपुर

शिक्षा : एम.ए., साहित्य रत्न, बी.एड.

प्रकाशन : 'गीतों के गाँव', 'निरुत्तर प्रश्नों की भीड़', 'मुस्कराए बिना रह गए', 'बूँद सा मुस्कराकर बता' (कविता संकलन) ज़ोहरा (उपन्यास)। अनेक पत्र-पत्रिकाओं में रचनाएँ प्रकाशित। 'अग्रगामी' मासिक (जयपुर) का संपादन। लगभग एक दर्जन पुस्तकें प्रकाशनाधीन।

सम्मान/पुरस्कार : अनेक साहित्यिक संस्थाओं द्वारा सम्मानित।

सम्प्रति : पूर्णकालिक साहित्य साधना में रत।

सम्पर्क : ई-766, नकुल पथ लालकोठी योजना
जयपुर - 302015
फोन : 0141 - 2701615

कौन जाने आदमी कब और क्या कर जाएगा
आँख पे कब आग का ये सिलसिला धर जाएगा

मैं हूँ तो तूफ़ान के ख़ातिर ठिकाना भी है सुन
चल दिया गर मैं यहाँ वो कौन-सा घर जाएगा?

जल रहा हूँ देहरी पे एक दीए की तरह
वरना मेरा यार कैसे ये मेरा घर पाएगा?

छाँव में भी आग होती है मेरा घर देख ले
हाँ जला जो घर तो फिर ये फ़ासला मर जाएगा

मैं तो जी लूँगा धुआँ सर पे रखे 'सुकुमार' हूँ,
बुझ गया दीया अगर तो देवता मर जाएगा

अर्थ क्या निशंक हो गए
शब्द-शब्द शंख हो गए

उँगलियाँ विहान पर उठीं
गैल-गैल पंक हो गए

शहर ये अमीर क्या हुए
गाँव-गाँव रंक हो गए

केवटों के हाथ क्या कटे
कश्तियों के पंख हो गए

अक्स काँच में बिखर गए
दर्पणों के डंक हो गए

बरपा किया है कहर-दर-कहर तमाम रात
काँपा किया है शहर-दर-शहर तमाम रात

बिखरे पड़े हैं पंख लहू में सने हुए
कटते रहे हैं कीर-कबूतर तमाम रात

बरबादियाँ हैं नक्श सुबह के शरीर पे
उसको भी लूटता रहा रहबर तमाम रात

आँसू अयाँ हैं देख यहाँ दूब दूब पे
रोया है ज़ार-ज़ार हर बशर तमाम रात

'सुकुमार' तुम सोते रहे हो और उस तरफ
कटते रहे हरे-भरे शजर तमाम रात

हो गए बरबाद तो हम क्यों करें,
टीसता अवसाद तो हम क्या करें?

अन्धी-बहरी मुंसफ़ी के सामने,
बेअसर फ़रियाद तो हम क्या करें?

हर खुशी अब सोंपने के बाद भी,
डस रही औलाद तो हम क्या करें?

बाद मरने के मिले जैसे दवा,
यों मिले इमदाद तो हम क्या करें?

आप हैं 'सुकुमार' माना जन्म से,
सामने जल्लाद तो हम क्या करें?

वक़्त ने बयान दे दिया
क़ब्र को जहान दे दिया

मौत से किराएदार को
साँस का मकान दे दिया

आईने से आँख क्या मिली
अश्क का निशान दे दिया

तल्ख़ियों ने बर्फ़ के तले
खून को उफ़ान दे दिया

आग से बचाव के लिए
मोम का मचान दे दिया

गोपाल बाबू शर्मा

जन्मतिथि : 4.12.1932, अलीगढ़ (उ.प्र.)
शिक्षा : एम.ए., पी-एच.डी.
प्रकाशन : छह सम्पादित कृतियों सहित नौ कविता-संग्रह तथा पाँच व्यंग्य संग्रह प्रकाशित। अनेक लब्धप्रतिष्ठ पत्र-पत्रिकाओं में रचनाएँ प्रकाशित। कुछ पुस्तकें प्रकाशनाधीन।
सम्मान/पुरस्कार : अनेक संस्थाओं द्वारा सम्मानित।
सम्प्रति : श्री वार्ष्णेय पी.जी. कालिज अलीगढ़ के हिन्दी विभाग में रीडर पद से सेवा निवृत्ति के बाद पूर्णकालिक साहित्य-साधना में रत।
सम्पर्क : 82, सर्वोदय नगर, सासनी गेट, अलीगढ़ (उ.प्र.) 202001

आपको हम भोर के खिलते कमल देंगे
प्यार से महकी हुई मीठी ग़ज़ल देंगे

हम बदल सकते नहीं यह बात है पक्की
आज जैसे ही सकल विश्वास कल देंगे

पी चुके हैं हम गरल के घूँट शिव बनकर
मृत्यु के भय से उन्हें क्यों अब उगल देंगे

आपका यदि साथ निश्च्छल मिल गया हमको
यह ज़मीं, यह आसमाँ सब कुछ बदल देंगे

यह न अपना गाँव, ज़्यादा रुक नहीं सकते
हम न जाने कब, कहाँ, किस राह चल देंगे

दीप जैसे जले आरती के लिए
आप ऐसे मिले ज़िन्दगी के लिए

एक पल जो रही ओस की बूँद-सी
रंज-ही-रंज क्यों उस ख़ुशी के लिए?

हर क़दम पर यहां भीड़-ही-भीड़ है
आदमी अजनबी आदमी के लिए

चाँद के प्यार में है हक़ीक़त कहाँ
चाह मन में रही चाँदनी के लिए

दिल भले ही हुआ है किसी एक का
जी रहे हैं मगर हम सभी के लिए

हर लहर के भाग्य में साहिल नहीं
हर पथिक को चाहती मंज़िल नहीं

आदमी है वह भला क्या आदमी,
दर्द की दौलत जिसे हासिल नहीं

ज़ुल्फ़, रुख़, चितवन, हँसी नाज़ो-अदा
कौन इनमें से भला क़ातिल नहीं

ग़म छुपाते हैं मगर छुपता कहाँ
महफ़िलों के हम रहे क़ाबिल नहीं

सोचते हैं यह शहर भी छोड़ दें
अब कहीं लगता हमारा दिल नहीं

मान बैठे थे इसे अपना नगर
पर यहाँ तो भेड़िए आए नज़र

आज का कैसा अजब क़ानून है
ख़ून करके आदमी घूमे निडर

घर नहीं है घर, बने केवल मकाँ
लोग तो इनमें, नहीं रिश्ते इधर

सिर झुकाया ख़ौफ़ से हमने कहाँ
आँधियों में भी रखा जारी सफ़र

आपकी मरज़ी हमें मरुथल कहें
प्यार के हम तो रहे हैं मानसर

अब दिलों से दूर पहले-सी मुहब्बत है
राम जाने किस गली भटकी मुहब्बत है

लोग दावत में अदावत ठानते हैं क्यूँ
क्या पता होना पड़े किस रोज़ रुख़सत है

आग, दंगे, लूट, हत्या, गोलियाँ, लाठी
आजकल फैली हुई हर ओर दहशत है

वे बड़े हैं, हक़ उन्हें अब जो करें चाहे
हम मगर खोले ज़ुबाँ, तो यह हमाक़त है

क्या हुआ यदि घर-मकाँ कुछ भी नहीं अपना
दुःख छुपाने को मगर उम्मीद की छत है

हरिप्रकाश वत्स

जन्मतिथि : 4.1.1933

शिक्षा : स्नातकोत्तर (कार्मिक प्रबंधन औद्योगिक संबंध एवं श्रम कल्याण) उपाधि पत्र

प्रकाशन : 'यादों के अंकुर', 'वत्सला' तथा पंखों का मेघ धनुष' काव्य-संग्रह सहित अनेक विषयों पर पुस्तकें प्रकाशित। विभिन्न पत्र-पत्रिकाओं में रचनाएँ, समीक्षाएँ प्रकाशित।

सम्मान/पुरस्कार : अनेक संस्थाओं द्वारा सम्मानित।

सम्प्रति : सेवा निवृत्ति के पश्चात पूर्णकालीन साहित्य सेवा में रत।

सम्पर्क : उमांजलि, मैत्री विहार, शंकर दहा मार्ग, पो. व जि. धमतरी (छ.ग.)
पिन—493773
फोन : (07722) 240920

एक क़तरा अश्क का रुख़सार पर जो रह गया
जाने कितनी दास्तानें बिन कहे वो कह गया

लड़ रहा हालात से था रू-ब-रू था आईना
मेरा चेहरा मुझको अपना लगते-लगते रह गया

यूँ हमारे बीच कोई फ़ासले तो थे नहीं
एक शहर था ख़्वाब का जो बसते-बसते रह गया

दर्द से तो दूर तक मेरा कोई रिश्ता न था
ग़म मिला इतना कि मैं सहते-सहते सह गया

ज़िन्दगी की दूर वह मंज़िल है अब मेरे लिए
मैं मुसाफ़िर हूँ तन्हा जो चलते-चलते रह गया

अक्स क्यूँ देखता आईना मेरा
आज ख़ुद से है सामना मेरा

मैं किस किस से झूठ बोलूँगा
हर आँख में मुआईना मेरा

उसका नश्तर तलाशता मुझको
कल तलक था जो आशना मेरा

अपने किरदार पे शर्मशार हूँ मैं
अख़लाक़ करता जब सामना मेरा

याद हैं दिलकश वह तक़ल्लुफ़ उनका
बाहें फैला के यूँ रोकना मेरा

दूर क्यों सबकी नज़र से हो गई है चाँदनी
नीम रौशन होटलों में खो गई है चाँदनी

गाँव की गलियों में हँसकर खेलती थी हर जगह
शहर से लौटी न अब तक जो गई है चाँदनी

होटलों के नाम पर स्टार हैं चिपके हुए
बार के हर जाम में ही खो गई है चाँदनी

चाँदनी के नाम से ही काँपने लगता है दिल
कल तलक श्यामा रही अब हो गई है चाँदनी

गाँव से आकर शहर में है तलाशी रोटियाँ
बारे-गुरबत इस तरह अब ढो रही है चाँदनी

जब से नींदों ने आँखों से दुश्मनी की है
मेरी नज़रों ने सितारों से दोस्ती की है

मेरे घर में ही मिलेंगे कुछ ऐसे निशान
जहाँ अरमानों ने घुटकर के ख़ुदकशी की है

मेरी क़िस्मत में अँधेरों का गर बिखरना था
क्यूँ मेरे साथ उजालों ने दिल्लगी की है

शम्मा की तरह ही हर रात अगर जलना था
या इलाही मुझे क्यूँ ऐसी ज़िन्दगी दी है

चन्द साँसों का यह कर्ज़ ज़िन्दगी तो नहीं
जाने वाले ने मुझे कैसी निशानी दी है

खुशियाँ कभी मिली हमें ख़ैरात की तरह
अपनों की मुलाक़ात थी सदमात की तरह

हर शख़्स चाहता है मुहब्बत का सिलसिला
रिश्ते बदल रहे मगर हालात की तरह

महफ़ूज़ भीड़ में भी हैं तनहाईयाँ मेरी
उनसे थी जो मिली हमें सौग़ात की तरह

हमने छुपा के रख लिए वे जो भी ग़म मिले
कुछ खुशनुमा गुज़रे हुए लम्हात की तरह

कुछ सोज़ कुछ संजीदगी रूहे-सुकून रख
गुज़रेगा बुरा वक़्त भी बरसात की तरह

सुधेश

जन्मतिथि : 6.6.1933

शिक्षा : एम.ए., पी.एच.डी.,

प्रकाशन : कविता, गीत, ग़ज़ल, दोहे, हाइकु, यात्रा-वृत्तान्त, संस्मरण, आलोचना, आदि की 18 पुस्तकें प्रकाशित।

सम्मान/पुरस्कार : अनेक संस्थाओं द्वारा सम्मानित।

सम्प्रति : जवाहर लाल नेहरू विश्वविद्यालय से सेवा निवृत्ति पश्चात पूर्णकालीन साहित्य-साधना में रत।

सम्पर्क : ए-34, न्यू इण्डिया एपार्टमैंट्स रोहिणी, सैक्टर-9, नई दिल्ली - 110085

फोन : 27557142

एक तपती दोपहर है अब हमारी ज़िन्दगी
एक उजड़ा-सा शहर है अब हमारी ज़िन्दगी

हर दिशा के हाथ में पत्थर सजे छोटे बड़े
एक सुन्दर काँच-घर है अब हमारी ज़िन्दगी

लोह के पक्के घरों का एक जंगल है नगर
शेर चीतों में गुज़र है अब हमारी ज़िन्दगी

बोझ काँधे पर धरा है थक गए हैं पाँव भी
बैल का अन्धा सफ़र है अब हमारी ज़िन्दगी

सिन्धु मन्थन हो रहा है कहाँ अमृत घड़ा
देव-असुरों का समर है अब हमारी ज़िन्दगी

मन में तो चाहें अनन्त हैं
सपने के फैले दिगन्त हैं

बाहर कुत्ते भालू चीते
घर बैठे जो वही सन्त हैं

पतझर ने हर ली हरियाली
दुनिया में फिर भी वसन्त हैं

दिख जाता टुक सुख का मुखड़ा
साथ लगे पर दुःख अनन्त हैं

गोरे तन का काला धन्धा
ये भावी नेता उदन्त हैं

इधर उठ रहे हैं नगर धीरे-धीरे
बड़े गाँव उजड़े उधर धीरे-धीरे

इधर कारें दौड़ी नए मॉडलों की
चली बैलगाड़ी उधर धीरे-धीरे

तुम्हारे महल पहले आकाश छू लें
बनेंगे हमारे भी घर धीरे-धीरे

तुम्हें होगी जल्दी कि चोटी पै पहुँचो
चलेगा ये मेरा सफ़र धीरे-धीरे

रथों पर चढ़े तुम चलो राजपथ पर
मिलेगी मुझे भी डगर धीरे-धीरे

राह में राही ने पत्थर नहीं देखा
चाह ने नदिया या समन्दर नहीं देखा

नाभि में कस्तूरी लिए भटका फिरा है
चाह के मृग ने कभी अन्दर नहीं देखा

आँख रही देखती उस रूप का जलवा
माशूक़ ने पर कभी मुड़कर नहीं देखा

हाथ न छू पाए आकाश की सीमा को
आपने धरती पे उतरकर नहीं देखा

आह रहे भरते बस अपने दर्द पर
आँख उठा अपने से बाहर नहीं देखा

कहनी जो तुम से बात अकेले में
मुझसे होगी वह बात न मेले में

यह लाखों का मौसम है यौवन का
कैसे इस को तोलूँ मैं धेले में?

दुनिया बाज़ार हुई सच है फिर भी
अब प्यार कहाँ बिकता है ठेले में?

दीवारों के भी कान हुआ करते
होगी आँखों से बात अकेले में

बड़े-बड़े सिंहों को देख लिया है
हर पूँछ उठाकर शामिल रेले में

रऊफ़ परवेज़

जन्मतिथि : 19.7.1933, रायपुर (छ.ग.)

शिक्षा : बी.ए., एल.एल.बी.

प्रकाशन : क़ौसे क़ज़ह (उर्दू ग़ज़लें), 'शीशों के दरीचे' (देवनागरी में ग़ज़लें)। विभिन्न पत्र-पत्रिकाओं में रचनाएँ प्रकाशित। प्रसार भारती से अनुबंधित।

सम्मान/पुरस्कार : 'अभियाम' एवं 'रोटरी क्लब' जगदलपुर से सम्मानित।

सम्प्रति : वकालत के साथ साहित्य-साधना में रत।

सम्पर्क : बालाजी वार्ड, जगदलपुर, जिला, बस्तर (छ.ग.)—494001
फोन : 223489

न क़ैद में मुझे रखखा न बालो-पर बाँधे
न रख सका मेरे पैरों को मेरा घर बाँधे

ज़मीं पे जंगो-जदल वहशियों का शेवा है
कि लोग जाते हैं परदेस सर पे घर बाँधे

मिली न रोटी बदन भूख से निढाल हुआ
उठा के राह के पत्थर को पेट पर बाँधे

ज़माना देखा है दुनिया को ख़ूब समझा है
न ख़ौफ़ बाँधे है मुझ को न कोई डर बाँधे

मैं ख़त लिखूँगा मगर शर्त है मेरी 'परवेज़'
मेरे ख़यालों को शे'रों में नामाबर बाँधे

जो मेरे शे'रों को समझे वो तरजुमान तो दो
सितारे तोड़ के लाऊँ वो आसमान तो दो

भटक रहा हूँ मैं अपने शहर की गलियों में
मुझे ठिकाने का रहने कोई मकान तो दो

मैं अपने पेट की दोज़ख़ को आप भर लूँगा
मुझे कमाने को छोटी-सी इक दुकान तो दो

जो दिल की बात है दिल खोल के मैं बोलूँगा
मगर है शर्त मुझे तुम मेरी ज़बान तो दो

उड़ान क्या है परिन्दों को मैं बताऊँगा
ज़मीन वालो खुला मुझ को आसमान तो दो

एक मेरी बेबसी थी, मैं न था
सरफिरी दीवानगी थी, मैं न था

हो गई मुझसे ख़ता कर ली क़ुबूल
इक मुजस्सम बेख़ुदी थी मैं न था

आग किस ने थी लगाई क्या पता
बस धुआँ था रौशनी थी मैं न था

सामने आँखों के था दरिया रवाँ
तिश्नगी ही तिश्नगी थी मैं न था

चीथड़ों में फिर रही थी दर-बदर
वो तो मेरी मुफ़लिसी थी मैं न था

दिखा के हाथ मुक़दर तलाश करता है
है एक क़तरा समुन्दर तलाश करता है

वो मेरा भाई है उसका लहू है मेरा लहू
मेरे ही क़त्ल को ख़ंजर तलाश करता है

ख़ुद अपने बाज़ू की ताक़त पे है यक़ी उसको
उसे उसी का मुक़द्दर तलाश करता है

वो गुम हुआ है अँधेरों की तंग गलियों में
किरन उजाले की दर-दर तलाश करता है

छुपाऊँ जाके कहाँ अपने आपको 'परवेज़'
सितमगरी को सितमगर तलाश करता है

सुनने वाला है यहाँ कोई, न अपना कोई
सामने किसके करे अर्ज़े तमन्ना कोई

उफ़ ये तूफ़ाँ का सितम हैफ़ ये मौजों का जुनूँ
सहमा सहमा-सा खड़ा है लबे-दरिया कोई

मौसमों की तरह लोगों के बदलते हैं मिज़ाज
किस से शिकवा करे किसको कहे अपना कोई

आदमी यूँ तो वही तन वही चेहरा भी वही
यूँ भी होता है कि तन कोई है चेहरा कोई

ये अँधेरे तो किसी रोज छँटेंगे 'परवेज़'
एक दिन आएगा लेकर के उजाला कोई

कामिल बहज़ादी

मूल नाम : अब्दुल हमीद ख़ान
जन्मतिथि : 1.4.1934, नागपुर
शिक्षा : एम.ए. (उर्दू)
प्रकाशन : ग़ज़ल-संग्रह 'लफ्जों का सफ़र', 'आसमान रौशन है' प्रकाशित। तिलोकचन्द महरूम एक मुतालेआ। 'इन्दिरा नामा' संकलित नज्में। एक ग़ज़ल-संग्रह एवं दो अन्य पुस्तकें प्रकाशनाधीन। पत्र-पत्रिकाओं में रचनाएँ प्रकाशित
सम्मान/पुरस्कार :अनेक संस्थाओं द्वारा सम्मानित
सम्प्रति : आनरेरी व्याख्याता (रवीन्द्र कालिज भोपाल) पद से सेवानिवृत्ति के पश्चात पूर्णकालीन साहित्य सृजन में रत्
सम्पर्क : सी-26, बी.डी.ए., कोहेफ़िज़ा, भोपाल - 462001
फोन : 2540346

आकाश की हसीन फ़ज़ाओं में खो गया
मैं इस क़दर उड़ा के ख़लाओं में खो गया

कतरा रहे हैं आज के सुक़रात ज़हर से
इंसान मसलेहत की अदाओं में खो गया

शायद मेरा ज़मीर किसी रोज़ जाग उठे
ये सोच के मैं अपनी सदाओ में खो गया

लहरा रहा है साँप सा साया ज़मीन पर
सूरज निकल के दूर घटाओं में खो गया

मोती समेट लाए समन्दर से अहले-दिल
वह शख़्स बे अमल था दुआओं में खो गया

ठहरे हुए थे जिस के तले हम शिकस्ता पा
वह साएबाँ भी तेज़ हवाओं में खो गया

ये किसने दूर से आवाज़ दी है
फ़ज़ाओं में अभी तक नग़मग़ी है

सितारे ढूँढते है उन का आँचल
शमीमे-सुब्ह दामन चूमती है

तआल्लुक़ है न अब तर्के-तआल्लुक़
ख़ुदा जाने ये कैसी दुश्मनी है

रिदाए-ज़ुल्फ़ में गुज़री थी एक शब
मगर आँखों में अब तक नींद सी है

मेरी तक़दीर में बल पड़ रहे हैं
तेरी ज़ुल्फ़ों में शायद बरहमी है

वो जो महमाँ हुए मेरे घर रात भर
जगमगाते रहे बामो-दर रात भर

आप के भी मकानों पे धूप आएगी
कीजिए इंतज़ारे-सहर रात भर

आँख खुलते ही हम से जुदा हो गए
नींद में जो रहे हमसफ़र रात भर

सुब्ह शायद कोई इंक़लाब आएगा
हम भी जागे यही सोच कर रात भर

दिन निकलते ही 'कामिल' बिछड़ जाएँगे
जो परिन्दे रहे शाख़ पर रात भर

घर आया मेहमान बड़ा है
आईना हैरान बड़ा है

सच कहने की आदत डालो
दुनिया में ईमान बड़ा है

काँटों का दुख सहना सीखो
फूलों का अरमान बड़ा है

सच की ख़ातिर मर जाएँगे
यह कहना आसान बड़ा है

शायर जैसा भी हो 'कामिल'
लेकिन वह इंसान बड़ा है

अब और कोई ठिकाना तलाश करता है
वो बेवफ़ा है बहाना तलाश करता है

हमेशा बोझ समझते थे जिन बुजुर्गों को
उन्हीं को आज घराना तलाश करता है

कभी वो देखते रहता है चाकदामाँ को
कभी वो ज़ख़्म पुराना तलाश करता है

अजीब शख़्स है शीशे के दौर में रहकर
वो पत्थरों का ज़माना तलाश करता है

मुनाफ़िक़ों के नगर में यक़ीन से 'कामिल'
मुहब्बतों का ख़ज़ाना तलाश करता है

देवेन्द्र शर्मा 'इन्द्र'

जन्मतिथि : 1.4.1934, नगला अकबरा, आगरा
शिक्षा : एम.ए. (हिन्दी, संस्कृत) साहित्यरत्न
प्रकाशन : बारह नवगीत-संग्रह। 'सप्तपदी' (सात खंड) 'यात्रा में साथ-साथ' (नवगीत), 'ताज की छाया में' (कविता, गीत, ग़ज़ल, नज़्में) का संपादन। लगभग 70 पुस्तकें अप्रकाशित जिनमें एक महाकाव्य, 21 हजार दोहे एवं 500 ग़ज़लें हैं। 'देवेन्द्र शर्मा 'इन्द्र' व्यक्तित्व और कृतित्व' तथा 'साहित्य मनीषी पं. देवेन्द्र शर्मा 'इन्द्र' सम्मानित पुस्तकें।
सम्मान/पुरस्कार : हिंदी संस्थान, लखनऊ द्वारा 'साहित्य भूषण' सम्मान सहित देश भर की दर्जनों संस्थाओं द्वारा सम्मानित।
सम्प्रति : साहित्य साधना में रत
सम्पर्क : 10/61, सैक्टर III, राजेन्द्रनगर, साहिबाबाद, गाज़ियाबाद - 201005
फोन : 2634410

मुसलसल रंज-ओ-ग़म सहने का ख़ूगर जो हुआ यारो
ख़ुशी दो लम्हों की देकर उसे बेमौत मत मारो

मेरी राहों में आकर क्यूँ मेरे पाँवों में चुभते हो
मुहाफ़िज़ बनके फूलों के चमन में तुम खिलो, ख़ारो

नहीं इस जुर्म की कोई ज़मानत होते देखी है
असीर-ए-जुल्फ़-ए-ख़ूबाँ और मुहब्बत के गिरफ़्तारो

न अब वो मैक़दे साक़ी-ओ-पैमाना उधर होंगे
जहाँ तुम शाम होते ही चले जाते थे मैख़्वारो

रखा क्या है अज़ीयत के सिवा इस गोशा-ए-दिल में
कहाँ तुम आ गए हो ऐश-ओ-इश्रत के तलबगारो

क़लम ये हाथ में मैंने न गर लिया होता
तो अंजुमन में तुम्हारी अदब का क्या होता

ख़ुदापरस्तों की मस्ज़िद में बन्दगी के लिए
न होते हम तो कोई दूसरा ख़ुदा होता

ज़माने भर के ग़मों को बसा लिया हमने
न होता दिल ये कहाँ उनका आसरा होता

लबों पे नाम तुम्हारा न भूलकर लाते
तुम्हारे जैसा हमें गर कोई मिला होता

दरख़्त होके मेरे दिल में रह गई हसरत
सफ़र में चार क़दम राह के चला होता

आस्ताँ सो गए खिड़कियाँ सो गईं
चश्म-ए-नम सो गए, सिसकियाँ सो गईं

रातभर बम बरसते रहे मौत के
सरहदों पर बसी बस्तियाँ सो गईं

कुछ हवा ज़ह्र में डूबी ऐसी चली
पेड़ पर जागती पत्तियाँ सो गईं

फ़ैसलों के अभी मुन्तज़िर लोग हैं
फ़ाइलों में बँधी अर्ज़ियाँ सो गईं

जाल लहरों से करते रहे गुफ़्तगू
ताल में बेख़बर मछलियाँ सो गईं

ख़ुदा की बन्दगी मैंने न सुब्ह की न शाम की
तुम्हें तलाशते हुए ये ज़िन्दगी तमाम की

नज़र मिला के एक पल वो शख़्स आगे बढ़ गया
न ख़ैरियत ही पूछी कुछ न रस्मिया सलाम की

अभी तो आप देखिए मेरे हुनर की इब्तिदा
अभी न बात छेड़िए ख़ुदारा इख़्तिताम की

उसे किसी भी ख़ास की न चाहिए रिआयतें
सभी के वास्ते फ़क़ीर ने दुआ-ए-आम की

उठा रहा जो बार-बार अपना हाथ बज़्म में
उसे भी ग़ौर से सुनो कहे वो बात काम की

जब भी सूरज को हथेली पे लिया है मैंने
सारी दुनिया को अँधेरा ही दिया है मैंने

मेरी मंशा थी कि सड़कों को नदी में बदलूँ
प्यास के वक़्त पसीना ही पिया है मैंने

ख़ार आलूदः दरख़्तों से हवा गुज़री थी
उसका हर ज़ख़्म रिफ़ादों से सिया है मैंने

मेरे लफ़्ज़ों में निहाँ है जो मआनी समझो
कुछ रिवायत में इज़ाफ़ा ही किया मैंने

ज़िन्दगी तू तो सितमगर ही रही है मुझपर
हर अज़ीयत को ही हँस-हँस के जिया है मैंने

बलवीर राठी

जन्मतिथि : 26.7.1934, लाखन माजरा, रोहतक

शिक्षा : एम.ए. अंग्रेजी

प्रकाशन : 'जज़्बात', क़तरा क़तरा', 'लहर-लहर' (ग़ज़ल संग्रह) एवं एक कहानी संग्रह 'घुटन'।

सम्मान/पुरस्कार : 'हरियाणा साहित्य अकादमी' व हरियाणा सरकार के भाषा विभाग द्वारा सम्मानित।

सम्प्रति : प्राचार्य पद से निवृत्त होकर पूर्ण कालीन साहित्य साधना में रत।

सम्पर्क : 3836, अर्बन इस्टेट, जीन्द (हरियाणा)
फोन : 01681-247351

गो पुरानी हो चुकी अब होश में आने की बात
लोग फिर भी कर रहे हैं मुझको समझाने की बात

रफ़्ता-रफ़्ता ढल गई है सैकड़ों नगमात में
ऐ दिले-मासूम तेरे एक अफ़साने की बात

अपना-अपना ग़म लिए फिरते हैं इस दुनिया में लोग
कौन समझेगा यहाँ अब तेरे दीवाने की बात

ज़िन्दगी उलझी हुई हैं और ही जंजाल में,
अब कहाँ वो सागरो-मीना की मयख़ाने की बात

अजनबी माहौल में अपने तो लब खुलते नहीं
तुम ही छेड़ो आज इस रंगीन अफ़साने की बात

तेज़ लपटों में ढल गया हूँ मैं
कोई सूरज निगल गया हूँ मैं

कितने राहत फ़िज़ा थे अँगारे
बर्फ़ लगते ही जल गया हूँ मैं

तुमने बाँधा था जिन हदों में मुझे
उन हदों से निकल गया हूँ मैं

हासिदों! मेरा जुर्म इतना है
तुमसे आगे निकल गया हूँ मैं

मत बुलन्दी की बात कर 'राठी',
अब वहाँ से फिसल गया हूँ मैं

ज़िन्दगी इक जाल में उलझी हुई है आज भी
बेबसी पहले जो थी वो बेबसी है आज भी

आज भी सहमी हुई है हर तरफ़ इन्सानियत
आदमी की कोशिशों में क्या कमी है आज भी

ऐ दिले-मासूम तेरी आरज़ूओं के तुफ़ैल
बेसबब, बेमुद्दआ, दीवानगी है आज भी

मेरी मंज़िल के निशाँ तक मिट चुके मुद्दत हुई
किसलिए ऐ दिल वही आवारगी है आज भी

ज़िन्दगी क्यों ख़ुश्क है, बेकैफ़ है, बेरंग है
कुछ-न-कुछ तो बात है जिसकी कमी है आज भी

राहे-उल्फ़त सँवार दी हमने
आज हर शै निखार दी हमने

यू नः देखो उदास नज़रों से
ज़िन्दगी तुम पे वार दी हमने

हम मिटे सो मिटे मगर ऐ दिल
उनकी सूरत निखार दी हमने

उम्र तेरे बगैर भी ऐ! दोस्त
जैसे गुज़री, गुज़ार दी हमने

ज़िन्दगी तो हसीन थी लेकिन
चन्द ख़्वाबों पे वार दी हमने

हमें साथ मिल तो गया था किसी का
मगर मुख़्तसर था सफ़र ज़िन्दगी का।

कहाँ आ गए हम भटकते-भटकते
यहाँ तो निशाँ तक नहीं रौशनी का

वफ़ा एक मुद्दत हुई मिट चुकी है
कहाँ नाम लेते हो अब दोस्ती का

अगर साथ होते वो इन रास्तों पर
तो क्या हाल होता मिरी आगही का

मिरे हाल पर मुस्करा कर गए हैं
चलो हक़ अदा हो गया दोस्ती का

किशोर काबरा

जन्मतिथि : 26.12.1934, मन्दसौर (म.प्र.)
शिक्षा : एम.ए. पी-एच.डी.
प्रकाशन : सात काव्य-संग्रह, छह प्रबन्ध-काव्य सहित लघुकथा, बाल साहित्य, हास्य-व्यंग्य, अनुवाद आदि विधाओं की शताधिक पुस्तकें।
सम्मान/पुरस्कार : अनेक साहित्यिक संस्थाओं द्वारा सम्मानित।
सम्प्रति : सेवा-निवृत्ति के पश्चात् पूर्णकालीन साहित्य-सेवा में रत।
सम्पर्क : 1821, गुजरात हाउसिंग, चाँदखेड़ा, अहमदाबाद - 382424
फोन : 23298453

जन्म से लेकर मरण तक दौड़ता है आदमी
दौड़ते ही दौड़ते दम तोड़ता है आदमी

आँख गीली, होंठ ठण्डे और दिल में आँधियाँ
तीन मौसम एक ही संग ओढ़ता है आदमी

एक रोटी, दो लँगोटी तीन गज़ कच्ची ज़मीन
तीन चीज़ें ज़िन्दगी में जोड़ता है आदमी

सुबह पलना, शाम अरथी और खटिया दोपहर
तीन लकड़ी चार दिन में तोड़ता है आदमी

है यहाँ विश्वास इतना आदमी को मौत पर
मौत के हाथों सभी कुछ छोड़ता है आदमी

घिस गया इतना कि चन्दन हो गया हूँ
झुक गया इतना कि वन्दन हो गया हूँ

छू लिया मैंने तो पारस हो गए तुम
छू लिया तुमने तो कुन्दन हो गया हूँ

अर्थ, लय, तुक-तान सारे व्यर्थ हैं अब
गीत गलकर मात्र गुँजन हो गया हूँ

आँख में अंजन लगा कुछ इस तरह से
ख़ामियों के बीच खंजन हो गया हूँ

बाँसुरी में छन्द को इतना पिरोया
नन्द था, अब नन्दनन्दन हो गया हूँ

बैठा हूँ दर पे मैं किसी इनाम के लिए
मत सोचना कि आ गया छदाम के लिए

देने को कुछ नहीं है तो इतना ही समझना
आया था कोई सिरफिरा सलाम के लिए

अब तक कोई मिला नहीं, जिसको मैं कह सकूँ
आका, है कोई हुक्म इस गुलाम के लिए

मैं काम भी करूँ तो राम के लिए करूँ
आराम भी करो तो तुम हराम के लिए

सुन लो, समझ लो, पढ़ लो; थोड़ा-सा वक़्त है
तरसोगे फिर 'किशोर' के कलाम के लिए

उम्र भर बिजलियों के सहारे रहे
मेरी आँखों के बादल कुँवारे रहे

नाव जाती रही सब मुसाफ़िर लिए
और नाविक सभी इस किनारे रहे

यार, रहने भी दो अब पुराने हिसाब
कुछ तुम्हारे रहे, कुछ हमारे रहे

उगता सूरज मुक़द्दर में है ही कहाँ
अपनी क़िस्मत में ढलते सितारे रहे

आख़िरी वक़्त भी तुम नहीं आ सके
हम चिता तक तुम्हें ही निहारे रहे

दृष्टि नहीं तो दरपन का सुख व्यर्थ हो गया
कृष्ण नहीं तो मधुबन का सुख व्यर्थ हो गया

कौन पी गया कुम्भज बनकर खारा सागर
अश्रु नहीं तो बिरहन का सुख व्यर्थ हो गया

आँगन में हों तरह-तरह के खेल-खिलौने
हास्य नहीं तो बचपन का सुख व्यर्थ हो गया

भले रात में कण-कण करके मोती बरसे
भोर नहीं तो सिहरन का सुख व्यर्थ हो गया

गीत बना लो, गुनगुन कर लो, सुर में गा लो
प्रेम नहीं तो सुमिरन का सुख व्यर्थ हो गया

राममोहन शर्मा 'मोहन'

जन्मतिथि : 1.2.1935
शिक्षा : एम.ए. हिन्दी
प्रकाशन : 'मर्माहत अयोध्या' प्रकाशित, अनेक पत्र-पत्रिकाओं में रचनाएँ प्रकाशित,
सम्मान/पुरस्कार : अनेक संस्थाओं द्वारा सम्मानित
सम्प्रति : शिक्षण कार्य, समाजसेवा व काव्य सृजन
सम्पर्क : मो. गणेश जी 'गीतगली', जालौन - 285123 (उ.प्र.)
फोन : 05168 - 223502

भवतरण के लिए ज़िन्दगी
स्मरण के लिए ज़िन्दगी

बहुप्रतीक्षित समाधान में
सहचरन के लिए ज़िन्दगी

व्यक्त, अव्यक्त व्यवहार में
व्याकरण के लिए ज़िन्दगी

जन्म से मृत्यु की राह तक
जागरण के लिए ज़िन्दगी

जीवनादर्श 'मोहन' बने
अनुकरण के लिए ज़िन्दगी

मन बहुत चंचल कहीं लगता नहीं
आयु घटती जा रही जगता नहीं

विश्व के व्यामोह की बहु व्याधियाँ
लोभ इनमें बढ़ रहा घटता नहीं

व्यर्थ होती जा रही है साधना
प्रार्थनाओं में कभी बँधता नहीं

हर्ष की है बात इतनी आज भी
मार्ग में अपकर्ष के बढ़ता नहीं

लक्ष्य है, संकल्प है, 'मोहन' यही
राष्ट्र के अपमान को सहता नहीं

आओ कुछ बात करें
हर नया प्रभात करें

पृष्ठ के पलटने पर
नई शुरुआत करें

बेबस बेचारों की
चाँदी सी रात करें

अलग अलग क्यों बैठें
एक ही जमात करें

'मोहन' से मिलने में
मन सुहागरात करें

हँसने और हँसाने लोग
आते बहुत रिझाने लोग

मिलने की प्रत्याशा में
करते बहुत बहाने लोग

बौराए से फिरते हैं
घर आँगन वीराने लोग

मूल्यवान, बलवान समय
ज्ञानवान, पछताने लोग

'मोहन' तू ही तू सब में
फिर भी हैं भरमाने लोग

जब कभी हम प्रेम में, विह्वल हुए
तब कहीं जाकर सरल निर्मल हुए

बह गए संसार के सारे कलुष
जब हमारे नयन गंगाजल हुए

रत-प्रतीक्षा, साधना, संकल्प ही
साध्य के प्रति समर्पित, शतदल हुए

प्रेम ही पूरन परात्पर, ब्रह्म है
पा गए जो निष्कपट निश्छल हुए

ध्यान से 'मोहन' हृदय में आ गए
तब कहीं हर नयन के काजल हुए

रमेश चन्द्र शर्मा 'चन्द्र'

जन्मतिथि : 2.2.1935, पचों (अलीगढ़, उ.प्र.)
शिक्षा : वाणिज्य स्नातक
प्रकाशन : एक ग़ज़ल-संग्रह, तीन गीत-संग्रह, तीन हाइकु-संग्रह
सम्मान/पुरस्कार : अनेक संस्थाओं द्वारा सम्मानित-अलंकृत
सम्प्रति : सेवा-निवृत्त वरिष्ठ लेखा-परीक्षा अधिकारी, स्वतंत्र लेखन
सम्पर्क : डी 4, उदय हाउसिंग सोसायटी
वैजलपुर, अहमदाबाद - 380051
फोन - 079-26931141

उम्र जब से सयानी हुई
शाम हर दिन सुहानी हुई

ऋतु बदलने लगी साड़ियाँ
मौसमों की दिवानी हुई

आप आए, ख़ुदा की क़सम
आपकी मेहरबानी हुई

तोड़ पाई न जो बेड़ियाँ
व्यर्थ ही वह जवानी हुई

रोते-रोते हँसे जब नज़र
प्यार की वह निशानी हुई

अब कठिन मिलना-मिलाना हो गया है
दूर रहने का बहाना हो गया है

वो नहीं आते गली में अब हमारी
भेद यह मुश्किल छिपाना हो गया है

लग रहा ऐसा कि जैसे बात कल की
और कल बीते ज़माना हो गया है

क्या पता था दिल का ऐसा हाल होगा
दिल लगाना, दिल जलाना हो गया है

किसने उड़ाई है ख़बर वो आएँगे?
अब ज़रूरी मुस्कराना हो गया है

अन्य की बगिया खिलाकर देखिए
दूरियाँ मन को मिटाकर देखिए

गन्ध फैलेगी चतुर्दिक आपकी
प्रेम का विरबा लगाकर देखिए

ज़िन्दगी में पुष्प हर मौसम खिलें
दिल ग़रीबों से लगाकर देखिए

रूप नखरे त्यागकर आवाज़ दे
प्यार की गंगा बहाकर देखिए

हैं न हम जैसे, मगर हो जाएँगे
गीत-ग़ज़लें गुन-गुनाकर देखिए

बात पहेली-सी है
रात नवेली-सी है

वायु दे रही दस्तक
स्यात्, अकेली-सी है

चमक-दमक ऊपर की
भूत हवेली-सी है

साथ रहें पीड़ाएँ
ग़ज़ल सहेली-सी है

अलकें? रजनीगंधा
हँसी? चमेली-सी है

जानते उनके गली है
हो रही क्यों बेकली है?

रोते-रोते हँस रही है
ज़िन्दगी भी मनचली है

बात अधरों तक न आई
मच रही क्यों खलबली है?

कोसने से निशि ढले कब?
जब ढली है, तब ढली है

बीच में कोई न आए
प्यास प्राणों तक जली है

मीरा हिंगोरानी

जन्मतिथि : 19.2.1935, कराची (सिंध)
शिक्षा : स्नातक
प्रकाशन : कहानी, व्यंग्य लेख, ग़ज़ल, बालगीत सहित अनेक विधाओं की रचनाएँ पत्र-पत्रिकाओं में प्रकाशित।
सम्मान/पुरस्कार : अनेक संस्थाओं द्वारा सम्मानित।
सम्प्रति : गृहिणी, स्वतंत्र लेखन
सम्पर्क : ए-4/40, मोती नगर नई दिल्ली - 110015
फोन : (011) 25938740

अब कोई रंग जीवन में भाता नहीं
बेग़रज़ ये ज़माना सुहाता नहीं

टुकड़ों-टुकड़ों में सब ज़िन्दगी जी रहे
कोई जी भर के हँसता हँसाता नहीं

हर तरफ़ झूठ ही झूठ बदकारियाँ
जान सच पर कोई अब लुटाता नहीं

नफ़रतों का ज़हर घुल गया इस क़दर
प्रेम के गीत कोई भी गाता नहीं

ढँक सकूँ ऐब अपने मैं तेरी तरह
मुझको ऐसा हुनर कोई आता नहीं

ऐसा है या वैसा है
जैसा भी है अपना है

रहता अपने में गुमसुम
बस मन ही मन घुलता है

मुस्काए सपने में वो
सपना अभी अधूरा है

प्यार बँटा दीवारों में
हर आँगन छल पलता है

लफ़्ज़ों की पीड़ा गहरी
जुमला अभी अधूरा है

आई यादें भीगा मौसम
तुझ बिन कितना फीका मौसम

मन चाहे रिश्तों का बंधन
तन्हा तन्हा बीता मौसम

झील सी तेरी इन आँखों में
फागुन जैसा निखरा मौसम

लाया है सैलाब ग़मों का
खट्टा मीठा तीखा मौसम

खुश्क हुई जब से मन-बगिया
झर-झर बहता रहता मौसम

टूटा दर्पन मेरे आँगन
बिखरन बिखरन मेरे आँगन

जड़ से इन उखड़े पौधों की
सिसकन सिसकन मेरे आँगन

सागर से लौटी हूँ रीती
तड़पन तड़पन मेरे आँगन

गुम हूँ मैं अपनी ही धुन में
उलझन उलझन मेरे आंगन

इतनी भीग गई है 'मीरा'
फिसलन फिसलन मेरे आंगन

धीरे धीरे बदल रही हूँ
तेरे साँचे में ढल रही हूँ

जब से तेरा दामन छूटा
सबसे बचकर निकल रही हूँ

सीख गई हूँ दुनियादारी
मैं भी तेवर बदल रही हूँ

भीतर लावा उबल रहा है
रफ़्ता-रफ़्ता पिघल रही हूँ

टकरा कर साहिल से 'मीरा'
टूट गई थी, सँभल रही हूँ

जे. आर. मसीह

जन्मतिथि : 6-5-1935

शिक्षा : एम. ए., एम. एस., डी. एच. एम. एस., डी. ई. एच. एम. एस. बी. ए. (संगीत)

प्रकाशन : पत्र-पत्रिकाओं में रचनाएँ प्रकाशित

सम्मान/पुरस्कार : अनेक संस्थाओं द्वारा सम्मानित

सम्प्रति : भारत सरकार के एग्री. विभाग से सेवा निवृत्ति के पश्चात पूर्णकालीन साहित्य साधना में रत्।

सम्पर्क : शवनगर, गली नं.-1, कंगनपुर रोड, सिरसा (हरियाणा) 125055, फोन—245868

अपना ज़मीर दोस्तो मरने न दीजिए
अपना वक़ार-ओ-मर्तबा गिरने न दीजिए

जीना किसी के रहम पे मर्दानगी नहीं
ये शौक़ अपने दिल में उतरने न दीजिए

मज़हब का भूत जिनके सरों पर सवार है
हरगिज़ भी इन सरों को उभरने न दीजिए

मुँह फेर लेंगी मुश्किलें राहे-हयात में
है शर्त ये कि हौसले गिरने न दीजिए

'शादाँ' हमेशा कीजिए इन्सानियत का पास
ज़ालिम को मगर जुल्म भी करने न दीजिए

क्या हाल पूछते हो किसी दिल फ़िगार का
यादें ही ताज़ा करता है मौसम बहार का

ऐ ज़ुल्म करने वाले ज़रा तो ख़याल कर
पैमाना भर गया मेरे सब्रो-क़रार का

आख़िर कहाँ गई वो फबन लालाज़ार की
आख़िर कहाँ गया वो ज़माना बहार का

ऐ सुब्ह की हवाओ गुज़रना गरेज़ पा
ता बुझ न जाए ये दिया मेरे मज़ार का

'शाँदा' ये आदमी तो फ़क़त मुश्ते-ख़ाक है
नाहक़ गुमान है इसे अपने वक़ार का

इन्सान चाहे कुछ भी हो लेकिन ख़ुदा नहीं
मुश्ते-ग़ुबार है फ़क़त क्या जानता नहीं

फ़जले-ख़ुदा है इसपे ये है बन्दा-ए-ख़ुदा
मिसले-हबाब ही सही लेकिन ये क्या नहीं

क्या कुछ नहीं नसीब इसे ज़िन्दगी में दोस्त
फिर भी ये बशर फ़ारिग़े-हिम्र-ओ-हवा नहीं

क्यों अहले-मौहब्बत को बुरा कहती है दुनिया
ये सिफ़त है ख़ुदा की मौहब्बत ख़ता नहीं

'शादाँ' किसी को कोई बुरा किसलिए कहे
नज़दीक से देखें आकर कोई बुरा नहीं

देखा है जब से उनको जोशे-बहार में
इक हूक उठ रही है दिले-बेक़रार में

आँखों में अश्क होठों में आहें जिगर में दर्द
क्या नेमतें मिली हैं हमें उनके प्यार में

कहते हैं कितने नाज़ से चाहो न तुम हमें
जैसे कि दिल मेरा है मेरे इख़्तियार में

जबसे तसव्वुरात की महफ़िल सजाई है
लुत्फ़ और बढ़ गया है ग़म-ए-इन्तज़ार में

'शादाँ' न पूछ मुझसे मुलाक़ात का मज़ा
हस्ती सवँर गई है मेरी वस्ल-ए-यार में

अहदे-पीरी में जोशे-जाम कहाँ
साक़ी से जुर्रत-ए-कलाम कहाँ

रौनकों से तही हैं मैख़ाने
मैकदों में वो लुत्फ़े-शाम कहाँ

उसको ढूँढा चमन-चमन हमने
जाने होगा वो ख़ुशख़िराम कहाँ

अब कहाँ वो नवाज़िशें उसकी
हम पे अब उसका फ़ैज़े-आम कहाँ

वो कब जलवानुमा हो मुन्तज़िर हूँ
'शादाँ' अब नाम-ओ-पयाम कहाँ

शिवनाथ 'बिस्मिल'

जन्मतिथि : 11.7.1935, बरेली (उ.प्र.)
शिक्षा : शिक्षक प्रशिक्षण प्राप्त
प्रकाशन : विभिन्न पत्र-पत्रिकाओं में रचनाएँ प्रकाशित
सम्मान/पुरस्कार : विवेक गोयल साहित्य पुरस्कार, बरेली सहित अनेक संस्थाओं द्वारा सम्मानित।
सम्प्रति : उज्ज्वल प्रेस एवं उत्तम कम्प्यूटर का संचालन
सम्पर्क : उज्ज्वल प्रेस, कालिज रोड, बरेली (उ. प्र.) 243005
फोन - 0581-2567986
मोबाइल : 9897234488

भलाई या बुराई का विवेचन कौन करता है
बिना लालच किसी का अब समर्थन कौन करता है

वो बूँदों को तरसता है वो सागर होके है प्यासा
ये इस संसार का नियमन-प्रबन्धन कौन करता है

इधर इक दीप जलता है, उधर इक दीप बुझता है
ये इस जीवन का उद्घाटन-समापन कौन करता है

ये धरने, रैलियाँ, हड़ताल क्या है आप क्या जानें
प्रदर्शन किसका है और मार्गदर्शन कौन करता है

सभी डूबे हुए हैं अपने-अपने स्वार्थ में 'बिस्मिल'
स्वयं की भूल पर अब आत्म-मंथन कौन करता है

निर्दयी मन बदल नहीं सकता
जैसे पत्थर पिघल नहीं सकता

झूठ सोने-सा लग तो सकता है
झूठ सोने में ढल नहीं सकता

है सुई का प्रयोग आवश्यक
वर्ना काँटा निकल नहीं सकता

मछलियाँ सभ्यता के शोषण की
कोई जीवित निगल नहीं सकता

क्रान्ति का दौर है ये ऐ 'बिस्मिल'
शान्ति से काम चल नहीं सकता

दर्द का प्रश्न हल नहीं होता
कोई साधन सफल नहीं होता

सत्य कहना तो है सरल लेकिन
सत्य सहना सरल नहीं होता

दलदलों को सभी नहीं चुनते
पुष्प हर इक कमल नहीं होता

हम जो पहले निदान कर लेते
दर्द इतना प्रबल नहीं होता

वह तो पत्थर की मूर्ति है 'बिस्मिल'
और पत्थर तरल नहीं होता

फिर कोई हमदम पालोगे
फिर तुम एक भरम पालोगे

कब तक बीते ग़म पालोगे
कब तक आँखें नम पालोगे

जीना उतना आसाँ होगा
जितने अरमाँ कम पालोगे

जिस-तिस पर विश्वास किया तो
आँखों में शबनम पालोगे

आज़ादी खो दोगे 'बिस्मिल'
कोई अगर क़सम पालोगे

मुझको मालूम है तू सच की दुहाई देगा
झूठ के शोर में सच कैसे सुनाई देगा

दिल में इमदाद का एहसास ही होगा न अगर
डूबने वाले को फिर कौन कलाई देगा

प्यार की बात पे जब यूँ ही हँसेगी दुनिया
प्यार की राह में फिर कौन दिखाई देगा

कारगर इश्क़ को अपने मैं तभी समझूँगा
मेरा दुश्मन मुझे जिस रोज़ बधाई देगा

दर्दे-'बिस्मिल' पे ही ख़ामोश हैं जब अहले-जुबाँ
बेगुनाही की मेरी कौन सफ़ाई देगा

विजय अरुण

जन्मतिथि : 9.11.1935, अमृतसर
शिक्षा : प्रभाकर, स्नातक (अंग्रेजी), मार्केटिंग डिप्लोमा।
प्रकाशन : 'परदेस हमारा देस' (उर्दू काव्य संग्रह, फ़ारसी लिपि में)
सम्मान/पुरस्कार : अनेक संस्थाओं द्वारा सम्मानित।
सम्प्रति : अभिनेता एवं कवि
सम्पर्क : 003/बी, बी-18, 'गुलशन' गोकुलधाम, गोरेगाँव (पूर्व), मुम्बई - 400063
फोन : 28407453

और किसी ने लूटी थी या ख़ुद मैंने ही लूटी थी
मेरी लुटी हुई दुनिया की हर सच्चाई झूटी थी

क्या सूरज थम गया वहीं पर होता नहीं उजाला क्यों
घड़ियों पहले तो देखा था आस-किरन-सी फूटी थी

भाग्य बुरा था फिर भी मैंने मेहनत से मंज़िल पाई
मेरी साँस नहीं टूटी थी भाग्य की रेखा टूटी थी

जनमानस बेहोश पड़ा है कोई तो औषध लाओ
अब भी तो मिलती ही होगी जो संजीवन बूटी थी

सम्बल संचित करते-करते हुआ विलम्ब 'अरुण' को आज
उसको था जिस नाव से जाना अभी-अभी वह छूटी थी

मेरा कोई शत्रु नहीं कोई मित्र नहीं
दुनिया वालो क्या यह बात विचित्र नहीं

चित्रकार! यह चित्र है तो मुँह से बोले
आड़ी सीधी रेखाएँ तो चित्र नहीं

यह अनमोल पसीना प्यार के पथ का है
यह बाज़ार में बिकने वाला इत्र नहीं

आए मेनका और डिगाए अब मुझको
मैं वह पहला-सा अब विश्वामित्र नहीं

दीन हूँ फिर भी दीन दुःखी मैं नहीं 'अरुण'
हीन हूँ फिर भी मेरा हीन चरित्र नहीं

ये दुनिया है फ़रेबी, चल सकोगे?
नए साँचों में पल पल ढल सकोगे?

बताओ चाँद से ऐ ख़ूबसूरत
ज़मीं पर साथ मेरे चल सकोगे?

रहोगे जो कली बनकर चमन में
तो फिर काँटों में भी तुम पल सकोगे

उजाला आग दोनों चाहता हूँ
कहो क्या तुम दिए सा जल सकोगे?

'अरुण' कहते हो मिट्टी से जुड़े हो
ये मिट्टी अपने मुँह पर मल सकोगे?

तेरा रूप ये दरपन तक
कब पहुँचेगा साजन तक

ग़म की रुत अब थम भी जा
सूख गए हैं सावन तक

यार नहीं हैं साथ मिरे
मेरी तरफ़ अब दुश्मन तक

धूप ख़ुशी की पहुँचे तो
मुझ मसकीन के आँगन तक

नाम 'अरुण' का बाक़ी है
बस शे'रों की छनछन तक

जब भी दिल में उफान आता हूँ
मुझको तेरा ही ध्यान आता है

आदमी की परख है मुश्किल चीज़
आते आते ही ज्ञान आता है

डूबा जाता है दिल तो हर इक पल
देखो! कब मेहरबान आता है

ले के कितने ही टुकड़े सूरज के
रात को आसमान आता है

जब भी जाता है उसके दर पे 'अरुण'
कुछ नई दिल में ठान आता है

मेयार सनेही

जन्मतिथि : 7.3.1936, जनपद बाराबंकी (उ.प्र.)
शिक्षा : साहित्य रत्न
प्रकाशन : 'वतन के नाम पाँच फूल' (काव्य)। पत्र-पत्रिकाओं में रचनाएँ प्रकाशित
सम्मान/पुरस्कार : अनेक साहित्यिक संस्थाओं द्वारा सम्मानित
सम्प्रति : साहित्य साधना (उर्दू, हिन्दी)
सम्पर्क : एस 7/9 बी अर्दली बाज़ार, वाराणसी-2

अपनी ऊँचाई घटा ले फ़ायदा हो जाएगा
उनकी महफ़िल में तेरा भी दाख़िला हो जाएगा

ढक लिया सूरज को लेकिन इससे क्या हो जाएगा
चन्द लम्हों में ये बादल लापता हो जाएगा

ऐ ज़माने इन ग़रीबों को न ठोकर से नवाज़
वर्ना जब ये उठ खड़े होंगे बुरा हो जाएगा

हम मोहब्बत के पुजारी हैं, मोहब्बत की क़सम
जिसको भी सजदा करेंगे वो ख़ुदा हो जाएगा

इनकी बातों में न आना ये वही 'मेयार' हैं
जब निकल जाएगा मतलब बेवफ़ा हो जाएगा

ऐसे भी दिन हमारे नसीबों में आ गए
मुजरिम-मिज़ाज लोग हबीबों में आ गए

वो लोग कितने सादा थे सच बोलने लगे
अंजाम यह हुआ कि सलीबों में आ गए

ये दौर-ए-हाज़िरा का अदब क्यों न डूब जाए
जब ज़र ख़रीद लोग अदीबों में आ गए

अब ख़ुद करेंगे अपने मुक़द्दर का फ़ैसला
ये हौसले कहाँ से ग़रीबों में आ गए

मुझको किसी ने प्यार से 'मेयार' कह दिया
जितने भी हमनवा थे रक़ीबों में आ गए

ये उजाले हैं सियह-ज़ात लिखूँ या न लिखूँ
सोचता हूँ कि मैं ये बात लिखूँ या न लिखूँ

चुप भी रहना है बुरा, बोलना उससे भी बुरा
कितने नाज़ुक हैं ये लमहात लिखूँ या न लिखूँ

नुक्ताचीनी मेरी आदत तो नहीं है लेकिन
देखता हूँ जो मैं दिन-रात लिखूँ या न लिखूँ

पारसाई है तेरी ख़ूब मगर दर-परदा
उठ रहे हैं जो सवालात लिखूँ या न लिखूँ

कोई शिकवा नहीं 'मेयार' ज़माने से मगर
दिल पे गुज़रे हैं जो सदमात लिखूँ या न लिखूँ

चाह तलवार हो रही है अब
सर की दरकार हो रही है अब

ज़िन्दगी तो गुज़र गई कब की
राह हमवार हो रही है अब

दुश्मनी इस मुक़ाम तक लाई
ख़ुद से तकरार हो रही है अब

अन्नदाताओं को ख़बर कर दो
भूख बेदार हो रही है अब

बस कि 'मेयार' के गुनाहों की
फ़स्ल तैयार हो रही है अब

इस तरफ़ बच्चे हैं भूखे उस तरफ़ त्यौहार है
ये भी इक संसार है और वह भी इक संसार है

दोस्ती के पास तुम जाने से भी डरने लगे
दोस्ती जैसे कोई गिरती हुई दीवार है

दल बनाकर लूटिए या दल-बदल कर लूटिए
लूटना अब हर सियासत-दाँ का कारोबार है

शायरी से आग लग सकती है मेरे दोस्तो
तुम समझते हो ये लफ़्ज़ी खेल खरपतवार है

चन्द सिक्कों के लिए 'मेयार' फ़न को बेच दें
और ये तुर्रा की बन्दा साहिबे-किरदार है

शंकर सक्सेना

जन्मतिथि : 23.4.1936 लश्कर (ग्वालियर)

शिक्षा : एम.ए. (हिन्दी, ललित कला)

प्रकाशन : गीत, ग़ज़ल, कहानी, कविता सहित अनेक विधाओं की रचनाओं का देशभर की प्रतिष्ठित पत्र-पत्रिकाओं में प्रकाशन। 'झील की नीली सतह पर' गीत-संग्रह एवं 'अजनबी शहर में' 'अपना पता लगा न सके' ग़ज़ल-संग्रह, एक बालगीत-संग्रह एक दोहा-संग्रह प्रकाशनाधीन।

सम्मान/पुरस्कार : काव्य श्री उ.प्र., काव्य कन्हैया, बैतूल, माखन लाल चतुर्वेदी सम्मान, मथुरा अक्षर श्री (हरियाणा) साहित्य-भूषण (जबलपुर) सहित अनेक संस्थाओं द्वारा सम्मानित।

सम्प्रति : प्राचार्य पद से सेवा निवृत्त पूर्ण कालीन साहित्य सेवा में रत्।

सम्पर्क : सी-13, वैशाली सुक्षांश, अमृता विहार, कोरिन भाटा, राजनांद गाँव (छ.ग.)
फोन : 07744-222582
मो. 9893402682

वो जिसके दिल पे गुज़री है, वही पूछे मेरे दिल से
हज़ारों महफ़िलें लेकर उठा हूँ उसकी महफ़िल से

मैं तूफ़ानों का पाला हूँ, मैं मँझधारों से खेला हूँ
मुझे आवाज़ फिर क्यूँ दे रहे हैं लोग साहिल से

वो मेरे क़त्ल से पहले बहुत ही खुश नज़र आया
वो अब क्यूँकर पशेमाँ है कोई पूछे तो क़ातिल से

खुशी और ग़म में अक्सर ही छलक पड़ते थे आँखों से
नहीं आते, अगर आते भी हैं, आँसू तो मुश्किल से

उसे अब देखना मुड़कर कभी मुमकिन नहीं होगा
निकल आया है इतनी दूर 'शंकर' अपनी मंज़िल से

धूप है धूल है पसीना है
ज़िन्दगी जून का महीना है

दिन सुलगते हुए पहाड़ों सा
रात मँझधार का सफ़ीना है

दोपहर नीम-ख़ाब खामोशी-सी
शाम, रूठी हुई हसीना है

फूल के साथ-साथ काँटे हैं
ज़िन्दगी का यही करीना है

अश्क आरिज़ पे ऐसे ठहरा है
जैसे शोले पे आबगीना है

नजरें उठा के देख या नज़रें झुका के देख
तू जिस तरह भी देख, मगर मुस्करा के देख

क्यूँ नफ़रतों की आग में जलता है रात दिन
दिल में कभी चिरागे़-मुहब्बत जला के देख

ख़ुशबू की इक लकीर थी जो अपने दरमियाँ
दिल में उतर गई तू, दिल में समाँ के देख

रुख़सारे-शफ़क रंग की सरगोशियाँ न पूछ
कहती हैं जैसे सायए-गेसू में आ के देख

'शंकर' नज़र के फेरो-फ़रेबों को भाँप कर
नज़रों में सबकी चढ़ के तू नज़रें बचा के देख

बोए थे बीज और शजर और तरह के
फूल और तरह के है समर और तरह के

जिनसे ख़ुलूसो-प्यार महकते हैं रात-दिन
हैं लोग और तरह के घर और तरह के

वो हैं अदीब और हैं वो मीरे-कारवाँ
फ़नकार हैं ज़रूर हुनर और तरह के

चेहरा खुली किताब-सा, आँखें हैं नीमबाज़
खिलते हैं आरिज़ों में भँवर और तरह के

रोते हैं फूट-फूट के पाँवों के आवले,
'शंकर' ये हम-सफ़र है, मगर और तरह के

लब चुप रहे तो आँख से गौहर बरस पड़े
ख़ामोश हसरतों पे यूँ पत्थर बरस पड़े

वो साहिबे-निज़ाम सही हम भी कम नहीं
जो आ गया समझ में तो, हँसकर बरस पड़े

जिन पत्थरों को, हमने सिखाया था बोलना
जब बोलने लगे, तो हमीं पर बरस पड़े

गुलशन रहे गुलज़ार ख़ुशबुओं से मुअत्तर
कुछ फूल मुस्करा के ज़मीं पर बरस पड़े

बोलूँ तो बदज़ुबान, न बोलूँ तो बदगुमाँ,
'शंकर' की बेबसी पे वो खुलकर बरस पड़े

रमेश तन्हा

मूल नाम : रमेश चन्द्र कौशिक

जन्मतिथि : 26.7.1936, गाँव सेह (लुधियाना, पंजाब)

प्रकाशन : 'हर्फ़े तन्हा' प्रकाशित। अनेक पत्र-पत्रिकाओं में रचनाएँ प्रकाशित।

सम्मान/पुरस्कार :अनेक संस्थाओं द्वारा सम्मानित।

सम्प्रति : ए.जी.सी.आर. दिल्ली से सीनियर आडिट आफीसर पद से सेवा निवृत्ति के पश्चात पूर्णकालीन साहित्य साधना में रत।

सम्पर्क : 102 डी, प्लाट नं. 12, सैक्टर - 10, द्वारका, नई दिल्ली - 45

एक दिवस की दौड़धूप में क्या खोना क्या पाना है
सुब्ह सवेरे घर से निकलना, साँझ ढले घर आना है

अपने ही घर में रहते हैं, मेहमाँ की सूरत यानी
अब है हर बेगाना अपना, हर अपना बेगाना है

मैंने सजा रक्खे हैं अपनी पलकों पर जो ये मोती
सब उसकी सौग़ात है यारो, सब उसका नज़राना है

हमने तो इक उम्र गँवा दी, पैहम चलते रहने में
बात मगर आख़िर ये निकली, घर से घर तक जाना है

दर्द का मौसम आया खारे पानी की सौग़ात लिए
दुनिया ने जो हमको दिया है, दुनिया को लौटाना है

हवा अभी करवट बदलेगी और बिखर जाएँगे हम
'तन्हा' हमको अपना दामन कब तक और बचाना है

किसी साए का ही पैकर रखना
आँख में कोई तो मंज़र रखना

दर्द का दीप जगाकर रखना
अश्क आँखों में बराबर रखना

तुम तो सूरज को, तुम्हे क्या मालूम
क्या है सीने में समुन्दर रखना

घर से बाहर भी तो दीवारें हैं
हर क़दम सोच-समझकर रखना

फिर चराग़ों की लवें उठती हैं
फिर हवाओं को ख़बर कर रखना

एक झौंके से बिखर जाऊँगा, मेरा क्या है
ख़ुश्क पत्ते की हरी डाल पे होना क्या है

सम्त दर सम्त भटकना है मुक़द्दर मेरा
एक झौंका ही तो हूँ, मेरा ठिकाना क्या है

दिल के मौसम से इबारत है ये दुनिया वर्ना
आइना क्या है, नज़र क्या है, नज़ारा क्या है

अब वो रोता भी नहीं और न हँसता है कभी
जाने उस शख़्स ने इस शह्र में देखा क्या है

धूप से लड़ता है, रखता है हवाओं से ख़ुलूस
अपने साए को ख़ुदा कहता है 'तन्हा' क्या है

किस ज़ो'म में कह डाला ये चिड़िया ने शजर से
खेलें न हवाएँ मिरे टूटे हुए पर से

क्या जाने हवा ने उसे किस रुख़ से छुआ था
गिरते ही रहे पत्ते बड़ी देर शजर से

छोड़ा न गया मुझसे अँधेरों को अकेला
पैग़ाम तो आए कई सूरज के नगर से

पहुँचे भी किसी दर पे तो दस्तक ही नहीं दी
आग़ाज़ के डर से कभी अंजाम के डर से

दीवार कोई नाम पता पूछ न बैठे
छोड़ आए हर इक शह्र को 'तन्हा' इसी डर से

पहले ख़ुद को आइने जैसा करो
आइने में ख़ुद को फिर देखा करो

सिर्फ़ होना ही नहीं है ज़िन्दगी
अपने होने का सबब पैदा करो

आइनों से दोस्ती अच्छी नहीं
यूँ न ख़ुद को टूटकर चाहा करो

क्या ख़बर लग जाए कब किसकी नज़र
अपने भी आगे से मत निकला करो

अपना सर तक भी न काँधों पर रहे
इस क़दर भी ख़ुद को मत 'तन्हा' करो

ओमप्रकाश खुराना 'आतिश

जन्मतिथि : 1.10.1936, काला बाग़ (मियाँवाली) पाकिस्तान

शिक्षा : बी.एस-सी., इंजीनियरिंग

प्रकाशन : ग़ज़ल संग्रह 'दीवाने-आतिश'। पत्र-पत्रिकाओं में रचनाएँ प्रकाशित

सम्मान/पुरस्कार : अनेक संस्थाओं द्वारा सम्मानित

सम्प्रति : इण्डियन आरडनेंस फैक्ट्री से एडीशनल जेनरल मैनेजर पद से सेवा निवृत्ति के पश्चात पूर्णकालिक साहित्य-साधना में रत

सम्पर्क : म.नं. 1754, सैक्टर 4, गुड़गांव (हरियाणा) 122001

फोन : 0124 - 5077720, मो. 9818398312

सारे जहाँ पर राज़ मेरा आशकारा हो गया
सोचा भला क्या और हाय क्या ख़ुदारा हो गया

था कल तलक तो बस में मेरे, अब तुम्हारा हो गया
यह दिल हमारा क्या करें, दुश्मन हमारा हो गया

था जब तलक संग मयकदे का, ठोकरों में ही रहा
बनकर ख़ुदा, बुतख़ाने में, सब का सहारा हो गया

हर इक बुलन्दी के मुक़द्दर में है इक पस्ती लिखी
आया ज़मीं पर एक दिन, चाहे सितारा हो गया

तौफ़े-हरम में फँस गया, छूटा जो दौरे-जाम से
उफ़ इक न इक चक्कर में ही गुम दिल हमारा हो गया

समझा सभी को मैंने अपना जब तो 'आतिश' किसलिए
दुश्मन ज़माना क्यों मेरा, सारे का सारा हो गया

नग़मे हमेशा प्यार के गाते चले गए
ग़म और ख़ुशी दोनों में मुस्काते चले गए

मालूम है इसके तईं बहरे हुए हैं सब
हम प्यार के नग़मे मगर गाते चले गए

गुल खिल गए चारों तरफ़ गुज़रे जिधर से हम
यूँ रास्तों को और महकाते चले गए

हमको समन्दर ने अदब से रास्ता दिया
बेख़ौफ़ जब लहरों प लहराते चले गए

दिल की लगी 'आतिश' बुझाई है शराब से
यूँ आग से हम आग बुझाते चले गए

मुझको यहाँ तो हर कोई अपना लगा
सपना हक़ीक़त और सच सपना लगा

मैंने बढ़ाया गुल की जानिब हाथ जब
काँटा जो उसके साथ था, वो आ लगा

बैठा है शीशे के मकाँ में आदमी
हर दम ही पत्थर का है अन्देशा लगा

अख़्त्यार है किसको यहाँ दिल पर भला
जो भी लगा अच्छा, उसी से जा लगा

अब रो रहा है रख जिगर पर हाथ क्यों
'आतिश' न दिल, कितना ही समझाया, लगा

जाने पहचाने कहीं हैं, और अनजाने कहीं
हैं पराए अपने तो, अपने हैं बेगाने कहीं

आग भी होगी यक़ीनन उठ रहा है जो धुआँ
क्या हक़ीक़त के बिना, बनते हैं अफ़साने कहीं

चाक दामन कर लिया हाय जनूने-शौक में
आप से होंगे भला, दुनिया में दीवाने कहीं

जल चुके आशिक़ हक़ीक़ी, उड़ चुकी है राख भी
आग से क्या शम्अ की डरते हैं परवाने कहीं

लोग समझे आज 'आतिश' भी मुसलमाँ हो गया
साए में मसजिद की बैठे, हम जो सुस्ताने कहीं

बरसता अब्र है या मेरे अश्कों की रवानी है
समझते हो जिसे पानी, असल में ख़ूँ फ़शानी है

सुनाई दोस्तों ने दास्ताने-ग़म, बहुत रोए
न थी हमको ख़बर इसकी, हमारी ही कहानी है

नज़र आता नहीं शीशे में क्यों मुझको मेरा चेहरा
हुई कम मेरी बीनाई, कि उतरा इसका पानी है

सुख़न दाँ रह गए हैं कम, तो हैं या क़द्र दाँ कमतर
यह दौरे-शायरी कैसा, यह कैसी शेरख़्वानी है

हमें तो मार ही डाला था 'आतिश' ज़िन्दगानी ने
जिए उम्मीद में जिसकी, क़ज़ा-ए-नागहानी है

हितेश कुमार शर्मा

जन्मतिथि : 30.12.1936

शिक्षा : बी.कॉम., एल.एल.बी.

प्रकाशन : 5 काव्य संकलन प्रकाशित। 4 संकलनों का संपादन। 4 पत्र-पत्रिकाओं का प्रकाशन सम्पादन। अनेक पत्र-पत्रिकाओं रचनाएँ प्रकाशित

सम्मान/पुरस्कार :अनेक सामाजिक, व्यापारिक एवं साहित्यिक संस्थाओं द्वारा सम्मानित

सम्प्रति : अधिवक्ता, व्यापार कर एवं अन्य कर

सम्पर्क : गणपति कॉम्प्लैक्स, सिविल लाइन्स, बिजनौर (उ.प्र.) 246701

फ़ोन : 01342-262085

कोई जब हद से मुहब्बत की गुज़र जाता है
किस्सा-ए-लैला-ओ-गुलफ़ाम उभर आता है

वक़्त यक्साँ है मगर तेरी इनायत पे मुकीम
बारहा उड़ता है, पर दन से ठहर जाता है

प्यार से मैंने सहेजा है हमेशा उसको
साया-ए-ज़ुल्फ़ में लम्हा जो गुज़र जाता है

तेरी फ़ुरकत में कभी जब मैं ग़ज़ल कहता हूँ
मेरा हर शे'र सहर बन के निखर जाता है

दिल वो शीशा है अगर बात कोई लग जाए
ज़िन्दगी भर नहीं जुड़ता है, बिखर जाता है

चाहे जिस राह का पत्थर 'हितेश' हो लेकिन
तेरे बुतख़ाने में आए तो सँवर जाता है

नैन में नीर है
अनकही पीर है

बात ही बात में
फिर चुभा तीर है

आईने में छिपी
कल की तस्वीर है

जो छुपा गर्भ में
वो ही तक़दीर है

जो घटित हो चुका
सिर्फ़ तदबीर है

वक़्त फिर चाल चल गया यानी
ज़िन्दगी के बदल गये मानी

बोल-बतियाते सो गया कोई
सारी दुनिया बता गया फानी

दोस्ती के लिबास में अक्सर
रूह पाई गई है शैतानी

अक्ल इन्सान को तभी आई
जब भी सर से उतर गया पानी

आदमी फ़ितरती है, फ़ितरत से
तौबा करता है करके नादानी

रहगुज़र बेख़बर निहारेगा
वो यूँ ही ज़िन्दगी गुज़ारेगा

जो हवाओं के रुख़ बदलता है
जब भी हारेगा खुद से हारेगा

जब कभी वो सफ़र से लौटेगा
सिर्फ़ तन्हाईयाँ सँवारेगा

दुश्मनों से फ़िज़ूल डरना है
गरचे मारा तो दोस्त मारेगा

तू सफ़र पर निकल पड़ा तो 'हितेश'
कौन पलकों से पथ बुहारेगा

सारी दुनिया उदास लगती है
दूर से कितनी पास लगती है

देखिए फिर से खा गई धोखा
खोए होशो-हवास लगती है

लौट आएगी हर खुशी यानी
कितनी अच्छी ये आस लगती है

भूल कोई ज़रूर कर बैठी
वरना वो क्या बिन्दास लगती है

उसको तोहमत 'हितेश' मत देना
वह स्वयं ही निराश लगती है

कमल किशोर 'श्रमिक'

जन्मतिथि : 12.2.1937, बिधनू (कानपुर) उ.प्र.

प्रकाशन : ग़ज़ल-संग्रह 'ये आसमान परिन्दों के लिए है', 'श्रमिक की ग़ज़लें' (भाग 1), काव्य-संग्रह 'श्रम के स्वर' सहित विभिन्न पत्र-पत्रिकाओं में कहानी, कविताएँ, गीत, ग़ज़ल, लेख, समीक्षाएँ आदि प्रकाशित। श्रमिक रचनावली भाग - 2, एवं भाग - 3 प्रकाशनाधीन।

सम्मान/पुरस्कार : अनेक साहित्यिक संस्थाओं द्वारा सम्मानित।

सम्प्रति : पत्रकारिता एवं स्वतंत्र लेखन। 'जन संस्कृति मंच' के राष्ट्रीय पार्षद।

सम्पर्क : 254/1, न्यू लेबर कालोनी, बाबूपुरवा, कानपुर (उ.प्र.) 208011

अभी अँधेरे की बस्तियों में कहीं पे भी रोशनी नहीं है
तुम्हारी दुनिया के हाशिये में हमारी दुनिया बनी नहीं है

यहाँ ज़रूरत ने जिस्म बेचा या भूख ने खुदकुशी किया है
ख़बर रिसालों में छप रही है मगर कहीं सनसनी नहीं है

समूची दुनिया सराय भर है यहाँ लुटेरे भी बस गए हैं
बसाए कैसे किसी बशर को किवाड़े हैं सिटकनी नहीं है

हमारा मन्दिर तुम्हारी मस्जिद ये कैसा बटवारा आदमी में
कहीं पे मुलवा गया नहीं है कहीं पे अब्दुल गनी नहीं हैं

कचेहरी थाने में लूट देखी शराबख़ाने में लूट देखी
कोई तो ऐसी जगह बताओ जहाँ पे ये रहज़नी नहीं है

सलीब भी हैं मसीह भी हैं अदब के माहिर अदीब भी हैं
जो आदमी को सुकून बख़्शे अभी ग़ज़ल वो बनी नहीं है

जो दर्द उठता है उनके दिल में वो मेरे सीने के पास क्यों है
यतीम बच्चों को देख करके ग़ज़ल हमारी उदास क्यों है

ये तंग गलियाँ अपंग कलियाँ निराश भौरे डरी तितलियाँ
इन्हें पता है हमारे शायर को रोशनी की तलाश क्यों है

ज़माने भर से गिला नहीं है मगर सही सिलसिला नहीं है
जो शख़्स भारी गुनाह करता वो आम लोगों में ख़ास क्यों है

अभी सियासत की स्याह बाहों में रोशनी कसमसा रही है
अभी हक़ीक़त में तल्ख़ियाँ हैं अभी ज़हर में मिठास क्यों है

हमारे गाँवों के बाँकपन को रवायतों को हिदायतों को
बताओ किसने ज़िबह किया है नदी किनारे पे लाश क्यों है

हमें ख़ुशी भी मिली सिर्फ़ दवाई की तरह
उसूल ओढ़ के लेटे हैं रजाई की तरह

हम अपने घर में कई पीढ़ियों से देख रहे
अभाव शान से बैठा है जमाई की तरह

पेट की आग ने बच्चों की परवरिश की है
किसी बीमार खाँसती हुई दाई की तरह

ये जहालत ये जलालत ये ज़िन्दगी क्या है
उम्र गुज़री है तवायफ़ की कमाई की तरह

समय ने छाप दिया है 'श्रमिक' की ग़ज़लों को
अदब की पत्रिका में सुर्ख़ रुबाई की तरह

जी.डी. चौधरी

जन्मतिथि : 10.7.1937, चुरा माने कात (मिंट गुमरी) पाकिस्तान

शिक्षा : एम.ए. (पंजाबी)

प्रकाशन : पाँच ग़ज़ल-संग्रह (पंजाबी में) एवं तीन आलोचनात्मक पुस्तकें प्रकाशित। पत्र-पत्रिकाओं में रचनाएँ प्रकाशित

सम्मान/पुरस्कार : अनेक संस्थाओं द्वारा सम्मानित

सम्प्रति : होम्योपैथिक प्रैक्टिसनर, सिरसा

सम्पर्क : जगदेव सिंह चौक, पंजाब नेशनल बैंक वाली गली, सरकुलर रोड, सिरसा (हरियाणा) 125055

फोन : 0166 - 223345

मो. 9896069066

तू रोने के लिए ही इस जहाँ में तो नहीं आया
गँवाने के लिए ही नहीं मिली सुन्दर तुझे काया

दफ़न हो जाएगा हर हाल वह कल की स्याही में
हालाते हाज़रा से जो नहीं ऊपर उभर पाया

माना कि बहुत अदना सा है वजूद जुगनू का
कयामत के अँधेरों में भी है अकसर वह मुस्काया

चमन में वह पौधा पनपे या न क्या फ़र्क पड़ता है
ना जिसने बाँटी खुशबोई ना जिसने दी कोई छाया

अगर है आरज़ू तो जुस्तजू भी होनी ही चाहिए
तमन्ना को तस्सवुर से नहीं घर कोई भी लाया

वो बातें जिनसे नहीं कोई सरोकार हमें
सुनाते किसलिए वही हो बार बार हमें

वो जिनके हाथ हैं अभी तलक भी खून सने
बता रहे हैं वही लोग गुनाहगार हमें

उन्हें तमीज़ नहीं दोस्तों में दुश्मनों में
वगरना इस क़दर करते ना दर किनार हमें

भँवर में भटकना शामिल नहीं हैं फ़ितरत में
लगाना आता है कश्ती को आर-पार हमें

ज़माने में हमारी कुछ अभी भी क़ीमत है
नहीं तो बेचते कैसे हमारे यार हमें

खुद नहीं करते ज़रा लिहाज़
क्यों फिर औरों पर ऐतराज़

उसके टूटे पंख हैं कहते
ख़त्म हुई उसकी परवाज़

झूठ-सच का फ़र्क मिट गया
क्या है बातों का अन्दाज़

काम अगर करने हैं छोटे
क्यों चाहिए फिर उमर दराज़

सभी उँगलियाँ उठी तुम्हीं पर
करोगे किस किस पर ऐतराज़

है जिसके सीने में दिल और दिल में दम मेरे दोस्त
ऐसे दोस्त ज़माने में हैं, मिलते कम मेरे दोस्त

खुदा के नाम पर है लोग, खंजर लेके चल निकले
बंदों के नाम पर लेकर चलो, मरहम मेरे दोस्त

हो सकता है यूँ दूरी से तुम्हें, हम ग़ैर दिखते हों
आओगे पास तो पाओगे, अपनापन मेरे दोस्त

दुआ माँगो यहाँ अब तो कोई, बादल ही फट जाए
जंगल की आग को रोकेगी, क्या शबनम मेरे दोस्त

हो सकता है कैसे मुमकिन, ऐसे माहौल में रहकर
ग़ैरों से हो ना शिकवा, अपनों से ना गम मेरे दोस्त

वक़्त को समझने वक़्त ज़ाया नहीं करते
अगर हो जाए ग़लती उसको दोहराया नहीं करते

मुहबते-पाक से हैं जिनके, दिल लबरेज़ ऐ दोस्त
खड़ा होकर बाज़ारों में वो चिल्लाया नहीं करते

भरोसा खुद पे होता है जिन्हें, वो मेरे हमदम
खुदा के नाम की क़समें कभी खाया नहीं करते

क़दम जिनके रवाँ हो मंज़िल-ऐ-मकसूद की जानिब
वो छोटी-छोटी बातों में उलझ जाया नहीं करते

फ़रेब-ओ-कुफ़र से नहीं दूर का भी वास्ता जिनको
वो सच का सामना करने से घबराया नहीं करते

जगदीश श्रीवास्तव

जन्मतिथि : 15.11.1937

शिक्षा : एम.ए. (हिन्दी, भूगोल)

प्रकाशन : 'तारीखें', 'शहादत के हस्ताक्षर' सहित अनेक संकलनों, पत्र-पत्रिकाओं में रचनाएँ प्रकाशित। 'संघ मित्रा सहस्राब्दि' एवं ग़ज़ल विशेषांक त्रैमासिक का संपादन।

सम्मान/पुरस्कार : 'साहित्य श्री' पटना सहित देश की अनेक संस्थाओं द्वारा सम्मानित।

सम्प्रति : व्याख्याता पद से सेवा निवृत्ति के पश्चात पूर्णकालीन साहित्य साधना में रत। अनेक साहित्यिक संस्थाओं में सक्रिय भागीदारी।

सम्पर्क : गुप्तेश्वर मन्दिर, अन्दर क़िला विदिशा (म.प्र.)

उठाकर दर्द की चादर हमारे गाँव वालों ने
हमें घर से किया बेघर हमारे गाँव वालों ने

बहन से भाई को छीना कभी ममता के आँचल को
झुकाया सभ्यता का सर हमारे गाँव वालों ने

ज़रा-सी ऊँची उड़के जब भी पहुँची आसमानों में
उसी चिड़िया के काटे पर हमारे गाँव वालों ने

बहुत ही ख़ूबसूरत थी सयानी जब हुई लाजो
उतारे लाज के ज़ेवर हमारे गाँव वालों ने

घुली माहौल में दहशत, धुआँ गहरा है सन्नाटा
भरा है वादियों में डर हमारे गाँव वालों ने

बोलती है ख़ामोशी
डोलती है ख़ामोशी

गाँठ मन की अनजाने
खोलती है ख़ामोशी

ख़्वाब में ख़यालों को
तोलती है ख़ामोशी

याद की किताबों को
खोलती है ख़ामोशी

गीत और ग़ज़ल बनकर
बोलती है ख़ामोशी

दोस्ती देख ली
दुश्मनी देख ली

आईने की तरह
ज़िन्दगी देख ली

रुख़ से घूँघट हटा
चाँदनी देख ली

दर्द में डूबकर
ज़िन्दगी देख ली

रहबरों में रहे
रहज़नी देख ली

सच्चाई अब बिकती है बाज़ारों में
झूठ खड़ा है आज यहाँ दरबारों में

आसमान की ओर नहीं देखा हमने
ढूँढ रहे हैं सूरज को गलियारों में

गाँवों, गलियों खलिहानों के मसले सब
तय करते हैं वो बैठे मीनारों में

हाथ जोड़कर खड़े हुए हैं सदियों से
जाने कितने दिल्ली के दरबारों में

मुश्किल है अब चेहरों की पहचान यहाँ
दोस्त हमारे शामिल हैं ग़द्दारों में

जैसे झरना क़ैद है चट्टान में
वक़्त लगता है यहाँ पहचान में

प्यार, खुशबू, आरजू चाहत सुकूँ
हो गए हैं क़ैद रोशनदान में

मैं अकेला ही नहीं सब खो गए
इस हुजूमे-शहर के दीवान में

टुकड़े-टुकड़े हो गया है आइना
दिल जो टूटा दर्द की मुस्कान में

फूटकर झरना बहा चट्टान से
पायलें बजने लगीं सुनसान में

राजेन्द्र मिलन

जन्मतिथि : 16.11.1937

शिक्षा : एम.ए., पी-एच.डी., साहित्य रत्न, आर.डी.एस. (लन्दन)

प्रकाशन : 'ठहरो क्षण भर' (काव्य) सहित अनेक विधाओं की एक दर्जन पुस्तकें प्रकाशित। 'सन्तुलन' (विविधा) 'काव्य कुंज अग्रवन के' (काव्य) एवं भिन्न-भिन्न विधाओं की अनेक पत्र-पत्रिकाओं/संकलनों का सम्पादन। पत्र-पत्रिकाओं में रचनाएँ प्रकाशित

सम्मान/पुरस्कार :अनेक संस्थाओं द्वारा सम्मानित

सम्प्रति : संस्थापक, सचिव-समान्तर। चेयरमैन, संगीत संगम।

सम्पर्क : 'मिलन मंजरी', आजाद नगर, खंदारी, आगरा (उ.प्र.) 282002
फोन : 0562 - 2601026, फैक्स : 2605792

मेरे जीवन में ऐसी घुली ताज़गी
मुझमें अब भी झलकती है नाबालिग़ी

मैंने सोचा कहाँ कि सिकन्दर हूँ मैं
हाथ धोकर पड़ी पीछे बेचारगी

वैसे सचमुच ही भटका नहीं हूँ कभी
फिर भी क्यों लोग कहते हैं आवारगी

जिसने जैसा कहा मैंने वैसा किया
मिलती बदले में आई है नाराज़गी

अब तो दो दिन का मुमकिन सफ़र है 'मिलन'
मुझको भरपूर भाने लगी सादगी

अभिनय का बोल हुई ज़िन्दगी
बाज़ारू मोल हुई ज़िन्दगी

सन्नाटा तोड़ती पहाड़ों का
असमय का ढोल हुई ज़िन्दगी

होठों पे नागफनी उग आई
बंजर भूगोल हुई ज़िन्दगी

रन्ध्रहीन इस्पाती इच्छाएँ
बेमालूम होल हुई ज़िन्दगी

दर्द हमदर्द 'मिलन' का साथी
बेढंगा झोल हुई ज़िन्दगी

ज़िन्दगी शबनम नहीं शोला भी है
है कभी माशा कभी तोला भी है

फूल पर इठलाती जैसे तितलियाँ
दूसरे पल आग का गोला भी है

लहर उठती लौट आती है अतल में
तो कभी आधार मुँहबोला भी है

छल कपट विष से भरे एक नाग-सी
दुधमुँही बच्ची का वह चोला भी है

'मिलन' को चाहे लगे वह ग़ज़ल जैसी
गीत, दोहा, छन्द वह रोला भी है

बात आई गई हो गई
ज़िन्दगी फिर नई हो गई

दीप से हम जले रात भर
भावना सुरमई हो गई

झुक गए भाल पर केशघन
देह भी चम्पई हो गई

ठेठ देहात की सभ्यता
आधुनिक मुम्बई हो गई

खो गया चैन दिल का 'मिलन'
जनवरी भी मई हो गई

वेदना जब सजल हो गई
ज़िन्दगानी ग़ज़ल हो गई

फाँस कोई चुभी इस तरह
चुभते-चुभते कमल हो गई

एक मुश्किल बढ़ी इस तरह
बढ़ते-बढ़ते ही हल हो गई

उनकी पलकें उठीं और झुकीं
प्रीति अपनी सफल हो गई

बात कह के 'मिलन' हँस पड़े
बात सचमुच असल हो गई

चन्द्रभान भारद्वाज

जन्मतिथि : 4.1.1938, गोंमन (अलीगढ़) उ.प्र.
शिक्षा : वाणिज्य स्नातक, विशारद
प्रकाशन : 'पगडंडियाँ' (गीत, ग़ज़ल-संग्रह), 'शीशे की किरचें' (ग़ज़ल-संग्रह) प्रकाशित। पत्र-पत्रिकाओं में रचनाएँ प्रकाशित
सम्मान/पुरस्कार : 'अखिल भारतीय अम्बिका प्रसाद दिव्य स्मृति पुरस्कार' सहित अनेक संस्थाओं द्वारा सम्मानित
सम्प्रति : शासकीय सेवा से निवृत्ति के पश्चात पूर्ण कालीन साहित्य सृजन
सम्पर्क : 164, श्रीनगर मेन, इन्दौर (म.प्र.) 452001
फोन : 0731 - 2550649

न तो तूफ़ान देखा है नहीं सैलाब देखा है
कुँआरी आँख ने बस प्यार का इक ख़्वाब देखा है

स्वयं ही आ गया उसकी समझ में प्यार का मतलब
लहर का जब किनारे से सतत टकराव देखा है

गुलाबों पर सुबह तो बूँद शबनम की बहुत देखीं
मगर हर पंखुड़ी का शाम तक बिखराव देखा है

लगाई प्यार की इस आग में जिसने यहाँ डुबकी
न उसने आव देखा है न उसने ताव देखा है

नज़र पहले उठी थी फिर अचानक झुक गई नीचे
बता इस आँख ने उस आँख में क्या भाव देखा है

कहीं पर द्वार ने रोका कहीं दीवार ने रोका
सचाई को गवाही से कहीं तलवार ने रोका

समय की मार खाई है मगर आँसू बहाने से
हमारे संस्कारों में छिपे खुद्दार ने रोका

खुले आकाश में जब पंख पहली बार खोले तो
परिन्दे की उड़ानों को यहाँ चिड़िहार ने रोका

समय की खाइयों को पाटने जो पुल बनाना था
कभी इस पार ने रोका कभी उस पार ने रोका

सभाओं ने कहीं रोका कहीं रोका जुलूसों ने
हमें छल-छद्‌म की हर ओर जयजयकार ने रोका

हम नीर देखते हैं हम क्षीर देखते हैं
आहत हुए हृदय की हम पीर देखते हैं

इतिहास में जिन्होंने ऊँचाइयाँ लिखी हैं
वे लक्ष्य देखते हैं वे तीर देखते हैं

मंज़िल नसीब उनको होती नहीं कभी भी
जो पाँव हर डगर में ज़ंजीर देखते हैं

जिनको ख़बर नहीं है खुद सुबह-शाम अपनी
वे आजकल सभी की तक़दीर देखते हैं

जब बैठकर अकेले अन्तस निहारते हम
रैदास देखते हैं कि कबीर देखते हैं

समय के गुज़रते प्रहर जानते हैं
कि हम ज़िन्दगी का हुनर जानते हैं

ज़रूरत नहीं मील के पत्थरों की
हमारे क़दम हर डगर जानते हैं

दिशा जानते हैं दशा जानते हैं
हवा बह रही है किधर जानते हैं

खड़ी बीच में एक दीवार ऊँची
उधर की मगर हर ख़बर जानते हैं

निभाया बहुत ज़िन्दगी की ग़ज़ल को
रही कुछ न कुछ पर कसर जानते हैं

बदल गए हैं हालात कितने
छले समय ने जज़्बात कितने

जवाब आँधी से कौन माँगे
दिए बुझाए हैं रात कितने

ग़लत हुए हैं अनुमान कितने
बदल गए हैं अनुपात कितने

बिना पिए इक भी घूँट विष का
बने हुए हैं सुकरात कितने

बदल रहा आदमी रूप कितने
बदल रही अर्थ हर बात कितने

माणिक वर्मा

जन्मतिथि : 25.12.1938, उज्जैन (म.प्र.)

शिक्षा : एम.ए. (हिन्दी) अदीबो-माहिर, अदीबो-कामिल

प्रकाशन : 'आख़िरी पत्ता' ग़ज़ल-संग्रह सहित दो व्यंग्य संकलन प्रकाशित, एक व्यंग्य संग्रह प्रकाशनाधीन।

सम्मान/पुरस्कार : 'काका हाथरसी पुरस्कार', 'अट्टहास पुरस्कार' सहित अनेक संस्थाओं द्वारा सम्मानित/अलंकृत

सम्प्रति : पूर्णकालीन साहित्य साधना में रत।

सम्पर्क : हरदा, जिला होशंगाबाद (म.प्र.)
फोन : (07577) 222244

आपसे किसने कहा स्वर्णिम शिखर बनकर दिखो
शौक़ दिखने का है तो फिर नींव के अंदर दिखो

चल पड़ो तो गर्द बनकर आस्मानों पर दिखो
और अगर बैठो कहीं, तो मील का पत्थर दिखो

सिर्फ़ दिखने के लिए दिखना कोई दिखना नहीं
आदमी हो तुम अगर तो आदमी बनकर दिखो

ज़िंदगी की शक्ल जिसमें टूटकर बिखरे नहीं
पत्थरों के शहर में वो आईना बनकर दिखो

एक जुगनू ने कहा मैं भी तुम्हारे साथ हूँ
वक़्त की इस धुंध में तुम रोशनी बनकर दिखो

मंदिर, मस्जिद, गुरुद्वारों को, मेरा ईश्वर नहीं चाहिए
तो फिर मेरी पूजा को भी, ये पूजा-घर नहीं चाहिए

अपना दर्शन स्वयं गढ़ेंगे, अपनी मंज़िल ख़ुद खोजेंगे
हमें और भटकाने वाले, अब पैगम्बर नहीं चाहिए

बड़ी दूर के प्यासे पंछी, बिन पानी मर जाएँ फिर भी
जिसमें हलचल नहीं मचे वो मानसरोवर नहीं चाहिए

गिद्धों के संग निभे इसलिए, पर आएँ, आकाश बनें, पर
पिंजरे ही जिनकी मंज़िल हों, ऐसे पर अब नहीं चाहिए

मिला न ऐसा कोई तपस्वी, जिसे साधना के मंदिर में
संगमरमरी देहों वाले, उजले पत्थर नहीं चाहिए

कौन है दर्द का गाहक जो बुलाया जाए
लोग सब चल दिए बाज़ार उठाया जाए

मैं ही दोषी नहीं सरकार, अँधेरा बोला
रोशनी को भी अदालत में बुलाया जाए

शीश महलों ने मेरे हाथ इसलिए काटे
मुझसे पत्थर न कभी उन पे उठाया जाए

पेड़ कटने का मुझे दुख नहीं चिंता ये है
क्रास बनने से इसे कैसे बचाया जाए

लोग पढ़ते हों जहाँ रोज़ मोहब्बत की नमाज़
ऐसा मंदिर भी हर इक घर में बनाया जाए

मेरी यादें सँभाल कर रखना
इन परिन्दों को पालकर रखना

इनमें तूफ़ान की कहानी है
सीपियों को सँभालकर रखना

रास्ते में बड़ा अँधेरा है
हाथ में हाथ डालकर रखना

ये है बस्ती अजीब लोगों की
हर क़दम देखभाल कर रखना

वक़्त के पाँव काटने वालो
अपनी गर्दन सँभालकर रखना

ज़माने के मारों को क्या देखता है?
इन उजड़े दयारों को क्या देखता है?

हर इक ज़र्रा सूरज है तेरी ज़मीं का
फ़लक के सितारों को क्या देखता है?

कई बार पहुँचे हैं दारो-रसन तक,
तू हम जाँ निसारों को क्या देखता है?

अगर बाज़ुओं पे भरोसा है तुझको
तो तूफ़ाँ के धारों को क्या देखता है?

ज़रूरत है तामीरे-इन्साँ की 'माणिक'
शिकस्ता मज़ारों को क्या देखता है?

नसीम आलम नारवी

जन्मतिथि : 4.3.1938, नारा, सिराथू (उ.प्र.)
शिक्षा : हाई स्कूल
प्रकाशन : विभिन्न पत्र-पत्रिकाओं में रचनाएँ प्रकाशित।
सम्मान/पुरस्कार : अनेक संस्थाओं द्वारा सम्मानित।
सम्प्रति : पूर्णकालीन साहित्य व समाज सेवा में रत।
सम्पर्क : नसीम आलम नारवी, थाना चौक पो. दल्ली राजहरा, ज़िला दुर्ग–491228 (छ.ग.)
फोन : (07748) 283740

तसल्लियों से शबे-ग़म बिताए जाते हैं
अब आ रहे हैं वो, आते हैं, आए जाते हैं

न जाने कितनी उमीदों का ख़ून दे देकर
दिलों में यादों के ग़ुँचे खिलाए जाते हैं

ये फल मिला तेरी उल्फ़त में ऐ गुले ख़ूबी
हमारी राह में काँटे बिछाए जाते हैं

पता बहार का दें बाग़वा सियासत के
कि सब्ज़ बाग़ लो अक्सर दिखाए जाते हैं

हमेशा अहले-चमन को जगाते आए 'नसीम'
ये फ़र्ज़ सुबहे-अज़ल से निभाए जाते हैं

उनसे किसे उम्मीदे-वफ़ा है
पत्थर में कब फूल खिला है

चारागरी के दावे हैं उनको
जिनके हाथों दर्द मिला है

ग़ैर पे क्या इलज़ाम लगाएँ
अपनों का सब किया धरा है

उनका करम है, उनकी इनायत
शाद किया, नाशाद किया है

फूट रही है सुबूह 'नसीम' अब
रात का जादू टूट रहा है

ग़रज़ के घेरों से, बाहर निकल के देख ज़रा
वफ़ा के, प्यार के साँचे में ढल के देख ज़रा

न कर मलाल अगर लड़खड़ा गए हैं क़दम
पहुँच में है अभी मंज़िल सँभल के देख ज़रा

हयात-बख़्श चिराग़ों की लौ न हो मद्धम
कि बढ़ते आते हैं साए अजल के, देख ज़रा

यूँ आस्तीन के पाले न छोड़ेंगे पीछा
अब इनको पाँव के नीचे कुचल के देख ज़रा

अज़ल से नूरे-सहर है 'नसीम' का हमदम
ये हुस्ने-फिक्र ये तेवर ग़ज़ल के देख ज़रा

शीश-ओ-संग क्या होगा ऐ दोस्तो
दिलासा नैरंग क्या होगा ऐ दोस्तो

मुझ सियह बख़्त की सुबूह तरीक है
शाम का रंग क्या होगा ऐ दोस्तो

दम न लेने दें अपनों के फ़ितने जिसे
ग़ैर से तंग क्या होगा ऐ दोस्तो

ज़िन्दगी भर तो मर-मर के जीना पड़ा
मौत का ढंग क्या होगा ऐ दोस्तो

जब ग़ज़ल लिखने पर ही 'नसीम' आ गए
क़ाफ़िया तंग क्या होगा ऐ दोस्तो

उनकी महफ़िल में आने जाने से
हम जुदा हो गए ज़माने से

है ये जीना तो जी रहे हैं हम
सिर्फ़ साँसों के आने जाने से

सिलसिला एक नए सफ़र का बँधा
साँस की डोर टूट जाने से

हाथ से आबरू-ए-ज़ब्त गई
क्या मिला हाले-दिल सुनाने से

इनक़लाबात तो अटल है 'नसीम'
कौन रोकेगा सुबूह आने से

सुरेश चन्द्र 'शौक'

जन्मतिथि : 5.4.1938, ज्वालामुखी (कांगड़ा) हि.प्र.

शिक्षा : एम.ए.

प्रकाशन : ग़ज़ल-संग्रह 'आँच'। विभिन्न पत्र-पत्रिकाओं में रचनाएँ प्रकाशित।

सम्मान/पुरस्कार : अनेक संस्थाओं द्वारा सम्मानित।

सम्प्रति : सेवा निवृत्ति के पश्चात पूर्णकालीन साहित्य साधना में रत।

सम्पर्क : फ़्लैट नं. 3, ब्लॉक नं. 4, फ़ेज़ III, बी. सी. एम. के नीचे, न्यू शिमला - 171009 (हि.प्र.)
फोन : (0177) 2673110
मोबाइल : 98160-07665

नफ़रतों की आग में किसका निशाँ रह जाएगा
राख हो जाएगा सब कुछ बस धुआँ रह जाएगा

आग तो मज़हब मकीनों के नहीं पहचानती
जल गई बस्ती तो क्या तेरा मकाँ रह जाएगा

चाहे सूली पर उसे लटकाओ तुम या ज़हर दो
वो अगर सच्चा है तो उसका बयाँ रह जाएगा

अपनी-अपनी ज़िद पे हम नाहक़ अगर क़ाइम रहे
फ़ासिला जो दरमियाँ है दरमयाँ रह जाएगा

ज़ख़्मे-दिल अव्वल तो भरने का नहीं ऐ दोस्तो
और अगर भर भी गया तो भी निशाँ रह जाएगा

इतने भी तन्हा थे दिल के कब दरवाज़े
इक दस्तक को तरस रहे हैं अब दरवाज़े

कोई जाकर किससे अपना दुःख-सुख बाँटे
कौन खुले रखता है दिल के अब दरवाज़े

अहले-सियासत ने कैसा तामीर किया घर
कोना-कोना बे-हंगम, बेढब दरवाज़े

ख़लवत में भी दिल की बात न दिल से कहना
दीवारें रखती हैं कान और लब दरवाज़े

कोई भी एहसास का झोंका लौट न जाए
'शौक' खुले रखता हूँ दिल के सब दरवाज़े

प्यार के जज़्बों को ताबानी देते रहना
इन फूलों को अक्सर पानी देते रहना

क़ाइम रखना लम्स युँ ही शादाब लबों का
कुछ लम्हे मुझ को लाफ़ानी देते रहना

दिल वाले भी बे-हिस होते जाते हैं अब
इनको 'मीर' 'कबीर' की बानी देते रहना

दिल के जलने बुझने में ही लुत्फ़ है यारो
अब तब इसको आग और पानी देते रहना

मैं शिमले का बाशिंदा हूँ, लू से ख़ाइफ़
'शौक' मुझे झोंके बर्फ़ानी देते रहना

सुना न देना युँ ही कोई फ़ैसला दिल का
ख़्याल रखना कि यह है मुआमला दिल का

तू वो न देख दिखाती है अक्स जो दुनिया
तू देख वो जो दिखाता है आईना दिल का

अगरचे बारहा नुक़सान ही उठाया है
किया है मैंने हमेशा मगर कहा दिल का

तू तंगदिल है तो किस काम की तेरी दौलत
अमीर अस्ल में वो है जो है बड़ा दिल का

मिरी हयात मुनव्वर है इसलिए ऐ 'शौक़'
जलाए रखता हूँ दिन रात मैं दिया दिल का

जाने अपने दिल में वो क्या-क्या ग़म रखता है
रात गए तक अपनी आँखें पुरनम रखता है

खुलकर जलने दे वो मिरा दिल और न बुझने दे
आग लगाता है और आँच को मद्धम रखता है

आग लगाता फिरता है दर पर्दा हर जानिब
हाथ में लेकिन अम्नो-अमाँ का परचम रखता है

सर्दी-गर्मी, सावन भादों, पतझड़ और बसन्त
इश्क़ भी क्या-क्या रंग-बिरंगे मौसम रखता है

'शौक़' वो मेरा क़ातिल भी है और मसीहा भी
ज़ख़्म लगाता है फिर उन पर मरहम रखता है

प्रेम निर्मल

मूल नाम : प्रेमचन्द्र गुप्त
जन्मतिथि : 15.11.1938, हापुड़
शिक्षा : एम.ए. (हिन्दी)
प्रकाशन : ग़ज़ल-संग्रह 'लापता है छाँव'। काव्य-संग्रह 'अर्चन अपना-अपना'। अनेक पत्र-पत्रिकाओं में रचनाएँ प्रकाशित। विहँसते फूल-विकसती कलियाँ' सहित तीन काव्य-संग्रहों का सम्पादन
सम्मान/पुरस्कार :अनेक संस्थाओं द्वारा सम्मानित
सम्प्रति : पूर्णकालीन साहित्य-सृजन में रत
सम्पर्क : पं. मोतीलाल वाली गली, खिड़की बाज़ार, हापुड़ (गाजियाबाद)
फोन : 2300898

ख़तरे क़दम-क़दम पे हैं इंसान के लिए
किसकी मजाल जो लड़े ईमान के लिए

हर सिम्त रोज़-रोज़ ये जलते हुए मकाँ
देंगे बयान जुल्म ही पहचान के लिए

होली सी खेलना किसी बेबस के खून से
कितनी ज़रा सी बात है शैतान के लिए

जो कुछ भी आप कह सकें कह लीजिए हमें
हमको चुना है वक़्त ने अपमान के लिए

इन दहशतों से जूझती 'निर्मल' कहो ग़ज़ल
तरसे हैं हम तो मुद्दतों मुस्कान के लिए

प्रेयसी से गुफ़्तगू ही तो नहीं होती ग़ज़ल
रोटियों की भूख में भी तो कभी रोती ग़ज़ल

कल तलक महलों में हँसती-खेलती थी दोस्तो
आज कुटिया आँसुओं से देखिए धोती ग़ज़ल

नींद कैसी दर्द अपनी क़ौम का पाले हुए
करवटों पर करवटें लेती कहाँ सोती ग़ज़ल

बर्फ़ घोलें खून में जब-जब सियासी बारिशें
तब यहाँ पर क्रांति के अंगार भी बोती ग़ज़ल

दर्द के सागर में 'निर्मल' डूबता है जब कभी
सौंपती है तब उसे कुछ शब्द के मोती ग़ज़ल

कामनाएँ घनी हो गईं
यूँ व्यथाएँ घनी हो गईं

यह मनुजता कहाँ तक गिरी
नीचताएँ घनी हो गईं

छल-कपट-झूठ की आजकल
मान्यताएँ घनी हो गईं

एक प्यासे ने देखा गगन
गर्जनाएँ घनी हो गईं

अपयशी आज 'निर्मल' हुआ
ये कथाएँ घनी हो गईं

अब हमें तूफ़ान से लेनी है टक्कर क्या करें
है हमारे सामने ग़म का समुन्दर क्या करें

हर तरफ़ गहरे कुहासे, आँधियाँ, तूफ़ान हैं
सोचते हैं किस तरह बदलेगा मंज़र क्या करें

अब हिफ़ाजत कर रहे हैं चन्द बहरे देश की
इसलिए ही चीख सबकी है निरुत्तर क्या करें

चन्द बहरे, चन्द गूँगे, चन्द अन्धे लोग हैं
अब यहाँ पर हैं सभी गाँधी के बन्दर क्या करें

इस ज़माने का ज़हर 'निर्मल' चलो तुम ही पियो
भाँग पीकर सो गए हैं आज शंकर क्या करें

जब से उनके मुखौटे उतरने लगे
वो तो अपने ही सायों से डरने लगे

लो, उजालों के वध की हैं तैयारियाँ
साज़िशों के अँधेरे उभरने लगे

झूठ क्यों पुज रहा और इस झूठ का
क्यों समर्थन सभी आज करने लगे

है कोई जो कि उनका अहम् तोड़ दे
जिनके आतंक हद से गुज़रने लगे

फिर से 'निर्मल' गुलामी के दिन आ गए
वो हमारी जुबानें कतरने लगे

किशन सरोज

जन्मतिथि : 19.1.1939

शिक्षा : बी.ए.

प्रकाशन : 'चन्दन-वन डूब गया' (गीत संग्रह) दो गीत संग्रह प्रकाशनाधीन। देशभर की पत्र-पत्रिकाओं में रचनाएँ प्रकाशित।

सम्मान/पुरस्कार : देश की अनेक प्रतिष्ठित साहित्यिक संस्थाओं द्वारा सम्मानित-अलंकृत।

सम्प्रति : पूर्णकालीन साहित्य साधना में रत।

सम्पर्क : आज़ादपुरम, निकट हार्टमैन कालेज
बरेली (उ.प्र.)—243122
फोन—0581-2412004

बिखरे रंग, तूलिकाओं से बना न चित्र हवाओं का
इन्द्रधनुष तक उड़कर पहुँचा सोंधा इत्र हवाओं का

जितना पास रहा जो, उसको उतना ही बिखराव मिला
चक्रवात-सा फिरा भटकता बनकर मित्र हवाओं का

कभी गर्म लू बनीं जेठ की कभी श्रावनी पुरवाई
फूल देखते रहे ठगे-से ढंग विचित्र हवाओं का

परिक्रमा वेदी की करते हल्दी लगे पाँव काँपे
जल भर आया कहीं दृगों में धुआँ पवित्र हवाओं का

कभी प्यार से माथा चूमा कभी रूठकर दूर हटीं
भोला बादल समझ न पाया त्रिया-चरित्र हवाओं का

आलीशान बड़ा है मन का शीशमहल
जादू का पिंजड़ा है मन का शीशमहल

आशा के जुगनू कि निराशा के आँसू
झिलमिल रतन-जड़ा है मन का शीशमहल

दो जोड़ी आँखों से बहे आँसुओं की
नदिया तीर खड़ा है मन का शीशमहल

दानव, परियाँ, कमल, सरोवर, राजकुँअर
मायावी पचड़ा है मन का शीशमहल

मेले-जैसी चहल-पहल थी यहाँ कभी
अब उजड़ा-उजड़ा है मन का शीशमहल

कोई अन्याय, अनादर हमें खलता ही नहीं
इस क़दर सर्द हुआ ख़ून, उबलता ही नहीं

चल रहा मंच पै बस एक ही नाटक कब से
पात्र तो बदले मगर दृष्य बदलता ही नहीं

सीख ली तुमने बहुत जल्द ही दुनियादारी
एक मैं हूँ कि जो ख़्वाबों से निकलता ही नहीं

दिख गया मेले में कल कोई तुम्हारे-जैसा
अब यह दिल घर के खिलौनों से बहलता ही नहीं

चाँद से आँखें मिला रास्ता चलता है 'किशन'
ठोकरें खा के भी यह शख़्स सँभलता ही नहीं

चर्चित है ऊँचे भवनों के कण्डीलों की रामकथा
कौन सुने बिन कमलों के गँदली झीलों की रामकथा

भूखी नंगी दौड़ी-भागी पंचायत से संसद तक
फिर भी रही अनसुनी संथालों-भीलों की रामकथा

एक मुक़दमा बरसों से घर-भर की नींद हराम किए
ईंट-ईंट पर लिखी कचहरी-तहसीलों की रामकथा

उलझी रही समय की शतरंजी शह-मातों में दुनिया
अजब नशीली है प्यादों, घोड़ों, फ़ीलों की रामकथा

विश्व विजय करने को निकले योद्धा नाहक ही भटके
दो ग़ज़ धरती में सिमटी कोसों-मीलों की रामकथा

पहले हमें दृगों का पानी गंगाजल था, आज नहीं
तुम से यार! बिछुड़ने का दुःख जितना कल था, आज नहीं

हम भी राजकुँअर जैसे थे परियाँ हम पर मरती थीं
कभी हमारे सपनों में भी नील कमल था, आज नहीं

हँस-हँसकर आँगन से बतियाती थीं कच्ची दीवारें
यही हमारे पुरखों का घर राजमहल था, आज नहीं

बिन पत्तों का पेड़ सामने कहता पर्यावरण-कथा
गए साल इसकी डाली-डाली पर फल था, आज नहीं

क्या हँसना सफ़ेद बालों पर, गीत हमारे साक्षी हैं
कभी धूप में अपने सर पर भी आँचल था, आज नहीं

ज़हूर अहमद खां

जन्मतिथि : 5.6.1939

शिक्षा : बी.ए.

प्रकाशन : 'इदराक', 'तिलस्मे-हर्फ़' प्रकाशित। विभिन्न पत्र-पत्रिकाओं में रचनाएँ प्रकाशित।

सम्मान/पुरस्कार : म.प्र. हिन्दी साहित्य सम्मेलन कोलारस, हिन्दी-उर्दू बज़्मे-अदब, दतिया, केन्द्रीय रिजर्व पुलिस बल, दतिया सहित अनेक संस्थाओं द्वारा सम्मानित।

सम्प्रति : ज़िला आबकारी अधिकारी पद से सेवा निवृत्ति के पश्चात् पूर्णकालीन साहित्य साधना में रत।

सम्पर्क : पीली हवेली, मीट मार्केट के पास, शहीदपुरा, शिवपुरी (म.प्र.) 473751 फोन : 07492-501671, मो. 9300013197

ख़तराज आज यूँ भी उठाने लगे हैं लोग
बारूद के मकान बनाने लगे हैं लोग

पुष्पों से सारी ख़ुशबू चुराने के बाद अब
काँटों की आबरू को बचाने लगे हैं लोग

तहज़ीब ने लिया है नया मोड़ यह भी क्या
पानी की तरह ख़ून बहाने लगे हैं लोग

पानी से हमने आग बुझाई तो है मगर
पानी में अब तो आग लगाने लगे हैं लोग

बस्ती में उसने नाम कमाया है इस क़दर
उससे 'ज़हूर' राज़ छुपाने लगे हैं लोग

बाँधा गया मैं रिश्तों में ऐसा ज़मीन पर
आया नहीं था जैसे अकेला ज़मीन पर

काबा ज़मीन पर है कलीसा ज़मीन पर
लेकिन नहीं है कोई मसीहा ज़मीन पर

हमको ज़मीं ने रिज़्क़ दिया आसरा दिया
हमने बहाया ख़ून का दरिया ज़मीन पर

उनको गुमान है कि फ़क़त इन्तिक़ाम से
होता है रोज़ रोज़ सवेरा ज़मीन पर

फ़िरक़ापरस्त आज भी इस जुस्तजू में हैं
उनका अलग 'ज़हूर' हो नक़्शा ज़मीन पर

जो परख है ज़रूरी रतन के लिए
उम्र इक चाहिए ऐसे फ़न के लिए

ये ज़रूरी बहुत है ज़रूरी बहुत
सोचए चाहिए क्या वतन के लिए

क्यूँ वो हक़दार दो गज़ ज़मीं का नहीं
ख़ून जिसने दिया है वतन के लिए

आज का दौर ऐसा है के आदमी
बेच देता है ईमान धन के लिए

हर्फ़ आया अगर अज़्मत-ए-हिन्द पर
जान देंगे 'ज़हूर' वतन के लिए

इश्क़ में हर तरह आज़माया गया
खाल खींची गई सर कटाया गया

उनके जुल्म-ओ-सितम भी गवारा हुए
मेरी आहों पे तूफ़ाँ उठाया गया

रेत का घर बनाने से क्या फ़ायदा
फिर भी इनसां की फ़ितरत में पाया गया

चाँद पर तो गया आदमी क्या गया
रोशनी के लिए घर जलाया गया

खूबरू-खुशनुमा थे 'ज़हूर' हम मगर
वो ज़माना भी आया, तो आया गया

मुस्कुराने का हक़ उसको यानी नहीं
ज़िन्दगानी का यह कोई मानी नहीं

चीख़कर भी कहा उसने मासूम हूँ
क़ातिलों ने मगर एक मानी नहीं

रास्ते साफ़ हैं सब खुदा तक मगर
आग का खेल है आग पानी नहीं

सिर्फ़ एहसास दैर-ओ-हरम पे ही क्यूँ
कौन सी शय खुदा की निशानी नहीं

ज़िन्दगी तो दिए की तरह है 'ज़हूर'
लौ दिए के लिए जाविदानी नहीं

कुलदीप सलिल

जन्मतिथि : 30.12.1939

शिक्षा : एम.ए. (अंग्रेजी, अर्थशास्त्र)

प्रकाशन : ग़ज़ल-संग्रह 'आवाज़ का रिश्ता', 'हवस के शहर में' और 'जो कह न सके'। कविता-संग्रह 'बीस साल का सफ़र', 'अंग्रेजी के श्रेष्ठ कवि और उनकी श्रेष्ठ कविताएँ' (काव्यानुवाद) 'दीवान-ए-ग़ालिब' (अंग्रेजी अनुवाद) हिन्दी तथा अंग्रेजी की अनेक कविताएँ तथा ग़ज़लें पत्र-पत्रिकाओं में प्रकाशित।

सम्मान/पुरस्कार :अनेक संस्थाओं द्वारा सम्मानित।

सम्प्रति : हंसराज कालिज, दिल्ली में अंग्रेजी विभाग में प्राध्यापक पद से सेवा निवृत्ति के पश्चात पूर्णकालीन साहित्य साधना में रत।

सम्पर्क : 1770, ऑट्रम लाइन, किंग्सवे कैम्प, दिल्ली - 9, फोन : 27456337, मो. 98100052245

है जो कुछ पास अपने सब लिए सरकार बैठे हैं
जो चाहें आप ले जाएँ सरे-बाज़ार बैठे हैं

मनाओ जश्न मंज़िल पर पहुँच जाने का तुम लेकिन
ख़बर उनकी भी लो यारो जो हिम्मत हार बैठे हैं

तू अब उस शहर भी जाकर सुकूँ पाएगा क्या आख़िर
वहाँ भी कौन-से ऐ दिल तेरे ग़मख़्वार बैठे हैं

न तू आया, न याद आई तेरी इक लम्बे अरसे से
हज़ारों काम होने पर भी हम बेकार बैठे हैं

किसी भी वक़्त आ सकता है अब पैग़ाम बस उसका
सुना जिस वक़्त से हमने 'सलिल' तैयार बैठे हैं

दिल की बातें जुबाँ पे जो लाऊँ तो क्या
इस शहर में अगर मर भी जाऊँ तो क्या

सूनी ग़ज़लें मेरी, गीत वीरान हैं
तेरी दिलजोई को मैं सुनाऊँ तो क्या

है इधर भूख की तो हवस की उधर
आग ही आग है, मैं बुझाऊँ तो क्या

मुस्कुराना ही बेहतर है इस हाल में
वैसे आँसू भी गर मैं बहाऊँ तो क्या

कोई निकली न सूरत सलिल आज भी
जाके घर वालों को मुँह दिखाऊँ तो क्या

मोह दुनिया का उसे और सिवा होता है
डूबने वाला नज़ारों से घिरा होता है

तोड़कर छोड़ दिया पेड़ से पत्ता जैसे
आज ऐसे कोई अपनों से जुदा होता है

तनहा-तनहा जो मिले तो है यह जान का दुश्मन
दर्द हो जाए जो साझा तो दवा होता है

मौत आने पे भी होती नहीं बन्द आँख उसकी
आरज़ू में तेरी जो शख़्स जिया होता है

डूबते दिल को सँभाला है जो तूने तो समझे
काम आ जाए जो मौके पे ख़ुदा होता है

क्या बताएँ तुम्हें क्या-क्या देखा
आप ही अपना तमाशा देखा

नींद आई न हमें फिर, इक बार
अपने ख़्वाबों का जो मलबा देखा

हँसता-गाता हुआ देखा जन-जन
एक ऐसा भी जनाज़ा देखा

सर पटकती रहीं आवाज़ें मगर
क़भी दरवाज़ा न खुलता देखा

ऐसी मायूसी कि हमने अक्सर
अपना ख़ूँख़ार इरादा देखा

याद आ-आ के अकेले में रुलाने वाले
अच्छे लगते हैं कभी ऐसे भी आने वाले

मोल मिलने का, बिछड़ने का लगाने वाले
ऐसी बातें कहाँ समझेंगे ज़माने वाले

यूँ भुलाया है हमें तूने ऐ दोस्त कि जैसे
गाँव अपना भुला दें शहर बसाने वाले

आज होते तो वो रोते तेरी देखके सूरत
तेरी ख़ातिर, ऐ वतन, जान गँवाने वाले

क्या बताएँ कि हुआ क्या है हमें आज 'सलिल'
याद आए हैं बहुत दोस्त पुराने वाले

सलीम अंसारी

जन्मतिथि : 1.1.1940
प्रकाशन : पत्र-पत्रिकाओं में रचनाएँ प्रकाशित।
सम्मान/पुरस्कार : अनेक संस्थाओं द्वारा सम्मानित।
सम्प्रति : स्टाम्प विक्रेता।
सम्पर्क : मौ. खटीकान, जालौन - 285123 (उ. प्र.)

हिज्र के शोलों में जलता है मेरा अहसास आ
आख़िरी साँसें हैं शायद अब तो मेरे पास आ

राह तेरी तकते तकते थक गए मेरे नयन
टूटता जाता है मेरे प्यार का विश्वास आ

अब ये आलम है कि आँखों में रुका है मेरा दम
चन्द लम्हे रह गई है ज़िन्दगी की आस आ

बेबसी आ अपने सीने से लगाकर मैं तुझे
तू कहाँ भटकेगी आख़िर तू ही मेरे पास आ

बुझ रहे हैं एक एक करके तमन्ना के दिये
हो रहा है आरज़ूओं का मेरी बनवास आ

वक़्ते रुख़सत ही तेरा दीदार मिल जाए 'असर'
अलविदा कहने की ख़ातिर ही तू मेरे पास आ

दो घड़ी वो जो पास रहते हैं
मुद्दतों ग़म उदास रहते हैं

उनको मंज़िल कभी नहीं मिलती
जो सफ़र में निराश रहते हैं

हुस्ने-गुलशन न लूट ले कोई
फूल काँटों के पास रहते हैं

मुझको लगता है ग़म के लम्हों में
वो मेरे आसपास रहते हैं

ऐ 'असर' एक तू नहीं ग़मगीं
सैकड़ों दिल उदास रहते हैं

बदलते हैं हालात तरज़े-बयाँ से
पिघलते हैं पत्थर भी आहो फुग़ा से

मिलेगी भला उनको मंज़िल कहाँ से
जुदा हो गए जो तेरे कारवाँ से

ये दुनिया तो इक भीड़ है हादसों की
बता ज़िन्दगी तुझको ढूँढ़ूँ कहाँ से

वो दिल ज़िन्दगी में जो तुझको भुला दे
वो दिल अपने सीने में लाऊँ कहाँ से

'असर' खूने-दिल जल चुका है कभी का
मैं शम्मे-मुहब्बत जलाऊँ कहाँ से

कभी तो मेरा जज़्बे-दिल काम आए
किसी के लबों तक मेरा नाम आए

न उन पर कभी कोई इलज़ाम आए
ख़ता जो भी हो वो मेरे नाम आए

कभी तेरी महफ़िल में खुशियाँ मिली हैं
कभी तेरी महफ़िल से नाकाम आए

अनलहक पे मंसूर ने सर दिया है
मुहब्बत पे ऐसे भी इलज़ाम आए

मैं हाज़िर हूँ हर वक़्त राहे-वफ़ा में
'असर' ज़िन्दगी यह किसी काम आए

इक ऐसी ज़िन्दगी है और मैं हूँ
हुजूमे-बेबसी है और मैं हूँ

किसी की बेरुख़ी है और मैं हूँ
अधूरी ज़िन्दगी है और मैं हूँ

कोई दामन छुड़ाकर जा रहा है
क़यामत की घड़ी है और मैं हूँ

जुनूँ लेकर कहाँ आया है मुझको
हर इक शै अजनबी है और मैं हूँ

'असर' उनसे कोई जाकर ये कह दे
क़ज़ा सर पर खड़ी है और मैं हूँ

केवल कृष्ण शर्मा

जन्मतिथि : 25.5.1940
प्रकाशन : पत्र-पत्रिकाओं में रचनाएँ प्रकाशित।
सम्मान/पुरस्कार : अनेक संस्थाओं द्वारा सम्मानित
सम्प्रति : डायरेक्टर, दि हिन्दू अरबन कॉ-आपरेटिव बैंक, पठानकोट
सम्पर्क : स्नेह मेडीकल स्टोर, ओबेरॉय नर्सिंग होम के पास, कालिज रोड, पठानकोट - 145001
फ़ोन : 28243

बैठे हैं मुँह को फेर कर रहते थे जिनके दिल में हम
आज तनहा हो गए उनकी भरी महफ़िल में हम

देखना ऐ साकिनाने कूचा-ए क़ातिल हमें
लौटकर फिर आ गए हैं कूचा-ए क़ातिल में हम

आए थे किस दिल से इसकी दिल ही को है कुछ ख़बर
यूँ तो उठकर आ गए हैं आपकी महफ़िल में हम

क़ाफ़िले वालो तुम्हारी बेरुख़ी सब याद है
आ गए हैं कामरानी की मगर मंज़िल में हम

होती रहती है नवाज़िश उसकी हम पर हर घड़ी
हर घड़ी रहते हैं 'शोरिश' उस ख़ुदा के दिल में हम

ऐ दोस्तो क्या पूछते हो बात ग़मों की
हमराह मेरे चलती है बारात ग़मों की

होती है ब-हर-गाम मुलाकात ग़मों में
देती है मज़ा दिल को मुलाकात ग़मों की

फिर देखना ज़ख़्मों के गुलाबों की बहारें
होती रही गर वक़्त पे बरसात ग़मों की

कुछ उनका करम और है कुछ अपना मुक़द्दर
मिलती नहीं हर एक को सौग़ात ग़मों की

तुबीले शबे-फ़ुरकत का बयाँ तुमसे करूँ क्या
आती है तो जाती नहीं यह रात ग़मों की

ख़िज़ाँ के दौर में रंगीन गुलाब देखे हैं
मिरी नज़र में बहुत इनक़लाब देखे हैं

लिखा गया है जिन्हें खूने-गरमे आशिक से
किताबे इश्क़ ने ऐसे भी बाब देखे हैं

तुम्हारे दर पे हमेशा अलख जगाई है
हमारे दिल ने तुम्हारे ही ख़्वाब देखे हैं

कहाँ नसीब हैं वो सुख से सोने वालों को
जो मेरी जागती आँखों ने ख़्वाब देखे हैं

न दिन को चैन न शब को सुकूँ रहे 'शोरिश'
किसी के इश्क़ में क्या-क्या अज़ाब देखे हैं

क़र्ज़ा है मुद्दतों का जो हम पर ज़मीन का
होगा अदा न क़र्ज़ ये मर कर ज़मीन का

फ़ितना-गरों ने फ़ितने उठाए हैं वो यहाँ
झुकने लगा है शर्म से अब सर ज़मीन का

उगती हैं इसमें बुगज़ो-कदूरत की खेतियाँ
तारीक किस कदर है मुक़द्दर ज़मीन का

हमने तो अपना खून-पसीना मिला दिया
अब बारिशें लिखेंगी मुक़द्दर ज़मीन का

बातें मैं चाँद-तारों की दुनिया की क्यों करूँ
'शोरिश' मैं आदमी हूँ सरा-सर ज़मीन का

लब-हाए फ़सूँ-साज़ से पैग़ाम हमें दो
या मस्त निगाहों से कोई जाम हमें दो

हम अहले-वफ़ा हैं हमें सूली पे चढ़ा दो
मिलता है मुहब्बत में जो इनाम हमें दो

रुसवा सरे-बाज़ार करो हमको अज़ीज़ो
तुम अपनी ख़ताओं का भी इलज़ाम हमें दो

रुख़ फेर दें दरिया का पहाड़ों को कुचल दें
ऐ अहले-वतन लाओ कोई काम हमें दो

लौटे हैं कड़ी धूप के दुशवार सफ़र से
हाँ साया-ए-गेसू में तुम आराम हमें दो

छुट्टन खां 'साहिल'

जन्मतिथि : 1940
प्रकाशन : पत्र-पत्रिकाओ में रचनाएँ प्रकाशित
सम्मान/पुरस्कार : अनेक संस्थाओं द्वारा सम्मानित
सम्प्रति : साहित्य साधना
सम्पर्क : मंडी बाजार, कामां भरतपुर (राज.) 321022

मुसलसल ऐशो-इसरत का मैं गर ख्वहाँ नहीं होता
वजूदे-ज़िन्दंगी मेरा कभी इशियाँ नहीं होता

रगों के खून की अक्सर यही तर्ज़े बयानी है
वो दिल ही क्या है जिस दिल में कोई अरमाँ नहीं होता

जहाँ पर साज़िशों की बिजलियाँ हर रोज़ गिरती हों
वहाँ पर घर बचाना फूँस का आसाँ नहीं होता

मुझे ले जा रहे हैं उस जगह पर वास्ता देकर
जहाँ पर कोई भी तो साहिबे-इमाँ नहीं होता

तलातुम डालकर पर्दा चले कितना भी फ़ितरत पर
कोई भी राज़ 'साहिल' के लिए पिन्हाँ नहीं होता

पीछे बनेंगे हिन्दू मुसलमान दोस्तो
पहले दिखाएँ बन के हम इन्सान दोस्तो

आइने का निज़ाम सलामत है आज तक
हमने ही अपना खो दिया ईमान दोस्तो

फूलों का रंग उतर गया चेहरे उदास हैं
घायल हैं बुलबुलों के भी अरमान दोस्तो

तब ही मिटा सकोगे मज़हबी जुनून को
पैदा करो कबीर औ रसखान दोस्तो

'साहिल' की तरह अपने दिल में हौसला रखो
तूफ़ाँ से नहीं होना परेशान दोस्तो

एक नहीं सो बार पड़ी
सच बोले तो मार पड़ी

चाट के तलवे शेरों के
भेड़ आज बीमार पड़ी

ख़ारों की हठधर्मी से
पीली जर्द बहार पड़ी

चिंगारिन ने घर फूँके
दीपों को फटकार पड़ी

जुल्फ़ का साया दर्पण में
हम समझे तलवार पड़ी

ये नहीं मालूम था ऐसा सितम हो जाएगा
वो जिधर भी जाएँगे नाकों में दम हो जाएगा

तेरे मक़तल में सितमगर आएँगे उस रोज़ हम
तेरे ख़ंजर में नहीं ज़ुल्फ़ों में ख़म हो जाएगा

झुर्रियों का बोझ नीचे को झुका देगा तुझे
ज़िन्दगी के जब दीए में तेल कम हो जाएगा

तब ही जा पाऊँगा में उनके दरो-दीवार पर
जब मेरे महबूब का मुझ पर करम हो जाएगा

बन्द रख 'साहिल' जुबाँ जुल्मो-सितम का दौर है
सच अगर तुमने कहा तो सर क़लम हो जाएगा

आज बिगड़ा है ज़माने का निज़ामे-ज़िन्दगी
क्यूँ कि सब भूले हुए हैं अब मकामे-ज़िन्दगी

ये बताती हैं हमें देरो-हरम की खूबियाँ
है ज़रूरी सबसे पहले एहतरामे-ज़िन्दगी

आज अहले-क़ौम को तहजीब से नफ़रत है यूँ
इनको है घेरे हुए रंगीन शामे-ज़िन्दगी

जब दवामे-ज़िन्दगी कोई भी रख पाया नहीं
फिर किया जाता है क्यूँकर एहतमामे-ज़िन्दगी

चैन हो आराम भी हो और निशाते-बाहमीं
ढूँढता रहता है 'साहिल' वो मकामे-ज़िन्दगी

'जमील' हापुड़ी

जन्मतिथि : 1940 (तिथि एवं माह अज्ञात)
शिक्षा : बी. ए. (उर्दू)
प्रकाशन : पत्र-पत्रिकाओं में रचनाएँ प्रकाशित
सम्मान/पुरस्कार :अनेक संस्थाओं द्वारा सम्मानित
सम्प्रति : प्राइवेट नौकरी
सम्पर्क : ए-653, एफ-सैक्टर II, विजयनगर, ग़ाज़ियाबाद (उ.प्र.)
फोन : 2746904

दर्दो-ग़म से ज़िन्दगी कुछ ऐसे घबराई के बस
दिल के जानिब से भी इक ऐसी सदा आई के बस

सोच कर घर से चले थे हम तो मंज़िल की मगर
चलते-चलते रास्ते में वो जगह आई के बस

धीरे-धीरे बढ़ रहे थे हम सदाओं की तरफ़
रफ़्ता-रफ़्ता राह में वो सनसनी छाई के बस

कोई-कोई साँस हम लेने लगे जब चैन से
आस्माँ ने रंज की वो आग बरसाई के बस

हम रवाँ थे क़हक़हों के साथ जब घर की तरफ़
रात रास्ते में किसी ने वो ग़ज़ल गाई के बस

हम मुहब्बत को न जाने क्या समझते थे 'जमील'
वक़्त ने उस रंग की तस्वीर दिखलाई के बस

लोग मजबूरियाँ नहीं सुनते
किस की जाती है जाँ नहीं सुनते

घुँघरूओं की सदा के दीवाने
आँसुओं की ज़बाँ नहीं सुनते

देखता हूँ मिरी सदा कब तक
येः ज़मीं-आस्माँ नहीं सुनते

दूर का दम नहीं सदाओं में
पास की पासबाँ नहीं सुनते

दोस्त होंगे 'जमील' क़ातिल के
जो हमारा बयाँ नहीं सुनते

जिस्म तक बेच डाले गए
पेट फिर भी न पाले गए

जितने आवारा थे शह्र में
रह्बरी दे के टाले गए

खिड़कियों से गिराया गया
चाक़ुओं पर सँभाले गए

शान से जीने वाले जिओ
जान से जाने वाले गए

कुछ न थे जो 'जमील' अस्ल में
ज़िन्दगी की हवा ले गए

अब दिलों का पता नहीं चलता
दोस्तों का पता नहीं चलता

जब से बैसाखियाँ लगा ली हैं
ठोकरों का पता नहीं चलता

क़त्ल होते दिखाई देते हैं
क़ातिलों का पता नहीं चलता

इतने कमज़ोर हो गए रिश्ते
गालियों का पता नहीं चलता

दर्द इतने दिले-'जमील' में हैं
राहतों का पता नहीं चलता

हमको तो ग़म उठाते ज़माने गुज़र गए
लोगों के एक रोज़ में चेहरे उतर गए

आई थी फ़स्ले-गुल तो सभी के लिए मगर
जिनके नसीब में था सँवरना सँवर गए

करके सलाम दूर से दरवाज़ा रो पड़ा
मुद्दत के बाद लौट के जब अपने घर गए

वो क्या जिए हयात भी जिनको न मिल सकी
वो क्या मरे जो मौत से पहले ही मर गए

तू भी 'जमील' आज तो हम जैसा हो गया
बतला वो तेरे ग़म्ज़ा-ओ-तेवर किधर गए

भानु मित्र

जन्मतिथि : 15.8.1940

शिक्षा : बी. काम.

प्रकाशन : (हिन्दी ग़ज़लें) 'सूरज नया निकलने दो', उर्दू बहरों का रूपान्तरण 'हिन्दी ग़ज़ल की लहरें' व एक ग़ज़ल-संग्रह प्रकाशनाधीन। पत्र-पत्रिकाओं में रचनाएँ प्रकाशित।

सम्पर्क : ओंकार भवन, पीपली महादेव की पोल, मानक चौक, जोधपुर - 342002

फोन : 0291-2612494

मोबाइल : 09869610194

सवेरे सवेरे ग़ज़ल आ रही है
लिए सात फेरे ग़ज़ल आ रही है

वो माथे पे अपने सजाए सितारा
मिटाने अँधेरे ग़ज़ल आ रही है

कि जैसे ठिकाना उसे मिल गया हो
यहीं दर्द मेरे ग़ज़ल आ रही है

चलीं क़ाफ़ियों संग गाती रदीफ़ें
कहाँ हैं चितेरे ग़ज़ल आ रही है

कभी देखता था मै जीने के सपने
उन्हें फिर बिखेरे ग़ज़ल आ रही है

ये उत्सव दिलों का अगर देख कोई
जले तो जले रे ग़ज़ल आ रही है

ये वो जानती है बड़ा 'मित्र' का दिल
लगाने को डेरे ग़ज़ल आ रही है

अपने घर में बिन घर सा क्यों है
खून का रिश्ता अवसर सा क्यों है

बच्चों के दिन क्रीड़ा, विद्या के
इन हाथों में खप्पर सा क्यों है

दीवारों ने जिसको थाम रखा
उस छत को भी अब डर सा क्यों है

वो ही तवा है हाथ वही फिर भी
रोटी में अब अन्तर सा क्यों है

पत्थर है तो मन्दिर सा
मन्दिर है तो पत्थर सा क्यों है

दीवार हम ने ठान ली गिराने की
बस देर है तो नींव को हिलाने की

सब को बना देंगे नदी उफ़ान भरी
पर्याप्त है धारा यहाँ बहाने की

यों मत बहाओ नीर को ज़रूरत है
फिर श्वेत बूँदें रक्त से गिराने की

जैसे उचित है युद्ध शान्ति में सब कुछ
है पेट को भी छूट सिर उठाने की

सब पूछते हैं मित्र को हुआ क्या है
चिन्ता वही है छाँव को बचाने की

न अभिमान है न प्रस्थान है
यही तो पतन की पहचान है

ये मतदान ही ब्रह्मास्त्र है
समझ लीजिए अभयदान है

बता कर दलित दमित ही नहीं
तुझे बाँटने का अभियान है

तिरंगा कहीं न है मातरम्
न इक़बाल का ही सहगान है

बहुत रह लिए समय-पाश में
पलट दीजिए जो दिनमान है

ज़िन्दगी जब उदास होती है
और जीने की आस होती है

जब ग़ज़ल मयलिबास होती है
इक सुलगती कपास होती है

क्यों न उम्मीद हो सवेरे की
रात जिस के भी पास होती है

जब से बैठी है चाँदनी दिल में
धूप ही आस-पास होती है

बूँद भी दूर तक नहीं दिखती
पास जब कोई प्यास होती है

करुणा वर्मा 'करुण'

जन्मतिथि : 29.9.1940, खुर्जा (बुलन्दशहर) उ. प्र.
शिक्षा : एम. ए. (हिन्दी साहित्य)
प्रकाशन : 'फूल प्यार के' (बाल कविता संग्रह)। पत्र-पत्रिकाओं में रचनाएँ प्रकाशित।
सम्मान/पुरस्कार : 'रत्न भारती' सहित अनेक संस्थाओं द्वारा सम्मानित।
सम्प्रति : गृहणी, स्वतन्त्र लेखन
सम्पर्क : 20/5, पुराना सुभाष नगर, निकट कम्युनिटी हाल, भोपाल (म.प्र.)
फ़ोन : 0755 - 2584641

क्यूँ ऐसे गुमसुम बैठे हो कुछ तो हमें बताओ ना
होठों की चुप्पी को तोड़ो थोड़ा सा मुस्काओ ना

लोग तुम्हें जीने न देंगे ये तो जाँ के दुश्मन हैं
कोई ग़म हो तो कह डालो दिल में उसे दबाओ ना

पर्दा ग़ैरों से होता है और ज़माने वालों से
हम तो कोई ग़ैर नहीं हैं हमसे तुम शरमाओ ना

महकाना हो गुलशन अपना तो तुम समझौता कर लो
फूलों से मिलना-जुलना है काँटों से कतराओ ना

पूरा जहाँ किसे मिलता है ये तो एक हक़ीक़त है
जो आया है हाथ तुम्हारे उसको यूँ ठुकराओ ना

देने लगे हैं आपको हम दुआएँ भी
कर दीं मुआफ़ आपकी हमने ख़ताएँ भी

सोचा नहीं था बेरुख़ी यूँ पेश आएगी
कैसे बताएँ आपको दिल की अदाएँ भी

होता नहीं है देखने के बाद भी यक़ीं
तब्दील प्यार में हुईं कब बद्दुआएँ भी

बात करना देखना भी नागवार था
क्यूँ आज उनको देख के हम मुस्कुराएँ भी

मुश्किल में आ गए हैं 'करुण' ख़ुद के हाल पर
शायद के आ गई हैं सताने बलाएँ भी

कैक्टस के वन उगाते जा रहे हैं हम
घर को काँटों से सजाते जा रहे हैं हम

फूल जैसी ज़िन्दगी में भर लिए काँटे
प्यार काँटों पर लुटाते जा रहे हैं हम

बीज विष के बो रहे हैं स्वयं हाथों से
अर्थ अमृत का मिटाते जा रहे हैं हम

आपने तूफ़ान के तेवर नहीं समझे
आँधियों को घर बुलाते जा रहे हैं हम

देखते कुछ हैं बयाँ कुछ और करते हैं
क्यों हक़ीक़त को छुपाते जा रहे हैं हम

अफ़साना ज़िन्दगी का सुनाते नहीं बना
रूठी हुई क़िस्मत को मनाते नहीं बना

मेहमान की तरह से कभी आई थी खुशी
आ कर गई तो लौट के आते नहीं बना

रुसवाइयों के डर से होठों को सी लिया
आँखों से मगर राज़ छुपाते नहीं बना

पूछा तो ज़माने ने बहुत पर न कह सके
नाकामियों का हाल सुनाते नहीं बना

हमने उसे चाहा था 'करुण' चाहते रहे
उस बेवफ़ा से प्यार निभाते नहीं बना

तोहफ़ा तेरी मोहब्बत का देख के चुप हूँ
ख़ामोश हो गई है जुबाँ क्या जवाब दूँ

हमको तो सबने धोखे सौग़ात में दिए
तुम प्यार दे रहे हो, डरती हूँ लूँ न लूँ

मेरी हँसी के नीचे घर आँसुओं के हैं
इन मुस्कराहटों को किस ग़म का नाम दूँ

तुम लिख रहे हो दिल पे जिसे इतने प्यार से
लिख कर मिट चुका हूँ, मैं ऐसा नाम हूँ

फिर से यक़ीन आने में देर तो लगेगी
कुछ वक़्त दो ज़रा सा ख़ुद को सँभाल लूँ

ख़याल खन्ना कानपुरी

कानपुरी

जन्मतिथि : 8.10.1940

शिक्षा : एम.ए. (अर्थशास्त्र, राज. शास्त्र)

प्रकाशन : अनेक पत्र-पत्रिकाओं में रचनाएँ प्रकाशित

सम्मान/पुरस्कार : अनेक संस्थाओं द्वारा सम्मानित

सम्प्रति : सेवा निवृत्ति के पश्चात पूर्णकालीन साहित्य साधना में रत। राष्ट्रीय अध्यक्ष, आल इण्डिया कुंअर मोहिन्दर सिंह बेदी मेमोरियल सोसायटी

सम्पर्क : 1090, जनकपुरी, बरेली (उ.प्र.) 243122

फ़ोन : 0581 - 2303583

घिसे-पिटे हुए अशआर पर नहीं जाती
तबीयत अब लबो-रुख़सार पर नहीं जाती

ख़यालो-ख़ाब पे हो सिर्फ़ जिसका दारोमदार
वो शायरी किसी मेयार पर नहीं जाती

अमीरे-शह्र को इज़्ज़त से देखती है निगाह
किसी ग़रीब के किरदार पर नहीं जाती

गुनाह औरों के गिनती तो है ज़बान मगर
ख़ुद अपने जुर्म के इक़रार पर नहीं जाती

पसन्द करते हैं सब चलते-फिरते शे'र 'ख़याल'
नज़र बलन्दी-ए-अफ़कार पर नहीं जाती

बाँध कर पाँव में सफ़र फिरते
तू न होता, तो दर-बदर फिरते

लाज रख ली तेरे ख़यालों ने
वरना अल्फ़ाज बे-हुनर फिरते

कुछ तो जीना हमें भी आ जाता
दिन हमारे भी कुछ अगर फिरते

कोई क़ातिल जो ख़ूबरू होता
हम भी हाथों में ले के सर फिरते

दोस्तों पर न ख़ुद को छोड़ 'ख़याल'
देर लगती नहीं नज़र फिरते

जिसकी आँखों का मर गया पानी
बे-हया उसको कर गया पानी

वो जब आया नदी के पनघट पर
चढ़ते-चढ़ते उतर गया पानी

उसने किस्से सुनाए माज़ी के
और आँखों में भर गया पानी

अब के भी गुल न फूटे ज़ख़्मों के
अब के भी बे-असर गया पानी

अब तो खोलो ज़बान अपनी 'ख़याल'
अब तो सर से गुज़र गया पानी

हर घड़ी तेरा साथ माँगे है
दिल मुकम्मल हयात माँगे है

तेरी यादें जो शामिले-ग़म हों
कौन ग़म से निजात माँगे हैं

लोरियाँ सुन के कौन सोता है
ज़हन अब हादिसात माँगे है

सब्र वालों को एक छत ही बहुत
बुल-हवस कायनात माँगे है

दिन की मसरूफ़ियत के बाद 'ख़याल'
शम्मे-उम्मीद, रात माँगे है

राजनीति तिरशूली है
कितनी लंगड़ी लूली है

वक़्त ने हमसे जीने की
उजरत ख़ूब वसूली है

घर में उसके भूख का राज
खेत में सरसों फूली है

इक मुफ़लिस की बेटी फिर
फन्दा डाल के झूली है

इक दिन जाना है सबको
तू किस खेत की मूली है

विनय 'सरगम'

शिक्षा : एम.ए. (अंग्रेजी)
प्रकाशन : बाल-साहित्य में लगभग 60 पुस्तकें प्रकाशित। अनेक पत्र-पत्रिकाओं में रचनाएँ प्रकाशित।
सम्मान/पुरस्कार : 'निरंकारदेव सेवक पुरस्कार' बरेली सहित अनेक पुरस्कारों से सम्मानित।

उनपे ये दिल जो अनायास न आया होता
हमने यूँ टीस का आभास न पाया होता

जब लड़कपन था बहुत मस्तियाँ थीं आलम में
काश वो सोलहवाँ मधुमास न आया होता

मेरे बचपन ने पलटकर मुझे देखा तो कहा
काश मैंने तुझे कुछ और बनाया होता

काश एक गीत तो दुनिया को हम भी दे पाते
जिसमें इन्सान का कुछ दर्द समाया होता

उसके नग़्मों में कभी दर्द उभरता ही नहीं
रूहे-'सरगम' पे अगर ग़म का न साया होता

अँधेरा हो रहा है हल्के हल्के
उजाले रो रहे हैं हाथ मलके

गुज़र जाएँगे इनसे काम ले लो
कभी लौटे नहीं लम्हात् कल के

सितम बाक़ी बचे हों वो भी कर लो
कि हम मेहमान हैं बस आजकल के

जिन्हें हमने खड़ा होना सिखाया
वही मिलते हैं अब तेवर बदल के

हक़ीक़त को जुबाँ देता है 'सरगम'
तो हो गए हैं कुछ मिस्रे ग़ज़ल के

मुझको दिखा के आइना हँसती रही ग़ज़ल
मेरे जुनूं पे तंज सा करती रही ग़ज़ल

दिल ढूँढ़ता रहा वही फुरसत के रात दिन
फुरसत के रात दिन को तरसती रही ग़ज़ल

चिथड़े बदन पे तो कभी पैबन्द दर्द के
गुरबत में भी लिबास बदलती रही ग़ज़ल

मोमिन ओ मीर, दाग़ो असद जा चुके मगर
जलती रही मशाल चमकती रही ग़ज़ल

वो थी मिसाले-हुस्न किसी को ख़बर न थी
'सरगम' के साथ-साथ थिरकती रही ग़ज़ल

जब भी अपनों से बात होती है
लाज़मी एहतियात होती है

हर बशर इक शजर लगाए तो
सुर्ख़रू कायनात होती है

रिश्तेदारी भी टेलीफोन है आज
सिक्का डालो तो बात होती है

हो अगर बादशाह मुश्किल में
इक पियादे से मात होती है

चैन पाती है रूह 'सरगम' की
जब ग़ज़ल यूँ समात होती है

कुछ इधर खा गए, कुछ उधर खा गए
हर तरफ़ हम फ़रेब-ए-नज़र खा गए

गाँव की प्यास जिनको बुझानी थी वो
खुद कुएँ पी गए और नहर खा गए

बालियाँ नाज की अब उगें तो कहाँ
खेत दर खेत बढ़ते शहर खा गए

उँगलियाँ अब क़लम को तरसने लगीं
मेरे हालात मेरा हुनर खा गए

आज 'सरगम' की झोली में कुछ भी नहीं
लोग सुर-ताल सब बाँटकर खा गए

ब्रज किशोर वर्मा

जन्मतिथि : 3.6.1941, अलीगढ़ (उ.प्र.)
शिक्षा : एम.एस-सी., एम.फिल. (सूचना-विज्ञान)
प्रकाशन : तीन काव्य-संग्रह, दो हास्य-व्यंग्य-संग्रह, एक बाल-गीत संग्रह। पत्र-पत्रिकाओं में रचनाएँ प्रकाशित।
सम्मान/पुरस्कार : अनेक संस्थाओं द्वारा सम्मानित
सम्प्रति : सूचना परामर्शदाता
सम्पर्क : 11/108, राजेन्द्रनगर, साहिबाबाद, गाज़ियाबाद - 201005 (उ.प्र.)
फ़ोन : 0120 - 2630266

ख़ूब है उसकी याद का आलम, डूबा हूँ रानाई में
ख़ामोशी में गूँजें नग़्मे, मेला है तन्हाई में

आखर-आखर ज़िक्र उसी का, जुमला-जुमला उसकी बात
आयते-कुरआँ में जो, वो ही तुलसी की चौपाई में

ऐसे भी हैं लोग जो खेलें, हीरे और अशर्फ़ी से
अपने जीवन का सरमाया, सिमटा आना-पाई में

दरिया की मौजों संग भटका, रस्ते-रस्ते पटका सर
जाने कितने घाव छिपे हैं, पत्थर की चिकनाई में

औलादों ने आख़िर उसका, साया तक भी बाँट लिया
एक घना-सा पेड़ रहा जो, पुरखों की अँगनाई में

होती है महसूस अभी तक, गर्मी गाँव के रिश्तों की
फ़र्क नहीं होता था कुछ भी, माँ और चाची-ताई में

मुट्ठी में अपनी क़ैद हवा करके देखिए
कितना है इख़्तियार, पता करके देखिए

हाथ आएँगे फल, शाख़ बहुत दूर नहीं है
क़द अपना कुछ तो और बड़ा करके देखिए

अहसासे-मुहब्बत की कशिश देखनी है तो
फूलों से तितलियों को जुदा करके देखिए

अंजामे-वफ़ा बद ही नहीं होता हमेशा
हमसे भी एक बार वफ़ा करके देखिए

'शैदी' ग़मे-अवाम को इज़हार बख़्शिए
ये क़र्ज़ शायरी का अदा करके देखिए

ख़्वाहिश, ख़्वाहिश, ख़्वाहिश, ख़्वाहिश
है कोई दिल की पैमाइश

दीवारों में चिन कर, बख़्शी
साँसें लेने की गुंजाइश

टूटे आईने में चेहरा
ऐसी टूटे दिल की ख़्वाहिश

सहरा की मिट्टी यह पूछे
बतला, कैसी होती बारिश

'शैदी' वही चिराग़ों की ज़िद
वही हवाओं की है साज़िश

क्या थी महराब! रह गई मिट्टी
एक इतिहास कह गई मिट्टी

घर तो तूफ़ान के हवाले था
सर पटकने को रह गई मिट्टी

कौन देता है साथ सहरा में
साथ में जिस तरह गई मिट्टी

ज़िन्दगी-मौत के जुदा हैं सफ़र
आदमी की जगह, गई मिट्टी

देखते ही उतर गया दिल में
जैसे दरिया में बह गई मिट्टी

ज़िन्दगी में जब मुसीबत सामने आ जाएगी
दोस्तों की अस्ल सूरत सामने आ जाएगी

जानिबे-मंज़िल बढ़ाया तो है अब अपना क़दम
देखना, कोई मुसीबत सामने आ जाएगी

ज़िन्दगी के रास्तों में जब भी ठोकर खाओगे
तब बुज़ुर्गों की नसीहत सामने आ जाएगी

आज घर में धूप के ले लो मज़े, कल क्या ख़बर
कोई ऊँची-सी इमारत, सामने आ जाएगी

बात करने का सलीक़ा हो, तो हर इन्सान के
दिल में पोशीदा मुहब्बत, सामने आ जाएगी

'अंजुम' लुधियानवी

मूल नाम : इन्द्रमोहन बत्ता

जन्मतिथि : 30.11.1941, अहमदगढ़ (पंजाब)

शिक्षा : बी.एस-सी.

प्रकाशन : 'खुशबू की लहरें' (ग़ज़ल संग्रह)। सम्पादक 'तनहाइयाँ। अनेक पत्र-पत्रिकाओं में रचनाएँ प्रकाशित

सम्मान/पुरस्कार : अनेक संस्थाओं द्वारा सम्मानित

सम्प्रति : साहित्य सृजन

सम्पर्क : 13, संध्या एन्क्लेव, मजीठा रोड, अमृतसर (पंजाब) - 143001
फोन : 0183-2572915, मो. 9814844266

क़तरा-क़तरा ज़ह्र का प्याला पीना कैसा लगता है
सर पर मौत का साया हो तो, जीना कैसा लगता है

रीढ़ की हड्डी से होकर जब ख़ौफ़ बदन में उतरेगा
तब मालूम पड़ेगा सर्द पसीना कैसा लगता है

जिसकी भीनी सी ख़ुशबू से जानो-जिस्म महकते हों
ऐसा फूल बिखर जाए तो जीना कैसा लगता है

उम्र का दरिया उतरेगा तो हम भी देखेंगे 'अंजुम'
साहिल की दलदल में ग़र्क़ सफ़ीना कैसा लगता है

कोई जब अहसान उठाना पड़ता है
अपनी नज़रों से गिर जाना पड़ता है

क्या नहीं करना पड़ता ज़िन्दा रहने को
कभी कभी तो मर ही जाना पड़ता है

रूह कहाँ जाती है, ये मालूम नहीं
मलबे को दरिया में जाना पड़ता है

दुश्मन पर भी ऐसा वक़्त न आए कभी
अपना घर जब आप जलाना पड़ता है

अच्छी ग़ज़लें कहना खेल नहीं 'अंजुम'
किरणें बुन कर चाँद बनाना पड़ता है

आँखों में तूफ़ान बहुत है
बारिश का इम्कान बहुत है

राहे वफ़ा पर चलने वालो
ये रस्ता वीरान बहुत है

दिल हर ज़िद मनवा लेता है
ये बच्चा शैतान बहुत है

एक ज़रा ईमाँ बिक जाए
फिर सब कुछ आसान बहुत है

दिल का आलम महकाने को
तेरी इक मुस्कान बहुत है

मुहब्बत हुई, इश्क़ वालों में आए
अँधेरों के क़ैदी, उजालों में आए

ज़रा देर रो के वो जब मुसकराए
धनक के सभी रंग गालों में आए

कभी अनकही, अनसुनी, अनछुई सी
ग़ज़ल कोई मेरे ख़यालों में आए

हमारे लहू में नहाता था सूरज
वो दिन भी जवानी के सालों में आए

इक अहसास है वो जिसे ढूँढने हम
गए मस्जिदों में, शिवालों में आए

पलभर उसे रुला कर देख
सारा दिन पछता कर देख

पत्थर दिल थोड़ी है वो
बाहें तो फैला कर देख

नख़रे साथ नहीं आते
घर से बाहर जा कर देख

सच्चाई है नीम का पात
मीठा होगा, खा कर देख

क्या है क्या हो जाता है
पत्ता ख़ुश्क उठा कर देख

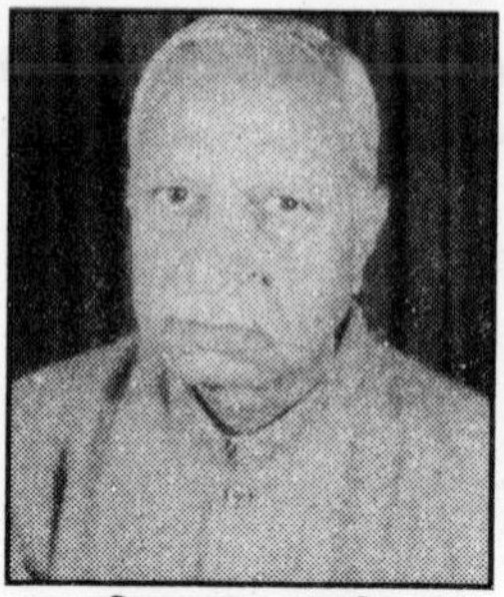

दिवाकर वर्मा

जन्मतिथि : 25.12.1941, सोरों (सूकरक्षेत्र) एटा (उ.प्र.)

शिक्षा : स्नातक

प्रकाशन : ग़ज़ल-संग्रह 'अब तो ख़ामोशी तोड़ो'। चार काव्य-संग्रह प्रकाशित।

सम्मान/पुरस्कार : 'रंजन कलश सम्मान' सहित अनेक संस्थाओं द्वारा सम्मानित

सम्प्रति : स्वतन्त्र लेखन

सम्पर्क : 'साधना', 150 सागर एस्टेट, मेन बायपास रोड, भोपाल - 462041
फोन : 0755 - 2625826

क़त्ल करने को उसे लाया गया है
वो ही किस्सा फिर से दुहराया गया है

चर्चा थी हर ओर हर घर में यही बस
आज उसको फिर से बहकाया गया है

भीष्म सा विश्वास कैसे बच सकेगा
फिर शिखंडी सामने लाया गया है

भूख से व्याकुल बिलखती भूख को अब
दे के लॉलीपाप बहलाया गया है

चोट करनी थी उन्हें बस इसलिए ही
बेवज़ह लोहे को गरमाया गया है

गीत हूँ ग़ज़ल हूँ रुबाई हूँ
प्रेम हूँ मिलन हूँ जुदाई हूँ

गीत नफ़रत के वे भले गाएँ
प्रेम आखर ही मैं अढ़ाई हूँ

ज़िन्दगी के घने अँधेरे में
मुट्ठी भर आस की जुन्हाई हूँ

ऐसी दौलत, न कभी लुट सकती
कैसी नायाब मैं कमाई हूँ

धरा न्यौता तो दे 'दिवाकर' को
तम मिटे, हार्दिक बधाई हूँ

दायरे प्रतिकूलताओं के
तोड़ने हैं कस हवाओं के

है हक़ीकत से उन्हें परहेज़
आ गए दिन फिर कथाओं के

घोल डाला ज़हर बस्ती में
बन गए दुश्मन फ़िज़ाओं के

दीप कर लें प्रज्ज्वलित अब तो
कुछ नई सम्भावनाओं के

जो किए तज़वीज़ 'कबिरा' ने
ढूँढ लें पर्चे दवाओं के

देख ले उनके जो आचरण
मृत्यु का मृत्यु कर ले वरण

लीक पर चलना आसान था
करते किसका मगर अनुसरण

भाषा चेरी बनाकर रखी
भूल खुद ही गए व्याकरण

कुण्डी दे के वे खुद सो गए
कह गए, सब करें जागरण

हम 'दिवाकर' समझते रहे
उनके अपवित्र अन्तःकरण

आईनों की मेहरबानी हो गई
बस मुक़म्मल ज़िन्दगानी हो गई

अक्स फिर भी खो गए जाने कहाँ
इस क़दर धुँधली कहानी हो गई

जाले ही जाले लगे हैं देखिए
मकड़ियों की निगहबानी हो गई

अब न पूछा जाए कोई भी सवाल
बात थी जो, आनी-जानी हो गई

एक ज़रा सी बात पर भर आई वो
आँख थी, बस पानी-पानी हो गई

गिरिमोहन गुरु

जन्मतिथि : 1.7.1942, गनेरा (म.प्र.), होशंगाबाद

शिक्षा : एम. ए. (साहित्य विशारद), धर्मरत्न

प्रकाशन : अनेक पत्र-पत्रिकाओं में रचनाएँ प्रकाशित। कई धार्मिक पुस्तकों का सम्पादन। मुझे नर्मदा कहो (नवगीत संग्रह), ग़ज़ल का दूसरा किनारा (ग़ज़ल संग्रह), राग-अनुराग (मुक्तक संग्रह), पं. गिरिमोहन गुरु : संवेदना व शिल्प (सं. डॉ. कृष्णगोपाल मिश्र)

सम्मान/पुरस्कार : 'गीतायन' ग्वालियर द्वारा गीत प्रतियोगिता में प्रथम पुरस्कार। अनेक संस्थाओं द्वारा सम्मानित

सम्प्रति : धर्म प्रचार-प्रसार एवं साहित्य सृजन

सम्पर्क : श्री सेवाश्रम नर्मदा मन्दिरम् हा. बोर्ड कालोनी, होशंगाबाद (म. प्र.) 461001

फोन : (07574) 257153

फूल के दृग में उदासी देखकर लिखना पड़ा
कंटकों की भीड़ ख़ासी देखकर लिखना पड़ा

एक असफलता के जंगल में बिलखती चीखती
कामना हर एक प्यासी देखकर लिखना पड़ा

बेरुख़ी के खण्डहर में भी उजाला था कहीं
प्यार की आभा जरा सी देखकर लिखना पड़ा

अभावों की आँधियों में थरथराती काँपती
ज़िन्दगी जलती दिया सी देखकर लिखना पड़ा

माँ की गठिया, हाइब्लडप्रेशर पिता जी का 'गुरु'
वृद्ध दादा जी की खाँसी देखकर लिखना पड़ा

एक पौधा लगाया गया
वन लगाया, बताया गया

एक जुगनू के सम्मान में
चाँदनी को बुलाया गया

साथ देते रहे झूठ का
सत्य को बरगलाया गया

तीर पर थे उन्हें खींचकर
बीच मंझधार लाया गया

रात की ज़िन्दगी के लिए
सूर्य तक को सताया गया

स्वार्थ ही प्यार है आजकल
भ्रष्ट आचार है आजकल

राजनीति हुई नर्तकी
कुर्सियाँ यार है आजकल

सिर्फ़ सरकार के नाम पर
दिख रही कार है आजकल

सत्य करुणा दया आदि का
मन्द बाज़ार है आजकल

रोगियो! राम का नाम लो
वैद्य बीमार है आजकल

सिन्धु में ज्वार क्यों पूर्णिमा देखकर
क्यों चकोरी चकित चन्द्रमा देखकर

हर लता वृक्ष की बाँह में झूमती
खुश भ्रमर क्यों कली खुशनुमा देखकर

रत्नाकर ने अनेकों दिए रत्न थे
विष्णु का मन रमा क्यों, रमा देखकर

सूर्य का गीत गाते रहे जो सदा
तम हुआ प्रिय उन्हें प्रियतमा देखकर

कौन सा आकर्षण घूमती जो धरा
'गुरु' चकित यह प्रकृति अनुपमा देखकर

नित नए उत्पात करती कुर्सियाँ
आदमी को मात करती कुर्सियाँ

अपनी जड़ता की जड़ें मजबूत कर
दिवस को भी रात करती कुर्सियाँ

जो सरलता से बिताते ज़िन्दगी
उन्हीं पर आघात करती कुर्सियाँ

जाम होठों से लगाती तब कहीं
काम की शुरुआत करती कुर्सियाँ

काग़ज़ों पर जो रखा करते वज़न
सिर्फ़ उनसे बात करती कुर्सियाँ

ज्ञानेन्द्र 'साज'

जन्मतिथि : 2.7.1942

शिक्षा : स्नातक

प्रकाशन : ग़ज़ल-संग्रह 'आँख तो आँख है'। अनेक पत्र-पत्रिकाओं/संकलनों में रचनाएँ प्रकाशित। 22 वर्षों से 'जर्जर कश्ती' मासिक का प्रकाशन और एक और मधुशाला का सम्पादन

सम्मान/पुरस्कार : 'जनकवि', 'हिन्दी गौरव' सहित अनेक संस्थाओं द्वारा सम्मानित

सम्प्रति : साहित्य सृजन

सम्पर्क : 17/212, जयगंज, अलीगढ़ (कार्यालय)
आवास—मर्यादा, 61, एम. आई. जी. विकास नगर, आगरा मार्ग, अलीगढ़ 202001 (उ.प्र.)
फ़ोन : 0571 - 410802

उसका साथ मिला तो खुद को वो जाने कब भूल गया
दीवाना तो दीवाना है धर्म औ मज़हब भूल गया

प्यार से बढ़कर इस दुनिया में कोई सीख नहीं यारो
प्यार किया तो दुनिया भर के सारे मकतब भूल गया

इस उधेड़बुन में ही उसका सारा जीवन बीत गया
क्या पहनूँ और क्या मैं खाऊँ ये ही जब तब भूल गया

जिसको इसकी लौ लग जाए वो क्या दुनिया को समझे
सारी कलाएँ, सारे हुनर और सारे करतब भूल गया

क्या अल्ला है, क्या है ईश्वर 'साज' क्या दुनियादारी है
इश्क़ किया तो इक मस्ताना जैसे यह सब भूल गया

ग़म, अश्क, आह जैसे मेहमान बहुत आए
छोटी-सी ज़िन्दगी में तूफ़ान बहुत आए

अच्छों की उस गली में जब ढूँढने चले हम
हर घर में नज़र हमको शैतान बहुत आए

अपने तो सभी हमसे अनजान बनके भागे
मुश्किल में काम अपने अनजान बहुत आए

जब जब भी हमने सच की आवाज़ लगाई तो
राहों में ज़िन्दगी की व्यवधान बहुत आए

ऐ 'साज' मौत से ही हारे हैं सभी इंसाँ
आने को तो दुनिया में लुकमान बहुत आए

रोने की सारी उम्र सज़ा दे गए मुझे
कुछ इस तरह जीने की दुआ दे गए मुझे

ये दिल के वलवले ही थे जो उनकी बज़्म में
मेरा कराने क़त्ल बुला ले गए मुझे

ताउम्र टीसते रहे शोलों की शक्ल में
बुझे हुए शोलों की हवा दे गए मुझे

इन हौसलों का क्या करूँ जो ऐन वक़्त पर
उस शोख़ की बातों में दगा दे गए मुझे

मैं लड़खड़ाने भी न सका था कि सुनो 'साज'
महफ़िल से मयकशों की उठा ले गए मुझे

मेरी नज़रों से अपनी अदा देखिए
आप क्या चीज़ हैं आईना देखिए

दिल ही क्या जान भी आपके नाम है
जब ज़रूरत पड़े आज़मा देखिए

सारे आलम पे जादू सा छा जाएगा
आप महफ़िल में बस मुस्करा देखिए

आपके जैसा कोई जहाँ में नहीं
आप चाहें तो नज़रें उठा देखिए

आपसे प्यार के हम ख़तावार हैं
'साज' को देने कोई सज़ा देखिए

हम तो कब आपको अपने से जुदा मानते हैं
फिर भी कुछ लोग मुहब्बत का बुरा मानते हैं

इस जवानी में हसीनों के भाव चढ़ते हैं
इसलिए लोग हसीनों को खुदा मानते हैं

जिसने मय पी ही नहीं लुत्फ़ क्या समझेगा भला
शैख़ की बात का मयकश न बुरा मानते हैं

जुल्म करना कोई फ़ितरत नहीं हसीनों की
आप कुछ भी कहें हम उसको अदा मानते हैं

हम जो बच आए किसी तौर हसीं क़ातिल से
'साज़' हम इसको बुजुर्गों की दुआ मानते हैं

मिर्ज़ा हसन नासिर

जन्मतिथि : 26.7.1942, लखनऊ

शिक्षा : विज्ञान स्नातक, आचार्य, पी-एच.डी. (एस्ट्रो.) विद्यासागर (डी.लिट्.)

प्रकाशन : हिन्दी में 10 काव्य-संग्रह एवं उर्दू साहित्य की 5 पुस्तकें प्रकाशित। अनेक पत्र-पत्रिकाओं में रचनाएँ प्रकाशित

सम्मान/पुरस्कार : अनेक संस्थाओं द्वारा सम्मानित

सम्प्रति : राजपत्रित पद से सेवा निवृत्ति के पश्चात पूर्णकालीन साहित्य साधना में रत

सम्पर्क : जी-02, लोरपुर रेजीडेन्सी, डॉ. बैजनाथ रोड, न्यू हैदराबाद, लखनऊ - 226007 (उ.प्र.)

फ़ोन : 0522 - 2780977

काम दुश्मन कर गए कोई समझ पाया नहीं
लड़ने वालों के सिवा दुख हाथ कुछ आया नहीं

हर अदा उनकी निराली हर नज़र है दिल फ़रेब
जो ज़हर दिल में घुला है वह नज़र आया नहीं

उनके बारे में भी तुमने आज तक सोचा कभी
जिनके सिर पर रह सका माँ बाप का साया नहीं

दे नहीं सकते हो सुख तो कम-से-कम दुख तो न दो
ग़म जो दे औरों को वह इन्सान कहलाया नहीं

लाख बदलो भेष पर 'नासिर' से छुप सकते नहीं
कह गईं आँखें वो सब जो तुमने बतलाया नहीं

मुझे ये शह्र क्यों अब यों जुदा-जुदा सा लगे
हरेक चेह्रा यहाँ का नया-नया सा लगे

भटक रहा हूँ किसी अजनबी सी बस्ती में
कोई नज़र नहीं आता जो रहनुमा सा लगे

कहाँ गया वो ज़माना गए कहाँ वे लोग
बशर-बशर यहाँ ख़ुदग़र्ज़ बेवफ़ा सा लगे

तमाम रोज़ तो संग आफ़ताब जलता हैं
चिराग़ जलते ही यह दिल बुझा-बुझा सा लगे

सभी धरम सभी ज़ातें हैं एक-सी प्यारे
मुझे तो राम भी 'नासिर' सदा ख़ुदा सा लगे

पल रही है क्यों ग़रीबी हर गली और दर गली
जुल्म के फलते महल हैं प्यार की कुटिया जली

जब कहा तुमने कि कोई इश्क़ का मज़हब नहीं
बात मेरे मुँह की तुमने छीन ली कितनी भली

वह जिसे इक उम्र बीती थी बसाने के लिए
शक की चिंगारी से पल में प्यार की दुनिया जली

वक़्त से पहले ही बूढ़ा कर दिया हालात ने
खिल न पाई थी कि मुरझाने लगी नन्ही कली

याद उसकी बेवफ़ाई की अचानक आ गई
बात 'नासिर' जब वफ़ा की आज महफ़िल में चली

तुम हमें काश मिल गए होते
फूल ख़ुशियों के खिल गए होते

बात दिल की ज़बान कह देती
होंठ गर यों न सिल गए होते

तुम अगर बेहिजाब हो जाते
जाने कितनों के दिल गए होते

हाथ दिल पर मिरे जो रख देते
ज़ख़्म सीने के सिल गए होते

लोग कहते हैं आज महफ़िल में
काश! 'नासिर' भी मिल गए होते

कोई खुशियाँ लुटा गया नासिर
दिल का गुलशन खिला गया नासिर

मेरे होठों के दश्त को कोई
इक समुन्दर पिला गया नासिर

उर-निकेतन में घुप अँधेरा था
कोई दीपक जला गया नासिर

जो ग़ज़ल मैं सुनाने वाला था
कोई दूजा सुना गया नासिर

वृक्ष से उड़ गए पखेरू सब
कोई सूना तना बना गया 'नासिर'

राधेश्याम शुक्ल

जन्मतिथि : 26.10.1942, गाँव सेमरा (उ. प्र.)
शिक्षा : एम.ए. (हिन्दी, संस्कृत), शास्त्री, ओ. टी. पी-एच.डी. (हिन्दी)
प्रकाशन : तीन काव्य-संग्रह प्रकाशित। एक दोहा-संग्रह प्रकाशनाधीन। अनेक पत्र-पत्रिकाओं में रचनाएँ प्रकाशित
सम्मान/पुरस्कार : 'हंस कविता पुरस्कार' सहित अनेक संस्थाओं द्वारा सम्मानित
सम्प्रति : प्राध्यापक, सी. आर. एम. जाट स्नातकोत्तर कालिज, हिसार
सम्पर्क : 392, एम. जी. ए., हिसार - 125002
फोन : 259063

आई घर की याद, बन्द कमरे में वृद्धाश्रम रोया
आँखों में उतरीं उदासियाँ, मन ही मन में ग़म रोया

तुतला सम्बोधन, बूढ़े बरगद को जड़ से हिला गया
शीतल छाया की सुधि कर, घर का गुलाब क्या कम रोया

कितनी ही वत्सल मनुहारें लिखी डायरी व्यर्थ हुई
उम्रदराज़ मोह-ममता का टूटा हुआ भरम रोया

शाहजहाँ-औरंगज़ेब के घर-घर फैले किस्सों में
मुमताजी बिछोह में डूबा, खँडहर हुआ हरम रोया

दरवाज़े हल्दी के छापे, शाकुन्तली हथेली के
जब जब आए याद, कण्व का वनवासी संयम रोया

बस्तियाँ जलती हुई हँसते समन्दर देखिए
आज अपने वक़्त के नायाब मंज़र देखिए

कल तलक जिनको हवा का रुख़ समझ आता न था
आज उनके हुक्म से उठते बवण्डर देखिए

देश है ऊँचा उठा, पर इस तरह इस नाप से
आज बौने आसमाँ के हैं बराबर देखिए

पूछिए मत किस तरह मैंने गुज़ारी ज़िन्दगी
हर क़दम पर आप भी ख़तरे उठाकर देखिए

ख़ून-पानी, आग ये सब, अब नहीं बच पाएँगे
वक़्त के हाथों उठे हैं तेज़ ख़ंजर देखिए

सुर्ख़ियाँ ऐलान करतीं, हर सुबह अखबार में
लो खरीदो ख़ास सपने आ गए बाज़ार में

आँकड़े आकर करेंगे भूख की पैमाइशें
फिर ग़रीबी पर बहस होगी नयी सरकार में

वक़्त का फ़रमान है ग़र हो कहीं ज़िन्दा ज़मीर
नेकचलनी की ख़ता पर, पेश कर दरबार में

रह गया बनकर तमाशों का शहर मेरा वतन
गुल खिले बाज़ीगरों की आपसी तकरार में

शुक्रिया, दौरे तरक़्क़ी, छीनकर सब कुछ मेरा
एक अन्धी दौड़ तूने दी मुझे उपहार में

न पी इतना कि हद टूटे, ज़रा-सी प्यास रहने दे
ख़िज़ाँ मत बन, चमन के वास्ते मधुमास रहने दे

तेरी निर्बाध इच्छाएँ, ज़मीं से उठ गईं ऊपर
हमारी कल्पनाओं का तनिक आकाश रहने दे

तेरी सौदागिरी ने देश का भूगोल तक बेचा
ख़ुदा के वास्ते बस कर, बचा इतिहास रहने दे

ज़माने, तूने मेरा तन तो गिरवी रख लिया ही है
बचा है एक हिरना-मन, उसे तो पास रहने दे

ये सच है सब अकेले हैं, मगर कोई तो अपना है
ये झूठा ही सही, इसका मगर एहसास रहने दे

घर के बूढ़ों का खयाल रखना जी
पुतलियों में सँभाल रखना जी

हर अँधेरे में रोशनी देंगे
इनको आँखों में पाल रखना जी

तंगदस्ती में भी ये जी लेंगे
अपने मन को विशाल रखना जी

जब न सूझे कोई ज़वाब तुम्हें
इनके आगे सवाल रखना जी

पालना हैं तुम्हारे बचपन का
इनको बाहों में डाल रखना जी

नरेश

जन्मतिथि : 7.11.1942 (मालेर कोटला)
शिक्षा : एम.ए. (हिन्दी, उर्दू), पी-एच.डी.
प्रकाशन : 'फूल भी शूल भी', 'अध्यात्म सतसई' (कविता) 'ग़ज़ल : शिल्प और संरचना' तथा 'हिन्दी-ग़ज़ल : दशा और दिशा' सहित कहानी, उपन्यास, एकांकी आदि विधाओं की पाँच दर्जन पुस्तकें प्रकाशित। पत्र-पत्रिकाओं में रचनाएँ प्रकाशित
सम्मान/पुरस्कार : अनेक संस्थाओं द्वारा सम्मानित
सम्प्रति : साहित्य-सेवा में रत।
सम्पर्क : 169, सेक्टर-17, पंचकूला-134109

भावों को अनुभूतिपरक आरोहण दें
आओ ग़ज़ल को नव पर नव आभूषण दें

कवि का कर्म दिया है तो करुणामय आप
शक्ति शब्द को वाणी को आकर्षण दें

आओ किसी रोते के आँसू पोंछ आएँ
मन्दिर के घण्टे को भी सुख का क्षण दें

हम दंगा करवाने में हैं दक्ष हुजूर
आप हमें बस थोड़ा-सा संरक्षण दें

देखे समाज अपने सारे गुण-दोषों को
आओ 'नरेश' इसको कविता का दर्पण दें

पत्थरों में न देवता ढूँढो
अपने अन्दर छिपा ख़ुदा ढूँढो

रहबरी प्रश्नचिह्न-मुक्त नहीं
जाओ ख़ुद अपना रास्ता ढूँढो

मात्र माया है मित्र बाह्य जगत्
अपने भीतर ही दिव्यता ढूँढो

यह मसीहा तो स्वयं रोगी है
कोई नीरोग दूसरा ढूँढो

वाक़ई शे'र की तलब है तो फिर
कोई शायर 'नरेश'-सा ढूँढो

जिसको बाँध के रखना है
वह अश्कों का दरिया है

राजनीति हम्माम-सी है
इसमें हर कोई नंगा है

ज़ोर से चीख़ो, चिल्लाओ
यह इस युग की भाषा है

ईश्वर करे न तुम देखो
जो कुछ हमने देखा है

अन्धों की बस्ती में 'नरेश'
दिया जलाकर रखना है

अर्थ मोती-सा उदय हो शब्द से
स्वाति-जल बरसेगा कब किस अब्द से

लोक-सेवा की न चर्चा कीजिए
हमको घिन आती है अब इस शब्द से

इसलिए उठ आए उसकी बज़्म से
डर गए थे हम मुहब्बत शब्द से

गूँज नारों की बताती है कि लोग
अब खड्ग का काम लेंगे शब्द से

कुछ न कहकर भी कहा सब कुछ 'नरेश'
मौन बाज़ी ले गया हर शब्द से

न बोध है इसे मंज़िल का और न रस्ते का
उदास नस्ल के सिर पर है बोझ बस्ते का

न धार देखी किसी ने न काट ही असि की
पड़ा जो मोल तो बस रत्नयुक्त दस्ते का

खरीद लाया हूँ प्यार उनका जान के बदले
सवाल अब है कहाँ महँगे और सस्ते का

जो दूसरों की नज़र में है मील का पत्थर
वो हो भी सकता है काँटा किसी के रस्ते का

कभी 'नरेश' थे अपने अवश्य वो लेकिन
अब उनसे अपना तआल्लुक है बस नमस्ते का

राजकुमारी 'रश्मि'

मूल नाम : राजकुमारी कश्यप

जन्मतिथि : 14.1.1943, बरेली (उ.प्र.)

शिक्षा : एम.ए. (हिन्दी), बी.एड.

प्रकाशन : ग़ज़ल-संग्रह 'गवाही के बावजूद', एक गीत-संग्रह 'पत्र लिखा किसने गुमनाम' व एक कहानी-संग्रह। पत्र-पत्रिकाओं में रचनाएँ प्रकाशित।

सम्मान/पुरस्कार : 'राजधानी पुरस्कार' एवं निराला सम्मान (उ.प्र., लखनऊ हिन्दी-संस्थान सहित अनेक संस्थाओं द्वारा सम्मानित

सम्प्रति : साहित्य साधना, अध्यापन

सम्पर्क : एन-21, गांधी नगर, ग्वालियर - 474002 (म.प्र.)
फोन : 2428938

चाकुओं से ज़ख़्म पर नक्शे बनाकर देखिए
इस तरह भी दर्द को अब आज़मा कर देखिए

गुफ़्तगू करता रहेगा, यह शहर कितने दिनों
इसके हाथों में कभी ख़ंजर थमा कर देखिए

ज़िन्दगी क्या ढूँढती मज़बूर साँसों में यहाँ
आप भी तो इस धुएँ के पास जाकर देखिए

देखिए उठ जाएँगे बेजान मुर्दे भी यहाँ
एक जलती-सी ग़ज़ल इनको सुना कर देखिए

ख़ुद-ब-ख़ुद आ जाएँगी जलती मशालें हाथ में
आप थोड़ी देर तो बाजू उठाकर देखिए

हादसे अब इस तरह होने लगे हैं
लोग फुक्का फाड़कर रोने लगे हैं

चीख़ती हैं रोज़ ही, अब बस्तियाँ
फ़ैसले अब मौत से होने लगे हैं

इन मकानों की सफ़ेदी क्या करे
ख़ून से बदरंग घर होने लगे हैं

अब अँधेरा है गुफ़ाओं की तरह
रोशनी के पाँव गुम होने लगे हैं

हम कहाँ जाकर किसे आवाज़ दें
अब भरोसा दोस्त भी खोने लगे हैं

दोस्ती के लिए कुछ नया कोण दो
सिर्फ़ अपने लिए सोचना छोड़ दो

नफ़रतें, हसरतों में बदल जाएँगी
इस इबारत में गर प्यार का जोड़ दो

जल न जाए कहीं धूप में ये शहर
बादलों के लिए कुछ खुला छोड़ दो

छटपटाने लगीं जाल में मछलियाँ
हो मुनासिब तो ये बन्दिशें तोड़ दो

रूप सारा पलों में बदल जाएगा
सिर्फ़ चेहरा नदी का ज़रा मोड़ दो

•

घर से निकल के आप सड़क पर तो आइए
फिर बाद में किसी पे ये, उँगली उठाइए

इतने न बेखबर हों, कोई घर ही लूट ले
बेशक ज़रूरी बात के मसले उठाइए

ये वो शहर है जिसमें कोई राज़दाँ नहीं
आगे से यही बात, ज़ुबाँ पर न लाइए

बढ़ते ही जा रहे हैं अँधेरों के हौसले
गर कुछ बचा सकें तो, उजाला बचाइए

देकर के देख ली हैं, कई बार दस्तकें
बेहतर हो इस मकान की नीवें हिलाइए

हौसले अब आँसुओं के पास आना चाहिए
ज़ुल्म की तहरीर को जड़ से मिटाना चाहिए

इस तरह ख़ामोश रहना, ख़ून की तौहीन है
इसलिए बरदाश्त की कुछ हद बनाना चाहिए

जब मुहाने पर खड़ी होकर नदी आवाज़ दे
हर तरह से धार का रुख़, आज़माना चाहिए

हाँ, ज़रूरी हो गया है आज सबके वास्ते
ज़िन्दगी का कोई तो मक़सद बनाना चाहिए

क्या हुआ जो हादसे में आपका बाज़ू गया
आख़िरी दम तक सुबह के गीत गाना चाहिए

रमेश सिद्धार्थ

जन्मतिथि : 6.2.1943, खुर्जा (उ.प्र.)

शिक्षा : एम.ए. (अंग्रेजी)

प्रकाशन : ग़ज़ल सुग्रह 'शहर जंगल और कुहासा'/अनेक पत्र-पत्रिकाओं में रचनाएँ प्रकाशित।

सम्मान/पुरस्कार : अनेक संस्थाओं द्वारा सम्मानित

सम्प्रति : वरिष्ठ प्राध्यापक (अंग्रेजी), के.एल. पी. कॉलेज रेवाड़ी से सेवा निवृत्ति के पश्चात पूर्ण कालीन साहित्य साधना में रत।

सम्पर्क : 81, हाउसिंग बोर्ड कॉलोनी, रेवाड़ी, हरियाणा-123401
फोन—01274-222093

भ्रम टूटा जब अपनेपन का
नीड़ हो गया तिनका, तिनका

ऐसी टूटी प्रीत की माला
बिखर गया हर मनका, मन का

अपनों से जब पाए आँसू
ढूँढा आँचल इनका, उनका

छल बल का वो दौर चला है
हर माथा है ठनका, ठनका

प्रेम भाव तो लुप्त हो गया
मिलन रह गया तन का, तन का

काले सिक्कों की खन-खन से
हर सपना है खनका-खनका

जग में विषधर और सपेरे
खेल दिखाएँ फन का, फ़न का

यह न समझो आँधियों में, मैं यूँ ही खो जाऊँगा
या डगर पर कुंज उपवन में कहीं सो जाऊँगा

उठती आहों, घुटती चीख़ों ने बुलाया है मुझे
आँख से आँसू मिटा दूँगा, कभी तो जाऊँगा

उड़ते काग़ज़ का हूँ टुकड़ा, चन्द अक्षर हैं लिखे
बीज लेकिन क्रान्ति के हर दिल में ही बो जाऊँगा

इस धरा पर सुख, अमन, और प्यार है मेरा सपन
यह सपन साकार कर लूँगा, तभी तो जाऊँगा

स्वप्नदर्शी, अव्यवहारिक, कहते आए हो मुझे
दाग़ यह मैं अपने कर्मों से यहीं धो जाऊँगा

हर चेहरा आशंकित चेहरा
या फिर कुछ आतंकित चेहरा

धर्म-सिंहासन पर बैठा है
कलुषित और कलंकित चेहरा

जहाँ विरोध का दृढ़ स्वर उभरा
वहीं हुआ प्रतिबन्धित चेहरा

छद्म सान्त्वना देता फिरता
भावों से अतिरंजित चेहरा

कभी-कभी चौंकाए मुझको
मेरा ही प्रतिबिम्बित चेहरा

जब वो नया ठिकाना ढूँढे
तब ही नया बहाना ढूँढे

अपनी करतूतें मढ़ने को
वो इक सर बेगाना ढूँढे

घट-घट में वह सत्य छुपा है
दर-दर जिसे सयाना ढूँढे

बोए खेतों में चिंगारी
फ़स्ल उगे तब दाना ढूँढे

सब कुछ मिला जिसे यारों से
वह क्यों गड़ा ख़जाना ढूँढे

कहीं खो गया, वो इक लम्हा
पीर बो गया, वो इक लम्हा

इक लम्हे की खुशी ढूँढता
बरस हो गया, वो एक लम्हा

जहाँ सुबह के सपने आए
वहीं सो गया, वो इक लम्हा

चेहरे पर नज़रें ठहरी सब
ठहर जो गया, वो इक लम्हा

रिस-रिस आँखों से, यादों के
दाग़ धो गया, वो इक लम्हा

अशोक शर्मा

जन्मतिथि : 18.2.1943, सोहियां, होशियारपुर (पंजाब)

शिक्षा : एम. ए. (हिन्दी साहित्य)

प्रकाशन : अनेक पत्र-पत्रिकाओं में रचनाएँ प्रकाशित। 'मन कहता कुछ और' काव्य-संकलन प्रकाशित

सम्मान/पुरस्कार : अनेक संस्थाओं द्वारा सम्मानित

सम्प्रति : भिलाई इस्पात संयंत्र से सेवानिवृत्ति के पश्चात् पूर्णकालीन साहित्य-साधना में रत

सम्पर्क : अभ्युदय निवास, 36 बी, मैत्री विहार, सुपेला, भिलाई - 490023
फ़ोन : 0788 - 2391839

अदना सा किरदार हूँ मैं भी उसी कहानी का
जिसमें किस्सा लिखा हुआ है ठहरे पानी का

क्यों फ़रेब में हमको रख कर इस्तेमाल किया
पूछ रहा है अक्षर-अक्षर गलत बयानी का

आसमान की छत के नीचे दरवाज़ा न खिड़की
ऐसे घर में रैन बसेरा क्यों होता सैलानी का

आग चढ़ी हँडिया के चावल अब तक पके नहीं
भूख-भूख ने प्रश्न किया क्यों हमसे इस हैरानी का

किन-किन में बँट गईं रोटियाँ अपने हिस्से की
आँख मिलाकर कल पूछेगा जोश जवानी का

कैसी बातें हम कर आए
आँखों में आँसू भर आए

ख़ौफ़नाक हैं चेहरे इतने
देख आईना खुद डर जाए

खूब चढ़ी थी नदी दर्द की
पता नहीं कैसे तिर आए

इक रस्ते की खोज खबर में
यहाँ वहाँ पानी भर आए

जिस चेहरे का धुआँ छँटा था
उस पर ही बादल घिर आए

पैदा कर गई बात ज़रा सी
ऐसी-वैसी घोर उदासी

मुझको घेरे खड़ी हुई है
भीड़ गमों की अच्छी खासी

तौर तरीके बदले जब से
तबसे जल में मीन पियासी

नाजुक हाथों में हथगोले
बोल बड़ों के हुए सियासी

कौन हवा पे टिका हुआ है
गगन सोच कर आए हाँसी

क्या होते हैं रिश्ते-नाते
वक़्त पूछता आते-जाते

खुश्क समन्दर प्यासी नदियाँ
किसको अपनी प्यास दिखाते

राग नहीं सधते साँसों पर
ढोल दूर के नहीं सुहाते

मिट्टी, काग़ज़, काँच खिलौने
हमसे नहीं सजाए जाते

बड़बोली है जुबाँ हमारी
ताले नहीं लगाए जाते

दूर भँवर में रहते-रहते
पास आ गए बहते-बहते

सीख गए ख़तरों से लड़ना
वार निरन्तर सहते-सहते

कच्ची थी घर की दीवारें
ढही समूची ढहते-ढहते

कह न पाए जो कहना था
शाम हो गई कहते-कहते

हुए आँख के अन्धे शायद
एक अँधेरा गहते-गहते

सूर्यदेव पाठक 'पराग'

जन्मतिथि : 23.7.1943, बगौरा (सीवान) बिहार
शिक्षा : एम. ए. (संस्कृत, हिन्दी), आचार्य (द्वय), बी.एड., काव्यतीर्थ, साहित्य रत्न
प्रकाशन : 'आईने के पास' (ग़ज़ल-संग्रह), 'भँवर में नाव' (भोजपुरी ग़ज़ल-संग्रह)। अनेक पत्र-पत्रिकाओं/संकलनों में रचनाएँ प्रकाशित
सम्मान/पुरस्कार : 'गीतश्री', 'काव्य-विभूति' सहित अनेक संस्थाओं द्वारा सम्मानित
सम्प्रति : अध्यापक
सम्पर्क : उच्च विद्यालय, भढौरा (सारण) 841418 बिहार

लगता हर इंसाँ क़ैदी है, चाँदी की दीवारों में
बाँध दिया किसने सबको कसकर सोने के तारों में

जकड़ दिया मौसम ने कसकर मौसम को ज़ंजीरों में
सहमे-सहमे फूल खिला करते हैं मस्त बहारों में

दहक रहा है हर बन-उपवन छिटक रहे हैं अंगारे
जाने कितना जोश भरा है मधुबन के हत्यारों में

दिन-दिन होती दुर्घटनाएँ कर देती हैं नाकों दम
कौन नहीं वाकिफ़ ख़बरों से छपतीं जो अख़बारों में

क्या बतलाएँ, कितने वादे, मिलते ग़ज़ब लुभाने को
भारत की खुशहाली लिपटी सिर्फ़ चुनावी नारों में

वक़्त देता साथ तो मैं भी किसी से कम न था
रोक लेता राह मेरी ये किसी में दम न था

आज भी संघर्षरत हूँ राह पाने के लिए
तोहफ़े में पा सकूँगा कुछ कभी ये भ्रम न था

दर्दे-दिल कैसे बताता जब न कोई सुन सका
आँखों में आँसू न हों, पर दिल मेरा कम नम न था

प्यास धरती की न बूझी खेत रेत हुए भले
कौन कहता बादलों में जोश या दमखम न था

टूटते हैं रोज़ सपने जो सँजोए मुल्क से
जंगे-आज़ादी में किसके हाथ में परचम न था

अब तलक कटती रही काँटों में प्यारी ज़िन्दगी
क्या पता, इस भाँति कट जाएगी सारी ज़िन्दगी

नींद आँखों में नहीं, साँसों का सरगम छिन रहा
कब सफ़र हो ख़त्म जब दहशत की मारी ज़िन्दगी

हो रहीं तब्दील लपटों में हरी अमराइयाँ
जल रही चारों तरफ़ केशर की क्यारी ज़िन्दगी

इस क़दर बढ़ने लगे आतंकवादी ज़लज़ले
एक क़ातिल की बदौलत हाय! हारी ज़िन्दगी

है कहाँ इंसानियत हैवानियत में फ़ासला
बन गई आतंक नफ़रत की पिटारी ज़िन्दगी

आदमी में भरा ज़हर क्यों है
रोज बरपा रहा कहर क्यों है

डूब जाएँ न कश्तियाँ सबकी
चक्रवाती चली लहर क्यों है

रहगुज़र राह में नहीं मिलते
आज सुनसान-सी डगर क्यों है

गाँव के लोग हो गए शहरी
कौन सोचे उदास घर क्यों है

बाघ-चींते नहीं डराते अब
आदमी से ही यार! डर क्यों है

फूल है ज़िन्दगी
शूल है ज़िन्दगी

मूल्य जाने बिना
धूल है ज़िन्दगी

योग की, भोग की
मूल है ज़िन्दगी

ये न मझधार ही
कूल है ज़िन्दगी

गन्ध भर दीजिए
फूल है ज़िन्दगी

संजीवन मयंक

जन्मतिथि : 21.10.1943

शिक्षा : एम.एस-सी. (रसा.), बी.एड.

प्रकाशन : अनेक पत्र-पत्रिकाओं में रचनाएँ प्रकाशित। 'माटी है चन्दन', 'गाते चलें पढ़ते चलें', 'अमावस का दर्द' एवं 'माटी का क़र्ज़ चुकाऊँगा' (काव्य-संग्रह)

सम्मान/पुरस्कार :अनेक संस्थाओं द्वारा सम्मानित

सम्प्रति : प्राचार्य

सम्पर्क : 245, नरसिंह गली, शनीचरा वार्ड-1, हौशंगाबाद (म.प्र.) 4610001
फोन : 07574 - 252850, मो. 9425043627

मूरत सँवारने में बिगड़ती चली गई
बस्ती बसी नहीं कि उजड़ती चली गई

सागर का जो पता चला तो देखिए नदी
सारे किनारे तोड़ उमड़ती चली गई

न तूने कुछ कहा था न मैंने ही कुछ कहा
बस बात जरा सी थी और बढ़ती चली गई

था नींव पर विश्वास इमारत खड़ी रही
खिसकी जो एक ईंट उखड़ती चली गई

मुश्किल से हमें चार दिन की ज़िन्दगी मिली
और वो भी अपने पाँव रगड़ती चली गई

इन हवाओं में ज़हर है दूर चलिए
ये तो बहरों का शहर है दूर चलिए

भीड़ के इन जंगलों में खो गए हम
चिलचिलाती दोपहर है दूर चलिए

डूब जाती कश्तियाँ क्यों कर किनारे
क्या पता कैसी लहर है दूर चलिए

दिख रही बाहर से जो पक्की हवेली
अस्ल में वो इक खँडर है दूर चलिए

इस शहर के लोग मीठा बोलते हैं
हमको लुट जाने का डर है दूर चलिए

डाल पर पत्ते नए आने लगे
फिर परिन्दे लौट कर गाने लगे

जो अँधेरे की तरह डसते रहे
अब उजाले की क़सम खाने लगे

चन्द मुर्दे बैठकर शमशान में
ज़िन्दगी का अर्थ समझाने लगे

आइनों की साफ़गोई देखकर
सामने जाने से कतराने लगे

जब सचाई निर्वसन होने लगी
लोग उसको वस्त्र पहनाने लगे

आज कोई तो फ़ैसला होगा
कौन जो दूध का धुला होगा

लग रही है उदास पगडंडी
कोई इस पर कभी चला होगा

होगी जिसके मशाल हाथों में
उसके पीछे ही क़ाफ़िला होगा

झूठ बनकर गवाह आया है
साँच का आँच में जला होगा

लाश जिसकी पड़ी है लावारिस
गोद में ये भी तो पला होगा

यूँ हमारे पास कई ग़म हैं
फिर भी लगता है बहुत कम हैं

वो जो चुप है एक अर्से से
उसकी बातों में बहुत दम है

आईना है सामने फिर भी
हमें यू लगता नहीं हम हैं

जल गई रस्सी मगर फिर भी
ज्यों के त्यों बाक़ी सभी ख़म हैं

एक मूरत बात करती है
लोग कहते आपका भ्रम है

मनमोहन शील

जन्मतिथि : 19.11.1943
शिक्षा : एम.एस-सी. एम.फिल. (भौतिक विज्ञान)
प्रकाशन : पत्र-पत्रिकाओं में रचनाएँ प्रकाशित
सम्मान/पुरस्कार : अनेक संस्थाओं द्वारा सम्मानित
सम्प्रति : सेवा निवृत्त प्राचार्य, पूर्णकालीन साहित्य सृजन में रत
सम्पर्क : घरौंदा, कोटला नाला, सोलन (हि.प्र.) - 173212

उनके जलवे सजा के बैठा हूँ
पास जैसे खुदा के बैठा हूँ

जल भी पलकों को बन्द कर बैठा
उनके पहलू में जा के बैठा हूँ

अब्र तू ही बुझा लगी दिल की
मैं तो आँखें सुखा के बैठा हूँ

छूट जाएगा साथ सबसे ही
जिन को अपना बना के बैठा हूँ

शर्म आती है 'शील' से उनको
कब से पलकें झुका के बैठा हूँ

वही जाम आँखों के भर कर गए हैं
जो मेरे ख़यालों में घर कर गए हैं

अगर साँस लूँ मैं तो, दिल में ख़लिश हो
ये हालत वो तीरे-नज़र कर गए हैं

यकायक फ़िज़ाओं में खुशबू उड़ी है
वो शायद इधर से गुज़र कर गए हैं

कोई और होता तो दम तोड़ देता
हमीं हैं जो शब को सहर कर गए हैं

बड़ी रात तक थे वो बेचैन ऐ 'शील'
हमें चाँद तारे ख़बर कर गए हैं

याद किसकी ये आई जाती है
आँख फिर डबडबाई जाती है

नाम लेकर उन्हें पुकारा था
मुँह से खुशबू सी आई जाती है

उसको कैसे खुदा का दर कह दूँ
जिस पे गर्दन झुकाई जाती है

मुझको एहसास है जुदाई का
हर वफ़ा आज़माई जाती है

'शील' अब हसरते-दीदार नहीं
शक्ल आँखों में पाई जाती है

सुरभित करता है सुधियों को, प्यार तुम्हारा यूँ मन-भावन
पहली ही बौछार से महके, जैसे धरती का भीगापन

वादवृन्द मेरी साँसों का झंकृत हुआ यकायक कैसे
याद आ गए थे मुझको उन शर्मीले होठों के कम्पन

कौंध गई मेरी सुधियों में फिर तेरी मुस्कान मधुर
जैसे शत्-शत् पुष्प खिल उठे जैसे महक उठा चन्दन-बन

मेरा दर्द नहीं सुन पाए इसी लिए क्या भर लीं आँखें
सूख गया है इन आँखों में जैसे घिर-घिर आता सावन

आओ दे दूँ एक चिह्न मैं याद करो तन्हाई में
अंकित कर दूँ इन अधरों पर अपने अधरों का गीलापन

तृप्त हृदय की अपनी पीड़ा 'शील' बुझे न प्यास कभी
नदिया को क्या मिला विलय से केवल सागर का खारीपन

उपाध्याय विजय मेरठी

मूल नाम : विजय उपाध्याय
जन्मतिथि : 15.2.1944
शिक्षा : एम.ए. (हिन्दी, राजनीति)
प्रकाशन : अनेक पत्र-पत्रिकाओं में रचनाएँ प्रकाशित
सम्मान/पुरस्कार : अनेक संस्थाओं द्वारा सम्मानित
सम्प्रति : सेवा निवृत्त अध्यापक, पूर्णकालीन साहित्य-साधना में रत
सम्पर्क : क्यू.बी. 54/2, हस्तिनापुर (मेरठ) उ. प्र. - 250404

शम्स से क़मर रोशन
तुझसे मेरा घर रोशन

और खिलखिला कर हँस
खुद को और कर रोशन

किसके पाँव की आहट
घर के बाम-ओ-दर रोशन

मंज़िल-ओ-मसाफ़त ने
रक्खी रहगुज़र रोशन

इन घने अँधेरों में
एक एकं डर रोशन

और शम्अें गुल सारी
एक चश्म-ए-तर रोशन

ख़याल ओ ख़्वाब में कोई नहीं है
मगर ये बात तो अच्छी नहीं है

यही कहते हैं सब हुश्यार भी तो
कि हुश्यारी में हुश्यारी नहीं है

वो दरिया है ग़लत कहता नहीं वो
पर इस दरिया में अब पानी नहीं है

बहुत नाज़ुक हैं यह रिश्ते कि जैसे
मेरा भाई मेरा भाई नहीं है

अगर है जेहन की आवारगी भर
'विजय' फिर शाइरी कुछ भी नहीं है

घर में क्यों जलता है चूल्हा देर से
बात यह समझेगा बेटा देर से

इसमें उसकी बेटियों का क्या क़सूर
बाप समझा माँ की चिन्ता देर से

अब नहीं करती वह उसका इन्तज़ार
घर वो आता है हमेशा देर से

ज़िन्दगी ने भी बड़ी तकलीफ़ दी
मौत का दिल भी पसीजा देर से

आँसुओं की आँच धीमी थी विजय
पिघला पत्थर का कलेजा देर से

जो लिखना है वह उड़ती रेत पर लिख
पढ़ेगा कौन कुछ भी रेत पर लिख

जिसे लिखती रही है पानियों पर
वही किस्सा न मछली रेत पर लिख

मुसाफ़िर के क़दम रुकते नहीं हैं
सफ़र जारी है तपती रेत पर लिख

किसी से तो ये ग़म कहना पड़ेगा
फटी जाती है छाती रेत पर लिख

किसी तूफ़ान के आसार हैं ये
न कुछ बात ऐसी वैसी रेत पर लिख

खुशी ख़रीद के लाया है खुश नहीं लगता
ज़मीर बेच के आया है खुश नहीं लगता

ये ठीक है तेरे साए को सब तरसते हैं
यूँ जिस पे भी तेरा साया है खुश नहीं लगता

उठा दिया गया फुटपाथ से भी जो खुश है
जो राजमहलों में आया है खुश नहीं लगता

पुराने ख़ौफ़ ही रोशन हुए हैं उसके तो
चिराग़ जिसने जलाया है खुश नहीं लगता

जो चाहा तूने वो पाया है ज़िन्दगी में दोस्त
मगर कुछ ऐसा गँवाया है खुश नहीं लगता

गोपाल शर्मा फ़िरोज़पुरी

मूल नाम : गोपाल कृष्ण शर्मा

जन्मतिथि : 5.7.1944

शिक्षा : एम.ए., बी.एड.

प्रकाशन : 'यह प्रगतिवाद है' काव्य-संग्रह सहित 6 कहानी-संग्रह एवं उपन्यास प्रकाशित। 'ज़ंजीरों में जकड़ी औरत' कहानी संग्रह का सम्पादन। पत्र-पत्रिकाओं में रचनाएँ प्रकाशित

सम्मान/पुरस्कार : अनेक साहित्यिक संस्थाओं द्वारा सम्मानित

सम्प्रति : साहित्य-सृजन

सम्पर्क : डाक व गाँव फ़िरोज़पुर कलाँ (नया गुगराँ) वाया सुजानपुर, पठानकोट (पंजाब) 145023

फ़ोन : 0186 - 2244018

ये निगाहों को चुराने की अदा कैसी है
दिल में हलचल सी मचाने की अदा कैसी है

पीने वालों को बुरा लोग कहा करते हो
फिर ये आँखों से पिलाने की अदा कैसी है

चोट देते हो लगाते हो फिर उस पर मरहम
ऐसी उल्फ़त को दिखाने की अदा कैसी है

हँसके तुम बोलते रहते हो सदा ग़ैरों से
दिल पे ये छुरियाँ चलाने की अदा कैसी है

मुँह से फिर बात कोई अपने निकालो 'गोपाल'
पहले देखो कि ज़माने की अदा कैसी है

आरज़ू दिल की दिल में दबाता रहा
मैं तुअल्लक ग़मों से निभाता रहा

शिकवा काँटों से मुझको नहीं है कोई
ज़ख़्म फूलों से हर पल मैं खाता रहा

बे वफ़ाओं पे करता रहा मैं यकीं
हादिसों को गले से लगाता रहा

मेरी रुसवाइयों के वो वाइस बनें
जिनकी शुहरत के मैं गीत गाता रहा

वो ही तशहीर करने लगे प्यार की
उनके ख़त मैं ही था जो छुपाता रहा

जब इन्सां हैवान हुआ है
क्या क्या फिर नुक्सान हुआ

चल निकले जब हम राहों पर
हर रस्ता आसान हुआ है

नन्हे चाँद सितारों से ही
घर मेरा ज़ी-शान हुआ है

और हलीमी आई मुझमें
जब जब मेरा मान हुआ है

छोड़ के सारी बस्ती को वो
मेरे घर मेहमान हुआ है

ज़िन्दगी की राह में हाइल तिजोरी हो गई
नौकरी छोटी बड़ी में घूँसखोरी हो गई

दूध छाती से पिलाना बात है अब दूर की
अब तो हर एक घर से गाइब माँ की लोरी हो गई

पीड़ितों के नाम पर चन्दे की लेकर पर्चियाँ
हर जगह हर मोड़ पर इक ठग्गी ठोरी हो गई

शाख़ पर बैठा हुआ हंसों का जोड़ा हँस पड़ा
इक चकोरे पर फ़िदा जब इक चकोरी हो गई

कारोबारे-इश्क में 'गोपाल' अपनी ज़िन्दगी
पुर्ज़ा-पुर्ज़ा रेज़ा रेज़ा पोरी पोरी हो गई

बेशक मुहब्बतों ने दिया कुछ नहीं हमें
फिर भी मुक़द्दरों से गिला कुछ नहीं हमें

काँटे थे ग़म के, राहे-मुहब्बत में गो बहुत
मदहोश इस क़दर थे दिखा कुछ नहीं हमें

रस्ते जुदा हुए तो हुई मंज़िलें अलग
उस पर भी यह सफ़र तो खला कुछ नहीं हमें

शीशे के जैसी साफ़ थी इस दिल की गो किताब
अफ़सोस तुमने फिर भी पढ़ा कुछ नहीं हमें

हम से मिले बग़ैर वो परदेस को गए
कुछ भी नहीं कहा था लिखा कुछ नहीं हमें

गिरिराज शरण अग्रवाल

जन्मतिथि : 14.7.1944, संभल (मुरादाबाद)उ.प्र.
शिक्षा : एम.ए., पी-एच.डी. (हिन्दी)
प्रकाशन : 'सन्नाटे में गूँज', 'भीतर शोर बहुत है', 'मौसम बदल गया कितना', 'रोशनी बनकर जिओ' (चार ग़ज़ल-संग्रह) सहित कहानी, नाटक, व्यंग्य, निबन्ध, बाल साहित्य आदि अनेक विधाओं की लगभग 80 पुस्तकें प्रकाशित। पत्र-पत्रिकाओं में रचनाएँ प्रकाशित। अनेक ग्रन्थों का सम्पादन
सम्मान/पुरस्कार : 'विद्या वारिधि', 'सरस्वती श्री' सहित शताधिक संस्थाओं द्वारा सम्मानित
सम्प्रति : रीडर एवं अध्यक्ष, (हिन्दी विभाग) वर्धमान स्ना. महा., बिजनौर (उ.प्र.)
सम्पर्क : 16, साहित्य विहार, बिजनौर - 246701 उ.प्र.
फ़ोन : 01342 - 263232

चमकता भी है लेकिन चाँद को गहना भी पड़ता है
पुरानी हो चुकी दीवार को ढहना भी पड़ता है

सभी बातों को मनवाने की ज़िद करने से बाज आओ
निभाने के लिए कुछ छोड़ना-सहना भी पड़ता है

यह बेहतर है कि होठों पर न आने दो कसक अपनी
मगर मजबूर हो जाने पे दुख कहना भी पड़ता है

कभी अपनत्व का बन्धन, कभी दुनिया की मजबूरी
कई अवसर वे होते हैं कि चुप रहना भी पड़ता है

ज़रूरी है कभी जीवन में सूरज की तपन बनना
मरुस्थल में नदी बनकर कभी बहना भी पड़ता है

रुक के मत बैठो सफ़र का सिलसिला पैदा करो
गर नहीं हो रास्ता तो रास्ता पैदा करो

लग गई है नित नए लाखों ख़ुदाओं की क़तार
आदमी पैदा करो, अब मत ख़ुदा पैदा करो

उग रही हैं इसमें वर्षों से कँटीली झाड़ियाँ
मन का यह बंजर जो है, इसमें वफ़ा पैदा करो

प्रेम की खुशबू से खुद महके हमें महकाए भी
इस चमन में फूल वो, सबसे जुदा पैदा करो

ज़िन्दगी कहते हैं जिसको, मौज है संघर्ष है
एक दरिया तय जो हो तो दूसरा पैदा करो

पत्थर को अपने साथ न ख़ंजर को साथ ले
गर ले सके तो प्रेम के सागर को साथ ले

दुनिया के जंगलों में मरुस्थल नहीं हैं कम
आँसू यहीं पे छोड़, समुन्दर को साथ ले

सुनसान हो न जाए, कहीं रात का नगर
सपने सजा के नींद की चादर को साथ ले

बीती हुई कलाओं से बहला न अपना मन
अब तो सफ़र में नित नए मंज़र को साथ ले

औरों की ये विरासतें देंगी न कभी साथ
अब अपने साथ अपनी धरोहर को साथ ले

सहयात्रियों से प्रेम उधर राह की परख
अच्छा है साथ ज्ञान भी हो, भावना भी हो

शहरीकरण तो ठीक है, लेकिन यह ध्यान रख
पुरवा हवा हो, बाग़ हो, घर हो, घटा भी हो

भगवान अपने-अपने लिए लड़ रहे हैं लोग
सब जिसके साथ हों, कोई ऐसा ख़ुदा भी हो

पहचान खुद बनाने से बनती है शहर में
मत सोच भीड़ में कोई पहचानता भी हो

अपना अंदाज़, अपनी नज़र देखिए
क्यों कोई ग़ैर है, सोचकर देखिए

जितने रस्ते बने, वे तो मालूम हैं
जो अभी लुप्त है, वो डगर देखिए

देखिए मत कि नापी है कितनी ज़मीं
और बाक़ी है कितना सफ़र देखिए

इतनी हलचल है, फिर भी उदासी है क्यों
इतना वीरान क्यों है शहर देखिए

एक सा भार दोनों का है आप पर
पहले घर देखिए, फिर नगर देखिए

अरमान ग़ाज़ीपुरी

मूल नाम : अब्दुल जब्बार खाँ
जन्मतिथि : 1.9.1944, मुहम्मदाबाद युसूफ़पुर (ग़ाज़ीपुर)
शिक्षा : बी.ए., धर्म विशारद-धर्मरत्न
प्रकाशन : अनेक पत्र-पत्रिकाओं में रचनाएँ प्रकाशित। 4 काव्य-संग्रहों का सम्पादन
सम्मान/पुरस्कार : अनेक संस्थाओं द्वारा सम्मानित
सम्प्रति : काव्य-साधना
सम्पर्क : 260, दायरा शाह अजमल, इलाहाबाद (उ.प्र.)

दिल अपना कुछ रंज़ीदा है कैसे मनाएँ सावन हम
आनेवाला रूठ गया है कैसे मनाएँ सावन हम

माना के घनघोर घटा है हरियाली सी छाई है
बारिश में घर अपना जला है कैसे मनाएँ सावन हम

चन्दन जैसे चेहरों पर है मौसम का इक रंग नया
अपना चेहरा तो उतरा है कैसे मनाएँ सावन हम

प्यास के मारे सारे पंछी उड़ते हैं आकाश तले
मन का दरिया सूख चला है कैसे मनाएँ सावन हम

दिल में कोई 'अरमान' नहीं है तनहाई का है आलम
दर्दे-जिगर अब बढ़ने लगा है कैसे मनाएँ सावन हम

घर का मेरे चराग़ बुझाने से क्या मिला
निर्धन का ये मकान जलाने से क्या मिला

नफ़रत की आग और भी बढ़ती चली गई
इन्सान के लहू को बहाने से क्या मिला

दहशत गरी के नाम पे सारे जहान में
अम्नो-अमाँ का ढोंग रचाने से क्या मिला

ऐ रहबरे-ज़माना तू इसका जवाब दे
फिरऔनियत का नाम जगाने से क्या मिला

अरमान हँस रहे थे जो ममता की गोद में
मासूम बेबसों को रुलाने से क्या मिला

जो थे बावफ़ा बेवफ़ा हो गए हैं
भले लोग भी क्या से क्या हो गए हैं

कभी बन गए हैं गुलों का तब्बसुम
कभी मौजे बादे-सबा हो गए हैं

चलो हादसों से ज़रा बचके लोगों
जो रहज़न थे वो रहनुमा हो गए हैं

चली तेज़ आँधी कुछ ऐसी चमन में
कि पत्ते शजर से जुदा हो गए हैं

चलो दिल के अरमान सो जाओ तुम भी
उम्मीदों के सपने जुदा हो गए हैं

तेरी महफ़िल में जो रुसवा हुआ है
तेरे ही नाम का चर्चा हुआ है

पड़ा है वक़्त महबूबों पे शायद
कँवल-सा चेहरा भी उतरा हुआ है

दिया है आपने जो ज़ख़्म दिल पर
यक़ीनन और भी गहरा हुआ है

सियासी रहनुमा निकले हैं घर से
मसीहाई का दावा हो रहा है

मिटा सकता नहीं कोई मुवर्रिख
मेरी क़िस्मत में जो लिखा हुआ है

वह बेवफ़ा है मगर बावफ़ा सा लगता है
जो लब कुशाई करे खुशनवा सा लगता है

कुछ इस अदाए-तब्बसुम से वह हुआ है खफ़ा
के उसका रूठना मुझको भला सा लगता है

दुआ वह कर दे तो क़िस्मत मेरी चमक जाए
फ़क़ीर रास्ते का जो गिरा सा लगता है

किसी गरीब की कुटिया को झाँककर देखो
दिया जो जलता है वह भी बुझा सा लगता है

अजीब हाल है 'अरमान' दिल के आलम का
जिधर भी जाऊँ उधर करबला सा लगता है

शकील बिजनौरी

मूल नाम : शकील अहमद ख़ान
जन्मतिथि : 16.9.1944, बिजनौर (उ.प्र.)
शिक्षा : एम. ए. (ड्राइंग एंड पेंटिंग), एम.ए. (उर्दू), 5 वर्षीय नेशनल डिप्लोमा (कला महाविद्यालय, लखनऊ)
प्रकाशन : 'दश्ते-इम्काँ' (उर्दू शायरी)। 'शौरा-ए-बिजनौर' एवं 'बिजनौर दर्पण' का सम्पादन (प्रकाशनाधीन)। पत्र-पत्रिकाओं में रचनाएँ प्रकाशित
सम्मान/पुरस्कार : अनेक संस्थाओं द्वारा सम्मानित
सम्प्रति : ए.सी.पी. (चिकित्सा एवं स्वास्थ्य विभाग) बिजनौर
सम्पर्क : शौक ख़ाना, निकट रामा प्रेस, 234, चाहशीरी, बिजनौर - 246701 उ.प्र.
फ़ोन : 01342 - 263249

बताओ तो वो दिन कि यादों का उसकी, मेरे दिल के आँगन में साया नहीं था
कि नफ़रत के इस तीखे ख़ंजर से उसने मेरे प्यार का ख़ूँ बहाया नहीं था

ये थकते क़दम और ये सुनसान राहें, ये सूरज तो मेरा बदन नोच लेगा
बबूलों का छोटा-सा झुरमुट ही होता, अगर कोई बरगद का साया नहीं था

महकती हुई 'रात-रानी' की खुशबू, कहीं और से इस तरफ़ आ गई है
मेरे घर के आँगन में पुरखों ने मेरे, सिवा 'नीम' के कुछ उगाया नहीं था

तआज्जुब है इस 'भूत-बंगले' में कैसे मैं इतनी निडर ज़िन्दगी जी रहा हूँ
मुझे क्या 'छलावों' 'पिछल-पैरियों' ने, यहाँ बचपने में डराया नहीं था

ये छज्जे, ये आँगन, ये गलियाँ, दरीचे, हवा रेंगती है तो हँसते हैं मुझ पर
'जिनों' का बसाया हुआ घर समझकर कोई मेरी चौखट पे आया नहीं था

जीवन तो इक झूठा सुख है ये परिभाषा हाथ लगी
आशाएँ साकार हुईं तो, सिर्फ़ निराशा हाथ लगी

सोचो तो बस उसको सोचो, बोलो तो उसको बोलो
दुःख नगरी की कोख में बैठी, सुख की भाषा हाथ लगी

झीलों को क्या खेत बनाया 'शीत के पंछी' लौट गए
मर्यादा का खून बहा तो क्या अभिलाषा हाथ लगी

चाहत ये थी अपनी धरती स्वर्ग बनाकर देखेंगे
जिसको अम्बर भर चाहा था रत्ती-माशा हाथ लगी

धरती के उस काले दिन का आओ शोक मनाएँ हम
जिस दिन धरती पुत्रों को बारूदी भाषा हाथ लगी

मैं भी कैसा दीवाना हूँ, दिन में जुगनू ढूँढ रहा हूँ
नक़ली गुल बूटों के अन्दर, असली खुशबू ढूँढ रहा हूँ

अमृत सागर तक पहुँचा दे ऐसा जादू ढूँढ रहा हूँ
ढेर पर इक बारूद के बैठा मौत पे क़ाबू ढूँढ रहा हूँ

नदिया, खेत, घरौंदे, साथी कब के पीछे छूट गए सब
दीवाना हूँ कब से बैठा रेत में आँसू ढूँढ रहा हूँ

सागर-सागर, लहरों-लहरों गीत सजाकर हार गया मैं
अब तो हूँ इक बूढ़ा माँझी अन्तिम टापू ढूँढ रहा हूँ

वो और मैं तो पहरों बैठे फूल सी बातें करते थे
अब वो ख़ंजर ढूँढ रहा है मैं भी चाकू ढूँढ रहा हूँ

कल-पुर्जों की नगरी में भी, जीवित है एहसास अभी
आँखों-आँखों स्वप्न सजे हैं, होठों-होठों प्यास अभी

युग बीते! यह रीत! न. बीती, ज़ख़्मी है इतिहास अभी
'रावण लंका' सोने की है, राम को है वनवास अभी

अपनी लाश उठाए फिरना, बस्ती-बस्ती नगर-नगर
चलने को मैं चल तो रहा हूँ कम सा है अभ्यास अभी

पग-पग फूल खिलेंगे फिर से, प्यार का मौसम लौटेगा
बारूदी रुत छँट जाएगी, मन को है यह आस अभी

वक़्त की धारा रुख़ बदलेगी, सागर रस्ता छोड़ेंगे
देखो यारो! थक मत जाना, करना और प्रयास अभी

रामकिशन असहाय

जन्मतिथि : 14.10.1944, गंज बासौदा (विदिशा) म.प्र.

शिक्षा : बी.ए., बी.एड.

प्रकाशन : अनेक पत्र-पत्रिकाओं में रचनाएँ प्रकाशित। अनियतकालीन पत्रिका 'आँच' का सम्पादन

सम्मान/पुरस्कार : अनेक संस्थाओं द्वारा सम्मानित

सम्प्रति : सहायक अध्यापक, सनोटी (म.प्र.)

सम्पर्क : शम्भू सिंह की हवेली, अंदर किला, विदिशा (म.प्र.) - 464001

फोन : 07592-230321

टूट-टूटकर बिखर गए हम
और ज़ियादा निखर गए हम

बात कही जो भी सच हमने
कुछ लोगों को अखर गए हम

पत्थर-दिल इन्सान मिले हैं
दुनिया वालो! जिधर गए हम

गाली खाकर चुप रहते हैं
हद से ज़्यादा सुधर गए हम

अब तक जिसको पा न सके तुम
उस मंज़िल से गुज़र गए हम

हमको ऐसे बादशाह बेगम मिले
जिनके साए में मुसलसल ग़म मिले

मिल न पाईं राहतें चैनो-सुकूं
कहने को गांधी मिले गौतम मिले

खून तो हमने बहाया था मगर
दुश्मनों के हाथ में परचम मिले

जो लड़े इन्सानियत के वास्ते
उनके दामन आँसुओं से नम मिले

यूँ तो मिलने को मिले इन्साँ बहुत
आदमी दुनिया में लेकिन कम मिले

कैसे कैसे चमत्कार होने लगे
दुश्मनों को नमस्कार होने लगे

जो अँधेरों के हामी रहे उम्र भर
रोशनी के तरफ़दार होने लगे

क़ैद कर न सकेगा इन्हें बाग़बां
अब परिन्दे भी होशियार होने लगे

जिनके होठों पे रहती थी हरदम हँसी
आँसुओं में गिरफ़्तार होने लगे

चन्द सिक्कों में अपना हुनर बेच दें
आज ऐसे भी फ़नकार होने लगे

आज अपना ये हाल है प्यारे
साँस लेना मुहाल है प्यारे

सारी खुशियाँ ख़रीद लेते हैं
जिनकी जेबों में माल है प्यारे

कल हमारा भविष्य क्या होगा
हर नज़र में सवाल है प्यारे

फ़िक्र कर तू न इन मुखौटों की
उम्र बस पाँच साल है प्यारे

वो अँधेरों से डर नहीं सकता
पास जिसके मशाल है प्यारे

ग़म कभी बढ़ते रहे घटते रहे
ज़िन्दगी के रास्ते कटते रहे

रफ़्ता-रफ़्ता ज़िन्दगी बढ़ती रही
रफ़्ता-रफ़्ता मरहले घटते रहे

इस सियासत के खुले आकाश में
हम पतंगों की तरह कटते रहे

जिन किताबों में लिखीं सच्चाइयाँ
उन किताबों के सफ़े फटते रहे

शोहरतों के वास्ते हम दर-ब-दर
इश्तिहारों की तरह बँटते रहे

इसाक 'अश्क'

मूल नाम : इसाक मौहम्मद

जन्मतिथि : 1.1.1945, तराना (उज्जैन)

शिक्षा : एम.ए. (हिन्दी, इतिहास, संस्कृत), पी-एच.डी. (हिन्दी)

प्रकाशन : 'सूने पड़े सिवान', 'फिर गुलाब चटके', 'काश हम भी पेड़ होते', 'लहरों के सर्पदंश'। पाँच काव्य-संकलनों का सम्पादन। पत्र-पत्रिकाओं में रचनाएँ प्रकाशित। सूने पड़े सिवान, गीत संग्रह

सम्मान/पुरस्कार : म.प्र. शासन द्वारा पुरस्कृत

सम्प्रति : सम्पादन 'समान्तर' (त्रैमासिक)

सम्पर्क : तराना, उज्जैन (म.प्र.)
फ़ोन : 07369 - 236282

सोए ज़मीर को जगाइए साहब
ऊपर से नीचे को आइए साहब

अपना देश खून देकर भी अगर
बच सकता है तो बचाइए साहब

राजनीति तो तवायफ़ है कोठे की
इसे पूजा-घर तक न लाइए साहब

दुश्मनों से तो निपट लेंगे हम
दोस्तों को पास से हटाइए साहब

आईना देखकर आप भी कभी
अपनी करतूतों पर शरमाइए साहब

इस उस के असर में रहे
हम फँसे भँवर में रहे

हाथ में उठाते पत्थर कैसे
उम्र भर काँच-घर में रहे

पहुँच कर भी नहीं पहुँचे कहीं
यूँ तो रोज़ सफ़र में रहे

झूठी नामवरी के लिए उलझे
बे-परों की ख़बर में रहे

काम एक भी न कर पाए ढंग का
खोए बस अगर-मगर में रहे

अंगारों पर चलकर देखे
दीप-शिखा सा जलकर देखे

गिरना सहज सँभलना मुश्किल
कोई गिरे, सँभलकर देखे

दुनिया क्या, कैसी होती है
कुछ दिन भेस बदलकर देखे

जिसमें दम हो वह गाँधी सा
सच्चाई में ढलकर देखे

कर्फ़्यू का मतलब क्या होता
बाहर जरा निकल कर देखे

अपनापन अपना घर ढूँढो
कहाँ गया धड़ से सर ढूँढो

ढूँढ सको तो घोटालों में
खोया देश मुकद्दर ढूँढो

रिश्वत बिना जहाँ चलती हो
फ़ाइल ऐसा दफ़्तर ढूँढो

विषधर से पहले नेता के
हर काटे का मन्तर ढूँढो

जिसकी छाया बैठ ग़रीबी
भूल सकें वह छप्पर ढूँढो

दीप को दिनमान किया जाए
मौन को स्वरवान किया जाए

ज़िन्दगी एक खिलौना है इस पर
क्या ख़ाक अभिमान किया जाए

ज़रूरी है कि ईश्वर से पहले
किसी दीन का ध्यान किया जाए

बहुत हो चुका झूठ का अभिनन्दन
अब सत्य का सम्मान किया जाए

किसी की याद में रोने की जगह
ताज-सा एक निर्माण किया जाए

श्रवण राही

जन्मतिथि : 6.1.1945, तुलसीनगर (एटा) उ.प्र.
शिक्षा : एम.ए. (राज.शास्त्र)
प्रकाशन : 'आस्थाओं के पथ' काव्य-संग्रह। पत्र-पत्रिकाओं में रचनाएँ प्रकाशित
सम्मान/पुरस्कार : अनेक संस्थाओं द्वारा सम्मानित
सम्प्रति : काव्य-साधना
सम्पर्क : सी/14 बी, गली-6 राजापुरी, उत्तम नगर, नई दिल्ली-59
फोन : 55941806
मोबाइल : 9213340776

अलग इस काँच की बस्ती में कोई अपना घर होगा
न शीशे का नगर होगा न फिर पत्थर का डर होगा

न रोका गर समन्दर पार की वहशी हवा को तो
हवाओं में, दवाओं में, दुआओं में ज़हर होगा

किसी ने सच कहा था एक दिन वो दौर आएगा
जहाँ धोखा, दग़ाबाज़ी, कपट-छल ही हुनर होगा

बहुत चाहा कि चलते दर्द की देहरी से बचके हम
ख़बर क्या थी कि हर आँगन लहू से तर-बतर होगा

चलो 'राही' अँधेरे रास्ते ही रास हों शायद
अँधेरे ही सही कोई तो अपना हमसफ़र होगा

खुल गए हैं बाँबियों के मुँह सुरंगों की तरह
आ गए कुछ लोग सड़कों पर भुजंगों की तरह

वे अचानक ही कहानी के कथानक हो गए
और हम छपते रहे केवल प्रसंगों की तरह

सूर्य से लड़ने की जो करते हैं बातें रातभर
लुप्त हो जाते हैं वे दिन में पतंगों की तरह

वेदना की बाँसुरी को किस तरह सुन पाओगे
हर समय बजते रहोगे यदि मृदंगों की तरह

हम न यदि गन्तव्य तक पहुँचे तो कोई ग़म नहीं
पर न हम बैसाखियाँ लेंगे अपंगों की तरह

सींचा है तुमने पानी अक्सर कटेलियों में
खुशबू तलाशते हो बेबा चमेलियों में

गलियों के अँधेरों में कैसे दिए जलेंगे
जब क़ैद हों उजाले ऊँची हवेलियों में

आबाद हो गई फिर बस्ती कबूतरों की
होने लगी है 'खुस-फुस' वहशी बहेलियों में

काग़ज़ पे रोटियों की ज्योतिष लगा रहे हो
धनवान हैं लकीरें भूखी हथेलियों में

इक्कीसवीं सदी में हर सर को छत मिलेगी
चर्चा था कल कुएँ पर सारी सहेलियों में

चुभ गए काँटे घृणा के एकता के वक्ष में
दीप खुशियों के अचानक जल उठे प्रतिपक्ष में

आपके आवेदनों पर कौन अनुमोदन लिखे
सत्य कहने की नहीं सामर्थ्य अब अध्यक्ष में

हो गए सब आत्मनिर्भर अब कोई भूखा नहीं
लक्ष्य पूरे हो गए वातानुकूलित कक्ष में

नीतिगत प्रश्नों के उत्तर खोजना ही साक्ष्य है
पृष्ठ पीछे के प्रमाणों को न रख प्रत्यक्ष में

न्याय संगत फ़ैसले की व्यर्थ में मत आस कर
झुक गई है ये तुला भी परिजनों के पक्ष में

आप इस युग की कलाओं से अभी अवगत नहीं
सब चमकते स्वर्ण कलशों में भरा अमृत नहीं

जोड़कर झूठी सभाएँ व्यर्थ भ्रम मत पालिये
अब तुम्हारे साथ में कुछ भीड़ है जनमत नहीं

शून्य है संवेदनाओं से हृदय निश्चित वही
जो कभी होता पराई पीर से आहत नहीं

आपके आदर्श भी अब साम्प्रदायिक हो गये
इसलिए कोई सदन में आपसे सहमत नहीं

छू अगम ऊँचाइयाँ लेकिन ज़मीं पर पाँव रख
नम्र रहने से किसी का सिर हुआ अवनत नहीं

सन्तोष झांझी

जन्मतिथि : 1.4.1945
शिक्षा : कोविद
प्रकाशन : 'हिरणी के पाँव थम गए' व 'अगर लौटे कभी मौसम' (गीत-ग़ज़ल संग्रह) सहित एक कविता-संग्रह, दो कहानी-संग्रह एक आत्मकथात्मक उपन्यास तथा एक उपन्यास प्रकाशित
सम्मान/पुरस्कार : 'हिन्दी सेवा सम्मान' सहित अनेक संस्थाओं द्वारा सम्मानित
सम्प्रति : अभिनय एवं स्वतन्त्र लेखन
सम्पर्क : क्वा. 1/सी, स्ट्रीट - 12, सैक्टर - 4, भिलाई (छ.ग.)
मो. 9300654296

जिन दरख़्तों के तनों पर लिखे नाम वो निशाँ हैं
बस तुम हो कहाँ जाने और अब हम भी कहाँ हैं

उन यादों की चिलमन से हमें अब न पुकारो तुम
हम बड़ी दूर चले आए न आ पाएँगे जहाँ हैं

किताबों में दबे सूखे हुए फूलों ने सदा दी
अगर लौटे कभी मौसम बता देना हम यहाँ हैं

बन्द मुट्ठी में हाथों की लकीरों को जब देखूँ
नज़र कुछ भी नहीं आता बस कोहरा है धुआँ हैं

'तोष' गीतों को समझाओ हमें सोने नहीं देते
यादों के दरीचों की बन बैठे वो जुबाँ हैं

प्यास को अपनी समन्दर बना लिया हमने
ज़िन्दगी तल्ख़ हुई तो और मज़ा लिया हमने

हम अँधेरों में भटकने के नहीं है क़ायल
रोशनी कम हुई तो दिल जला लिया हमने

दर्द ता उम्र मेरे साथ-साथ जगता रहा
दर्द दामन में ही अब तो सुला दिया हमने

ज़ख़्म देते हुए अपनों को हया न आई
शर्म से नज़रों को अपनी झुका लिया हमने

लोग इबादत भी करते तो शोर करते हैं
'तोष' अब तुझको ही तुझ से छुपा लिया हमने

कभी तन्हाँ नहीं होती है ये तन्हाइयाँ
साथ चलती है सदा यादों की परछाइयाँ

रेत में लू के थपेड़ों से न जो गुजरा हो
वो क्या जाने किस मोल मिले पुरवाइयाँ

वर्षों के बाद मिले हो तो मुस्कराओ जरा
याद रखने की नहीं चीज़ है रुसवाइयाँ

कहाँ झूले कहाँ गुड़िया कहाँ क़दमों के निशाँ
बैठी है खुद में समेटे हुए अमराइयाँ

'तोष' बाहों को उठाया जो इबादत के लिए
तुमने समझा है इसे मेरी अँगड़ाइयाँ

मुस्कराएँगे अँधेरों को चिढ़ाने के लिए
फिर अँधेरे सर झुकाते जगमगाने के लिए

न्याय तेरा भी यहाँ देखा किए संसार में
बेगुनाहों के झुके थे सर कटाने के लिए

आज भी रखी छुपाके मैंने तेरी चिट्ठियाँ
आँसुओं की हर इबारत गुनगुनाने के लिए

दर्दो गम के गीत सुन क्यों आप है ग़मजदा
गीत तेरे ज़ख़्म पर मरहम लगाने के लिए

बस समन्दर से बची है दोस्ती 'सन्तोष' की
सारे आँसू ले गया मोती बनाने के लिए

शायर के शे'र सी है तेरे शहर की हवा
दिलजलों को छेड़ती है तेरे शहर की हवा

तपते रहे जो ज़िन्दगी भर उनके लिए मगर
पीपल के पेड़ सी है तेरे शहर की हवा

अपनी सी लग रही है मगर ग़ैरों की तरह
आँखें तरेरती है तेरे शहर की हवा

दामन छुड़ा के अलविदा कहने को जब हुए
आ-आके घेरती है तेरे शहर की हवा

देती है जुदाई भी मिलाती भी है कभी
'सन्तोष' ये रेल सी है तेरे शहर की हवा

मोहसिन उस्मानी

मूल नाम : नुरुल हसन उस्मानी

जन्मतिथि : 25.6.1945, कस्बा शरीफ़ नगर, ज़िला मुरादाबाद (उ.प्र.)

शिक्षा : मौलवी फ़ाज़िल

प्रकाशन : विभिन्न उर्दू-हिन्दी पत्र-पत्रिकाओं और संकलनों में दर्जनों नज़्में-ग़ज़लें प्रकाशित। उर्दू में काव्य-संग्रह 'दिल का आँगन' और 'दिल की धड़कन' प्रकाशित। हिन्दी में काव्य-संग्रह 'दिल की तड़प' प्रकाशनाधीन

सम्मान/पुरस्कार : अनेक संस्थाओं द्वारा सम्मानित

सम्प्रति : पंजाब वक़्फ़ बोर्ड के अन्तर्गत मस्जिद के इमाम के रूप में सेवा

सम्पर्क : मस्जिद मुस्लिम कॉलोनी, पुराना बिशन नगर, गली नं. 9, पटियाला (पंजाब)

फ़ोन : 9417088626

अपनी आँखों में हसीं मंज़र लिए फिरता रहा
मैं ख़यालों में तेरा पैकर लिए फिरता रहा

काश वो मेरी लगन, मेरी मुहब्बत देखता
दिल तो क्या, मैं जाँ हथेली पर लिए फिरता रहा

ये समाजी बंदिशें मेरे लिए कुछ भी नहीं
इक तेरी ख़फ़गी का दिल में डर लिए फिरता रहा

आज उस ख़ंजर ने उसकी अपनी गर्दन काट दी
आस्तीं में रखके जो ख़ंजर लिए फिरता रहा

नफ़रतों के शहर में 'मोहसिन' ये अच्छा काम था
मैं मुहब्बत की शमा घर-घर लिए फिरता रहा

देखते भी क्या उसे, वो ख़ुशनुमा मंज़र न था
चिलचिलाती धूप थी, साया किसी सर पर न था

दूरी-ए-मंज़िल को पढ़कर फूल जाते अपने पाँव
शुक्र है रह में कहीं पर मील का पत्थर न था

क़ाफ़िले वालों पे तारी इक अजब सा ख़ौफ़ था
रहबरों से थे हिरासाँ रहज़नों का डर न था

पत्थरों के ज़ख़्म खा कर कह रहा था एक शख़्स
ख़ैरियत गुज़री किसी के हाथ में ख़ंजर न था

आप का ज़ौक़े-नज़र भी ख़ूब है 'मोहसिन' मियाँ
देखने मंज़र वो आए जो कोई मंज़र न था

रंगे-तदबीर जो ख़ाकों में बिखर जाएगा
हुस्न तक़दीर के हर्फ़ों में निखर जाएगा

आज उस शख़्स के चेहरे पे नहीं कोई नक़ाब
आइना उसको दिखाओगे तो डर जाएगा

ये ज़मीं घेर ली शैतां के अहलकारों ने
शिव शिवालों से जो निकला तो किधर जाएगा

ख़ित्ते-ख़ित्ते पे क़यामत का समाँ है प्यारे
तू ज़माने में सुकूँ पाने किधर जाएगा

यूँ ही चलते रहे बेसिम्त तो 'मोहसिन' इक दिन
कारवाँ दश्ते-हवादिस में बिखर जाएगा

हालात दस्तो-पा में हैं ज़ंजीर की तरह
हैरान खुद-ब-ख़ुद हूँ मैं तस्वीर की तरह

ख़ुद्दार थे न जुरअते-इज़हार उनमें थी
हर बात क्यों न मानते तक़दीर की तरह

आती भी काम क्या मेरी ज़िन्दादिली वहाँ
बेहिस जहाँ था, लोग थे तस्वीर की तरह

अहले-वफ़ा ने छोड़ दी रांझे की ख़ू तो क्या
महबूब भी नहीं रहे अब हीर की तरह

सुलझाए हम ने जितने भी, उलझे हैं पेचो-ख़म
ये ज़िन्दगी है जुल्फ़े गिरहगीर की तरह

मेरे दिल की सदा है ग़ज़ल-दर-ग़ज़ल
मेरा ही तज़किरा है ग़ज़ल-दर-ग़ज़ल

ज़ीस्त में जो भी होता गया हादसा
ख़ुद-ब-ख़ुद ढल गया है ग़ज़ल-दर-ग़ज़ल

कैसे कैसे बहा आदमी का लहू
एक ही तज़किरा है ग़ज़ल-दर-ग़ज़ल

ताकि हर आदमी देख ले अपना मुँह
आइना जड़ दिया है ग़ज़ल-दर-ग़ज़ल

ख़ून 'मोहसिन' मेरे कुशता जज़्बात का
रफ़्ता-रफ़्ता बहा है ग़ज़ल-दर-ग़ज़ल

अली अब्बास 'उम्मीद'

जन्मतिथि : 1.7.1945
शिक्षा : एम.ए., पी-एच.डी.
प्रकाशन : अनेक पत्र-पत्रिकाओं में रचनाएँ प्रकाशित। पद्य एवं गद्य की पुस्तकें
सम्मान/पुरस्कार : अनेक संस्थाओं द्वारा सम्मानित
सम्प्रति : अध्यक्ष, क़लमकार परिषद, म.प्र.
सम्पर्क : 01, स्टार रेज़ीडेंसी, ईदगाह हिल्स, भोपाल - 1
फ़ोन : 2538937, 9826072242

आने वाला ही नहीं जब कोई पुर्सिश के लिए
जल उठे क्यों ये सरे शाम ही ज़ख़्मों के दिए

चन्द मौहूम उमीदें थीं सो वो भी न रहीं
ऐ ख़ुदा! और कहाँ तक कोई अब ज़हर पिए

आज तक मसअल-ए-तश्नालबी हल न हुआ
मुद्दतें बीती हैं रिन्दों को गिरफ़्तार किए

आदमी जाद-ए-मंज़िल पे भटकता है अभी
हाले-दिल कौन सुने, चाके-जिगर कौन सिए

दिल शिकस्ता हैं तमन्नाएँ तो पजमुर्दा 'उम्मीद'
मौजे-मय बालकुश आई है फ़रियाद लिए

निकला है तो पड़ाव वो डाले कहाँ कहाँ
क्या जाने मेरा नाम उछाले कहाँ कहाँ

मैं तो चराग़ बन के मुसलसल जला किया
वो पूछते हैं फैले उजाले कहाँ कहाँ

गर्दिश मिरा नसीब सही ये तो हो ख़बर
बिछड़ेंगे मुझसे पाँव के छाले कहाँ कहाँ

उसका ख़याल चाँद की सूरत चमक उठा
दिल तै न कर सका कि सजा ले कहाँ कहाँ

मायूसियों की सुब्ह से शाम-ए-'उम्मीद' तक
पीता रहा हूँ ज़हर के प्याले कहाँ कहाँ

मैं तो इक लम्हा-ए परीदा रहा
जाने क्यों वो बहुत कशीदा रहा

रू-ब-रू ज़िक्रे-नाशुनीदा रहा
उठ गया तो मिरा क़सीदा रहा

और तो कोई ग़म न था उस को
बस मिरी चाह में तपीदा रहा

मेरे हिस्से में इस सहीफ़ः का
इक वरक़ था वही दरीदा रहा

कोई 'उम्मीद' बर न आती थी
ज़िन्दगी भर सितम-रसीदा रहा

हम उसे बताएँ क्या धूप का सफ़र होगा
जिसने सोच रख्खा है सर पे गुलमुहर होगा

भूख और रोटी के बीच साँस लेता हूँ
फिर भी मुझसे कहते हो चाँद मेरा घर होगा

फ़िक्र और अमल में गर फ़ासला रखोगे तुम
बात बेसबब होगी, लफ़्ज़ बेअसर होगा

वक़्त ने हँसी ले ली शायरी के होंठों से
जीता जागता सूरज जाने अब किधर होगा

मैं 'उम्मीद' चाहता हूँ मेरा नाम लेते ही
दुश्मनों की बस्ती में दोस्तों का घर होगा

बरसेंगे मेरे ज्ञान के बादल जहाँ जहाँ
उद्यान बनते जाएँगे मरुथल वहाँ वहाँ

मौसम का कारोबार अनोखा है मित्रवर
ऋतु बदली और हो गया जंगल धुआँ धुआँ

नक़्शे पे अँगुली रख के बताता है वह व्यक्ति
रोपा है मैंने देश में मंगल यहाँ यहाँ

खलियान, खेत, फूस का छप्पर इतिश्री
पागल हवा मचाएगी हलचल कहाँ कहाँ

'उम्मीद' कब का वक़्त की राहों में खो चुका
लेकिन हैं उसकी याद में विह्वल मकाँ मकाँ

सिब्बन बैजी

जन्मतिथि : 10.10.1945

प्रकाशन : पत्र-पत्रिकाओं में रचनाएँ प्रकाशित

सम्मान/पुरस्कार : अनेक संस्थाओं द्वारा सम्मानित

सम्प्रति : उपडाकपाल (विले पारले, पूर्व)

सम्पर्क : 309, अरुणोदय एपार्टमेंट (अश्विनी अस्पताल के ऊपर) तीसरी मंज़िल, गोडदेव नाका, भायंदर (पूर्व), जि. ठाणे - 301105

रक्कासा का प्यार नहीं हूँ
मैं कोई दो-चार नहीं हूँ

क़िस्मत का हर नाज़ उठाऊँ
ऐसा भी लाचार नहीं हूँ

जो चाहे सो आए जाए
देवी का दरबार नहीं हूँ

हर अनार पै पत्थर फेंकूँ
इतना भी बीमार नहीं हूँ

मेरी तरह मिलाकर मुझसे
मैं कोई अवतार नहीं हूँ

जब से नज़र लगी धीवर की
नींद नदारद है पोखर की

इतने दाग़ लगे हैं तन पर
जितनी उम्र नहीं चादर की

काँसे पीतल की बस्ती में
चर्चा है कोरी गागर की

सदियों से हम बंजारों को
फ़िक्र लिए फिरती है घर की

'सिब्बन' की जब बारी आई
हर काऊ ने अगर मगर की

आख़िर वो ही सच्चा निकला
कानों का जो हलका निकला

वो घर के ही मुखिया की थी
जिस दाढ़ी में तिनका निकला

खुद्दारी के सर पै अक्सर
बेकारी का करज़ा निकला

जिसकी उम्र भटकते गुज़री
उसमें से हर रस्ता निकला

'सिब्बन' साहब की खुशियों में
हर एक ग़म का हिस्सा निकला

जितनी देखी कातनहारी
तन से मन तक मिली उघारी

जिम्मेदारों की आँखों से
हुई बरामद नींद ख़ुमारी

घर ने चलते वक़्त फ़र्ज़ की
सर पै रख दी चारदीवारी

सूफ़ी सन्तों की संगत में
हमने सीखी दुनियादारी

यार हुए मशरूफ़ डालकर
'सिब्बन' के सर पै बेकारी

रख अपनी मुख़्तारी बाबा
अपन भले बेगारी बाबा

उनके खेतों की सदियों से
क्यों हो मालगुजारी बाबा

किस किस का ले नाम जमूरा
सारा मुल्क मदारी बाबा

रस्ते लहूलुहान कर गई
राजा की असवारी बाबा

जब देखो हँसते रहते हो
ऐसी क्या लाचारी बाबा

अब्दुल मजीम 'महशूर'

जन्मतिथि : 1946
प्रकाशन : पत्र-पत्रिकाओं में रचनाएँ प्रकाशित
सम्मान/पुरस्कार : अनेक संस्थाओं द्वारा सम्मानित
सम्प्रति : लाइन मैन
सम्पर्क : नगर पालिका परिषद, जालौन (उ. प्र.)
फोन : 22218
मोबाइल : 9415592351
9415166361

रूठ जाएँ तो क्या तमाशा हो
हम मनाएँ तो क्या तमाशा हो

काश वादा यही जो हम करके
भूल जाएँ तो क्या तमाशा हो

तन पे पहने लिबास काग़ज़ सा
वह नहाएँ तो क्या तमाशा हो

चुपके चोरी की ये मुलाकातें
रंग लाएँ तो क्या तमाशा हो

अपने वादा पे वस्ल में 'महशर'
वो न आएँ तो क्या तमाशा हो

जिसपे तेरा इताब हो जाए
उसका जीना अज़ाब हो जाए

उनके चेहरे को देख ले जो भी
उसका चेहरा गुलाब हो जाए

उनकी यादें जो दिल में बस जाएँ
ज़िन्दगी लाजवाब हो जाए

या-इलाही तिरी मुहब्बत में
ज़िन्दगानी शराब हो जाए

उनका दिल जीत लो तो ऐ 'महशर'
हर ख़ता का हिसाब हो जाए

तनहा होकर जो रो लिए साहब
दाग़ दामन के धो लिए साहब

दिल में क्या है वो बोलिए साहब
आगे पीछे न डोलिए साहब

उन गुलों का नसीब क्या कहना
तुमने हाथों में जो लिए साहब

तारे गिन गिन सुबह हुई मेरी
रात भर आप सो लिए साहब

उनके दर का भिखारी है 'महशर'
उसको फूलों से तोलिए साहब

उनकी क़ाफ़िर अदा से डरता हूँ
आज दिल की सज़ा से डरता हूँ

जानता हूँ कि मौत बरहक़ है
जाने क्यूँ मैं कज़ा से डरता हूँ

रहज़नों से तो बच भी जाऊँगा
आज के रहनुमा से डरता हूँ

घर के आँगन में जिसके डेरे हैं
मग़रबी इस हवा से डरता हूँ

अहले-दुनिया का डर नहीं मुझको
रोज़े-'महशर' खुदा से डरता हूँ

ग़म से मिलता खुशी से मिलता है
सिलसिला ज़िन्दगी से मिलता है

वैसे दिल तो सभी से मिलता है
उनसे क्यूँ आज़जी से मिलता है

है अजब जो मुझे रुलाता है
चैन दिन को उसी से मिलता है

हम जो हैं साथ ग़म उठाने को
फिर भी वह अजनबी से मिलता है

बिगड़ी बन जाएगी तिरी 'महशर'
बे ग़रज़ गर किसी से मिलता है

इकराम राजस्थानी

जन्मतिथि : 8.7.1946, चोमू (जयपुर)

शिक्षा : एम.ए. बी.एड.।

प्रकाशन : ग़ज़ल-संग्रह 'अक्षरों के इर्द-गिर्द'। पत्र-पत्रिकाओं में हिन्दी, उर्दू एवं राजस्थानी की रचनाएँ प्रकाशित

सम्मान/पुरस्कार : 'लोकमान' उदयपुर, एकता परिषद (राज.) एवं अमन शान्ति कमेटी (राज.) सहित अनेक संस्थाओं द्वारा सम्मानित।

सम्प्रति : स्टेशन डायरेक्टर, आल इण्डिया रेडियो, जयपुर।

सम्पर्क : डी-36, संजय नगर, हाउसिंग बोर्ड, शास्त्री नगर, जयपुर-302016
फ़ोन—0141-2305241

शह्र को क्या ये हुआ है यारो
शायद कुछ तुमको पता है यारो

कलियाँ खिलते ही सूख जाती हैं
किस क़दर तेज़ हवा है यारो

रोशनी बँट रही है घर-घर में
कुछ अँधेरों से सुना है यारो

हो गया हर गली में उजियारा
आशियाँ किसका जला है यारो

भर गए हैं चमन में अँगारे
किसने फूलों को छुआ है यारो

दोस्त बनकर वो ज़ख़्म देते हैं
फिर तो दुश्मन ही भला है यारो

आप कहते हैं ज़िन्दगी इसको
ये तो जीने की सज़ा है यारो

उसका वजूद, जिस्म के अन्दर दिखाई दे
ये सोचे तो इन्सान क़लन्दर दिखाई दे

अब ढूँढ रहा हूँ मैं किसी ऐसे शख़्स को
काँधे पे जिसके अपना ही एक सर दिखाई दे

मेहनतकशों के पास कोई आइना नहीं
बूदों में पसीनों की, मुक़द्दर दिखाई दे।

इतना ही है, ग़रूर तो फिर ये भी कर दिखा,
साया भी तेरे क़द के बराबर दिखाई दे

ग़ालिब का रंग, मीर का अहसास पैदा हो
'इकराम' भी फिर एक सुख़नवर दिखाई दे

भूली बिसरी प्रीत हो गए
हम तेरा अतीत हो गए

जब दुःखों से सामना हुआ
दूर सभी मीत हो गए

चार दिन थे ज़िन्दगी के बस
चाह में व्यतीत हो गए

संकटों को झेलते गए
लोग वो पुनीत हो गए

तेरे मेरे प्यार के वो पल
दुनिया भर के गीत हो गए

कैसा वातावरण हो गया
रात दिन जागरण हो गया

शब्दों के वाक्य बनते नहीं
व्यर्थ सब व्याकरण हो गया

झूठ पाखण्ड, धोखाधड़ी
आज का आचरण हो गया

स्वर्ण मृग जब भी आ जाएगा
समझो सीता-हरण हो गया

युग की परिभाषाएँ देखिए
जो था जीवन मरण हो गया

रात दिन ऐसे भी तो होते हैं
ख़्वाब सड़कों के बीच सोते हैं

वो उगाते हैं पेड़ पत्थर के
और हम सिर्फ़-काँच बोते हैं

ये हैं इन्सान इस ज़माने के
अपनी लाशों को खुद ही ढोते हैं

ये वो मल्लाह हैं, इनसे बचिएगा
बीच में जाके,जो डुबाते हैं

ग़म के मोती, चुभन की सूई से
मन के धागे में हम पिरोते हैं

'तन्हा' कश्मीरी

मूल नाम : अवतार कृष्ण रैना
जन्मतिथि : 9.7.1946, पिंगलिशी, त्राल जिला पुलवामा कश्मीर
शिक्षा : बी.एस-सी., बी.एड.
प्रकाशन : पत्र-पत्रिकाओं में रचनाएँ प्रकाशित
सम्मान/पुरस्कार :अनेक संस्थाओं द्वारा सम्मानित
सम्प्रति : जम्मू कश्मीर सरकार में विज्ञान अध्यापक (चंडीगढ़ में विस्थापित)
सम्पर्क : 3259/2, सैक्टर 40-डी, चंडीगढ़
फोन : 0172 - 2699931

यह फिर दुश्वार राहों पर हमारा कारवाँ निकला
कि जिन पर हर क़दम इक जंग जैसा इम्तहाँ निकला

कि जिस पर रंज था तारीफ़ मेरी क्यों नहीं करता
समय गुज़रा तो वो ही शख़्स मेरा मेहरबाँ निकला

लगी कुश्ती जवानी की, ज़माने का असर देखो
कभी इस खेल में खुद बाप बेटे से जवाँ निकला

कि जिसको तेज़ रफ़्तारी पे अपनी फ़ख्र था इतना
वही खरगोश भी कछुए से आगे पर कहाँ निकला

रकीबों ने बहुत जंगो-जदल बरपा किया 'तन्हा'
ख़ुदा का शुक्र है अन्दर मेरे अम्नो-अमाँ निकला

आस्मानों में तुझे क्यों कर उठाया जाएगा
सावधानी इसमें है कितना गिराया जाएगा

मत उलझना गेसुओं के स्याह माया जाल में
ऐन मुमकिन है तुमको दीवाना बनाया जाएगा

सर्द आहों की सदा कोई यहाँ सुनता नहीं
बेकसो-मज़लूम को कितना सताया जाएगा

वो भी जब बेताब हैं जी भरके सजने के लिए
हुस्न को बाज़ार में यूँ ही सजाया जाएगा

हम को 'तन्हा' ज़िन्दगी से कोई शिकवा न हो
पर ये रिश्ता उम्र भर कैसे निभाया जाएगा

हक़ की कमाई और नेकी की डगर देना
कुछ भी न देना पर दुआओं में असर देना

अपनी मुहब्बत का जुनूँ अपना ही डर देना
दर पर तुम्हारे ही झुके मुझ को वो सर देना

हर शै में देखूँ आप का बस आपका जलवा
मुझको मेरे मालिक वही सादिक नज़र देना

हर गाम खुद बढ़ने लगे बस आपकी जानिब
मौला मेरे मुझको वही मुश्किल सफ़र देना

मुझको फ़क़त अपनी ही चिन्ता हो नहीं 'तन्हा'
औरों के ग़म में रो सके वो चश्मे-तर देना

अवतार-पैगम्बर सभी, घनश्याम-ओ-राम आए
अरमान ये है अब मुहब्बत का निज़ाम आए

ऐ काश दौराने-सफ़र वो भी मुक़ाम आए
हर गाम पर तेरा ही बस तेरा ही नाम आए

आँखें बिछाए सो गई है आप की मथुरा
क्यों द्वारिका से तुम न वापस मेरे श्याम आए

मैंने न जाना आज तक है क्या मेरी हस्ती
खुद को तलाशूँ खुद में तो तेरा ही नाम आए

'तन्हा' हमें माफ़िक़ नहीं ये दुश्मनी लेकिन
है यार वो ही दुश्मनी में जो काम आए

शीशा अगर टूटेगा अक्स टूट जाएगा
गर हाथ भी छूटा बहुत कुछ छूट जाएगा

इस ज़िन्दगानी से यक़ीं जब टूट जाएगा
सच मानिए जीने का हक़ भी छूट जाएगा

रुहानियत के नाम पर शैतानियत तौबा!
इस पाप का भाण्डा भी इक दिन फूट जाएगा

बाहर नहीं यह इसी घर का चोर है यारो
इक दिन यही कज़्ज़ाक हमको लूट जाएगा

उस को मनाने के लिए कौन आएगा 'तन्हा'
वो बददिमाग़ इन्साँ जो खुद से रूठ जाएगा

मुसाफ़िर देहलवी

मूल नाम : मिश्रीलाल वर्मा
जन्मतिथि : 3.8.1946 (रावलपिण्डी)
शिक्षा : साहित्यलंकार, साहित्यमणि डिप्लोमा
प्रकाशन : अनेक विधाओं की 50 से अधिक पुस्तकों का संपादन। पत्र-पत्रिकाओं में रचनाएँ प्रकाशित
सम्मान/पुरस्कार : 'राष्ट्रीय कला श्री सम्मान' सहित अनेक संस्थाओं द्वारा सम्मानित
सम्प्रति : संवाददाता, अमर भारती, नई दिल्ली
सम्पर्क : 146, सै-3, पाकेट-16 डी.डी.ए. फ्लैट्स द्वारका, नई दिल्ली-45

जैसा हुआ फ़रेब, मेरी ज़िन्दगी के साथ
या रब जहाँ में हो न किसी आदमी के साथ

कैसी बहार आई ये गुलशन में बाग़बाँ
मुरझा गए हैं फूल सभी ताज़गी के साथ

मेरे बगैर कल जिन्हें जीना मुहाल था
वो आज देखते हैं बड़ी बेरुख़ी के साथ

उस बुत की बज़्मे-नाज़ में अपना ये हाल है
आँखों में अश्क भी हैं, लबों पर हँसी के साथ

हमने भी कूवे-हुस्न में, देखे हैं मौज़िज़े
कुछ दिन रहे हैं हम भी 'मुसाफ़िर' किसी के साथ

तन्हा उदास कितनी ग़मे ज़िन्दगी लगे
अपने शहर में जैसे, कोई अजनबी लगे

खुशियाँ तमाम उम्र लुटाने के बाद भी
लगता है कुछ वफ़ाओं में मेरी कमी लगे

अपने लहू से सींच के गुलशन को बाग़बाँ
रोता है उस बहार पे जो अधखिली लगे

टूटे हुए दिलों को यहाँ जोड़ता भी कौन
रिश्तों की ही दीवार जहाँ खोखली लगे

मंज़िल की जुस्तजू में 'मुसाफ़िर' चला मगर
अहले-जहाँ को वो मेरी आवारगी लगे

दूर जो सहरी सितारा, दिखाई देता है
मेरी मंज़िल का वही, मुझको पता देता है

ज़िक्र जब कोई हमें, उनका सुना देता है
चिराग़ जैसे अँधेरों में, जला देता है

अपनी तक़दीर का लिखा, कोई पढ़े कैसे
क़ातिबे-तक़दीर जो, लिखता है मिटा देता है

बने मुरीद भला कैसे, उस मसीहा के
देवता बनके जो लोगों को दग़ा देता है

ज़िन्दगी कब की बिछड़ जाती 'मुसाफ़िर' हमसे
जज़्ब-ए-इश्क ही जीने की सदा देता है

बदला सा दीखता है, सारा निज़ाम ऐसे
हाथों में लड़खड़ाए, साकी का जाम जैसे

मैदाँ में सियासत के इक दौड़ सी लगी है
भागते हों घोड़े हों बेलगाम जैसे

हल्दी की गाँठ जैसी है, आज की सियासत
बन्दर लगा रहा हो, आलू के दाम जैसे

मजलूम की सदाएँ बेबस सी लौटती हैं
वापिस किसी महल से खाली सलाम जैसे

नफ़रत सी बहुत दिल में, हो जाती है 'मुसाफ़िर'
आता है जब लबों पर, नेता का नाम जैसे

तेवर फ़िज़ाँ के बदले हैं, कुछ इस अंदाज़ से
घायल परिन्दा लड़ रहा हो, जैसे बाज से

मुमकिन नहीं है दोस्त, ज़माने को बदलना
कब तक लड़े आख़िर कोई, अन्धे समाज से

ऐटम की जंग कहने को आसान बहुत है
वाक़िफ़ बहुत जापान है इसके मिज़ाज से

चेहरे से बदलती नहीं इन्सान की फ़ितरत
आईना कह रहा था, ये आईना साज़ से

मज़हब के नाम पर जहाँ दंगे हो 'मुसाफ़िर'
बाज़ आए खुदा ऐसे तेरे राम-राज से

महेश अग्रवल

जन्मतिथि : 4.8.1946, भोपाल
शिक्षा : वाणिज्य स्नातक
प्रकाशन : ग़ज़ल-संग्रह 'और कब तक चुप रहें' प्रकाशित। अनेक पत्र-पत्रिकाओं एवं ग़ज़ल संकलनों में रचनाएँ प्रकाशित
सम्मान/पुरस्कार : अनेक संस्थाओं द्वारा सम्मानित
सम्प्रति : बी. एच. ई. एल. में सेवारत
सम्पर्क : 71, लक्ष्मीनगर, रायसेन रोड, भोपाल - 462021 (म. प्र.)
फ़ोन : 2754852

तहख़ानों के भीतर भी अनगिन तहख़ाने हैं
क़ैद वहीं हम सबके हिस्से की मुस्काने हैं

क़दम-क़दम पर रिश्तों के षड्यंत्र मिले हमको
चेहरा अपने पन का है लेकिन बेगाने हैं

इनसे अब पीड़ा का कुछ अहसास नहीं होता
दुनिया भर के दर्द सभी जाने-पहचाने हैं

वज़न न रखना विश्वासों के कच्चे धागों पर
हद से ज़्यादा नाज़ुक इसके ताने-बाने हैं

शमा जलो तुम रोशन कर दो सारी दुनिया को
प्यार हमारा मज़हब है हम तो परवाने हैं

तीर हैं तलवार हैं इस दौर की ग़ज़लें
आधुनिक हथियार हैं इस दौर की ग़ज़लें

बात हो संघर्ष की या इन्कलाब की
हर समय तैयार हैं इस दौर की ग़ज़लें

यह कभी तो शबनमी अहसास देती हैं
पर कभी अंगार हैं इस दौर की ग़ज़लें

ज़िन्दगी तो हर क़दम पर एक नाटक है
पर अहम किरदार हैं इस दौर की ग़ज़लें

अब न ज़िन्दा जा सकेगा कोई हमलावर
क्योंकि पहरेदार हैं इस दौर की ग़ज़लें

छल फ़रेब की फ़िज़ा गर्म है, फिर भी हम चुप हैं
सच का अन्तिम क्रिया-कर्म है फिर भी हम चुप हैं

आदमख़ोरों की बस्ती में प्यार नहीं होता
नफ़रत उनके लिए धर्म है फिर भी हम चुप हैं

न्याय सियासत के खूनी जबड़ों में फँसा हुआ
ताबूतों में बन्द शर्म है, फिर भी हम चुप हैं

खूब वतन का लहू पिया इन ख़िदमतगारों ने
आगोशों में गोश्त गर्म है, फिर भी हम चुप हैं

शैतानों के होंठ अचानक हँसते हुए मिले
इसके पीछे कोई मर्म है, फिर भी हम चुप हैं

फूल में लिपटे हुए जो ख़ार होते हैं
दोस्तों के क़ीमती उपहार होते हैं

हर तरह के हादसों से बेख़बर है वह
मेज़ पर जिनके कई अख़बार होते हैं

क्या रिवायत है करोड़ों खर्च करने पर
मुल्क में कुछ लोग ख़िदमतगार होते हैं

आ नहीं सकता दवा बनकर जहाँ कोई
दर्द के शायद वहीं अम्बार होते हैं

हो न हो उस मुल्क में सबके लिए राशन
पर वहाँ बारूद के भंडार होते हैं

ज़िन्दा है अब तक अँधियारे यह कड़वा सच है
मार दिए जाते उजियारे यह कड़वा सच है

सिर पर अपने पानी वाले बादल हैं लेकिन
पाँव तले जलते अंगारे यह कड़वा सच है

दुख दर्दों के पक्के घर की बस्ती बसी हुई
और सभी सुख हैं बंजारे यह कड़वा सच है

नदिया, झरने, झीलों जैसे मीठे लोग नहीं
सभी समुन्दर जैसे खारे यह कड़वा सच है

दुनिया भर की ताकत हमको हरा नहीं सकती
लेकिन हम कागज़ पर हारे यह कड़वा सच है

साहिल

मूल नाम : प्रवीण चौहान

जन्मतिथि : 29.8.1946

शिक्षा : एम.ए., एल-एल.बी.

प्रकाशन : अनेक पत्र-पत्रिकाओं में रचनाएँ प्रकाशित

सम्मान/पुरस्कार : अनेक संस्थाओं द्वारा सम्मानित

सम्प्रति : जहाजी सेवा में

सम्पर्क : द्वारा जे.एम. बख्शी एण्ड कं., बंदर रोड, वेरावल - 362265

फोन : 02876-24179

मो. 9824450064

तेरे अन्दर समा गया हूँ मैं
दोस्त! तुझसे कहाँ जुदा हूँ मैं

बिम्ब सूरज का मैं नहीं लेकिन
इन अँधेरों में आईना हूँ मैं

जो अकेला है वो तो साया है
ग़ौर से देख क़ाफ़िला हूँ मैं

जब भी सच्चाई को सराहा है
लोग समझे हैं हादिसा हूँ मैं

देखने वालों के लिए 'साहिल'
दर्पणों का सही पता हूँ मैं

भीड़ में होते हुए तन्हा हूँ मैं
यानि इक ठहरा हुआ लम्हा हूँ

आप की ख़ातिर हुआ ख़ामोश मैं
आपने तय कर लिया गूँगा हूँ मैं

बोझ उठवाना पड़ेगा अब मुझे
दोस्त! अपनी सोच का मलबा हूँ मैं

बाँधकर वो ले गया मेरा वजूद
अब तो इक बिखरा हुआ साया हूँ मैं

मेहरबानी है तुम्हारी इस लिए
अनगिनत ज़िन्दानो में ज़िन्दा हूँ मैं

ज़ात से अपनी वो दिन-रात लड़ा होता है
तब कहाँ अपने इरादों पे अड़ा होता है

आदमी आज तलक जान नहीं पाया है
क्यों सरे-शीशा पे ही संग जड़ा होता है

ग़ैर से हो तो कोई बात नहीं है लेकिन
सामना अपनों का ही ख़ूब कड़ा होता है

आज तक मेरी समझ से परे यह बात रही
प्यास के सर पे छलकता क्यों घड़ा होता है

छोटे बच्चों की निगाहों में हमेशा 'साहिल'
माँ का आँचल पूरी दुनिया से बड़ा होता है

ठोकरें खाके सँभल जाता है
वो पूरा दौर बदल जाता है

आप सूरज का भरोसा न करें
शाम होते ही वो ढल जाता है

कोई बच्चों की तरह सपनों से
मेरा अस्तित्व बहल जाता है

काम करता है मसीहा जैसा
तीर जो पार निकल जाता है

कभी चिड़िया का टूटा पर 'साहिल'
सारा आकाश निगल जाता है

सूरज के इन्तज़ार में ही ऊँघते रहे
बस इस तरह ही सारे बरस बीतते रहे

चलती है तेज-रौ हवा ये याद ना रहा
और ताश के पत्तों के मकाँ बाँधते रहे

इस बस्ती को लगाव है संगीत से बहुत
कि डुगडुगी बजी कहाँ तो नाचते रहे

वो ढूँढने चले हैं महक का अता पता
निश दिन जो काग़ज़ी फूलों को सूँघते रहे

'साहिल' जो अपने आप को पहचानते नहीं
वो लोग सही अपना पता पूछते रहे

जगदीश चन्द्र पण्ड्या

जन्मतिथि : 15.9.1946, उज्जैन

शिक्षा : विज्ञान स्नातकोत्तर

प्रकाशन : 'मुहब्बत का सफ़रनामा' (ग़ज़ल-संग्रह), अनेक पत्र-पत्रिकाओं में रचनाएँ प्रकाशित

सम्मान/पुरस्कार : विभिन्न संस्थाओं द्वारा सम्मानित

सम्प्रति : सहायक महाप्रबन्धक, पंजाब नेशनल बैंक, प्र. का. नई दिल्ली

सम्पर्क : डी - 807, सूर्य विहार, डुंडा हेड़ा, गुड़गाँव - 122016
फोन : 0124-2360498 (नि.), (011) 25724613 (का.)

बज़िद चेहरे पे आ जा कर हमें रुस्वा नहीं करते
हसीं जज़्बात ज़ाहिर प्यार का किस्सा नहीं करते

चले जाते हैं बेपर्वाह अपने यार की धुन में
समन्दर का पता दरिया कभी पूछा नहीं करते

तुम्हारे शहर में आकर चले जाएँ बिना मिलकर
कि अपने साथ हम ऐसा कभी धोखा नहीं करते

निगाहों की तरफ़ से दिल के सब पैग़ाम मिलते हैं
लबों पर ख़ामुशी रखते हो यह अच्छा नहीं करते

तेरी दरियादिली पर इस क़दर ईमान रखते हैं
कभी मस्जिद नहीं जाते, कभी सिज्दा नहीं करते

पानी की अब के शहर में क़िल्लत बहुत रही
सरकार के हिसाब से कसूरत बहुत रही

करता लहूलुहान हर इक गाम पे था जुर्म
सच बोलने की पर हमें आदत बहुत रही

कुछ तो पुलिस ने जुर्म की तफ़्तीश ही न की
क़ायम कुछ अदूल पर भी अदालत बहुत रही

करने लगी नुमाइशें उर्या-बदन बहुत
मशगूल अपनी धुन में सियासत बहुत रही

उम्रे-दराज़ से है मेरी उसकी रग़बतें
दीगर है बात जिस्म से हुज्जत बहुत रही

या तो वो रुस्वा करेगा या दग़ा देगा मुझे
दोस्त है इस दौर का, कैसे वफ़ा देगा मुझे

लौट आया साथ ले बेचैनियाँ, दुश्वारियाँ
शख़्स जो ख़ुद है परीशाँ, और क्या देगा मुझे

बात दिल की छोड़िए, जो दूर नज़रों से हुआ
चार दिन में ग़ैर क्या, बेटा भुला देगा मुझे

प्यार का एहसास, तेरी चाहतों का ये ख़याल
शोख़ ऐसा है कि नींदों से जगा देगा मुझे

'अक्स' सब गुमनाम रहते हैं, जिए हैं जब तलक
मैं न हूँगा अहद तब रो रो सदा देगा मुझे

चुरा के लाया है काजल निकाल आँखों से
किया है हुस्न ने कैसा कमाल आँखों से

जवाब जिनके नहीं हैं मुहब्बतों के सिवा
वो मुझसे पूछे है ऐसे सवाल आँखों से

हुनर है उसका यह जब तक कि वो नहीं चाहे
न पढ़ सका है कोई दिल का हाल आँखों से

मुझे वुजूद की गहराइयों में ले के गई
दिखा के राह वो रंगींजमाल आँखों से

मैं 'अक्स' लाख छुपाता रहा मगर उसने
समझ लिया है मेरा हर ख़याल आँखों से

मैं जब भी जाऊँ वो घर को बड़ा सजा के रखे
बदन गुलाब तो दिल मैकदा बना के रखे

नफ़ासतों में वो अंदाम को तुलूअ करे
सजा के कितने ही गुलज़ार वो अदा के रखे

बहुत अज़ीज़ है मुझको तिलिस्म नज़रों का
हजार रंगों में मुझको ही जो दिखा के रखे

क़दम फिसलने के पहले सँभाल लेता है
मेरा ज़मीर मुझे आइना दिखा के रखे

मैं राह भूल न जाऊँ कहीं अँधेरों में
वो सारी रात ही दिल का दिया जला के रखे

राम मेश्राम

मूल नाम : रामभाऊ अमृतलाल मेश्राम
जन्मतिथि : 20.12.1946, वारा सिवनी (म.प्र.)
शिक्षा : एम.ए., एल-एल.बी.
प्रकाशन : अनेक पत्र-पत्रिकाओं में रचनाएँ प्रकाशित
सम्प्रति : सचिव, म.प्र. राज्य अल्पसंख्यक आयोग
सम्पर्क : ई - 7/22, चार इमली, भोपाल - 462016 (म.प्र.)
फ़ोन : (नि.) 2430378, (का.) 5292463, (फैक्स) 5292464

चापलूसी से, ख़ुशामद से, क़दमबोसी से
मुल्क़ सकते में है एहसान-फ़रामोशी से

हर तरफ़ फ़ौज गुनाहों की, मैं किस-किस से लड़ूँ
दोस्त कहते हैं खिसक आइए ख़ामोशी से

ख़ून मिट्टी में मिलाने का असर है किस पर
यार अलमस्त है हालात की बेहोशी से

होश को जोश में थोड़ी सी जगह दे लीडर
उड़ गए होश के तोते तेरी मदहोशी से

आपने ख़ून के आँसू नहीं पीकर देखे
आप कहते हैं ग़ज़ल होती है मयनोशी से

आग भड़की, ख़ून पानी हो गया
शोक में दिल हक़बयानी हो गया

हम निवाला यार क्या जीता चुनाव
जीतते ही आसमानी हो गया

आड़े-तिरछे शब्द कविता हो गए
मंच वेश्या की जवानी हो गया

कैसे-कैसे लोग शासक हो गए
शहर जिस दिन राजधानी हो गया

ये नए राजा के पोस्टर हैं हुजूर
कल का राजा, अब कहानी हो गया

ख़ुद से इतनी दरिन्दगी क्या है
हाय-हत्या की ज़िन्दगी क्या है

क्या दिखावा करें अकीदत का
दिल में होती है, बन्दगी क्या है

झूठ यह है कि है ज़माने में
अपने भीतर है गन्दगी क्या है

रूप सोलह सिंगार का बेकार
दिल हिलाती है सादगी क्या है

हमने पहनी है, खुद-ब-खुद ज़ंज़ीर
शौक में नापसन्दगी क्या है

रोशनी का दिल से रिश्ता टूटता है
हाय, किरणों का शजर भी सूखता है

जी रहा है सिर्फ़ कुदरत की बदौलत
गाँव अँधियारे में हर दिन डूबता है

सब फ़िदा हैं आज बिजली की अदा पर
कौन माटी के दिए को पूछता है

यह बुढ़ापा है कि बचपन की मुहब्बत
दास्तानों की गली में ढूँढता है

किस ज़माने में हुआ बागी कबीरा
आज तक जो शायरी में गूँजता है

चेहरों की भीड़-भाड़ है, सूरत कहीं नहीं
बातों के इन्क़लाब की राहत कहीं नहीं

क्यों पूछते हो हुस्न की लपटों का भाव-ताव
मण्डी में भूख-प्यास की अस्मत कहीं नहीं

ख़ंजर का नाच नाचना दिलकश तो खूब है
मीठी छुरी के दिल में मुरव्वत कहीं नहीं

अज्ञेय, मुक्तिबोध, निराला के नाम पर
कविता गली-गली है, इबादत कहीं नहीं

भरपेट गालियों में मिला काम का इनाम
दिल में गिज़ा के वास्ते हसरत कहीं नहीं

वसन्त

जन्मतिथि : 14.8.1947, भागलपुर (बिहार)
प्रकाशन : ग़ज़ल-संग्रह 'एक ग़ज़ल बंजारन' एवं 'कुर्सियों का व्याकरण'। सम्पादन कोशी टाइम्स (पाक्षिक) एवं क्षितिज (अनियतकालीन)। अनेक पत्र-पत्रिकाओं में रचनाएँ प्रकाशित
सम्प्रति : सम्पादक क्षितिज
सम्पर्क : अग्रवाल निकेतन, मुरलीगंज, मधेपुरा (बिहार)
फ़ोन : 06476 - 266469

स्वर्ण-सेज पर ओढ़ हमारे ग़म की चादर क्या करता
निकल गया जो हाथों से उस तोते के पर क्या करता

एक इलाका चन्द रोज़ में सर्कस में तब्दील हुआ
राजा इतने बड़े मुल्क का होकर जोकर क्या करता

उसकी चाहत उसकी वहशत खून भरा उसका नेज़ा
क़त्ल कई करने थे तो वह दामन धोकर क्या करता

वापस किए मुझे ख़त मेरे और रेशमी वह अलबम
नए सफ़र में तू विस्फोटक बोझा ढोकर क्या करता

छोटा सा आकाश न कम था चाँद-सितारे रोशन थे
क्या जाने वह अहमक लेकर सारा अम्बर क्या करता

डूबकर आकंठ जल में भी कहीं भीगा न था
यह अचम्भा उम्र भर हमने कभी देखा न था

उसने अर्से से कभी देखा नहीं था आईना
इसलिए वाक़िफ़ वो अपने आप से गोया न था

यह हमारी मित्रता का आख़िरी परिणाम था
एक दूजे से किसी को और कुछ कहना न था

मति भ्रमित था एक राजा महाभारत के समय
आँख का अन्धा मगर वह कान का बहरा न था

एक ही रंगत के जो सारे खिलौने ढल गए
क्या तुम्हारे पास कोई दूसरा साँचा न था

चाह थी जल-स्रोत की अंधे-कुओं तक आ गए
हम भटककर घोर मरुथल टापुओं तक आ गए

जंगलों से तो चले थे सभ्यता की खोज में
रहबरो हम फिर कहाँ इन भेड़ियों तक आ गए

आदमी के वास्ते घातक ये हैं पहचान लो
आस्तीनों से निकल अब बाजुओं तक आ गए

लौटकर कुछ लोग यह सौग़ात लाए शहर से
आपकी तहज़ीब के छल बस्तियों तक आ गए

अनवारे इस्लाम

जन्मतिथि : 1.10.1947, सागर (म.प्र.)
शिक्षा : स्नातक
प्रकाशन : 'जाग रहा है मोतीपुर', 'महिला भागीदारी से विकास', साक्षरता-साहित्य पर 22 पुस्तकें, बाल-साहित्य पर 10 पुस्तकें, साक्षरता प्रायमर पर पुस्तकें प्रकाशित। पत्रिकाओं में रचनाएँ प्रकाशित। उर्दू के शायरों की 15 पुस्तकों का अनुवाद/ लिप्यंतरण
सम्मान/पुरस्कार : 'पं. रविशंकर शुक्ल सम्मान', म.प्र. साहित्य अकादमी, 'लोकोत्सव पुरस्कार' सहित अनेक संस्थाओं द्वारा राज्य-स्तर पर सम्मानित/अलंकृत
सम्प्रति : पंचायत एवं समाज कल्याण विभाग भोपाल में पदस्थ
सम्पर्क : सी-16, सम्राट नगर, अशोका गार्डन, भोपाल - 462023 फ़ोन : 0755 - 5225495, मो. 9893380253

दीपक तो आसमान पे कोई बचा नहीं
सो भी चुकी है रात सुबह का पता नहीं

वो पेड़ जिनकी छाँव में ठहरा दिया हमें
शाख़ों पे उनकी एक भी पत्ता हरा नहीं

चारों तरफ़ की तेज़ हवाओं के बावजूद
जलता हुआ चराग़ वो अब तक बुझा नहीं

हो भी चुकीं गवाहियाँ रोटी व पेट की
क्या बात है कि फ़ैसला अब तक हुआ नहीं

तुमने हमारे बारे में सोचा तो ख़ूब है
लेकिन कभी क़रीब से हमको छुआ नहीं

मुसाफ़त को मिरी इनूआम लिख दे
मैं घर लौटूँ, सुहानी शाम लिख दे

उड़ाकर ख़ाक ही नाकाम लिख दे
हवा कुछ तो हमारे नाम लिख दे

मैं धरती पर मुहब्बत चाहता हूँ
हवाओं पर मिरा पैग़ाम लिख दे

हमारा क़त्ल हमने ही किया है
हमारे सर सभी इल्ज़ाम लिख दे

सजा दूँ चाँद तारों से ज़मीं को
मिरे हिस्से में ऐसे काम लिख दे

गुनाहों को मिरे सब कुछ पता है
किताबे-जुर्म में क्या-क्या लिखा है

मिरा विश्वास उसको पूजता है
नहीं है कोई भी लेकिन ख़ुदा है

करूँ मैं क्या कि सर पर आसमाँ के
ज़मीं का बोझ भी रक्खा हुआ है

सितारे हो गए बेनूर लेकिन
अकेला कोई अब तक जागता है

परिन्दा लौटकर शायद न आए
मिज़ाजे-आसमाँ बदला हुआ है

कुछ मकाँ रोशनी में ज़रूर आ गए
बाक़ी मंज़र अँधेरों में धुँधला गए

चलते-चलते तिरी ज़ुल्फ़ की छाँव में
ज़िन्दगी के सवालों से टकरा गए

चार पल के लिए धूप ठंडी हुई
हमको ऐसा लगा जैसे घर आ गए

सूखने भी न पाए मिरे बालो-पर
और उड़ानों के पैग़ाम फिर आ गए

जूझना है अभी तुमको तूफ़ान से
तुम तो केवल हवाओं से घबरा गए

ये धुआँ जो कि जलते मकानों का है
सब करिश्मा तुम्हारे बयानों का है

तुमको ज़िद ही अगर पर कतरने की है
शौक़ हमको भी ऊँची उड़ानों का है

हों तबाही के क़िस्से ज़मीं पर कहीं
सिलसिला सब मिरी दास्तानों का है

जानता हूँ हवा है मुख़ालिफ़ मिरे
पर भरोसा मुझे बादबानों का है

दिल को छूती नहीं घंटियों की सदा
हाल ऐसा ही कुछ-कुछ अज़ानों का है

प्रकाश सूना

जन्मतिथि : 15.12.1947, खानपुर कटोरा (बहावलपुर)

शिक्षा : इण्टरमीडिएट

प्रकाशन : पत्र-पत्रिकाओं में रचनाएँ प्रकाशित

सम्मान/पुरस्कार : 'साहित्यालंकार', 'साहित्य सौरभ' सहित अनेक संस्थाओं द्वारा सम्मानित

सम्प्रति : सरकारी सेवा (उ.प्र.)

सम्पर्क : 187 बी, मुरलीधर सदन, गांधी कालोनी मुज़फ़्फ़रनगर (उ. प्र.) 251001

फ़ोन : 0131 - 2614787

लाखों ऐसे लोग यहाँ पे, बूझो तो पहचान नहीं है
रोटी का भूगोल समझना, इतना भी आसान नहीं है

चलती-फिरती लाशें देखी, तन ढकने को आँसू कम हैं
बात करो तो गिर पड़ते हैं, मानो इनमें जान नहीं है

दर्द के प्याले पी-पीकर हम, बन बैठे सुकरात यहाँ पर
बोलें भी तो बोलें कैसे, दिल में तो अरमान नहीं है

देखी जूठन टूट पड़े हैं, पेट की आग बुझाने को
कहने को आज़ाद वतन है, आँसू हैं, मुस्कान नहीं है

कैसे ये तस्वीर बनी है, धुँधला अक्स समझ न आए
'सूना' सोचे ग़ज़ल कही है, पर मिलता उन्वान नहीं है

कहीं से रौशनी आती नहीं है
यहाँ बुलबुल भी अब गाती नहीं है

अँधेरों ने वहाँ महफ़िल सजाई
चराग़ों में जहाँ बाती नहीं है

यहाँ तो हर तरफ़ है धुन्ध छाई
कहीं मंज़िल नज़र आती नहीं है

सुना था क़ीमती गहना हया है
मगर अब आँख शरमाती नहीं है

चुभी जो बात तेरे दिल में 'सूना'
ज़ुबाँ पर क्यूँ मगर आती नहीं है

जो ज़ौके-शायरी जिन्दा रहेगा
ग़ज़ल का मर्तबा ऊँचा रहेगा

ग़ज़ल की आँख नम होती रहेगी
जहाँ में कोई गर भूखा रहेगा

बुझा दे आँधियाँ चाहे दिए सब
ग़ज़ल का दीप तो जलता रहेगा

अगर छा जाएँ दिल पे ग़म के बादल
ग़ज़ल सुनकर सुकूँ मिलता रहेगा

अगर जाओ कभी 'सूना' सफ़र पर
ग़ज़ल से रास्ता कटता रहेगा

प्यार करोगे, प्यार मिलेगा
सपनों का संसार मिलेगा

सीधी-सरल प्रेम की भाषा
समझ गए तो यार मिलेगा

बाँट सको तो खुशियाँ बाँटों
खुशियों का भण्डार मिलेगा

कौन बड़ा है, कौन है छोटा
ढूँढोगे तो सार मिलेगा

जैसा बोलोगे तुम 'सूना'
वैसा ही व्यवहार मिलेगा

सागर से वो मोती कैसे पाएँगे
गहराई से जल की जो घबराएँगे

उनके आगे मंज़िल भी झुक जाएगी
काँटों में जो अपनी राह बनाएँगे

हँसते-हँसते जीना जिसने सीख लिया
खुशियों के प्याले हरसू छलकाएँगे

वक़्त किसी के साथ नहीं चलता हरदम
पिछड़ गए जो बाद में खुद पछताएँगे

कैसे उनको हक़ 'सूना' मिल जाएगा
बैठे-बैठे घर में जो चिल्लाएँगे

रामबहादुर चौधरी 'चन्दन'

जन्मतिथि : 1.7.1948, फुलकिया (मुंगेर) बिहार

शिक्षा : एम.ए., बी.एल., बी.एड.

प्रकाशन : 'चन्दन के फूल' (ग़ज़ल-संग्रह), तीसरी आँख (नाटक) प्रकाशित। बाज़ार (उपन्यास) तथा गीत-ग़ज़ल संग्रह प्रकाशनाधीन। अनेक पत्र-पत्रिकाओं से रचनाएँ प्रकाशित।

सम्मान/पुरस्कार : राजभाषा विभाग द्वारा ग़ज़ल के लिए लक्ष्मी नारायण 'सुधांशु सम्मान' सहित अनेक संस्थाओं द्वारा सम्मानित।

सम्प्रति : अध्यापन

सम्पर्क : फुलकिया, बरियारपुर, मुंगेर (बिहार) 811211

फ़ोन : 06344 - 265242

क्या कहें इस ज़िन्दगी में हादसे क्या कम हुए
छोड़ दी खुशियों ने तो ये ग़म मेरे हमदम हुए

साथ उसने इस तरह हरपल निभाई दोस्ती
धूप गर दिन में बने तो रात को शबनम हुए

जख़्म यादों के हरे होकर कभी जब टीसते
दर्द की बेचैनियों में अश्क ही मरहम हुए

नाचती है नींद भी जब ख़्वाब के सुर ताल पर
गीत गाया बेख़ुदी ने साँस के सरगम हुए

एक नाजुक सच छिपाया था ज़माने से मगर
दर्द में भी मुस्कुराना प्यार के परचम हुए

आने लगी हैं मौसमी नदियाँ बहाव में
चढ़ना पड़ेगा फिर हमें काग़ज़ की नाव में

आसार आँधियों के भी दिखते हैं दूर से
ऐसे में ये हवा भी तो रहती है ताव में

तूफ़ान में कश्ती कहाँ डूबेगी बीच में
तय है कि नाख़ुदा भी तो होंगे तनाव में

बहुरूपिए बने हैं ज़माने के हमसफ़र
बदले हैं रूप-रंग नए हर पड़ाव में

शतरंज की बिसात पे मौसम के मोहरे
रखते हैं हर क़दम ही सियासत के दाँव में

वक़्त का आह्वान है भाई
लाँघना आसमान है भाई

हर घड़ी आँधियों में चलना है
सब्र का इम्तिहान है भाई

एक पल का हिसाब रखता है
वक़्त यह सावधान है भाई

जूझती ज़िन्दगी की राहों में
आस्था लहूलुहान है भाई

अश्क आँखों में ही नहीं होता
बेरहम वर्तमान है भाई

मत पूछिए क्या आजकल के धन्धे हैं
है पालकी उनकी हमारे कन्धे हैं

जो गाँठ के पूरे नज़र के अन्धे हैं
वो मौत की जानिब ख़ुदा के बन्दे हैं

आसाँ नहीं जीना यहाँ के आलम में
लाखों पड़े इस ज़िन्दगी के फन्दे हैं

हालात के हाथों के हम है कठपुतले
बाहर खुले अन्दर कहीं से बन्धे हैं

काजल की भी उस कोठरी को धो देते
गंगा कहे जाते यहाँ जो चन्दे हैं

कश्ती ये मैंने जब से समन्दर में छोड़ दी
हिम्मत ने कमर शोख़ बवण्डर की तोड़ दी

परवाह नहीं जिसने कभी की है मौत की
तारीख़ नई एक कलण्डर में जोड़ दी

तेज़ाब में डूबी हुई नापाक नफ़रतें
ख़ुदग़र्ज़ सियासत में सितमगर ने घोल दी

जो आग के दरिया में नहाए हैं दोस्तो
वो बढ़के सदा राह सिकन्दर की मोड़ दी

अरमान के आकाश को छूते हैं हौसले
ये बात छिपी मस्त कलन्दर ने खोल दी

'रतन' प्रकाश सुभाषित

जन्मतिथि : 6.7.1948
शिक्षा : एम.ए. (हिन्दी), बी.टी.सी.
प्रकाशन : ग़ज़ल-संग्रह 'बेवफ़ा ज़िन्दगी', 'मुहब्बत की सुई' ग़ज़ल-संग्रह एवं एक खण्डकाव्य, एक गीत संग्रह, एक व्यंग्य पुस्तक प्रकाशनाधीन। पत्र-पत्रिकाओं में रचनाएँ प्रकाशित
सम्मान/पुरस्कार : अनेक संस्थाओं द्वारा सम्मानित
सम्प्रति : अध्यापन (न्याय पंचायत भराना)
सम्पर्क : बैनीपुर, पो. ग़ाज़ीपुर (बुलन्दशहर) उ. प्र.
फ़ोन : 05735 - 244684

है यही अफ़सोस हम उनकी तरह जाहिल न थे
ये हमारा जुर्म है हम जुल्म में शामिल न थे

इसलिए ही तो सज़ा-ए-मौत अपनी हो गई
हाथ में ख़ंजर नहीं था और हम क़ातिल न थे

रंग-बिरंगे फूल गुलशन में हजारों थे मगर
तोड़कर करते भी क्या जो हार के काबिल न थे

दौर ने आला खिताबों से नवाज़ा है उन्हें
जो कभी अदबी मदरसों में हुए दाखिल न थे

ख़ैर मकदम तू हमारा बज़्म में करता भी क्यूँ
आशिकों की हम तेरी फ़हरिश्त में शामिल न थे

प्यार के लम्हे गुजारे ज़िन्दगी में यूँ 'रतन'
फूल, ख़त, पैगाम तक हम को हुए हासिल न थे

चाँद तारे आसमाँ में चाँदनी अपनी जगह
सोचता हूँ क्यूँ नहीं है आदमी अपनी जगह

है ग़ज़ल यूँ तो मुकम्मल आपकी अपनी जगह
पर मुझे लगता अभी कुछ है कमी अपनी जगह

हसरतें लेकर तेरी महफ़िल में आऊँ किस तरह
आज भी क़ायम है तेरी बेरुख़ी अपनी जगह

जब मुहब्बत के नगर में हर तरफ़ है चौकसी
तुम समझते क्यों न मेरी बेबसी अपनी जगह

क्यों न बेटे की जगह तू खुदकुशी कर ले 'रतन'
इस तरह पाएगा बेटा नौकरी अपनी जगह

वो मिलते रोज़ हैं लेकिन कभी हँसकर नहीं मिलते
क्यूँ उनके होंठ पर मुस्कान के अक्षर नहीं मिलते

यहाँ बेपर को मिलता है खुला आकाश उड़ने को
मगर परवाज़ को मेरी कभी अवसर नहीं मिलते

बहुत नज़दीक आकर जो सभी के दिल की सुनते हैं
अमूमन दफ़्तरों में महरबाँ अफ़सर नहीं मिलते

मिले जो माँ की गोदी में मिले बचपन की गलियों में
हमें वो ज़िन्दगी के खुशनुमा मंज़र नहीं मिलते

ज़लालत के हज़ारों क़ाफ़िले मिलते हैं राहों में
शराफ़त के 'रतन' हमको कहीं लश्कर नहीं मिलते

दफ़ा क्या है सज़ा क्या है
ये मुंसिफ़ को पता क्या है

नहीं हो साथ मेरे तुम
तो पीने का मज़ा क्या है

तू ख़ुद को क्या समझता है
तेरी मर्ज़ी बता क्या है

नहीं मालूम क़िस्मत में
बताऊँ क्या लिखा क्या है

'रतन' दामन से ये धब्बा
न छुट पाया, लगा क्या है

मैं अपनी बात कहता हूँ नहीं कहता ज़माने की
ज़रूरत क्या पड़ी मुझको लगाने की बुझाने की

बनी आतिश की दीवारें छतें बारूद की यारो
यही है शक्लो-सूरत अब हमारे आशियाने की

अरे बेदर्द तू अब तो ज़रा पर्दा उठा रुख़ से
तेरी गलियों में मैय्यत आई है तेरे दिवाने की

हमें तो बेरुखी भी प्यार से सहने की आदत है
तेरी कोशिश रही फिर भी हमारा दिल दुखाने की

हमारे पास आओ तो तुम्हें मालूम हो जाए
'रतन' के पास चाबी है मुहब्बत के ख़ज़ाने की

उद्भ्रान्त

मूल नाम : रमाकान्त शर्मा

जन्मतिथि : 4.9.1948, नवलगढ़ (राज.)

शिक्षा : एम.ए. (हिन्दी)

प्रकाशन : ग़ज़ल संग्रह 'मैंने यह सोचा न था'/पत्र-पत्रिकाओं में रचनाएँ प्रकाशित।

सम्मान/पुरस्कार : अनेक संस्थाओं द्वारा सम्मानित

सम्प्रति : उपनिदेशक (कार्यक्रम) आकाशवाणी, नई दिल्ली

सम्पर्क : बी-463, केन्द्रीय विहार, सैक्टर-51, नोएडा (उ.प्र.)
फोन (निवास)–05120-2481530
(कार्यालय)–23421142

फूलों को देखता हूँ खँडहर को देखता हूँ
मैं अपनी ज़िन्दगी के मंज़र को देखता हूँ

मैं क्या था क्या हुआ हूँ इस दौरे-तीरगी में
बाहर को देखता हूँ भीतर को देखता हूँ

काँधे पे लाद गठरी जो चल पड़ा सफ़र को
यादों के इस हुजूमो-लश्कर को देखता हूँ

आँखों में ख़्वाब देखे ख़्वाबों में आग देखी
पानी में तैरते इस पत्थर को देखता हूँ

हाथों को कभी ढँकता पाँवों को कभी ढँकता
छोटी-सी ज़िन्दगी की चादर को देखता हूँ

'उद्भ्रान्त' हुआ हूँ मैं इस दौरे-बेकली में
रहज़न को नहीं अपने रहबर को देखता हूँ

शीशे में जिसका अक़्स मुझे दीख रहा है
क्यों गुमशुदा वो शख़्श मुझे दीख रहा है

था गोताखोर, गहरे गया बहरे-जीस्त में
साँप-ओ-मनका-ए-बक्स मुझे दीख रहा है

जिन लम्हों में वो गुम हुआ बरसों के कुएँ में
लम्हाते-याद बख़्श मुझे दीख रहा है

ये कैसा बवंडर है तेरी याद की जानिब
हर आईने में रक़्स मुझे दीख रहा है

शायद कोई 'उद्भ्रान्त'-सा इस दौर में होगा?
सीने पे खुदा नक़्श मुझे दीख रहा है

अहमक़ है नए वक़्त से इन्साफ़ चाहे है
ख़ूँ से भरे इस तख़्त से इन्साफ़ चाहे हैं

जुम्बिश क्यों हो रही है तेरे लख़्ते-जिगर में
तू देख ख़ूनी रक्त से इन्साफ़ चाहे है

उतरा है आस्माँ से ज़मीं पर ब-चश्मेनम
वो आज अपने भक्त से इन्साफ़ चाहे है

यह शे'र नर्म-नाज़ुक इशारों में बन्द है
यह शायराने-सख़्त से इन्साफ़ चाहे है

इन्साफ़ की बिखेर दी हैं धज्जियाँ जिसने
'उद्भ्रान्त' उस कम्बख़्त से इन्साफ़ चाहे है

हम बहुत दूर से चल के ये कहाँ तक आए
काट कर दर्द के पाँवों को ज़ुबाँ तक आए

ग़र्क इतिहास के पन्नों में कहीं हो गए थे
क्या हुआ हमको भविष्यत् के निशाँ तक आए

शब्द के आसमाँ में हमने उड़ाने भर लीं
और फिर अर्थ की धरती से मक़ाँ तक आए

याद की रेत में कर आए थे हम दफ़्न जिन्हें
ख़्वाब की हद थी जहाँ तक वो वहाँ तक आए

सफ़र 'उद्भ्रान्त' का है कितना निराला यारो
सुबह को जन्म लिया शाम यहाँ तक आए

कुछ मुहब्बत भी कुछ अदावत भी
कुछ शरीयत भी कुछ शरारत भी

दर्द इन महफ़िलों में तन्हा है
सम्मिलित भी है पर सदारत भी

दिल तो इक जज है इश्क़ बैरिस्टर
है अदालत भी, है वक़ालत भी

तू तो है बादशाह मैं हूँ फ़कीर
सल्तनत भी है और इबादत भी

तू मत 'उद्भ्रान्त' मुस्कुरा के देख
ये इनायत भी है सियासत भी

महावीर सिंह दुखी

जन्मतिथि : 15.10.1948
शिक्षा : प्रभाकर, साहित्य रत्न
प्रकाशन : पत्र-पत्रिकाओं में रचनाएँ प्रकाशित
सम्मान/पुरस्कार : अनेक संस्थाओं द्वारा सम्मानित
सम्प्रति : कृषि
सम्पर्क : गाँव सुदकैन कलां, तहसील नरवाना,
(जीन्द) हरियाणा - 125115
फ़ोन : 01684 -277650

लबे-ख़ामोश से इक गीत हमने गुनगुनाया था
कि जिसको सुनके कोई दिल ही दिल में मुस्कराया था

अब उस माँ का उसे बेटा कहाने में झिझक क्यूँ है
कि जिसने अपने ज़ेवर बेचकर उसको पढ़ाया था

मुहब्बत का जलाओ दीप तारीक़ी मिटाने को
खुदा के नेक बन्दों ने यही रस्ता बताया था

बड़ी नादानियाँ सरज़द हुई हैं हमसे उल्फ़त में
जिसे अपना समझ बैठे थे, हम वो तो पराया था

ये हरियाणा की धरती है 'दुखी' प्रणाम कर इसको
कन्हैया ने यहाँ उपदेश गीता का सुनाया था

तेरी इस रात का, नन्हा-सा सितारा हो जाऊँ
रौशनी दूँ तुझे, खुद चाहे मैं धुँधला हो जाऊँ

सच का दामन नहीं छोड़ूँ, मैं किसी भी सूरत
दार की सम्त बढ़ूँ, और मसीहा हो जाऊँ

दुश्मनी मेरी अँधेरों से है हर सूरत में
खुद फ़रोज़ाँ हो के अब मैं ही उजाला हो जाऊँ

साज, सुर, ताल बनूँ रोज़ बजूँ हर दिल में
तुम सभी झूम उठो इतना सुरीला हो जाऊँ

ऐ 'दुखी' नेक अमल से नहीं हटना हरगिज़
नेक आमाल से हर आँख का तारा हो जाऊँ

ज़िन्दगी यकसाँ बसर हो, ये ज़रूरी तो नहीं
मौज में सब की गुज़र हो, ये ज़रूरी तो नहीं

हों उजाले ही सदा, पुरनूर भी हो ज़िन्दगी
बख़्त रौशन इस क़दर हो, ये ज़रूरी तो नहीं

साथ तेरे ये सफ़र, आसान तो होगा मगर
रोज़ तुझ सा हमसफ़र हो, ये ज़रूरी तो नहीं

फ़ासलों का किसने रक्खा दिल के रिश्तों में हिसाब
उनका मेरे पास घर हो, ये ज़रूरी तो नहीं

दुःख कहाँ है दायमी, यूँ आस क्यूँ छोड़ो 'दुखी'
उम्र भर दुःख का सफ़र हो, ये ज़रूरी तो नहीं

आया था वक़्त झूमता, आकर गुज़र गया
मैं देखता रहा वो, न जाने किधर गया

लम्हे को मैंने पिंजरे में चाहा था करना क़ैद
लेकिन वो उड़ते-उड़ते मिरे पर कतर गया

सीने से उसको वक़्त ने अक्सर लगा लिया
वो आदमी बिगड़ के जो फिर से सुधर गया

आया है इस जहान में तो काम नेक कर
वरना समझ फ़िजूल ये, तेरा सफ़र गया

कहता था तू लिबास बदलना है महज़ मर्ग
फिर भी 'दुखी' तू मौत की आहट से डर गया

उसने किया है हमको इशारा कभी कभी
चमका है यूँ भी बख़्त का तारा कभी कभी

हम भी निगाहे-लुत्फ़ के उम्मीदवार हैं
देखा करो इधर भी खुदारा कभी कभी

दिल में किसी की याद है अब भी छुपी हुई
मिलता है राख में भी शरारा कभी कभी

उस बेख़बर को काश कोई ये ख़बर करे
तड़पा है कोई हिज्र का मारा कभी कभी

दरिया-ए-ग़म में डूबने वालों ने ऐ 'दुखी'
मौजों का भी लिया है सहारा कभी कभी

अनिल गहलौत

जन्मतिथि : 20.11.1948
शिक्षा : एम.ए. (हिन्दी), पी-एच.डी.
प्रकाशन : ग़ज़ल-संग्रह 'इकतारा' एवं 'एक पत्थर झील में'। एक खंडकाव्य एवं एक महाकाव्य। पत्र-पत्रिकाओं में रचनाएँ प्रकाशित।
सम्मान/पुरस्कार : अनेक संस्थाओं द्वारा सम्मानित
सम्प्रति : रीडर, हिन्दी विभाग, के. आर. पो. ग्रेजुएट कालिज, मथुरा (उ.प्र.)
सम्पर्क : के. आर. कालिज, मथुरा (उ.प्र.)
फ़ोन : 0565 - 2462522 (नि.),
मो. 9412336036

चले कुछ स्वप्न चलकर आँख के अनुबन्ध तक पहुँचे
कई वाचाल परिचय व्यक्तिगत सम्बन्ध तक पहुँचे

न स्वीकारा खुले आकाश को हमने खुले मन से
हमारे सिर-चढ़े संकोच ही प्रतिबन्ध तक पहुँचे

बहुत अभिशप्त निकली यह सदी, खारे समुन्दर-सी
हमारी प्यास के प्रण चातकी सौगन्ध तक पहुँचे

सुगन्धें और प्रासंगिक न रह पाएँगी सम्भवतः
प्रदूषण सभ्यता की साँस के, दुर्गन्ध तक पहुँचे

समय के साथ निष्ठाएँ बदलती हैं नए कैंचुल
उड़े पंछी जहाजों के गए, तटबन्ध तक पहुँचे

सामने की है हवा, तेजी पै है
आज तो लगता है ये अपनी पै है

उनके कुर्ते पर जो आई देखिए
आँच वो अफ़सर की अब वर्दी पै है

न्याय की चिड़िया बहुत बेबस हुई
ज़ुर्म का सैय्याद बेदर्दी पै है

रात को दिन झूठ को सच देखती
आदमी की आँख ख़ुदग़र्ज़ी पै है

सच अकेला पड़ गया मर जाएगा
झूठ का कुनबा जवांमर्दी पै है

पेड़-पौधों और पहाड़ी पर बरसती धूप है
बाँह खोले जो खुले में हैं, उन्हीं की धूप है

आप निकलें तो कभी अपने घरों को छोड़कर
इन्तज़ारी में खड़ी कब से रुपहली धूप है

कुछ दरख़्तों ने इधर आने न दी, बेबस हुई
क़ैद होकर रह गई यह स्वर्णपंखी धूप है

कुछ यहाँ ऐसे हैं जिनके सर पै कुहरा है घना
और कुछ ऐसे हैं जिनके घर सुहानी धूप है

जो ज़रा ऊँचे हैं उन पर मेहरबाँ लग रही
लोग कहते हैं कि कहने को हमारी धूप है

वो मेरे सामने रहा तो यूँ टँगा रहा
मैं देखता रहा वो आइना बना रहा

न धूप ही मुड़ी उधर न चाँदनी गई
मुझसे न रोशनी का कोई वास्ता रहा

पहलू में मेरे था न आसपास था कहीं
ऐ दिल बता तू इतनी देर तक कहाँ रहा

कोई उछाल दे न दिल को गेंद की तरह
मैं खेलता रहा मगर ये डर लगा रहा

बा-जश्न झूठ की हुई है ताजपोशियाँ
कोने में, अँधेरे में वो एक सच पड़ा रहा

ये किसी की मेहरबानी है सुबह की धूप-सी
ज़िन्दगानी जो सुहानी है सुबह की धूप-सी

था चमन गुलज़ार ये भी, थीं यहाँ ख़ुश्बुएँ
एक नानी की कहानी है सुबह की धूप-सी

इक उजाले की तरह आया, अँधेरा दे गया
याद अब उसकी निशानी है सुबह की धूप-सी

हर क़दम पर एक अभ्यागत प्रदूषण देखिए
आत्मनिष्ठा धूपदानी है सुबह की धूप-सी

खो गई पहचान अपनी तो बचेगा क्या यहाँ
आस्था अपनी पुरानी है सुबह की धूप-सी

महेन्द्र नेह

जन्मतिथि : 23.11.1948, मथुरा (उ.प्र.)
शिक्षा : एम.ए. (हिन्दी), डिप्लोमा (विद्युत इंजीनियरिंग)
प्रकाशन : अनेक पत्र-पत्रिकाओं में रचनाएँ प्रकाशित। सम्पादन सहयोग 'अभिव्यक्ति', 'तेवर', 'लोक जनवाद व 'जनमुक्ति समर' सहित अनेक पुस्तकों का सम्पादन
सम्मान/पुरस्कार : अनेक संस्थाओं द्वारा सम्मानित
सम्प्रति : स्वतन्त्र इंजीनियर, संस्कृतिकर्मी
सम्पर्क : 80, प्रताप नगर, दादाबाड़ी, कोटा (राज.)
फ़ोन : 0744- 2501044, 2501944

बस्तियों की शान की बातों का यारो क्या हुआ
हर अधर तक गान की बातों का यारो क्या हुआ

स्वार्थ की आँधी में सारे पेड़ जड़ से हिल गए
त्याग का बलिदान की बातों का यारो क्या हुआ

आदमी कुत्तों के आगे दुम हिलाने लग गए
मान की सम्मान की बातों का यारो क्या हुआ

मंदिरों में, मस्जिदों में राजनैतिक साज़िशें
धर्म की ईमान की बातों का यारो क्या हुआ

फिर विदेशी बेड़ियाँ संसद में सौदे हो रहे
मुक्ति के अभियान की बातों का यारो क्या हुआ

भाई भाई को, पड़ोसी को नहीं पहचानता
प्यार की, पहचान की बातों का यारो क्या हुआ

ये अर्थ की दुनिया है इसे भाव कहे हैं
घाटे की व्यवस्था को यहाँ लाभ कहे हैं

रिश्वत से या तिकड़म से नदी पार कराए
बहते हुए दरिया में उसे नाव कहे हैं

सौदागरों से लूट के उम्मीद-ए-रोशनी
बुझता चिराग़ है इसे अलाव कहे हैं

मुठभेड़ में मारे गए कुछ लोग शहर में
हत्या नहीं कहते वे इसे दाव कहे हैं

लाशों के ढेर पे गुज़र के बढ़ रहा है देश
इस ज़िन्दा हक़ीक़त को आप ख़्वाब कहे हैं

जिस सिरे पे सदी के पहुँचा हूँ
रोज़ जीता हूँ, रोज़ मरता हूँ

नाम मत दो मुझे समन्दर का
अपने विस्तार को समझता हूँ

जाने क्या गिर गया वहाँ मेरा
जिस गली मारा-मारा फिरता हूँ

वो ही पहचान बन गए मेरी
जिन अँधेरों के बीच रहता हूँ

वो कोई बुत, कोई ख़याल नहीं
जान जिस पर निसार करता हूँ

शाख़ पर पत्ते नहीं है
हाल ये अच्छे नहीं है

लोग अक्सर ज़िन्दगी में
बात के सच्चे नहीं है

भूख में बचपन पला है
गात पर लत्ते नहीं है

प्यार की परछाइयाँ हैं
चाँद पर धब्बे नहीं हैं

वक़्त जिनको है, बदलना
मौत से डरते नहीं हैं

परबत चढ़ना मुश्किल भाई
ख़ुद से लड़ना मुश्किल भाई

नक़्क़ालों की इस दुनिया में
सच पर चलना मुश्किल भाई

रंग न हो ग़र खूने-जिगर का
अक्स उभरना मुश्किल भाई

कोरे कागद रचना आसाँ
जीवन रचना मुश्किल भाई

शीश उतारे बिना भूमि पर
कबिरा बनना मुश्किल भाई

कुबेर दत्त

जन्मतिथि : 1.1.1949, बिटावदा (मुज़फ़्फ़र नगर) उ.प्र.

शिक्षा : एम.ए. (हिन्दी), पत्रकारिता में डिप्लोमा, प्रोफ़ेशनल ब्रॉडकास्टर के रूप में शिक्षित (स्टाफ़ ट्रेनिंग स्कूल, आकाशवाणी)। दूरदर्शन प्रोड्यूसर के रूप में प्रशिक्षित।

प्रकाशन : तीन काव्य-संग्रह प्रकाशित। तीन काव्य-संग्रह प्रकाशनाधीन। नुक्ता-ए-नज़र (ग़ज़ल-संग्रह)।

सम्मान/पुरस्कार : नो वोस्ती प्रेस एजेन्सी (तत्कालीन सोवियत संघ) सहित देश-विदेश के अनेक पुरस्कारों/सम्मानों से अलंकृत।

सम्प्रति : चीफ़ प्रोड्यूसर, डी.डी. 1 व डी.डी भारती के चैनलों के प्रसारण प्रभारी।

सम्पर्क : 159, आकाश दर्शन एपार्टमैंट, मयूर विहार फेज़-I दिल्ली-92,
मो.—9818096081

इस आदमी के फ़िक्र की हासिल कहाँ गई
मंज़िल से पूछता है कि मंज़िल कहाँ गई

पिंजरे में क़ैद मुनिया थी, मुनिया में पिंजरा
अब ग़ाइबाने-वक़्त-ए-साइल कहाँ गई

हाँ मैं मजीद हूँ तो सही शहरियों के बीच
पर शहर के अदब की मनाज़िल कहाँ गई

मर्कूम ये बयान है और ख़ून में रँगा
पर मीर मुशाअर की मुफ़स्सिल कहाँ गई

महलों से मुर्दघाट तक फैले हुए हैं आप
मख़मल से ले के टाट तक फैले हुए हैं आप

बिजनेस बड़ा है आपका तारीफ़ क्या करें
मन्दिर से ले के हाट तक फैले हुए हैं आप

ईमान तुल रहा है यहाँ कौड़ियों के मोल
भाषण से ले के बाट तक फैले हुए हैं आप

दरबारियों की भीड़ में जम्हूरियत का रक़्स
आमद से ले के घाट तक फैले हुए हैं आप

जनता का शोर ख़ूब है जनता कहीं नहीं
संसद से राजघाट तक फैले हुए हैं आप

कुछ नई ख़बरें इधर आने लगी हैं
राजपथ पर चीलें मँडराने लगी हैं

आग जंगल में लगी तो क्या हुआ
लपटें शहरों की तरफ़ आने लगी हैं

एक हद तक सब्र करके ये क़तारें
लालबत्ती पार कर जाने लगी हैं

आँधियाँ फिर किस तरह पागल हुईं
एक दूजे से ही टकराने लगी हैं

कल तलक थीं काठ सी ख़ामोशियाँ
आज दीवारों से बतियाने लगी हैं

जिसको कौंचा, जिसे तराशा है
वो तो तेरा ही अपना चेहरा है

जिस्म दोहरा हुआ कि तिहरा है
देखे अब कौन या अँधेरा है

मुझको पत्थर बना गए थे लोग
पानियों ने मुझे उकेरा है

यूँ उम्मीदें भी बदनुमा होंगी
चाँद के घर में क्यों अँधेरा है

मैं तो समझा था रात काली है
रात के गाल पे सवेरा है

वक़्त की मार ने नचाया जिसे
साँप तो है नहीं सपेरा है

सोम प्रकाश

जन्मतिथि : 21.1.1949, ग़ाज़ियाबाद (उ.प्र.)
शिक्षा : एम.ए., बी. एड.
प्रकाशन : अनेक पत्र-पत्रिकाओं/संकलनों में रचनाएँ प्रकाशित
सम्पर्क : बी-2 पंचशील कॉलोनी लाल कुआँ, ग़ाज़ियाबाद (उ.प्र.)
फोन—0120-2866552

ईंट रखता है, फिर गिराता है
घर मेरा रोज़ वो बनाता है

चला ये पैंसिंल भी काग़ज़ पर
हर घड़ी क्या रबड़ चलाता है

साँप-सीढ़ी के खेल में मेरे
आगे हर बार साँप आता है

मेरा गमला है घुप अँधेरे में
क्या पता कैसे फूल आता है

अपने आगे बिठा के वो मुझको
धूप में आईना दिखता है

हिलते पानी में झाँकने आए
खुद को टुकड़ो में बाँटने आए

जब भी हम घर तलाशने आए
हम दुकानों के सामने आए

तेरी आँखों ने जो लिखे कोरे
हम वो ख़त रोज़ बाँचने आए

हम हैं दीवार कील सह लेंगे
तू जो तस्वीर टाँगने आए

वो भी रस्सी के साथ डूब गए
जो कुआँ दिल का नापने आए

तू जहाँ है, वहाँ नहीं गुज़रे
ज़िन्दगी क्या है, फिर कहीं गुज़रे

कोई सीलन भरा मकान हुआ
धूप-सा फिर कोई कहीं गुज़रे

फिर बग़ल से गुज़र गए बादल
सर के ऊपर से फिर नहीं गुज़रे

ख़्वाब में फिर किसी परिन्दे के
पेड़ रोता हुआ कहीं गुज़रे

फिर किसी आँख से किताब कोई
एक अख़बार-सी नहीं गुज़रे

देख ऊपर, नज़र मिला तो ज़रा
तू हमें आज आज़मा तो ज़रा

पढ़, न लौटा किताब को यूँ ही
लिख कहीं कुछ क़लम टिका तो ज़रा

हमसे पतले न फिर मिले कागज़
ले पतंगें बना, उड़ा तो ज़रा

क्या कहेगी भरी हुई नींवें
एक कमरा सही, बना तो ज़रा

चल, बनाएँ नदी समुन्दर को
आ मेरे साथ, पुल बना तो ज़रा

खींच तू भी लकीर पानी पर
और खोया निशान पा तो ज़रा

नाम जिसका धुआँ हुआ मेरे,
आग वो तू कभी जला तो ज़रा

देख, पढ़ जाएँगे सभी अनपढ़
दिल दिमाग़ों में तू लगा तो ज़रा

आ गया मोड़, तू मुड़ेगा भी
हो सके तो, सड़क बढ़ा तो ज़रा

सलीम 'अश्क'

जन्मतिथि : 13.4.1949
शिक्षा : एम.ए. (हिन्दी)
प्रकाशन : 'ज़ख़्मों का सफ़र' प्रकाशित। अनेक पत्र-पत्रिकाओं में रचनाएँ प्रकाशित।
सम्मान/पुरस्कार : अनेक संस्थाओं द्वारा सम्मानित।
सम्प्रति : सीनियर आडीटर ए.जी.एम.पी.।
सम्पर्क : मोहल्ला गोलन्दाज, ओल्ड ग्वालियर (म.प्र.)

बेगाने फिर बेगाने हैं अपनों से तंग आ के लोग
जाने क्या-क्या पूज रहे हैं इन्साँ से घबरा के लोग

ये कैसी दीवाना रवी है देख के मेहवे हैरत हूँ
बैठे-बैठे ताप रहे हैं घर को आग लगा के लोग

वैसे इनको चैन नहीं था ऐसे भी तो चैन नहीं
दीवारों से झाँक रहे हैं दीवरें उठवा के लोग

ऐ दिल देख सँभल कर चलना ये तुझको मालूम नहीं
इस बस्ती में लूट लिया करते हैं प्यार जता के लोग

मैं ठहरा आवारा पंछी फिर भी 'अश्क' न जाने क्यूँ
मेरा ठिकाना पूछ रहे हैं अपना नाम बता के लोग

किसी भी शाख़ पे पत्ता नहीं है
हवा का रुख़ अभी बदला नहीं है

दरख़्तों के तले मिलती है छाँव
ये आँधी ने कभी सोचा नहीं है

ख़रीदारों का इक मेला लगा है
मगर हर शख़्स बिक सकता नहीं है

ये मेरे दिल का दरवाज़ा है यारो
जो बाहर की तरफ़ खुलता नहीं है

मसीहा है तो फिर क्यूँ 'अश्क' अब तक
सलीबो-दार पे लटका नहीं है

जब वो मुझसे किताब माँगे है
अपने ख़त का जवाब माँगे है

आइना देखते हुए अक्सर
हुस्न दादे-शबाब माँगे है

इक पुजारी से रूप की देवी
चाहतों के गुलाब माँगे है

मुझसे माँगे है वो मेरी तस्वीर
जैसे ताबीरे-ख़्वाब-माँगे है

संग रेज़ा है 'अश्क' दिल लेकिन
चाँद-सी आबो-ताब माँगे है

ऐ काश मैं हालात का मारा नहीं होता
ये सच है किसी तरह तुम्हारा नहीं होता

मत पूछ ज़माने के सितम कैसे उठाता
ये दिल तो तेरे प्यार का मारा नहीं होता

सब लोग हमें जान गए नाम से तेरे
दुनिया में कहाँ ज़िक्र हमारा नहीं होता

गुलशन से कहीं दूर बयाबाँ में चलें हम
यूँ भी तो यहाँ रहके गुज़ारा नहीं होता

नाकामिए-उल्फ़त पे न हो 'अश्क' हिरासाँ
हर मौज की क़िस्मत में किनारा नहीं होता

मन की गाँठें सभी खोल दो
बात कड़वी सही, बोल दो

ज़ह्न की ताज़गी के लिए
फ़िक्र की खिड़कियाँ खोल दो

ज़िन्दगी कितनी बे-कैफ़ है
इसमें रंगीनियाँ घोल दो

'अश्क' आँखों में आँसू नहीं
ये तो मोती हैं अनमोल, दो

बुद्धिनाथ मिश्र

जन्मतिथि : 1.5.1949 देवधा (समस्तीपुर) बिहार
शिक्षा : एम. ए. (अंग्रेजी, हिन्दी), पी-एच.डी.
प्रकाशन : 'शिखरिणी', 'मानसी', 'छायापात', 'जाल फेंक रे मछेरे', 'नोहर के नाहर', 'जाड़े में पहाड़' आदि। अनेक पुस्तकों का सम्पादन। पत्र-पत्रिकाओं में रचनाएँ प्रकाशित।
सम्मान/पुरस्कार : 'कवि रत्न' दुष्यन्त कुमार अलंकरण, पुश्किन सम्मान सहित अनेक संस्थाओं द्वारा सम्मानित/अलंकृत
सम्प्रति : मुख्य प्रबन्धक (राजभाषा) ओ.एन.जी.सी., देहरादून
सम्पर्क : राजभाषा विभाग, ओ.एन.जी.सी., तेल भवन, देहरादून - 248003
फोन : (0135) 2754665

निगल रही है आँगन-वाड़ी देखो तो
ख़तरनाक अमरीकी झाड़ी देखो तो

एक-एक कर काट रहा सबको कमबख़्त
नई शान्ति का नया पुजारी देखो तो

सारे सभ्य समाज चकित हैं, चिन्तित हैं
चिल्लाते हैं सिर्फ़ अनाड़ी देखो तो

तहस-नहस हो गए समय के तहख़ाने
फिर भी बन्दों की खुद्दारी देखो तो

ऐ भारत के 'नाथ' जरा तुम भी चेतो
जाने कब आ जाए बारी देखो तो

छिछली बातें करते हो जी
इस पर, उस पर मरते हो जी

मेरे पास नहीं आते क्यों
शायद मुझसे डरते हो जी

लेकर नाम देश-सेवा का
जाने क्या-क्या करते हो जी

जितना ऊँचा चढ़ते हो
उतने ही तले उतरते हो जी

तुम भी मर जाओगे 'अनाथ' ही
क्यों इस तरह अकड़ते हो जी

मानो संतो, तन नश्वर है
पर इसमें रमता ईश्वर है

सारे तीरथ देखा करके
सबसे पावन अपना घर है

वह भी निखरेगी सीता-सी
लछमन-सा उसका देवर है

सावधान, फिर संधि हुई है
दरवाज़े पर नया समर है

'नाथ' छिपे रहते हो, वरना
हममें तुममें क्या अन्तर है

जब से मिला तुझसे मेरा मन अच्छा लगता है
हर दर्शन से तेरा दर्शन अच्छा लगता है

जलकर भी वह बाँट रहा है खुशबूदार धुआँ
विरहानल में प्यार का चन्दन अच्छा लगता है

छोड़ पराया घर परदेसी आ जा फागुन में
देख कि कितना अपना आँगन अच्छा लगता है

हर धागे पर छाप है मेरे दूध के दाँतों की
फटा-पुराना माँ का दामन अच्छा लगता है

पूरा नाम न ले पाए तो 'नाथ' कह दिया कर
तेरे मुँह से यह अपनापन अच्छा लगता है

वीरेन्द्र जैन

जन्मतिथि : 12.6.1949, दतिया (म.प्र.)
शिक्षा : एम.ए. (अर्थशास्त्र), विज्ञान स्नातक
प्रकाशन : अनेक पत्र-पत्रिकाओं में रचनाएँ प्रकाशित। मूलतः व्यंग्यकार
सम्मान/पुरस्कार : अनेक संस्थाओं द्वारा सम्मानित
सम्प्रति : जनवादी लेखक संघ से सम्बद्ध। पंजाब नेशनल बैंक से सेवा निवृत्ति के पश्चात पूर्णकालीन साहित्य सृजन में रत
सम्पर्क : 2/1, शालीमार स्टर्लिंग रायसेन रोड (अप्सरा सिनेमा के पास) भोपाल - 462023 (म. प्र.)
फ़ोन : (0755) 2602432

एक लोटा, एक लाठी, एक कम्बल और क्या
मिल गया इतना फ़क़ीरों को तो मुश्किल और क्या

सोना-चाँदी, हीरे-मोती हम नहीं जोड़ा किए
जब किसी ने माँगा हमसे, दे दिया दिल और क्या

दर्द झेले हँसते-हँसते, होंठ से उफ़ भी न की
रो दिए जब पा गए हम उनका आँचल और क्या

प्रेम की बेलें निरन्तर आँसुओं से सींचकर
पी गई मीरा ज़हर, आनन्द का फल और क्या

शायरी में आप भी इसको गुलिस्ताँ बोलिए
खुश नहीं है मुल्क की कोई भी बुलबुल और क्या

हाथ दरिया के जोड़ता यारो
धार क्या ख़ाक मोड़ता यारो

फेंक दी आख़िर मैंने चादर ही
पाँव कब तक सिकोड़ता यारो

मुझको कस्तूरी मिल गई वरना
रोज वन-वन मैं दौड़ता यारो

दरअसल वो तो मेरी आदत थी
मैं उसे कैसे छोड़ता यारो

मन वचन कर्म से दिगम्बर था
क्या नहाता, निचोड़ता यारो

हमीं ने काम कुछ ऐसा चुना है
उधेड़ा रात भर, दिन भर बुना है

न हो संगीत, सन्नाटा तो टूटे
हमारे हाथ में इक झुनझुना है

तुम्हारे साथ बीता एक लम्हा
बकाया उम्र से लाखों गुना है

समझते ख़ूब हो नज़रों की भाषा
मिरा प्रस्ताव फिर क्यों अनसुना है

जहाँ पर झील में धोया था चेहरा
वहाँ पानी अभी तक गुनगुना है

बयारें थीं उन्हें आँधी बता दी
हवाओं ने हवाओं को हवा दी

गई जड़ से न बीमारी तुम्हारी
दवाओं ने अभी बेशक दबा दी

हमें तब-तब हुए फोड़े के जब जब
फलो-फूलो, बुज़ुर्गों ने दुआ दी

जिसे विश्वास से पतवार सौंपी
उसी ने बीच में किश्ती डुबा दी

हमारे होश तब से फ़ाख़्ता हैं
कि जब से आपने चिलमन उठा दी

न बिजलियों का ठिकाना न बादलों का पता
हँसेंगे लोग जो पूछोगे पागलों का पता

नक़ाब ज्यों ही उठाया गया अदालत में
वकील भूल गया सारे मामलों का पता

उन्हीं ने वार किए हैं उन्हीं ने ज़ख़्म दिए
वही तलाश रहे आज घायलों का पता

उनकी आँखों में सिर्फ़ हम ही नहीं खोए हैं
ज़माना पूछ रहा लाखों काफ़िलों का पता

युग ने अंगड़ाई ली, बाहों की मछलियाँ फड़कीं,
न बेड़ियों का पता है न साँकलों का पता

आर.पी.घायल

जन्मतिथि : 17.7.1949, बरही विगहा (नालन्दा) बिहार

शिक्षा : स्नातक

प्रकाशन : ग़ज़ल संग्रह 'लपटों के दरमियाँ' प्रकाशित, पत्र-पत्रिकाओं में रचनाएँ प्रकाशित

सम्मान/पुरस्कार : अनेक संस्थाओं द्वारा सम्मानित

सम्प्रति : प्रबन्धक, राजभाषा कक्ष, भारतीय रिजर्व बैंक, पटना

सम्पर्क : फ्लैट सं. बी-20, रिजर्व बैंक अधिकारी निवास, लोहिया नगर, कंकड़ बाग, पटना - 800020 (बिहार)

फोन : (0612) 2342602

चाँदनी को क्या हुआ कि आग बरसाने लगी
झुरमुटों को छोड़कर चिड़िया कहीं जाने लगी

पेड़ अब सहमे हुए हैं देखकर कुल्हाड़ियाँ
आज तो छाया भी उनकी डर से घबराने लगी

जिस नदी के तीर पर बैठा किए थे हम कभी
उस नदी की हर लहर अब तो सितम ढाने लगी

वादियों में जान का ख़तरा बढ़ा जब से बहुत
अब तो वहाँ पुरवाई भी जाने से कतराने लगी

जिस जगह चौपाल सजती थी अँधेरा है वहाँ
इसलिए कि मौत बनकर रात जो आने लगी

जिस जगह 'घायल' कभी किलकारियों का था हुजूम
आज देखो उस जगह भी मुर्दनी छाने लगी

रास्ते में पड़ी हर ख़ुशी भी यहाँ
ग़म की मारी हुई ज़िन्दगी भी यहाँ

ये अजूबा नहीं तो ये क्या है भला
बादलों में घिरी चाँदनी भी यहाँ

खुशबुओं में नहाए हुए ये बदन
बुलबुलों की चहक सादगी भी यहाँ

तल्ख़ियों में वफ़ा जो मिली तो लगा
ये ज़हर भी यहाँ चाशनी भी यहाँ

जबसे 'घायल' हुआ आसमाँ तो फ़िज़ा
बन गई है क़ज़ा रोशनी भी यहाँ

जबसे दिलों का फ़ासला बढ़ता चला गया
रक़बा मकान खेत का घटता चला गया

गाँवों में जबसे आ गई बिजली की रोशनी
आँगन का घर से वास्ता उठता चला गया

दुनिया सिमट के आ गई जबसे दालान में
नामोनिशाँ जज़्बात का मिटता चला गया

जंगल पहाड़ काटकर हमने ये क्या किया
धरती से आज आसमाँ कटता चला गया

फूलों में अब ख़ुशबू नहीं 'घायल' पराग भी
तितली उड़ी भौंरा उड़ा उड़ता चला गया

ख़ुद को तसव्वुर में घिरा पाता रहा हूँ मैं
लगता है जैसे ख़्वाब में आता रहा हूँ मैं

अपनी उदास रात की ख़ुशियों के वास्ते
हर दिन दुआएँ माँगकर लाता रहा हूँ मैं

जिसकी निगाह ने मुझे शायर बना दिया
उसकी वफ़ा का गीत यूँ गाता रहा हूँ मैं

बदले हुए हालात में इतना भी कम नहीं
पलकों की छाँव में उसे पाता रहा हूँ मैं

चुप्पी भी चुपके से मुझे 'घायल' बता गई
दुनिया कहे कुछ भी उसे भाता रहा हूँ मैं

आपको अपनी अदा की ताज़गी पर नाज़ है
हमको भी अपनी वफ़ा की सादगी पर नाज़ है

आपसे लिपटी हुई पुरवाई को हम क्या कहें
आपको पुरवाई की आवारगी पर नाज़ है

आपकी आँखों ने हमसे तल्ख़ियों में बात की
आपको आँखों की इस नाराज़गी पर नाज़ है

आपने दिल के जो टुकड़े कर दिए तो क्या हुआ
हमको अपने दिल की इस दीवानगी पर नाज़ है

आपको 'घायल' मुबारक आपकी संजीदगी
हमको हँसती-खेलती इस ज़िन्दगी पर नाज़ है

भगवान स्वरूप चैतन्य

जन्मतिथि : 1.8.1949, ग्वालियर

शिक्षा : एम.ए. (हिन्दी), पी-एच.डी., एम. एस-सी., पी-एच.डी. (सैन्य विज्ञान)

प्रकाशन : ग़जल-संग्रह 'एहसास की परछाईयाँ' सहित दो कविता-संग्रह। त्रियुत्सा (त्रै.) एवं 'हल' (मा.) का सम्पादन। पत्र-पत्रिकाओं में रचनाएँ प्रकाशित

सम्मान/पुरस्कार : 'राष्ट्रीय मुक्तिबोध कविता पुरस्कार' सहित अनेक संस्थाओं द्वारा सम्मानित

सम्प्रति : संचालक, ग्वालियर साहित्य अकादमी, उपसंपादक 'नई दुनिया ग्वालियर

सम्पर्क : नारंग भवन, 252-ए, मोहन नगर, थाटीपुर, रामकृष्णपुरी, ग्वालियर - 474011 (म.प्र.)

फोन : 5041031, 5074744

कार्यालय : 5044115

तू कर न वो सवाल, कि मैं फिर ग़ज़ल कहूँ
मत पूछ मेरा हाल, कि मैं फिर ग़ज़ल कहूँ

दिल में न हो मलाल, कि मैं फिर ग़ज़ल कहूँ
सपनों का कर ख़याल, कि मैं फिर ग़ज़ल कहूँ

दुःख का ही ये कमाल, कि मैं फिर ग़ज़ल कहूँ
कर दिल को मालामाल, कि मैं फिर ग़ज़ल कहूँ

कुछ वक़्त की ये चाल, कि मैं फिर ग़ज़ल कहूँ
कितना हसीन जाल, कि मैं फिर ग़ज़ल कहूँ

सूरज है सुर्ख़ लाल, कि मैं फिर ग़ज़ल कहूँ
उड़ता फिरे गुलाल, कि मैं फिर ग़ज़ल कहूँ

अब चलें ख़ामोशियों से राज़ की बातें करें
उस दफ़न होती हुई आवाज़ की बातें करें

चीख़ता सा इक शहर अब है हमारे सामने
हम न यों संगीत की और साज़ की बातें करें

मौन चेहरे और सन्नाटे सभाओं में यहाँ
हो सके तो फिर नए आगाज़ की बातें करें

आज दुर्योधन की इस दुनिया में जीना है कठिन
फिर सभा में द्रौपदी की लाज की बातें करें

हाथ का बनकर खिलौना रह गए हैं लोग सब
इसलिए हम फिर किसी जाँबाज़ की बातें करें

फिर कई आज़ाद झरने रेत के घर ढा गए
मरुथलों को पार करके क़ाफ़िले घर आ गए

क्यों गए बेकार सबकी प्रार्थनाओं के असर
क्यों हमारी भावनाओं के कमल मुरझा गए

सूरतें रोती हुई तसवीर सी बनने लगीं
रंग अपनी तूलिका को देखकर शरमा गए

हर गली कूचा वतन जैसा हमें लगने लगा
वे हमें बाज़ार के उस मोड़ पर ठहरा गए

हर शहादत के लिए तैयार हर पल ये ज़मीन
आज़माने जो गए थे आज़माकर आ गए

सो रहा है ये ज़माना और हम ख़ामोश हैं
आदमी पर है निशाना और हम ख़ामोश हैं

आदमी सदियों से पागल, जिसको पाने के लिए
लुट रहा है वो ख़ज़ाना और हम ख़ामोश हैं

अब दिलों की बात सुनकर भी नहीं रोते ये दिल
टूटता दिल का तराना, और हम ख़ामोश हैं

ज़िन्दगी शायद ग़ज़ल से रूबरू होने को है
जल रहा है आशियाना, और हम ख़ामोश हैं

ज़िन्दगी को हमसे आख़िर और अब क्या चाहिए
है न जीने का ठिकाना और हम ख़ामोश हैं

इन अँधेरी बस्तियों में रोशनी आती तो है
भोर का पैग़ाम सूरज की किरण लाती तो है

क्या हुआ जो हो गया फिर से अँधेरों का चलन
रोशनी दीवार से हर बार टकराती तो है

हर तरफ़ ख़ामोशियाँ हैं लोग घबराए हुए
साँस की इस बाँसुरी पर ज़िन्दगी गाती तो है

मर गया है आदमी की आँख का पानी मगर
आज कोई आँख इस पर आग बरसाती तो है

एक दिन फिर ज़िन्दगी का गीत गूँजेगा यहीं
फैलती कोई हवा है, साँस घबराती तो है

प्रदीप चौबे

जन्मतिथि : 26.8.1949, चन्द्रपुर (महाराष्ट्र)

शिक्षा : कला स्नातक

प्रकाशन : ग़ज़ल-संग्रह 'बहुत प्यासा है पानी' एवं 'बाप रे बाप' (हास्य-व्यंग्य कविताएँ) प्रकाशनाधीन 'आलपिन' (छोटी कविताएँ), 'खुदा ग़ायब है' (ग़ज़ल-संग्रह)। सम्पादन—आरम्भ 1, 2, 3, 4 ग़ज़ल-संग्रह

सम्मान/पुरस्कार : 'लोकप्रिय हास्य कवि' एवं 'काका हाथरसी सम्मान' सहित अनेक संस्थाओं द्वारा सम्मानित

सम्प्रति : लिखना-पढ़ना

सम्पर्क : मौसम, विनय नगर, सैक्टर - 4, ग्वालियर - 2
फ़ोन : 2480020, 2480733

आप किन चक्करों में रहते हैं
देवता पत्थरों में रहते हैं?

अपने दुश्मन से सावधान रहो
अस्ली दुश्मन, घरों में रहते हैं

आसमाँ नापने के पैमाने
पंछियों के परों में रहते हैं

नस्ल, मज़हब, समाज, रस्मो-रिवाज
लोग किन-किन डरों में रहते हैं

मेरे माज़ी के बदनुमा साए
आज भी खंडरों में रहते हैं

दुःख में कहता है मुस्कुराने को
शर्म आती नहीं ज़माने को

भूखे-प्यासों का मन लगाने को
कोई क़िस्सा नहीं सुनाने को

मैंने देखा कि ज़ुल्म के आगे
मैं अकेला था सर उठाने को

जाने किसपे लिखा हो नाम मेरा
मैं उलटता हूँ दाने-दाने को

उसको फ़ुर्सत नहीं कि शे'र सुने
मैं भी ख़ाली कहाँ सुनाने को

न कभी ऐसा इन्क़लाब मिले
प्यास पानी की हो, शराब मिले

ये भी मंज़र कभी जनाब मिले
स्याह रातों में आफ़ताब मिले

आग रखते हुए सवाल मिले
राख होते हुए जवाब मिले

उफ़, ये आज़ादी एक अन्धे को
जैसे ख़ैरात में किताब मिले

दूर जंगल में एक जीप मिली
जीप में साब, मेमसाब मिले

धरती का रँग धानी था
मौसम पानी-पानी था

अब बेमानी लगता है
जो रिश्ता रुहानी था

तू भी मुहब्बत कर बैठा
तू तो भैया ज्ञानी था

क़तरा क़तरा बाँट दिया
बादल भी क्या दानी था

उसने समझा लफ़्ज़ मुझे
मैं तो सिर्फ़ मआनी था

नहीं सुनता किसी की देवता अब
चलो ढूँढो सहारा दूसरा अब

मुसाफ़िर है, न रहबर है, न रहज़न
अकेला रह गया है रास्ता अब

नशे में रूह की बातें करो मत
पुराना हो गया ये टोटका अब

सभी से कर लिया तर्के-तअल्लुक़
न कोई बेवफ़ा, न बावफ़ा अब

दुआएँ हैं, दवाओं से भी महँगी
न देता है, न कोई चाहता अब

प्रेम भण्डारी

जन्मतिथि : 23.9.1949

शिक्षा : एम.ए. (म्यूज़िक, सोशोलोजी), पी-एच.डी.

प्रकाशन : झील-किनारे तन्हा चाँद, ख़ुशबू-रंग-सदा के संग (ग़ज़ल-संग्रह) अनेक पत्र-पत्रिकाओं में रचनाएँ प्रकाशित

सम्मान/पुरस्कार : 'ग़ालिब एवार्ड' सहित अनेक संस्थाओं द्वारा सम्मानित

सम्प्रति : विभागाध्यक्ष (संगीत), मोहनलाल सुखाड़िया विश्वविद्यालय, उदयपुर

सम्पर्क : 17-बी, नीमच माता स्कीम, उदयपुर (राज.) - 313001

फ़ोन : (नि.) (0294) 2454647, 2420452 (का.) 2417035 एक्सटैंशन 270, मो. 9414158358

सूरज से पूछा है रोकर रेत पे चलने वालों ने
दूर तलक ठंडक कर दी है किसके पाँव के छालों ने

मुझको तोड़ने वाला ही तो मुझे बनाने वाला था
नाम ही उसका छोड़ दिया है क़िस्सा लिखने वालों ने

जिनसे पैदा हुई, उन्हीं ने क्यूँ उसको नाबूद किया
परछाई का दर्द न जाना क्यूँ बेदर्द उजालों ने

करना था एहसान जो मुझ पर दिल तो छोटा ना करते
और भी भूख बढ़ा दी मेरी देखो चन्द निवालों ने

नाकामी की गर्द लिए चेहरे पर जब घर लौटा था
हमदर्दी से थकन बढ़ा दी और मेरी घरवालों ने

मौत की चाहे तू सज़ा देना
ज़िन्दगी की न बद्दुआ देना

तब्सरा दूसरों पे जब मैं करूँ
ख़ुद की ख़ातिर भी आईना देना

ख़ुद को तामीर उम्र भर करके
फिर किसी क़ब्र में दबा देना

राम हो, ईसा हो, कि हो अल्लाह
अगली नस्लों को इक ख़ुदा देना

अक़्ल पे पड़ गया है जो परदा
हो सके तो उसे हटा देना

किसलिए इतना हँसाना चाहता हूँ
मैं उसे शायद रुलाना चाहता हूँ

तेरे सुर में सुर मिलाना चाहता हूँ
तेरी ग़ज़लें गुनगुनाना चाहता हूँ

चन्द ख़ुशियों से तुझे मेहरूम करके
दुख में तुझको आज़माना चाहता हूँ

याद करने की ज़रूरत ही नहीं हो
इस क़दर दिल में समाना चाहता हूँ

आख़िरी हिचकी का हो अन्दाज़ ऐसा
मर के भी मैं सर उठाना चाहता हूँ

तीरगी में न भेद खोलेगा
आईना रोशनी में बोलेगा

सारे काँटे निकाल के रखना
कोई फूलों से तुझको तोलेगा

इक नदी में नहा के क्यूँ सोचे
ज़िन्दगी भर के पाप धो लेगा

ज़ाहिरा खुलके मुस्कुराएगा
इस अदा से भी कोई रोलेगा

देख ले धूप छाँव है दुनिया
कोई जागेगा कोई सो लेगा

वक़्त ने हमको ये है समझाया
ज़िन्दगी धूप है ना है साया

यूँ तो हमदर्द हैं कई लेकिन
लब पे तेरा ही नाम क्यूँ आया

हर घड़ी हर जगहा पे रहता है
तेरी रहमत का सर पे सरमाया

अब कड़ी धूप में ही चलना है
अब शजर है ना अब कोई साया

मैं तो तेरे बिना अधूरा था
बिन तेरे दो क़दम ना चल पाया

‘मोना’ हैदराबादी

मूल नाम : एलिजाबेथ कुरियन
जन्मतिथि : 18.10.1949
शिक्षा : बी.एस-सी., बैचलर ऑफ पब्लिक रिलेशन्स, डिप्लोमा इन उर्दू
प्रकाशन : ‘गुलमोहर’, ‘अभियान’, ‘कविता समय’, ‘शब्द कुम्भ’ में रचनाएँ प्रकाशित। अनेक पत्र-पत्रिकाओं में रचनाएँ प्रकाशित
सम्मान/पुरस्कार : अनेक संस्थाओं द्वारा सम्मानित
सम्प्रति : रिजर्व बैंक ऑफ इण्डिया से सेवा निवृत्ति के पश्चात पूर्णकालीन साहित्य सेवा
सम्पर्क : 125, मैथोडिस्ट कालोनी, बेगमपेट, हैदराबाद (आं.प्र.)-500016
मो. 9849183498

न मस्जिदों की बात कर, न बुतकदों की बात कर
ख़ुदा को ढूँढना जो हो, तो ग़मज़दों की बात कर

जो छाँव भी न दे सके, शजर भी क्या शजर है वो
तलाश है जो छाँव की, तो बरगदों की बात कर

ख़ुमार इश्क़ में भी है, नशा है रंजो-ग़म में भी
जुनूँ में भी हैं मस्तियाँ, न मयकदों की बात कर

बशर बशर में फ़र्क़ क्या, हर इक है बन्दा-ए-ख़ुदा
है फ़र्श इक, है अर्श इक, न सरहदों की बात कर

जो ठान ली है दिल में तो, फ़लक को ‘मोना’ छू के देख
जो पार तू न कर सके, न उन हदों की बात कर

रोना तो इसी का है कि रोना नहीं आता
दामन मुझे अश्कों से भिगोना नहीं आता

दौलत की तलब लेके जो दिन रात जिए हैं
दौलत की हवस में उन्हें सोना नहीं आता

काटेंगे कहाँ से वो बशर फ़स्ले-रिफ़ाक़त
इख़लास दिलों में जिन्हें बोना नहीं आता

पाने का जो है राज़, वो खोने में निहाँ है
वो पा न सकेगा, जिसे खोना नहीं आता

दिल में हो भरा ज़हर, मगर शहद, ज़ुबाँ पर
बेहतर है, ये फ़न तुमको जो 'मोना' नहीं आता

कच्ची मिट्टी, गीली मिट्टी
हाय रे दिल की कैसी मिट्टी

बन जाती है लोहा जैसे
भट्टी में जो तपती मिट्टी

सजदा करके बुतख़ाने में
मिट्टी ही ने पूजी मिट्टी

सहरा सहरा, धोखा धोखा
लगती है पानी-सी मिट्टी

बातों में मत आओ 'मोना'
आँखों में पाओगी मिट्टी

पलकों पे सजा लेंगे सुहाना सपना
बन जाएगा जीने का सहारा सपना

पग पग पे मुसीबत हो, कोई ख़ौफ़ नहीं
राहों में बिछा देगा उजाला सपना

मंज़ूरे-ख़ुदा हो तो मिले वो भी हमें
सपने में भी देखा न हो जिसका सपना

मिटता ही नहीं अक्स वो नज़रों से कभी
आईना हो टूटा कि हो बिखरा सपना

उस शख़्स की तक़दीर है कितनी खोटी
जिसने कभी देखा न हो 'मोना' सपना

दुनिया तो ये कहती है कि बेकार हैं आँसू
दुःख-दर्द में लेकिन बने ग़मख़्वार हैं आँसू

उम्मीद ये दिल की थी, कि पाएँगे मसर्रत
पर जान लिया प्यार के उपहार हैं आँसू

दामन को तेरे छूने से मोती ये बनेंगे
हसरत लिए पलकों पे ये दो चार हैं आँसू

बेहद ख़ुशी भी होती है बरदाश्त के बाहर
हालात ये दिल के करे इज़हार हैं आँसू

गुमराह न भटकें ये कहीं, रोक लो 'मोना'
पलकों के किवाड़ों के जो इस पार हैं आँसू

मधुर 'नज़्मी'

मूल नाम : कैलाश चौबे

जन्मतिथि : 1.12.1949, कोंडर (मऊ) उ. प्र.

शिक्षा : एम.ए., पी-एच.डी.

प्रकाशन : ग़ज़ल-संग्रह 'ऐ परिन्दो! परों में रहो', 'साए में सवालों के' एवं गीत-ग़ज़ल कृति 'थोड़े आँसू ढेरों काजल'। सम्पादन 'समकालीन हिन्दी ग़ज़ल', 'समकालीन भोजपुरी ग़ज़ल', काका का विशिष्ट अंक 'हास्य-व्यंग्य-पत्रिका' सहित अनेक पत्रिकाओं का सम्पादन। अनेक पत्र-पत्रिकाओं में रचनाएँ प्रकाशित

सम्मान/पुरस्कार : 'हिन्दी-ग़ज़ल सम्राट', 'नीरज गीत सम्मान', 'ग़ज़ल-रत्न' आदि दर्जनों सम्मान/अलंकरण। अनेक संस्थाओं द्वारा सम्मानित

सम्प्रति : विद्युत परीक्षण खंड, आज़मगढ़ में सेवारत्

सम्पर्क : हफ़ीज़ कालोनी, आदर्शनगर, गोहना, मुहम्मदाबाद (मऊ) उ. प्र.

कह भी देगा और रखेगा भरम भी राज़ का
लहजा इक शाइर का होगा मुख़्तलिफ़ अन्दाज़ का

तय हुआ करता है, लम्हों में बलन्दी का सफ़र
ये है इक अदना करिश्मा फ़िक्र की परवाज़ का

कर भला तो हो भला, बदला बुराई का बुरा
जान ले अंजाम क्या होगा किसी आग़ाज़ का

इस सदी से उस सदी तक आ गए लेकर हयात
आज भी बाक़ी है जल्वा उस निगाहे-नाज़ का

आईना-दर-आईना, दर-आईना-दर-आईना
अक्स उभरता जा रहा है इक करिश्मा साज़ का

सुर्ख़ हाथों ही हरारत में समाई है ग़ज़ल
एक मुफ़लिस के पसीने की कमाई है ग़ज़ल

भूख, बेकारी, तबाही से, सितमगारी से
मुल्क ने कितने 'क़रीने' से समाई है ग़ज़ल

मुंसिफ़े-वक़्त से, क़ातिल से, दौरे-हाज़िर से
इक क़लमकार की संगीन लड़ाई है ग़ज़ल

ऐ किसानो! ऐ मलिन बस्तियों के बाशिन्दो
बाद सदियों के ये चौपाल में आई है ग़ज़ल

मैंने महलों से नहीं, झोंपड़ी की क़िस्मत से
झुलसे माहौल के मंज़र से उठाई है ग़ज़ल

घाव दिल का हरा हो गया
दर्द का आईना हो गया

जब दरख़्तों में फल आ गए
पत्थरों का भला हो गया

अर्थ के बिम्ब धुँधला गए
'मातृभाषा' को क्या हो गया

जब हक़ीक़त चले खोजने
अपना ही सामना हो गया

एक मुजरिम है, मुंसिफ़नुमा
छोड़िए फ़ैसला हो गया

रूप का रख-रखाव अच्छा है
आईने से लगाव अच्छा है

जब से पूछी है ख़ैरियत उसने
दर्द कुछ कम है, घाव अच्छा है

यातना सहके हो गया हूँ निडर
गर्दिशों का कसाव अच्छा है

दुश्मनी ख़त्म हो ज़माने से
सुलह अच्छी झुकाव अच्छा है

सुनके मेरी ग़ज़ल कहा उसने
शाइरी का रचाव अच्छा है

फिर बड़ा क़द लगे माँगने
बौने आकार के आईने

है अँधेरे का साया घना
कट गए रौशनी के तने

वक़्त ने सर झुका ही दिया
एक फ़नकार के सामने

है अभी तक कोई मुन्तज़िर
मुड़ के देखा नहीं आपने

उम्र की रेत पर छा गए
ज़िन्दगानी के कुहरे घने

कृपा शंकर 'अचूक'

जन्मतिथि : 2.2.1950

शिक्षा : स्नातक

प्रकाशन : गीत-संग्रह 'फिर भी कहना शेष रह गया', काव्य-संकलनों 'पगडंडी', 'काव्य-भारती', 'प्रेमांजलि', 'श्रद्धा सुमन', 'गीत', 'झरोखा' एवं पत्र-पत्रिकाओं में रचनाएँ प्रकाशित

सम्मान/पुरस्कार : 'काव्य शिरोमणि', 'काव्यकर्ण' सहित अनेक संस्थाओं द्वारा सम्मानित।

सम्प्रति : राज. वित्त निगम से से.नि. सहायक प्रबन्धक

सम्पर्क : 38, विजयनगर - ए, करतारपुरा, जयपुर-302006 (राज.)-302006
मोबाइल : 9829354526

बन्द कमरे की हवा का, रुख़ बदल कर देखिए
वक़्त के इस दौर में घर से निकल कर देखिए

बात ग़ैरों की यहाँ करना नहीं मुमकिन मुझे
दूसरों से पहले खुद काँटों पे चलकर देखिए

है नहीं आसान दिल के ज़ख़्म सब भर जाएँगे
ज़ख़्म ही भरने हैं, तो मन को बदल कर देखिए

हर तमन्ना दिल की पूरी, एक दिन हो जाएगी
शर्त है बच्चे की मानिन्द तो मचल कर देखिए

ज़िन्दगी की यह पहेली आपको बख़्शीश है
प्यार की बस शेष होगा आप हलकर देखिए

पी तो ली जाम-ए-मोहब्बत, तूने जी भर के 'अचूक'
दूर है मंज़िल अभी तो, खुद सँभलकर देखिए

मैं वक़्त के माथे पे शिकन देख रहा हूँ
उजड़ा हुआ सा अपना चमन देख रहा हूँ

भड़की है आग आजकल क्यों मेरे शहर में
जिस ओर नज़र डालूँ क़फ़न देख रहा हूँ

इस मुल्क़ से ग़ायब है अमन चैन की ख़ुशबू
बदला हुआ लोगों का चलन देख रहा हूँ

सीलन भरे कमरे हैं, हवेली औ खिड़कियाँ
बे-ख़ौफ़ होके बैठी घुटन देख रहा हूँ

कहता 'अचूक' आज बुलन्दी की बात जो
आँखों में फ़क़त उसकी सपन देख रहा हूँ

रगों में अपनी लहू को उबाल कर देखो
अगर है देखना ख़ुद को सँभाल कर देखो

वो कब से सच के सहारे पे जा रहा चलता
उसी के नक्शे क़दम ख़ुद को ढाल कर देखो

क़रीब अपने जो होते हैं दूर हो जाते
समय की चाल को समझो न टाल कर देखो

ये कोई खेल नहीं ज़िन्दगी के जीने का
लगी है शर्त तो सिक्का उछाल कर देखो

जो भी अंजाम हो 'अचूक' देखा जाएगा
वफ़ा का रास्ता कोई निकाल कर देखो

यूँ तो तुम्हारा नाम, लिया है कभी-कभी
होठों के पास जाम, किया है कभी-कभी

नज़रों में मैंने जिसको सजाया है रात-दिन
अपनों ने ही बदनाम, किया है कभी-कभी

कश्ती जो मेरे साथ थी, जब-जब जुदा हुई
तूफ़ाँ ने गिरते थाम, लिया है कभी-कभी

पीने की बात आजकल, हर शख़्स कर रहा
विष को भी सुबहो-शाम, पिया है कभी-कभी

सुख-चैन अब 'अचूक' नहीं इस जहान में
ग़ज़लों ने कुछ आराम, दिया है कभी-कभी

आप अब तो ज़रा मुस्करा दीजिए
ज़िन्दगी के चमन को, हरा कीजिए

अपनी आदत से हम, बाज़ कब आएँगे
इस तरह आज कुछ, मशवरा कीजिए

ज़ख़्म दिल में तुम्हारे बिना, हैं कई
पास आकर इन्हें, तुम भरा कीजिए

देख दर्पन में ख़ुद वो, ख़ुदा हो रहे
इस तरह ख़ुद पे, ख़ुद मत, मरा कीजिए

वक़्त का यह तक़ाज़ा चुकाना पड़े
एक दूजे की ख़ातिर, दुआ कीजिए

लेखराज

जन्मतिथि : 10.4.1950
शिक्षा : एम. ए. (हिन्दी, पंजाबी), बी.एड., पी-एच.डी.
प्रकाशन : कहानी 'सामंती पिंजरे'। काव्य-संग्रह 'मंज़िल की ओर' का सम्पादन
सम्मान/पुरस्कार : कहानी में भाषा विभाग पंजाब की ओर से द्वितीय पुरस्कार
सम्प्रति : प्राध्यापक, रा.सी.सै. विद्यालय (लड़के) सुजानपुर (पंजाब)
सम्पर्क : दिशा साहित्य मंच, सुजानपुर (पंजाब) 145023
फ़ोन : 0186 - 2244434

अब मैं आवारा से बादल सा नज़र आता हूँ
अपनी क़समों को निभाने की सज़ा पाता हूँ

दिल को ख़ुश्बू तिरे आँगन की लुभाती तो है
ग़म की बारिश को कहाँ फिर भी भुला पाता हूँ

जिनकी राहों में सदा फूल बिछाए मैंने
उनकी आँखों में मैं काँटों सा चुभा जाता हूँ

सोचता हूँ कि गिला तुझसे करूँगा तेरा
सामने आने पे कुछ भी नहीं कह पाता हूँ

जानता हूँ कि बहुत धोखे हैं, दुख हैं इसमें
फिर भी मैं राहे-मुहब्बत पे चला जाता हूँ

'लेख' सौ दोषों का इक दोष है शायर होना
और मैं अपने इसी दोष पे इतराता हूँ

आँख में मेरी अब भी दम है
बेशक रुतबा मेरा कम है

जान सका है कोई ये कब
किसके दिल में किस का ग़म है

ठोकर मारें, आदर बख़्शें
उनके क़दमों में सर ख़म है

आएगा वो बाँटने ग़म को
आख़िर वो मेरा हमदम है

नतमस्तक है 'लेख' हमेशा
'रहबर' के दर पर सर ख़म है

अलकें तेरी नाग हैं काले
चलते दिन पर जैसे फाले

मकड़ीजाल में उलझा हूँ मैं
खुद बुन बैठा अपने जाले

तनहाई जब दामन थामे
पी लो तुम मदिरा के प्याले

मेरे दुःख को क्या समझेंगे
पत्थर का दिल रखने वाले

ग़ज़लें सुनकर 'लेख' की देखो
मुख पर डाले सबने ताले

जब परिन्दा उड़ान में होगा
वह किसी इम्तिहान में होगा

आह मेरी न छू सकी उसको
नींद के वो जहान में होगा

जो बचाए मलाल से मुझको
कोई ऐसा जहान में होगा

याद तेरी सताएगी मुझको
चाँद जब आसमान में होगा

साधु होगा जो ध्यान में रब के
'लेख' ऊँची उड़ान में होगा

सितम अनगिनत जिसने ढाए थे मुझ पर
मुझे उम्र भर याद आया सितमगर

हुआ चाँद महमान जब से मिरे घर
नहाता रहा चाँदनी में ही घर भर

जो पंछी तिरा ख़त भी लाए मिरे घर
मैं दिन रात सिजदे करूँ उसके दर पर

जुदाई में तेरी तपा हूँ मैं ऐसे
असर अब किसी ग़म का होगा न मुझ पर

अँधेरे मिटाने की ख़ातिर नगर में
जलाते रहे 'लेख' हम अपना ही घर

चांद मुंगेरी

मूल नाम : मौ. सलाउद्दीन
जन्मतिथि : 11.5.1950
शिक्षा : डिप्लोमा इन इलैक्ट्रीकल इंजीनियरिंग
प्रकाशन : ग़ज़ल-संग्रह 'ग़ज़लों का गुलदस्ता' सहित कहानी, उपन्यास, कविता विधा पर भी पुस्तकें प्रकाशित। लगभग 6 पुस्तकें प्रकाशनाधीन। 'बोकारो एक्सप्रेस' (सा.) का सम्पादन व कई पत्रिकाओं में सहसम्पादन
सम्मान/पुरस्कार : अनेक संस्थाओं द्वारा सम्मानित।
सम्पर्क : जनवृत, 2 एस/1-141, बोकारो स्पात नगर, 827001 (झारखंड)
फ़ोन : 06542 - 240575

कल पवन शीतल थे अब तूफ़ान क्योंकर हो गए
वो हमारे हाल से अन्जान क्योंकर हो गए

अब तलक जो कर रहे थे मुफ़लिसी का तजकिरा
वो ग़रीबों के लिए हैवान क्योंकर हो गए

गाँव-घर-खलिहान में अब नाचती है तल्ख़ियाँ
प्यार के कुएँ सभी वीरान क्योंकर हो गए

क्या हुआ, क्यों खो गए हैं देखिए इनके वजूद
आदमी बाज़ार के सामान क्योंकर हो गए

'चाँद' के ऊपर गिरीं आकर दहकती बिजलियाँ
जो चमन गुलज़ार थे शमशान क्योंकर हो गए

झेलती है ज़िन्दगी अब इस तरह से पस्तियाँ
डगमगाती ज्यों उफनती धार में ये कश्तियाँ

हर तरफ़ मायूसियाँ, खामोशियाँ, वीरानियाँ
तैरतीं फिर गाँव घर खलिहान में क्यों सिसकियाँ

कौन-सी आँधी चले किस सिम्त से आए कहो
काँप उठतीं यकबकायक क्यों हमारी बस्तियाँ

क्या हुआ जो आज दिल का यह चमन वीरान है
नाचतीं फिर क्यों नहीं अख़लाक़ की ये तितलियाँ

'चाँद' यह दौरे-तगय्युर है इसे पहचान लो
रंग दिखलाने लगीं अब ये झुलसती पत्तियाँ

उनका जब-जब ख़याल आता है
दिल में मेरे उबाल आता है

एक पत्थर पुरानी यादों का
मन का सागर खँगाल आता है

प्यार से चूमता है जब भँवरा
रंग गुल पे कमाल आता है

रूप की धूप रंग दिखलाती
हुस्न पे जब जमाल आता है

डूब कर प्यार के समन्दर में
'चाँद' होकर निहाल आता है

हरेक आदमी को आज बदगुमाँ पाया
कहीं हसद, कहीं फ़रेब दिलनुमाँ पाया

मुझे यक़ीन था मेरी भी कोई है हस्ती
वजूद ढूँढता रहा मगर कहाँ पाया

असर जराहतों के दर्द पर हुआ क़ाबिज़
सुकून मैंने दरअसल में नागहाँ पाया

कहो कि रात कोई बेसहर हुई अब तक
सियाह रात की कसक में खुश-निशाँ पाया

जिसे खुलूश कह रही है आज की दुनिया
उसे ही 'चाँद' की नज़र में जाविदाँ पाया

हर किसी को चाँदनी की है तलब
रहनुमाई रौशनी की है तलब

ख़्वाहिशें आकाश में जो तैरतीं
ख़्वाहिशों को इक ज़मीं की है तलब

वक़्त के साए में दम घुटने लगा
ज़िन्दगी को ज़िन्दगी की है तलब

डूब जाएँ हम जहाँ के प्यार में
खुद को ऐसी बेखुदी की है तलब

जिस सदी में हो मुहब्बत का चलन
'चाँद' इक ऐसी सदी की है तलब

विजय वाते

जन्मतिथि : 10.6.1950, जि. अमरावती (महाराष्ट्र)
शिक्षा : एम. ए. (इतिहास)
प्रकाशन : दो ग़ज़ल-संग्रह प्रकाशित। पत्र-पत्रिकाओं में रचनाएँ प्रकाशित
सम्मान/पुरस्कार : 'साहित्यश्री' एवं पुश्किन सम्मान सहित अनेक साहित्यिक संस्थाओं द्वारा सम्मानित। (सराहनीय सेवाओं के लिए भारतीय पुलिस पदक 1995 एवं उत्कृष्ट सेवा के लिए राष्ट्रपति का पुलिस-पदक 2003)
सम्प्रति : पुलिस महानिदेशक (म.प्र.)
सम्पर्क : पुलिस महानिदेशक, भोपाल (म.प्र.)

आज से कुट्टी हमारी फ़ोन मत करना हमें
देख ली यारी तुम्हारी फ़ोन मत करना हमें

कैसे नाज़ुक मोड़ पर तुम घनघना देते हो यार
दोस्त हो तुम या शिकारी फ़ोन मत करना हमें

आपकी पागल ज़िदों ने हमको पागल कर दिया
याद हमको हैं वो सारी फ़ोन मत करना हमें

चाहे जितने तंज़ कर लो आप ही के दिन हैं पर
आएगी बारी हमारी फ़ोन मत करना हमें

प्यार के दावे तुम्हारे ठीक हैं, लेकिन 'विजय'
नाक से है लौंग भारी फ़ोन मत करना हमें

उसको धोखा कभी हुआ ही नहीं
उसकी दुनिया में आईना ही नहीं

उसकी आँखों में ये धनक कैसी
उसका रंगों से वास्ता ही नहीं

उसने दुनिया को खेल क्यों समझा
घर से बाहर तो वो गया ही नहीं

सबकी ख़ुशफ़हमियाँ बढ़ाता है
आईना सच तो बोलता ही नहीं

तुम उसे शे'र मत सुनाओ 'विजय'
शब्द के पार जो गया ही नहीं

ये तमाशा है, खेल है, क्या है
ज़िन्दगी है कि जेल है क्या है

खोखला शब्द बोलता ही नहीं
ये कमाँ है, गुलेल है, क्या है

यूँ ज़रा सा चमक के बुझ जाना
दिन है, जुगनू का खेल है, क्या है

कोई दरवाज़ा खोलता ही नहीं
अपनी दुनिया है, रेल है, क्या है

दाल रोटी के रह गए हो 'विजय'
नौकरी है, नकेल है, क्या है

जैसे-जैसे हम बड़े होते गए
झूठ कहने में खरे होते गए

चाँदबाबा, गिल्ली डंडा, इमलियाँ
सब किताबों के सफ़े होते गए

अब तलक तो दूसरा कोई न था
दिन-ब-दिन सब तीसरे होते गए

एक बित्ता क़द हमारा क्या बढ़ा
हम अकारण ही बुरे होते गए

जंगलों में बागबाँ कोई न था
यूँ ही बस, पौधे हरे होते गए

किसी के नाम का पत्थर नहीं है
हमारी शायरी लश्कर नहीं है

ज़मीं पर आज सूरज चल रहा है
मगर होता तो ये अक्सर नहीं है

विरासत है यक़ीनन पास इनके
नई पीढ़ी कहीं कमतर नहीं है

कहूँ कुछ तल्ख़ बातें सोचता हूँ
मगर इसका अभी अवसर नहीं है

'विजय' शे'र पर यूँ दाद देना
ये अच्छा तो है बेहतर नहीं है

बनाफ़र चन्द्र

जन्मतिथि : 2.7.1950, रोहतास (बिहार)

प्रकाशन : अनेक पत्र-पत्रिकाओं में रचनाएँ प्रकाशित। पाँच उपन्यास, दो कहानी संग्रह, आत्मकथा के तीन भाग, एक ग़ज़ल-संग्रह प्रकाशित

सम्मान/पुरस्कार : 'रेणु' एवं 'तुलसी सम्मान' सहित अनेक संस्थाओं द्वारा सम्मानित/अलंकृत

सम्प्रति : भेल (भोपाल) में कार्यरत

सम्पर्क : एल.आई.जी., 29/3 सी, साकेत नगर, भेल, भोपाल (म.प्र.)

बाप के आगे नज़रें झुकाया करो
अपनी तहज़ीब कुछ तो निभाया करो

आते-जाते हो अक्सर पड़ोसी के घर
मेरे घर भी कभी आया जाया करो

खुशबुओं की जहाँ पर न नज़रें पड़ें
अपने कपड़े वहाँ पर सुखाया करो

शक की नज़रों से देखो न बुझते दिए
रोशनी भी कभी आज़माया करो

धूप में अपनी काया जलाते हो क्यों
प्यार की चाँदनी में नहाया करो

कामयाबी का दिल में है ख़्वाहिश अगर
कुछ 'बनाफ़र' सा जोख़िम उठाया करो

ठोक के और बजा के देख लिया
ख़ुद को भी आज़मा के देख लिया

हादसा था किसी का मिलना भी
शाख़ पर गुल खिला के देख लिया

जिसमें खुद को कभी बसा न सके
शहूर ऐसा बसा के देख लिया

आसमाँ तो कभी झुका ही नहीं
जोश ख़ुद में जगा के देख लिया

वह 'बनाफ़र' नहीं लगा मुझको
उसके नज़दीक जा के देख लिया

दीप होते हैं जलाने के लिए
रास्ता सबको दिखाने के लिए

थक के बैठा है अभी तो सूरज
आ गया कौन बुलाने के लिए

रात से कह दो कि लोरी गाए
ग़म को कुछ देर सुलाने के लिए

आग तो आग है चिंगारी भी
बस हैं इक शहर जलाने के लिए

हूँ 'बनाफ़र' मैं छपी ख़बरों सा
पास अब क्या है छुपाने के लिए

दिल अपना बदनाम बहुत है
चाहत का इल्ज़ाम बहुत है

नहीं मिले लम्हे फ़ुर्सत के
इस दुनिया में काम बहुत है

सुख से कट जाएँगे कुछ दिन
दिल को तेरा नाम बहुत है

दिन के मंज़र तुम्हें मुबारक
मुझको तन्हा शाम बहुत है

चलते हो जिस राह 'बनाफ़र'
वह रास्ता तो आम बहुत है

अपने ख़्वाबों के पास होते हैं
लोग जब भी उदास होते हैं

आँच ग़म की उन्हें नहीं छूती
जो ज़माना शनास होते हैं

रिश्ता होता है जिनका यादों से
दूर रहकर भी पास होते हैं

जो मिलाते हैं आँख सूरज से
किस क़दर खुश लिबास होते हैं

आँखें बेनूर हो गईं जिनकी
उनके दिल में उजास होते हैं

योगेन्द्र दत्त शर्मा

जन्मतिथि : 30.8.1950, ग़ाज़ियाबाद
शिक्षा : एम.ए. (हिन्दी), एम.एस.सी. (गणित), पी-एच.डी. (हिन्दी)
प्रकाशन : ग़ज़ल-संग्रह 'नक़ाब का मौसम' सहित नवगीत, बालगीत, कहानी, नाटक, निबन्ध आदि विधाओं की अनेक पुस्तकें प्रकाशित। पत्र-पत्रिकाओं में रचनाएँ प्रकाशित। 'आजकल' में संपादन सहयोग
सम्मान/पुरस्कार : 'आर्य स्मृति साहित्य सम्मान' सहित अनेक संस्थाओं द्वारा सम्मानित, अलकृंत
सम्प्रति : भारतीय सूचना सेवा में कार्यरत
सम्पर्क : कवि कुटीर, के.बी.-47, कविनगर
ग़ाज़ियाबाद (उ.प्र.) 201002
फ़ोन : 0120 - 2753572

साथ चलते क़दम अजनबी हो गए
इस शहर में अजब आदमी हो गए

वो जो बदले तो सदियाँ कई पार कीं
हम जो पिछड़े तो बीती सदी हो गए

कल जो जलती मशालों की मानिन्द थे
आज बुझती हुई फुलझड़ी हो गए

जो थे बरसों से विपरीत ध्रुव पर खड़े
उनमें शामिल कहीं आप भी हो गए

हम निरपराध थे, किन्तु फाँसी चढ़े
जो थे क़ातिल, वो सारे बरी हो गए

उसे कोई परेशानी नहीं है
हाँ, उसकी आँख में पानी नहीं है

ये सहरा है, मगर सरसब्ज भी है
ये मेरे दिल की वीरानी नहीं है

मेरी ज़िद है कि तूफ़ानों से खेलूँ
कहो कुछ भी, ये नादानी नहीं है

मुझे नाकामियों का ग़म है, लेकिन
निगाहों में पशेमानी नहीं है

अचानक उसने रुख़ बदला है, लेकिन
मुझे कोई भी हैरानी नहीं है

यों तो मन पर किसका बस है
पर थोड़ा-सा असमंजस है

पंछी, तूने गगन टटोला
मगर नतीजा जस का तस है

चाबुक खा-खाकर हँसता हूँ
मैं जोकर, दुनिया सर्कस है

हर हद पार कर गया, लेकिन
पूरी होती नहीं हवस है

धरती घूमी, मैं भी घूमा
मुझमें ज़िन्दा कोलम्बस है

निगाहों का मीठा ज़हर पी रहा हूँ
शहर में शहर की तरह जी रहा हूँ

न मैं इस या उस का कभी पक्ष लेता
इधर भी रहा हूँ, उधर भी रहा हूँ

ये माना कि मैं बन्द अपने में रहता
मगर मैं शहर-भर पे भारी रहा हूँ

न मैं शायरी का कोई शाहज़ादा
मगर मैं क़लम का सिपाही रहा हूँ

महज़ आदमीयत की ख़ुशबू हो जिसमें
मैं ऐसे उसूलों का हामी रहा हूँ

घर से घर का-सा वास्ता न रहा
अब वो टूटा-सा आइना न रहा

अब मैं अपने निशाँ कहाँ ढूँढूँ
शहर में कोई मक़बरा न रहा

सोचकर बोलता हूँ मैं सबसे
बात करने का, अब मज़ा न रहा

अब चला है वो तोड़नें चुप्पी
जब कोई उस पे मुद्दआ न रहा

ज़िन्दगी का नहीं रहा मक़सद
अब कोई भी मुग़ालता न रहा

रमेश वियोगी

जन्मतिथि : 10.10.1950

शिक्षा : बी.ए., एल.एल. बी.

प्रकाशन : गीत-संग्रह 'विरह सन्ध्या'। अनेक पत्र-पत्रिकाओं में रचना प्रकाशित। एक खण्डकाव्य प्रकाशनाधीन

सम्मान/पुरस्कार : 'ग़ज़ल श्री सम्मान' सहित अनेक संस्थाओं द्वारा सम्मानित

सम्प्रति : आयकर विभाग, भोपाल में कार्यरत्

सम्पर्क : बी-121, कृष्ण विहार, तारागंज लश्कर ग्वालियर (म.प्र.)
फ़ोन : 2453188

सच्चाई पर जैसे जैसे, कोई छल भारी होगा
वैसे वैसे आने वाला, हर इक कल भारी होगा

झोंपड़ियों पर नींव खड़ी हो, कितना ही आकाश छुए
झोंपड़ियों से आग उठी तो, कहाँ महल भारी होगा

समझौतों से अनबन रखकर व्यर्थ जिए हम ज्ञात न था
चढ़ते हुए सूरज का इक दिन, पूजक-दल भारी होगा

मेरी अनुपस्थिति का तुमको आज कोई आभास नहीं
नहीं रहूँगा जीना तुमको, तब पल-पल भारी होगा

अभी स्वप्न साकार तुम्हारे सम्मुख हैं जिस दिन टूटे
आँखों के काजल पर उस दिन आँख का जल भारी होगा

चार पैसे जो पास होते हैं
कितने लोग आसपास होते हैं

हो न पैसा तो दूर-दूर हैं वो
जिनके घर पास-पास होते हैं

जब सबेरे ही रूठ जाएँ तो
शेष दिन भी उदास होते हैं

चक्र जीवन के रुके उनके ही
साधनों के जो दास होते हैं

लाख सुख हों भले, 'वियोगी' पल
ये भी कितनों के पास होते हैं

प्यार ही प्यार तुमने देखा है
जीना दुश्वार, तुमने देखा है?

पेट की आग फिर बनी शोले
आज अख़बार तुमने देखा है

दुख समझता है हर परिन्दे का
कोई फ़नकार तुमने देखा है

ज़िन्दगी भी हैं, दास्तानें भी
मेरे अशआर, तुमने देखा है

दे के सबकुछ भी कुछ नहीं चाहा
ऐसा व्यापार, तुमने देखा है?

उन होठों से लफ़्ज़ों को कैसे उठा लें
तराने तुम्हारे जो हम गुनगुना लें

बुजुर्गों की नज़रों, के हम नूर बनकर
ये बेहतर रहेगा कि, उनकी दुआ लें

ज़माना सुनेगा, कभी खुश न होगा
हम अपनी मोहब्बत को सबसे छुपा लें

शहर में लगी आग, तब ही बुझेगी
जो सब अपने अपने, घरों की बुझा लें

हमें लूटने आएगा फिर दरोगा
चलो हम स्वयं ही दुकानें बढ़ा लें

दिन, महीने, वर्ष, युग-अन्तर गया
आयु का आँचल था, उतना भर गया

सूर्य जो जन्मा था, प्रातः काल में
साँझ सागर में फिसलकर मर गया

दर्द उर में मुस्कराता मुख लिए
सब मिले मुझको, मैं जिनके घर गया

झोंपड़ी सहती रही, लेकिन नहीं
शीश महलों में कभी पत्थर गया

नित रहा एकाधिकारी ही भले
पर समय अनुबन्ध पूरे कर गया

उमा श्री

जन्मतिथि : 17.11.1950
शिक्षा : एम.ए., एम.एड., सा. रत्न
प्रकाशन : अनेक पत्र-पत्रिकाओं में रचनाएँ प्रकाशित
सम्मान/पुरस्कार : अनेक संस्थाओं द्वारा सम्मानित
सम्प्रति : गृहणी, साहित्य-साधना
सम्पर्क : आनंद नगर (माता मन्दिर के पास) होशंगाबाद (म.प्र.) 461001

शहर दीवाना हुआ मेरी ग़ज़ल के पीछे
कल से मिलना मेरी जाँ ताजमहल के पीछे

आज जीभर के मुहब्बत से मुहब्बत कर लें
आज की रात बिगाड़ें नहीं कल के पीछे

नज़रों नज़रों से गले कैसे मिलें बारिश में
कितने जज़्बात दबे दिल के ग़ज़ल के पीछे

ख़ुद बना लेते हैं रस्ते ये मुहब्बत वाले
ख़त लिए और दिए जाते हैं नल के पीछे

काश! यह बात समझ लेते सियासत वाले
मुल्क़ बरबाद हुए जंगोजदल के पीछे

हमपे आया शबाब का मौसम
इश्क़ के इन्क़लाब का मौसम

ऐ हवा मत उलट नक़ाब मेरा
ये है मेरे हिजाब का मौसम

जामो-मीना है और रिमझिम भी
रिन्दो आया शराब का मौसम

कत्लो-ग़ारत भरी है चारों तरफ़
शहर में है अज़ाब का मौसम

तेरी अंगड़ाई कह रही है 'उमा'
आ चुका है शबाब का मौसम

उनकी आँखें ग़ज़ल होंठ मेरे कमल
मिलती है ईद देखो ग़ज़ल से ग़ज़ल

ग़ौर से देखिए इश्क़ की झील में
हुस्न के खिल रहे हैं कमल ही कमल

उनसे होके जुदा मैं तो यूँ हो गई
जैसे हो 'मीर' की नामुकम्मल ग़ज़ल

ढलना सूरज का अपनी जगह है मगर
ढलना है गर तुझे जाम की तरह ढल

हर तरफ़ तेरी शौहरत है फैली 'उमा'
शौक से लोग पढ़ते हैं तेरी ग़ज़ल

हर्फ़ हर्फ़ ईमान हुआ है
उनका ख़त कुरआन हुआ है

हुस्न के राजमहल में देखो
इश्क़ मेरा दरबान हुआ है

दिल ही लिया है मैंने तेरा
कौन बड़ा नुक़सान हुआ है

सर्वव्यापी है इसकी महिमा
पैसा ही भगवान हुआ है

लगी नज़र है किस दुश्मन की
बाग़ 'उमा' वीरान हुआ है

जो भी एहले-सुख़न हो गया
मालिके-बाँकपन हो गया

लंका लगने लगी ज़िन्दगी
सुख सिया का हरण हो गया

लब ने लब पर लिखी जब ग़ज़ल
दिल था सहरा चमन हो गया

मैं तो धरती थी धरती रही
प्यार मेरा गगन हो गया

प्यार से छूके तुझको 'उमा'
काँटा काँटा सुमन हो गया

इन्दिरा 'शबनम'

मूल नाम : इन्दिरा पूनावाला
जन्मतिथि : 28.11.1950, कराची (सिन्ध)
शिक्षा : बी.ए., बी.एड., साहित्यरत्न सीनियर सनद (हिन्दी)
प्रकाशन : ग़ज़ल-संग्रह 'शबनमी क़तरा' सहित सिन्धी व हिन्दी में अनेक काव्य-पुस्तकें प्रकाशित। पत्र-पत्रिकाओं में रचनाएँ प्रकाशित
सम्मान/पुरस्कार : अनेक संस्थाओं द्वारा सम्मानित/पुरस्कृत
सम्प्रति : गृहिणी
सम्पर्क : 9/बी 'मयूरबन' एपार्टमेंट, 1100, शिवाजी नगर, मॉडल कॉलोनी, पुणे - 411016
फ़ोन : 25671039, 25652825
मोबाइल : 09422001711

हर अच्छा बुरा, तौर तरीक़ा है उसी का
उसकी ही जुदाई भी है, मिलना है उसी का

क्या ख़ौफ़, हमें नूर, उसी का है, हर इक ओर
दोज़ख़ में भी, हम देखेंगे जलवा है उसी का

मासूम से बचपन में है, भगवान की सूरत
ये उसकी जवानी है, बुढ़ापा है उसी का

जब चाहूँ, जिधर चाहूँ, उसे देख लूँ, पल में
मौजूद मेरी आँखों में, नक़्शा है उसी का

उसकी ही बहारें हैं, ख़िज़ाएँ भी हैं 'शबनम'
काँटों में चुभन, फूलों पे साया है उसी का

ज़ख़्मों का एहसास जगाते रहते हैं
रिश्तों को हम लोग निभाते रहते हैं

ऐसे भी लोगों को हमने देखा है
रिश्तों में जो ज़हर मिलाते रहते हैं

सच्चा साबित करने झूठे रिश्तों को
प्यार की हरदम क़स्में खाते रहते हैं

उन रिश्तों के चेहरों को क्या पहचाने
जो चेहरे पे चेहरे लगाते रहते हैं

इसके सिवा हम कर भी क्या सकते हैं भला
'शबनम' ज़ख़्मों को सहलाते रहते हैं

चलते चलते रहे, वफ़ा से हट जाते हैं
हम भी क्यों, आपस में यूँ ही कट जाते हैं

कौन से मौसम का पड़ता है, वार भला सा
बढ़ते-बढ़ते रिश्ते क्यों ये घट जाते हैं

कौन सी आग, भड़क उठती है, नफ़रत की
दिल अपने, क्यों दूध की, तरह फट जाते हैं

जिन राहों पर चलते हैं, हम जैसे लोग
उन राहों से, अक्सर लोग पलट जाते हैं

फूलों में भी, मिलता नहीं जब अपनापन
'शबनम' हम भी, अपने आप, सिमट जाते हैं

कुछ इस तरह से लिखूँ कि लिखा नया लगे
हर लफ़्ज़ हर ख़याल अनोखा, नया लगे

दुःख सहते-सहते, गुज़री मेरी तमाम हस्ती
अब सुख कहीं मिले तो अनोखा, नया लगे

हर सोच में तलाश है मुझ को नई-नई
जितना मैं उसको सोचूँ, वो उतना नया लगे

तुम दिल की धड़कनों में समाए हो, इस तरह
जिस जाविए से देखूँ ये चेहरा नया लगे

'शबनम' मैं चलते-चलते कहाँ आ गयी हूँ आज
हर इक क़दम पे, मुझको ये रस्ता नया लगे

आईना सा रहने में भी, डर लगता है
सच्ची बातें कहने में भी, डर लगता है

जिस में चारों ओर बिछी हों बारूदें
ऐसे जग में रहने में भी, डर लगता है

तेरा दामन हाथ न आया, अपने तो
आँसू बनकर बहने में भी, डर लगता है

लावा बनकर यार कहीं, न फट जाए
ग़म का हर पल सहने में भी, डर लगता है

'शबनम' उसने, इतने दुःख पहुँचाए हैं
दोस्त उसे अब कहने से भी, डर लगता है

अशोक वर्मा

जन्मतिथि : 4.4.1951, कथामपुर (मेरठ) उ.प्र.
शिक्षा : एम.ए. (समाज शास्त्र)
प्रकाशन : दो ग़ज़ल-संग्रह 'मैं अभी मौजूद हूँ' तथा 'ग़ज़ल बोलती है' सहित दो उपन्यास एवं एक लघुकथा-संग्रह प्रकाशित। पत्र-पत्रिकाओं में रचनाएँ प्रकाशित। अनेक लघुकथाओं का पंजाबी, गुजराती व मलयालम में अनुवाद।
सम्मान/पुरस्कार : अनेक संस्थाओं द्वारा सम्मानित।
सम्प्रति : दिल्ली नगर निगम से सम्बद्ध। महासचिव 'दिल्ली साहित्य समाज'।
सम्पर्क : 110, लाजवन्ती गार्डन, नई दिल्ली - 110046
फ़ोन : (011) 28522716

मेरा चेहरा जहाँ की खुशबुओं से तर नहीं होता
उसे जब देखता हूँ दूसरा मंज़र नहीं होता

कहाँ दुनिया में ये दम है कि दिल पर घाव कर जाए
अगर अपनों की साज़िश का कोई चक्कर नहीं होता

वो अक्सर बिन बुलाए झाँकती है दूसरों के घर
किसी भी रोशनी का सिर्फ़ अपना घर नहीं होता

मैं उससे देर तक मिलता हूँ औ' बातें भी करता हूँ
मेरे ज़ेहन में रहता है मेरे घर पर नहीं होता

जिन्हें बच्चों के बचपन से हक़ीक़त में मुहब्बत है
कि घर रहता है घर उनका कभी दफ्तर नहीं होता

छूते नहीं हैं पाँव से अब तो ज़मीन लोग
रहते हवाओं में सदा सारे हसीन लोग

झाँका किया खिड़की से वो मासूम-सा बच्चा
निकले सुबह तो शाम को लौटे ज़हीन लोग

अपना नगर है चल ज़रा तू देख-भाल कर
दे जाएँ ना धोखा कहीं ये बेहतरीन लोग

जब से लगा है आईना इस शहर के क़रीब
बगलें लगे हैं झाँकने कुछ नामचीन लोग

फ़ुर्सत नहीं अपनों से जो कर पाएँ दिल की बात
यूँ बन के सारे रह गए जैसे मशीन लोग

बरसों से दूर-दूर तक शोहरत हवा की है
जो चल रहे हैं धूप में राहत हवा की है

गुज़री वो मेरे जिस्म से ये ढलने की ज़िद करे
आँचल के हाथ देख तू इज्ज़त हवा की है

इस अजनबी से शहर में लगता है आज भी
बिस्तर हवा का है तो कभी छत हवा की है

किस हादसे का दर्द है फूलों की आँख में
तितली की अर्ज़ियों में शिकायत हवा की है

दिन-रात इस अलाव को ईंधन दिया है यार
ईंटें जो अधपकी हैं ये हरक़त हवा की है

वो ख़ौफ़नाक ख़्वाब ही अक्सर दिखाई दे
हिलता हुआ ज़मीन से ये घर दिखाई दे

अपना ही जिस्म खून में डूबा लगे मुझे
ज़ख़्मी किसी परिन्द का जब पर दिखाई दे

बच्चे ने दूरबीन से देखा तो ये कहा-
मुट्ठी में मुझको क़ैद वो अम्बर दिखाई दे

करना है मेरा क़त्ल तो ऐसे जतन से कर
इल्ज़ाम तेरा मेरे ही सर पर दिखाई दे

दरिया की ठोकरों से वो इतना सँवर गया
पुजता हुआ गली में जो पत्थर दिखाई दे

अपनी तो कहानी के किरदार निराले हैं
इस शहर ने हम जैसे चुन-चुन के निकाले हैं

कुछ ऐसे सफ़ीने हैं सीने पे समन्दर के
साहिल ने डुबोए हैं लहरों ने सम्हाले हैं

शामिल है फ़िज़ाओं में आवाज़ दरिन्दों की
बेचैन-सी मस्जिद है सहमे से शिवाले हैं

बख़्शी हैं उड़ानें गर अम्बर भी नया देना
ये ऐसे परिन्दे हैं पिंजरों ने जो पाले हैं

बेबात ज़माने की आँखों में नहीं आँसू
अपनी ही तबाही के किस्से जो उछाले हैं

सरोज व्यास

जन्मतिथि : 26.4.1951, मेहकर (बुलढाणा)
शिक्षा : एम.ए. (इतिहास), विशारद, उर्दू का सर्टिफिकेट कोर्स, कोविद
प्रकाशन : अनेक पत्र-पत्रिकाओं में रचनाएँ प्रकाशित। 'अमलतास की छाँव में' काव्य-संग्रह प्रकाशित। ग़ज़ल-संग्रह 'सपनों के पांखी' शीघ्र प्रकाश्य
सम्मान/पुरस्कार : हिन्दी साहित्य अकादमी, महाराष्ट्र सहित अनेक संस्थाओं द्वारा सम्मानित
सम्पर्क : 'श्री', 140, वर्मा ले-आउट, नॉर्थ अम्बाझरी रोड, नागपुर - 440010 (महाराष्ट्र)
फ़ोन : 0712 - 2238707

देखो तो कयामत ही बुलाने लगे हैं लोग
आँखें ज़मीर से ही चुराने लगे हैं लोग

अब पाक-दामनी की क़समें कहाँ रही
गहरे से गहरे दाग़ धुलाने लगे हैं लोग

मत पूछ वहम कैसे हक़ीक़त में ढल गए
चेहरे की सादगी को भुनाने लगे हैं लोग

जाने ये पालकी कहाँ जाती है, ऐ बशर
घर छोड़, कहीं और ही जाने लगे हैं लोग

चाहा था किसी सिम्त ही, सजदे में सर झुके
हर ओर ही शमशीर को ताने लगे हैं लोग

काँच की एक मंजुषा में बन्द हो गए
खोखले कितने यहाँ सम्बन्ध हो गए

सिसकियों की आँच से पिघले नहीं
पत्थरों से मोम के अनुबन्ध हो गए

बज उठी पायल सी, तो समझे नहीं
अनबूझे गूढ़ार्थ सारे छन्द हो गए

बिन किसी डाली या कोटर में बने
नीड़ों के आकाश में प्रबन्ध हो गए

देखने में हैं तो मानव, दो ही आँखें हैं
असुर भी लजा गए, 'कबन्ध' हो गए

अनजाने शहरों की गलियाँ पहचानी क्यों हैं
रूखे से लमहों में, हँसती ज़िन्दगानी क्यों है

मीलों लम्बे फैले से, इस रेत के सागर में
प्यासे से माँगे नदिया, फिर पानी क्यों है

मीरा के प्याले में देखो, ज़हर लबालब है
लगन प्रेम की, फिर कहलाती दीवानी क्यों है

यहाँ भीड़ में खोज रहे हैं, हम हमदर्दों को
हर जानी-पहचानी सूरत बेगानी क्यों है

बिके नहीं कुछ पल बाक़ी हैं, रहमो-करम के देखो
ज़िन्दा-लाशों को मरने में, आसानी क्यों है

जब दिल को लगती बात, ग़ज़ल तब होती है
हो लम्बी दुख की रात, ग़ज़ल तब होती है

खुशियों के आँगन में कोई 'लहरा' जरा बिखर जाए
पर ग़म की हो बरसात, ग़ज़ल तब होती है

हर रोज़ हमारे हाथ उठे, आदाबो-सलामों में
बरसों बिछड़ा हो साथ, ग़ज़ल तब होती है

रिश्तों के आँगन छोटे हों, लम्बी लम्बी दीवारें
सहमे-सहमे जज़्बात, ग़ज़ल तब होती है

फूलों की लेकर आड़ कोई काँटा जब चुभ जाए
अपना कर बैठे घात, ग़ज़ल तब होती है

इस पार हो गए, उस पार गए
हर बार मगर हम हार गए

जंगल में घने, ढूँढे जुगनू
हम कितने सूरज हार गए

वहशत जो देखी दुनिया में
हम सारी वहशत वार गए

उजियारे शाम के कितनी देर
अंधियारे आख़िर मार गए

बाग़ों की रौनक लाने को
माली तक चुभने खार गए

वृन्दावनराय 'सरल'

जन्मतिथि : 3.6.1951, खुरई (सागर)
शिक्षा : इंजीनियर-सिविल, आयुर्वेदरत्न
प्रकाशन : ग़ज़ल-संग्रह 'धूप ही धूप'। अनेक पत्र-पत्रिकाओं व संकलनों में रचनाएँ प्रकाशित
सम्मान/पुरस्कार : 'काव्य साधना सम्मान' (दलित साहित्य अकादमी भुसावल, महाराष्ट्र), 'साहित्यश्री' (इलाहाबाद) एवं नज़ीर बनारसी सम्मान सहित अनेक संस्थाओं द्वारा सम्मानित
सम्प्रति : साहित्यकार एवं इंजीनियर
सम्पर्क : पोद्दार कालोनी (राय भवन) तिली रोड, सागर (म.प्र.)
फोन : 07582 - 236127

दरबदर जो हैं मसर्रत के उन्हें घर लिक्खो
जलती आँखों के लिए फूल सा मंज़र लिक्खो

तुम जो हर बूँद को सूरज से बचाना चाहो
फिर तो क़तरे के लिए एक समन्दर लिक्खो

तुमको चलना है ज़माने के साथ साथ अगर
जो भी लिक्खा है उसे और भी बेहतर लिक्खो

खुद को कहते हो अगर तुम जो आईना बेहतर
जो भी ज़ालिम हैं उन्हें सिर्फ़ सितमगर लिक्खो

अपनी तहज़ीब अगर जान से प्यारी है 'सरल'
ग़म के मारो के लिए प्यार का सागर लिक्खो

दोस्तो की ज़हरीली दोस्ती से डरते हैं
साँप से नहीं डरते आदमी से डरते हैं

छल कपट के ज़ेवर से, रोज़ जो सँवरती है
उस हसीं तवायफ़ सी ज़िन्दगी से डरते हैं

जिसको देखने से ही अश्क आँखों से निकलें
इतनी तेज़ हम यारो रौशनी से डरते हैं

जिसका राज़ खुलने पर, आदमी हो शर्मिन्दा
ज़िन्दगी में हम ऐसी, हर खुशी से डरते हैं

और के लिबासों को, बैठे हैं पहिन के जो
दोस्तों की हम ऐसी, शाइरी से डरते हैं

इल्मो-फ़न से नावाकिफ़ आदमी जो होते हैं
बोझ वो जहालत का सारी उम्र ढोते हैं

दूर किस तरह होंगे दाग़ अपने चेहरे के
हम कि अक़्ल के अन्धे आईने को धोते हैं

फूल सा खिलेंगे हम, खुश्बुओं सा महकेंगे
इस यक़ीन को हर शब काग़ज़ों पे बोते हैं

दिल पे दर्द के धब्बे बख़्शती है जब दुनिया
दाग़ आईने के हम, आँसुओं से धोते हैं

ये जुनूँ हमारा है या 'सरल' सनक अपनी
संग लाख धरती पे आरजू को बोते हैं

है लबों पर हमारे दुआ आपको
हर खुशी से नवाज़े ख़ुदा आपको

आपसे ज़िन्दगी को रवानी मिली
उम्र भर क्यूँ न दूँ मैं दुआ आपको

आप हैं इस चमन के महकते गुलाब
और महकाए ज़ियादा खुदा आपको

पैकरे-हुस्न हैं आपका जामे-मय
लोग कहने लगे मयकदा आपको

आप जिसकी करेंगे मदद आजकल
वो मिलेगा 'सरल' तोड़ता आपको

तरजीह अगर देंगे हम सबके ख़यालों को
फिर कौन उठाएगा बेकार सवालों को

बस्ती में ग़रीबों की कैसे न अँधेरा हो
कुछ ऊँचे मकानों ने रोका है उजालों को

रुख़ साफ़ मुहब्बत का, आएगा नज़र कैसे
आँखों में सजाए हो, तुम बुग्ज़ के जालों को

है शीरी ज़ुबाँ उर्दू उस पर ये मुकम्मल भी
हासिल ये हुआ पढ़कर उर्दू के रिसालों को

इख़्लास की क़द्रों को मिलती है यहाँ नफ़रत
भूलें हो 'सरल' जबसे तुम मन के शिवालों को

रमेश कटारिया 'पारस'

जन्मतिथि : 6.6.1951, मुज़फ़्फ़रनगर (उ.प्र.)
शिक्षा : स्नातक
प्रकाशन : ग़ज़ल-संग्रह 'गुनगुनाहट' सहित एक गीत-संग्रह प्रकाशनाधीन। कहानी संग्रह 'हम ऐसा ही करेंगे' प्रकाशित। अनेक पत्र-पत्रिकाओं में रचनाएँ प्रकाशित
सम्मान/पुरस्कार : 'साहित्य विभूति' (बुरहानपुर), 'साहित्यश्री', 'भामाशाह सम्मान' सहित अनेक संस्थाओं द्वारा सम्मानित
सम्प्रति : स्वतन्त्र लेखन
सम्पर्क : 30, कटारिया कुंज, गंगा विहार महल गाँव ग्वालियर- 474002
फोन : 5091114
मोबाइल : 9893373562-63

क्या क्या मंसूबे बनाता है आदमी
कैसे कैसे रंग दिखाता है आदमी

इतना समझदार है अब तुमसे क्या कहूँ
खुद ही मुसीबतों को बुलाता है आदमी

चलता नहीं है ज़ोर किसी पहलवान पर
कमज़ोर को ही हरदम सताता है आदमी

ऐसा नहीं कि सबको सिर्फ़ लूटता है ये
मुसीबत में सबके काम भी आता है आदमी

सब दाँव पेच फेल हो जाते हैं जिस घड़ी
खुद अपने आप पर पछताता है आदमी

भावना की नदी में पत्ते की तरह बहकर
खुद रोता है औरों को भी रुलाता है आदमी

दर्द सा इक जगा गया कोई
आग ऐसी लगा गया कोई

ज़िन्दगी रात से भी काली थी
एक सूरज उगा गया कोई

फूल हर सू खिले थे गुलशन में
उनमें जुगनूँ लगा गया कोई

मेरा भी नाम उसके साथ साथ आता है
नसीब मेरा जगा गया कोई

हर वक़्त उनका इन्तज़ार करता हूँ
मुझको एक काम से लगा गया कोई

उनसे विसाल का हर मंज़र नदारद था
सजदे को गया मैं तो उनका दर नदारद था

सोचा कि नाव अपनी किनारे से लगा दूँ मैं
नाख़ुदा ग़ायब था लंगर नदारद था

मैं छोड़ के आया था जो हँसता मुस्काता
मासूम सा वो मेरा शहर नदारद था

जी चाहा उड़ूँगा मैं आकाश में जाकर
पर तौलने लगा तो मेरा 'पर' नदारद था

सर रख दूँ मैं अपना ये सोच के 'पारस' ने
सर उनको झुकाया तो मेरा सर नदारद था

जिसकी तलाश थी जब वो ही नहीं है
तो यूँ समझिए यहाँ कोई नहीं है

रात भर बहते रहे वो अश्क मेरे अपने थे
मेरे लिए शबनम कभी भी एक पल रोई नहीं है

जागा किए हैं अक्सर चन्दा के साथ हम भी
आँखें तुम्हारी याद में सोई नहीं है

जब से रँगी है रंग में तेरे ये चुनरिया
किसी बावड़ी कुएँ पे हमने धोई नहीं है

'पारस' तुम्हारे पाँव में काँटे चुभे कभी
हमने कोई ऐसी फ़सल बोई नहीं है

संग दिल से दिल लगाया इसलिए रोना पड़ा
इस क़दर मजबूर था कि बेवफ़ा होना पड़ा

पाक दामन पर जफ़ा के दाग़ इतने पड़ गए
रात दिन अश्कों के सागर से उसे धोना पड़ा

वो न मिलते तो बड़े आराम से था दोस्तो
उनसे मिलकर चैन सुख सब मुझे खोना पड़ा

एक लम्हे का मिलन और ये सदियों का बिछोह
दूर उनसे आज होकर क़ब्र में सोना पड़ा

'पारस' तुम्हीं बताओ अब इसका क्या करूँ
जो भी मैंने दाँव खेला हर दाँव ही उल्टा पड़ा

सख़ावत शमीम

मूल नाम : सखावत अली
जन्मतिथि : 8.6.1951, टोंक (राज.)
शिक्षा : एम.बी.बी.एस. एम.एस. (सर्जन)
प्रकाशन : अनेक पत्र-पत्रिकाओं में रचनाएँ प्रकाशित
सम्मान/पुरस्कार : अनेक संस्थाओं द्वारा सम्मानित
सम्प्रति : सीनियर सर्जन, डी. बी. हास्पिटल, चुरु (राज.)
सम्पर्क : ए/38, अमृत पुरी, घाट गेट, जयपुर (राज.)
फ़ोन : 01562 - 2545551, 250819
मो. 9414254800

आँसुओं का हिसाब मत रखना
घर में ग़म की किताब मत रखना

एक सवाल और भी खड़ा कर दे
ऐसा कोई जवाब मत रखना

जागती रात बन के चुभते हैं
अपनी पलकों पे ख़्वाब मत रखना

हर नए दौर के तक़ाज़ों पर
तोहमते-इन्क़लाब मत रखना

झूठी सच्ची कहानियाँ सुनकर
अपने सिर पर अज़ाब मत रखना

बस यही लुत्फ़े-ज़िन्दगी है 'शमीम'
दिल की दुनिया ख़राब मत रखना

अपने बदन की आँच में तप कर लगा मुझे
सूरज था जो कि चाँद सा पैकर लगा मुझे

अन्दर के मौसमों का असर भी अजीब था
वह जिस्म मोम और कभी पत्थर लगा मुझे

दुनिया की बात क्या कि अगर काम पड़ गया
ख़ुद अपने आप से भी बहुत डर लगा मुझे

खुलकर जो ऐब सबको बताता रहा मेरे
दुश्मन वो दोस्तों से भी बढ़कर लगा मुझे

मैंने 'शमीम' देखा है दुनिया को पास से
अपना जो हाल था वही घर-घर लगा मुझे

एक चेहरा नज़र जो आता है
आईना मुझको भूल जाता है

एक नई काएनात बसती है
जब कोई आरज़ू जगाता है

सारे आलम को जीतने वाला
आप अपने से हार जाता है

एक नाकामे-आरज़ू होकर
आदमी सौ फ़रेब खाता है

यादे-माज़ी को ऐ 'शमीम' अभी
नींद से किसलिए जगाता है

यह ज़मीन आसमान ख़ाली है
जब से दिल का मकान ख़ाली है

लोग रहने लगे है कमरों में
वह खुला सायबान ख़ाली है

तीर सारे चला दिए उसने
अब कशीदा कमाल ख़ाली है

देखिए तो निगाह में सब कुछ
सोचिए तो जहान ख़ाली है

ऐ 'शमीम' अब कहाँ वक़ारे-ज़ीस्त
बस यूँ ही आन बान ख़ाली है

राह में कोई खड़ा हो जैसे
उसको मंज़िल का पता हो जैसे

मेरे हमराह नहीं तू जबसे
यह सफ़र एक सज़ा हो जैसे

क्या हुए आज वह चेहरे के नुक़्श
आईना पूछ रहा हो जैसे

हर घड़ी यूँ है ज़रूरत जैसी
तू कभी साथ रहा हो जैसे

उफ़ यह ख़ामोश मोहब्बत कि 'शमीम'
सारे आलम को पता हो जैसे

कृष्णा खत्री

जन्मतिथि : 7.8.1051
शिक्षा : साहित्य रत्न, एम.ए., बी.एड. (पी-एच.डी. अध्ययनरत)
प्रकाशन : पत्र-पत्रिकाओं में रचनाएँ प्रकाशित। महिला रचनाकारों के काव्य-संकलन 'अभियान' का सम्पादन।
सम्मान/पुरस्कार : अनेक संस्थाओं द्वारा सम्मानित
सम्प्रति : व्याख्याता, ज्ञान साधना महाविद्यालय, ठाणे
सम्पर्क : ए-25, हायवे दर्शन सो., तीन हाथ नाका, ठाणे - 400604 (महाराष्ट्र)
फोन : (022) 25821360

ये लगता है ऐसे तो आसान कितना
है अन्दर से लेकिन ये तूफ़ान कितना

हुआ यारो ये क्या जो गुम हो गया सब
है बाक़ी मगर अब भी अरमान कितना

अगर जोड़ा तूने शिकस्ता-दिलों को
तो होगा ये तेरा भी अहसान कितना

नहीं झूठ फ़ितरत तेरी मानते हम
मगर फिर भी सच से है अनजान कितना

नहीं जानता है वो औक़ात अपनी
है आवाज़ में उसकी फ़रमान कितना

दर्द दिल का दबाए बैठे हैं
ज़ख़्म अपने सुलाए बैठे हैं

हम तो सदियों से तेरी राहों में
अपनी पलकें बिछाए बैठे हैं

फ़स्ल आई है नौ बहारों की
हम ख़िज़ाएँ बुलाए बैठे हैं

ज़िन्दगी की तमाम राहों में
वक़्त की मार खाए बैठे हैं

मर गया प्यार इस ज़माने में
दिल में हम ही बसाए बैठे हैं

जो दीपक बुझा तो जलाओगे कैसे
ये उजड़ा चमन फिर बसाओगे कैसे

अगर आईना दिल का काला पड़ा तो
मुहब्बत को चेहरा दिखाओगे कैसे

उतर तुम गए जो निगाहों से ख़ुद की
तो नज़रों से नज़रें मिलाओगे कैसे

उम्मीदें अगर टूटकर रह गईं सब
तो नयनों में सपने सजाओगे कैसे

न अपनों की पहचान ही कर पाए तुम
तो ग़ैरों को अपना बनाओगे कैसे

कट सका न तीर या तलवार से
कट गया वह प्यार के इक वार से

दस्ते-नाज़ुक में है ख़ंजर किसलिए
मर मिटे वैसे ही हम तो प्यार से

ग़फ़लतों की नींद में सब खो दिया
क्या शिकायत हम करें अब यार से

सिलसिले सदियों के जो हैं इश्क़ में
टूट जाते हैं तनिक तकरार से

सोचती हैं यूँ क़फ़स में बुलबुलें
कब मिलेंगे जाके हम गुलज़ार से

गुज़री रातों को जगाएँ
फिर से आओ दिल जलाएँ

माना टूटा है जो ये दिल
आओ फिर से दिल जुड़ाएँ

जो लिखे हैं गीत तुमने
आओ मिलके उनको गाएँ

साज़ लावारिश पड़े हैं
कोई धुन उनसे बजाएँ

है ज़रूरत क्रान्ति की अब
क्रान्ति का परचम उठाएँ

परवीन कुमार 'अश्क'

जन्मतिथि : 1.11.1951, लुधियाना (पंजाब)
प्रकाशन : 'चाँदनी के ख़तूत', 'ग़ज़ल तेरे शह्र में', 'दरबदर' ग़ज़ल-संग्रह (उर्दू)। पत्र-पत्रिकाओं में रचनाएँ प्रकाशित
सम्मान/पुरस्कार : 'शहंशाहे-ग़ज़ल एवार्ड', 'फ़िराक़ गोरखपुरी एवार्ड', ग़ज़ल भास्कर अवार्ड सहित अनेक संस्थाओं द्वारा सम्मानित
सम्प्रति : स्वतन्त्र लेखन।
सम्पर्क : टी-4/161, शाहपुरकांडी टी/शिप नीयर पठानकोट (पंजाब) 145029
फ़ोन : 01870 - 263424
मोबाइल : 09814814052

कभी न मैंने दाग़ लगाया इश्क़ के उजले चेह्रे पर
कभी शराब न पी तेरे ग़म में, पाँव न रक्खा कोठे पर

उसके अलावा मेरी बसारत कौन मुझे लौटाएगा
अपनी आँखें छोड़ आया हूँ मैं जिसके दरवाज़े पर

याद है? एक कबूतर तेरी छत पर आया करता था
कुछ दिन पहले किसी ने गोली मार दी उसके सीने पर

तूने मेरी गागर रेत से भर दी मेरा दोष था क्या
मैं तो पानी में उतरा था दरिया तेरे कहने पर

उस लड़की के साथ रहेंगी मेरे इश्क़ की ख़ुश्बूएँ
मेरे अश्कों की शबनम है जिसके फूल से चेह्रे पर

सूखे बाग़ों पर सावन के बादल छा जाते थे 'अश्क'
जब हम रोते थे सर रख के इक दूजे के शाने पर

वो पेशरौ है मगर रास्ता नहीं देता
बज़ुर्ग हो के भी देखो दुआ नहीं देता

मुझे ये कैसा समुन्दर सदाएँ देता है
जो मुझको डूबने का हौसला नहीं देता

किसी किसी को थमाता है चाबियाँ घर की
ख़ुदा हर एक को अपना पता नहीं देता

जदीद कपड़े उसे क्या जवानियाँ देंगे
जो बूढ़ी सोच को चेहरा नया नहीं देता

दिखाई देगा हमें कैसे 'अश्क' ईद का चाँद
हमारी आँखों को जब तक बुझा नहीं देता

सफ़र में मुझसे वो लड़ता रहा था
बिछड़ते वक़्त फिर क्यों रो पड़ा था

समुन्दर चीखता उस वक़्त पहुँचा
मकाँ पूरी तरह जब जल चुका था

वो मेरे घर में आकर छुप गई थी
मैं जिस लड़की का पीछा कर रहा था

न पकड़ी काफ़िले की जिसने उँगली
वो बच्चा सबसे आगे चल रहा था

हवा आरी चलाती जा रही थी
शजर से 'अश्क' मैं लिपटा हुआ था

कुछ दुआ का ख़याल रखा करो
दिल की मस्जिद उजाल रखा करो

ख़ुश लिबासों की सोहबतों में मियाँ
अपनी चादर सँभाल रखा करो

कितने भारी हैं बस्ते बच्चों के
इन में कुछ फूल डाल रखा करो

या ग़ज़ल मत उतारो काग़ज़ पर
या कलेजा निकाल रखा करो

'अश्क' दिल के उदास जंगल में
इश्क के मोर पाल रखा करो

मौसम सूखे पेड़ गिराने वाला था
किसी किसी में फूल भी आने वाला था

पार के मंज़र ने मौक़े पर आँखें दीं
मैं अन्धा दीवार उठाने वाला था

तुमने क्यों बारूद बिछा दी धरती पर
मैं तो दुआ का शहर बसाने वाला था

उसने भी आँखों में आँसू रोक लिए
मैं भी अपने ज़ख़्म छुपाने वाला था

बच्चे 'अश्क' को पागल कहकर भाग गए
वो परियों की कथा सुनाने वाला था

सन्तोष जैन

जन्मतिथि : 22.5.1952

शिक्षा : बी.एस-सी., बी.एड., एम.ए. (हिन्दी, अंग्रेजी साहित्य)

प्रकाशन : ग़ज़ल-संग्रह 'रौशनाई' प्रकाशित। अनेक पत्र-पत्रिकाओं में रचनाएँ प्रकाशित

सम्मान/पुरस्कार : अनेक संस्थाओं द्वारा सम्मानित

सम्प्रति : अध्यापन

सम्पर्क : सुपर ई-538, स्टेट बैंक कालोनी, विद्युत नगरी, सारनी (बैतूल) म.प्र. - 460447
फोन : (07146) 277165

कभी भी हाँ नहीं करना, ये कोई आपसे सीखे
कि अपने आपसे डरना, ये कोई आपसे सीखे

अभी हँसना, अभी रोना, फ़िदा होना, ख़फ़ा होना
मिटाकर फिर दुआ करना, ये कोई आपसे सीखे

दिखाकर फाड़ना ख़त को, उठाकर जोड़ना टुकड़े
छुपाकर फिर उसे पढ़ना, ये कोई आपसे सीखे

कभी मिलना, झिझकना, मुस्कुराना, मीत बन जाना
यकायक अलविदा कहना, ये कोई आपसे सीखे

जताना भी कि ग़ज़लें ख़ास कुछ अच्छी नहीं कहते
सुनाने की भी ज़िद करना ये कोई आपसे सीखे

सर्द मौसम में मेरा धूप में आने का चलन
तेरा रुख़सार से ज़ुल्फ़ों को हटाने का चलन

अब भी बाक़ी है हवाओं में नमी थोड़ी-बहुत
है बदस्तूर तेरे पास लजाने का चलन

इतना मुश्किल तो मुहब्बत को निभाना भी नहीं
जितना मुश्किल है मुहब्बत को छुपाने का चलन

गर न यारी तो दुश्मनी ही सही कुछ तो बचे
बचेगा यूँ ही चलो कुछ तो निभाने का चलन

पहले बिखरी हुई चीज़ों को सँवारों घर की
फिर बना लेना मुहब्बत को ज़माने का चलन

झील में कब तक कोई हलचल नहीं हो
और नभ पर एक भी बादल नहीं हो

प्यार अक़सर वो पहेली पूछता है
जिस पहेली का कोई भी हल नहीं हो

कैसे है मुमकिन, हवा तो चल रही हो
और लहराता कोई आँचल नहीं हो

ख़ुद से लड़ तू शौक से पर याद रखना
जंग में कोई बहुत घायल नहीं हो

क्या सराहें उस नदी के पाट को हम
जिसमें थोड़ा-सा भी बहता जल नहीं हो

मिला भी तो क्या वो मिला चलते चलते
चला ही नहीं सिलसिला चलते चलते

तेरी मुस्कुराहट ने क़दमों को रोका
कभी दे दिया हौसला चलते चलते

ज़रा कोई खिड़की से क्या मुस्कुराया
कि मौसम हुआ मनचला चलते चलते

हवा हो गई हर हिदायत जहाँ की
नज़र का जो जादू चला चलते चलते

वहाँ दुश्मनी पे तरस खाके बैठे
यहाँ दोस्तों ने छला चलते चलते

हुआ ख़ूब ये जो तेरी याद आई
निबटने लगी थी मेरी रौशनाई

न जाने हुआ क्या समझ को हमारी
यही बात आख़िर समझ में न आई

हवा के इशारों पे चलना पड़ा है
मिली जो कभी ख़ुशबुओं को रिहाई

उसी की गवाही हुई है कि जिसको
न आता सुनाई, न देता दिखाई

बहुत मोटे पर्दे जहाँ थे हया के
वहीं से बरामद हुई बेहयाई

रहमान रब्बानी

मूल नाम : अब्दुल रहमान
जन्मतिथि : 5.8.1952, मैनपुरी (उ. प्र.)
शिक्षा : एम.ए., आलिम, अदीब कामिल व मुअल्लिमे-उर्दू
प्रकाशन : अनेक विधाओं की लगभग दो दर्जन पुस्तकें हिन्दी-उर्दू में प्रकाशित।
सम्मान/पुरस्कार : शिवदयाल वर्मा पुरस्कार (मैनपुरी), अल्फीना दीप एवार्ड (जैमिनी अकादमी पानीपत) सहित अनेक संस्थाओं द्वारा सम्मानित, अलंकृत
सम्प्रति : निदेशक, अ. भा. हिन्दी-उर्दू प्रचार-प्रसार संस्थान, कालपी
सम्पर्क : 727, नई बस्ती, कालपी (उ.प्र.) 285204
फ़ोन : (05164) 274093

किसी ख़ुशी ने जो देखा निगाह भर के मुझे
सताने आ गए सौ ग़म इधर-उधर के मुझे

बता रही थीं अभी हिचकियाँ ये रुक-रुककर
किसी ने याद किया है ठहर-ठहर के मुझे

तुझे भी मेरी वफ़ाओं पे ऐतबार नहीं
बता रहे हैं ये तेवर तेरी नज़र के मुझे

जो हर दुखी को ख़ुशी से पनाह देता था
किवाड़ बन्द मिले आज उसके घर के मुझे

तमाम उम्र मैं जिसके लिए तरसता रहा
क़सम ख़ुदा की वो शुहरत मिली है मर के मुझे

न जाने कौन सी ख़ूबी है मुझमें? जो 'रहमान'
नवाज़ती हैं बलाएँ तलाश कर के मुझे

किसी की याद में खोई हुई है
वो अब तक धूप में सोई हुई है

इरादे अपने कब के मर चुके हैं
कहीं तक़दीर भी सोई हुई है

अदावत और नफ़रत की ये खेती
हमारी आपकी बोई हुई है

कोई कुछ भी कहे मेरी नज़र में
वो बेशक दूध की धोई हुई है

सुनाते क्यों नहीं 'रहमान' तुम भी
अगर ताज़ा ग़ज़ल कोई हुई है

क्यों रेत पर घरोंदा बनाने नहीं दिया
इसका कोई जवाब हवा ने नहीं दिया

ज़ालिम का सामना किया जैसे भी हो सका
हमने उसे किसी को सताने नहीं दिया

हमने ही ख़ुद गिरा दिया अपने मकान को
मग़रूर आँधियों को गिराने नहीं दिया

जब तक थी ताब, हमने किसी सरपस्त को
बस्ती में घर किसी का जलाने नहीं दिया

'रहमान' जो था तल्ख़ हक़ीक़त का तरजुमाँ
लोगों ने मुझको गीत वो गाने नहीं दिया

हमने जिन दोस्तों को माल दिया
उन सभी ने हमें मलाल दिया

जब भी हमने कोई शिकायत की
उसने हर बार हँस के टाल दिया

बात बीवी की मानकर उसने
घर से माँ-बाप को निकाल दिया

चुप मिला जब भी झील का पानी
हमने इक संग उधर उछाल दिया

उसको 'रहमान' सब समझ न सके
जो ख़ुदा ने हमें कमाल दिया

अम्न का माहौल था तब तक हमारे गाँव में
कोई भी नेता न था जब तक हमारे गाँव में

आँधियाँ मतभेद की शहरों से आईं तो मगर
आपसी सद्भाव है अब तक हमारे गाँव में

सादगी में ढल गए हैं शहर से आने के बाद
मनचले, चालाक, बेढब तक हमारे गाँव में

यह बताने वाला भी अब तो कोई मिलता नहीं
एकता ज़िन्दा रही कब तक हमारे गाँव में

इसलिए 'रहमान' का सम्मान करते हैं सभी
बस उसी की है पहुँच रब तक हमारे गाँव में

नूर मुहम्मद 'नूर'

जन्मतिथि : 17.8.1952, महासोन (कुशीनगर) (उ. प्र.)

शिक्षा : बी.कॉम.

प्रकाशन : 'ताकि खिलखिलाती रहे पृथ्वी' काव्य-संग्रह एवं कहानी-संग्रह 'आवाज का चेहरा' प्रकाशित। तीन ग़ज़ल-संग्रह एक लघु उपन्यास, एक कहानी-संग्रह एवं एक व्यंग्य संग्रह प्रकाशनाधीन

सम्प्रति : दावा/विधि विभाग (द.पू. रेलवे) में प्रधान लिपिक

सम्पर्क : सी.सी.एम. कॉम्प्लैक्स, द. पू. रेलवे, 3, कोयला घाट स्ट्रीट, कोलकाता - 700001
फ़ोन : 033 - 22482690 (का.)
मो. 09433203786

उधर इस्लाम ख़तरे में, इधर है राम ख़तरे में
मगर मैं क्या करूँ, है मेरी सुब्हो-शाम ख़तरे में

वो ग़म वाले से बम वाले हुए उनको पता क्यों हो
कि मुश्किल में मेरी रोटी है मेरा जाम ख़तरे में

ये क्या से क्या बना डाला है हमने मुल्क को अपने
कहीं हैरी, कहीं हामिद, कहीं हरनाम ख़तरे में

ग़ज़लगोई ये अफ़साने, रिसाले और तहरीकें
किताबत, सचकलामी, हाय सारे काम ख़तरे में

न बोलो सच ज़ियादा 'नूर' वर्ना लोग देखेंगे
तुम्हारी जान जोखिम में तुम्हारा नाम ख़तरे में

किन सज़ाओं तक मुझे मेरी ख़ता ले जाएगी
मुझको आख़िर दूर तक कितनी वफ़ा ले जाएगी

मुझको अपने रास्ते का इल्म है अच्छी तरह
क्यों कहीं मुझको कोई पागल हवा ले जाएगी

मैं तो अपनी कोशिशों से जाऊँगा जंगल के पार
आपको उस पार क्या कोई दुआ ले जाएगी

ज़िन्दगी जब जब भी आएगी मेरी दहलीज़ पर
माँग कर मुझसे वो थोड़ा हौसला ले जाएगी

'नूर' इस अल्हड़ पवन को इस तरह से साध तू
दूर तक दुनिया में वो तेरा कहा ले जाएगी

इस सदी सी बेहया कोई सदी पहले न थी
इस क़दर बेआब, आँखों की नदी पहले न थी

क्या कहा जाए उजालों के सियह किरदार पे
तीरगी बर्दार ऐसी, रौशनी पहले न थी

क्या कहें इसको तकाज़ा वक़्त का या और कुछ
दोस्तों के साथ ऐसी दुश्मनी पहले न थी

अब तो यमुना के किनारे भी बहुत वीरान हैं
कृष्ण तेरी बाँसुरी, यूँ बेसुरी पहले न थी

मसलिहत तो है यक़ीनन जानते हैं आप भी
वर्ना जैसी आजकल है शाइरी पहले न थी

बस्तियों में सर छुपाने को ठिकाना ढूँढना
बंजरों में पागलों सा आबोदाना ढूँढना

जिस तरह सहरा में पानी ढूँढते हैं तिश्नालब
दोस्तों के बीच रहकर, दोस्ताना ढूँढना

आदमी में आदमीयत और ख़ुशबू फूल में
हो सके तो शहर में अब ये ख़ज़ाना ढूँढना

शे'र कहना अब अदब के वास्ते, ऐसा लगे
जैसे गूँगों के लिए कोई तराना ढूँढना

ढूँढते हैं अब तेरे हमअस्त्र मक़तल में पनाह
'नूर' तुम लफ़्ज़ों में तेवर क़ातिलाना ढूँढना

यूँ कि याद आती है सुब्हो-शाम नानी ताड़ पर
पर फुलेसरा की टँगी है ज़िन्दगानी ताड़ पर

देखते ही देखते जर्जर बुढ़ौती आ गई
लबनियों में चू गई सारी जवानी ताड़ पर

बेधुआँ फिर आज चूल्हा, आज फिर हँडिया उदास
रात फिर कर दी किसी ने मेहरबानी ताड़ पर

बहकी-बहकी योजनाएँ धर्म भी ईमान भी
देश गड्ढे में पड़ा है राजधानी ताड़ पर

पेट की मजबूरियों की ज़िन्दगी की चाह की
'नूर' कविता चढ़ रही है या कहानी ताड़ पर

प्रतिभा शुक्ल

जन्मतिथि : 31.8.1952, उन्नाव (उ.प्र.)
शिक्षा : एम.ए. (हिन्दी)
प्रकाशन : पत्र-पत्रिकाओं में रचनाएँ प्रकाशित
सम्मान/पुरस्कार : 'हिन्दी साहित्य-साधना सम्मान' दिल्ली सहित अनेक संस्थाओं द्वारा सम्मानित
सम्प्रति : गृहणी, स्वतन्त्र लेखन
सम्पर्क : 1275, वकीलपुरा, गली गुलियान (निकट जामा मस्जिद) दिल्ली - 6
फोन : 23241479

दिल तेरी याद से सजाती हूँ
चुपके-चुपके से गुनगुनाती हूँ

धो रही हूँ गुनाह गंगा में
लोग कहते हैं मैं नहाती हूँ

ग़म नहीं है जो रूठ जाए कोई
मैं ख़ुदा को फ़क़त मनाती हूँ

कुफ़्र कहती हूँ तोड़ना दिल का
करके इंसानियत दिखाती हूँ

आप मत रोकें लौट आऊँगी
क्या समझते हो कि मैं जाती हूँ

आ गए हम जहाँ, लौट आना मना
घर बसाना मना, दिल लगाना मना

किस तरह से मनाए गए रूठ जो
मुस्कराना मना, अश्क लाना मना

है समुन्दर हमारे तो अन्दर मगर
पार जाना मना, डूब जाना मना

गुफ़्तगू की तमन्ना भले दिल में हो
पेश आना मना, लब हिलाना मना

अब तो आओ सनम बचा लो मुझे
अपने प्यारों को ज़्यादा सताना मना

उनकी हालत बयाँ नहीं होती
राज़दारी अयाँ नहीं होती

उनकी ज़िद है नहीं न छोड़ेंगे
देखें हम कैसे हाँ नहीं होती

बात उनकी बताइए हज़रत
कौन है ना जहाँ नहीं होती

कहने बैठे हैं आज जब सब कुछ
ख़त्म क्यूँ दास्ताँ नहीं होती

वाक़ई में वही हैं दीवाने
जिनके मुँह में ज़बाँ नहीं होती

मेरी चश्मे-नम है यहाँ बैठे-बैठे
न खुल जाए राज़े-निहाँ बैठे बैठे

मेरी मुहब्बत में इतनी कशिश है
बुला लूँगी उनको यहाँ बैठे-बैठे

जो हैं मुश्किलें दरमियाँ मेरे उनके
सुलझ जाएँगी सब यहाँ बैठे-बैठे

तलाशे-ख़ुदा में, गया कोई काबा
मैं देखा किया दिल में याँ बैठे-बैठे

लब उनके हिल भी न पाए अभी तक
ग़ज़ल कह मैंने ली यहाँ बैठे बैठे

मुसीबत जो आई सही जा रही है
उन्हीं की मुहब्बत कही जा रही है

किनारे खड़े देखते रह गए हम
भँवर बीच कश्ती बही जा रही है

मेरे साकी आ दे, मुझे तू वही भय
जो आँखों ही आँखों में पी जा रही है

वही मैं हूँ औ है वही जामो-मीना
तबीयत मेरी क्यों हटी जा रही है

मैं तेरी ही आशिक तेरी रहूँगी
क़सम मुझसे नाहक ही ली जा रही है

आर.के. पंकज

जन्मतिथि : 18.9.1952, रोहतक (हरियाणा)
शिक्षा : स्नातक
प्रकाशन : 'तुम्हारे लिए' (ग़ज़ल एवं नज़्म) 'रूह लेगी फिर जनम' (ग़ज़ल संग्रह)। पत्र-पत्रिकाओं में रचनाएँ प्रकाशित।
सम्मान/पुरस्कार : अनेक संस्थाओं द्वारा सम्मानित।
सम्प्रति : इंटीरियर डिज़ाइनर
सम्पर्क : सी-3/284, जनकपुरी, नई दिल्ली-110058
फोन : 51576010 (नि.)
25511799 (कार्यालय)
मो.–9810623045

हसरतें ही हसरतें ये हसरतें ज़िन्दा रहें
रास्ते ज़िन्दा रहें और मंज़िलें ज़िन्दा रहें

आग में तपकर ही मैं इक दिन खरा बन पाऊँगा
आफ़तें ज़िन्दा रहें ये मुश्किलें ज़िन्दा रहें

ज़िन्दा रहने का सबब कोई तो होना चाहिए
खिलखिलाते मुस्कराते आईने ज़िन्दा रहें

सींचकर अपने चमन को बाँगबाँ ने की दुआ
इन गुलों के वास्ते कुछ बुलबुले ज़िन्दा रहें

वायदा 'पंकज़' का है हर रोज़ कह देगा ग़ज़ल
रौनकें ज़िन्दा रहें ये महफ़िलें ज़िन्दा रहें

चन्द रोज़ा है सितम परवाह न कर
वो करेगा ख़ुद करम परवाह न कर

पाँव के छालों से डरना किसलिए
वक़्त रख देगा मरहम परवाह न कर

जो ये सोचे तू अभी नादान है
तोड़ दे उसका भरम परवाह न कर

चाहतों की राह है जोखिम भरी
आग में रख दे क़दम परवाह न कर

मौत तो 'पंकज' फ़क़त आराम है
रूह लेगी फिर जनम परवाह न कर

उम्र भर उसने कभी पूछा नहीं
फिर भी दिल मेरा मगर टूटा नहीं

अब बुरा माने तो कोई मान ले
दिल में आया कह दिया रक्खा नहीं

मुझसे बचकर लोग ही चलते रहे
मैं ज़माने से कभी रूठा नहीं

जिसने तरसाया है मुझको उम्रभर
उसका दर मुझसे कभी छूटा नहीं

रिन्द हैं इनका बुरा क्या मानिए
कह दिया 'पंकज' का दिल उम्दा नहीं

मेरे दिल का मौसम बदलता रहा है
तेरा ख़्वाब आँखों में पलता रहा है

उसे जा के ढूँढे कहाँ बस्तियों में
वो घर का पता ही बदलता रहा है

क्यूँ साए से मेरे ही डर कर सहमकर
बचाकर वो ख़ुद को भी चलता रहा है

शम्अ् का बदन ही नहीं दिल मेरा भी
अँधेरों के आँगन में जलता रहा है

मेरा प्यार उसकी नज़र में ऐ 'पंकज'
सरें शाम सूरज-सा ढलता रहा है।

इन पुराने पत्थरों से क्या महल बन पाएँगे
जो पराए हो गए अपने कहाँ कहलाएँगे

आस के उस इक महल में राग है, अनुराग भी
गीत ग़ैरों के भला कब तक हमें बहलाएँगे

मत कुरेदो उँगलियों से बिख़री मेरी राख को
राख की चिंगारियों से हाथ तक जल जाएँगे

जा रहे हो छोड़कर, दिल तोड़कर लेकिन सुनो
याद तड़पाएगी मेरी ऐसे पल भी आएँगे

बस! जवाँ महफ़िल को होने दो अभी कुछ देर तुम
जिस तरफ़ देखेंगे 'पंकज' अपने चर्चे पाएँगे

ल.ज.भगिया 'खामोश'

जन्मतिथि : 23.1.1953, बड़ोदरा (गुजरात)

शिक्षा : एम. एस-सी., पी-एच.डी.

प्रकाशन : ग़ज़ल संग्रह 'तल्ख़ि-ए-ख़ामोश'। 'दिल की ज़मीं पर' प्रकाशनाधीन। अनेक पत्र-पत्रिकाओं में रचनाएँ प्रकाशित

सम्मान/पुरस्कार : अनेक संस्थाओं द्वारा सम्मानित

सम्प्रति : वरिष्ठ संशोधन अधिकारी, एन.आई. ओ.एच. अहमदाबाद

सम्पर्क : डी-1/703, स्पैक्ट्रम टॉवर, शाही बाग़, अहमदाबाद - 380004

फ़ोन : 079 - 25624955 (नि.) मो. 9879099185

दिल मचलता ही रहा कल क्या ये बारिश का असर था
मौसमे-बारिश में या तेरी नवाज़िश का असर था

दूर से आती रही कुछ रौशनी घर मेरे शब भर
इक सितारे पर सही, मेरी गुज़ारिश का असर था

हम बहारों में मिले औ' फिर ख़िज़ाँ मे हो गए दूर
क्या हमारे प्यार पर मौसम की साज़िश का असर था

हर नज़ारा ही लगा था क़ाबिले-तारीफ़ मुझको
जाने दिल पर किस नज़र की कल सिफ़ारिश का असर था

कुछ तो थे हालात ऐसे जो करे मुमकिन मुहब्बत
और कुछ ज़ख़्मे-जिगर की भी नुमाइश का असर था

चाहते हैं जो भी हम 'ख़ामोश' रब से वो मिले हैं
आपकी नज़रें-इनायत, मेरी ख़्वाइश का असर था

ज़माने में ये हम कैसी सियासत देखते हैं
क़यामत से बहुत पहले क़यामत देखते हैं

किताबों में पढ़ी है राम-राज्य की कहानी
कहाँ हम आज अपना सर सलामत देखते हैं

सभी शहरों को गुलशन ही बनाया था मगर अब
यहाँ हम कारख़ानों की रियासत देखते हैं

मुसलमाँ और हिन्दू में, ये हिन्दी और उर्दू में
न जाने हम सभी क्यूँ कुछ अदावत देखते हैं

कहें 'ख़ामोश' कुछ भी लोग पर हम ये कहेंगे
मुहब्बत में ख़ुदा की ही इबादत देखते हैं

दर्द कोई आपके दिल में निहाँ है आजकल
इसलिए ही तल्ख़ अन्दाज़े-बयाँ है आजकल

बेख़ुदी अपनी छुपाएँ आप से भी हम मगर
ग़मज़दा दिल की सदा रुख़ से अयाँ है आजकल

हुस्न भी तेरा जवाँ है, इश्क़ भी मेरा जवाँ
पास आ कि मौसमे-गुल भी जवाँ है आजकल

इश्क़ में नाकाम होने का सबब है बस यही
आशिक़ों की मुँह-ज़ुबानी बेज़ुबाँ हैं आजकल

दो जहाँ में ढूँढते ही रह गए हम सब मगर
आप से ख़ामोश दीवाने कहाँ है आजकल

आइना दिखाने की सज़ा मिली मुझे
सच से तो मिली जहाँ की बेरुख़ी मुझे

इन्साँ औ' फ़रिश्तों की तलाश क्या करें
कम मिले हैं आदमी से आदमी मुझे

ज़िक्रे-बेवफ़ाई चला है शहर में
याद आ रही है आपकी गली मुझे

ज़िन्दगी में जब से ख़ार आए हैं सनम
हसरतों से देखती है हर कली मुझे

आइए अब आप आ भी जाइए 'ख़मोश'
कब से लग रही है कमी आपकी मुझे

मैंने कब माँगी ख़ुदाई मुस्कराने के लिए
चन्द तिनके ही तो माँगे आशियाने के लिए

दर्द देते हो सभी को तुम सताने के लिए
दिल को रक्खा है सनम क्या बस दिखाने के लिए

मैं ये समझा इश्क़ मेरा खींच लाया है उन्हें
वो मगर आए थे नक़्शे-पा मिटाने के लिए

सोच कर देखो मिली है दो ही आँखें क्यूँ हमें
इक है पीने के लिए औ' इक पिलाने के लिए

भूख लगने पर जो आँसू पीके जीते है 'ख़मोश'
ऐ ख़ुदा दे कुछ ज़हर ही उनको खाने के लिए

नवीन कमल

जन्मतिथि : 4.3.1953, सकरी (कांगड़ा) हि. प्र.

शिक्षा : एम. ए. (हिन्दी)

प्रकाशन : ग़ज़ल-संग्रह 'सागर मंथन'। अनेक संकलनों/पत्र-पत्रिकाओं में प्रकाशन। दूसरा ग़ज़ल संग्रह प्रकाशनाधीन

सम्मान/पुरस्कार : अनेक संस्थाओं द्वारा सम्मानित

सम्प्रति : वरिष्ठ राजभाषा अधिकारी, भारतीय रेलवे, डीज़ल रेलइंजन आधुनिकीकरण कारखाना, पटियाला

सम्पर्क : 31, डाक-तार कालोनी (निकट फाटक नं. 22) पटियाला (पंजाब) फ़ोन : 0175-2394366 (का.), 2223535 (नि.),

क्या कहोगे दोस्तो इस नेक बस्ती का चलन
दिन में भी आने से डरते हैं शराफ़त के सपन

जब हुआ उत्थान हम आकाश में उड़ने लगे
ये नहीं सोचा कि फिर पाताल तक होगा पतन

आईना भी अब हमारा सामना करता नहीं
हम को अन्दाज़ा न था ऐसा है अपना बाँकपन

इसलिए सारी दुआएँ बेअसर ही रह गईं
क्योंकि करनी और थी, कुछ और थे अपने कथन

दोस्तो इक दूसरे के कुछ तो आँसू पौंछिए
हद से ज़्यादा बढ़ गई मन की व्यथा, तन की तपन

हमसे बढ़ कौन इतना ख़ुदग़रज़ होगा 'कमल'
हमने जितना सूत काता बुन लिया अपना क़फ़न

कौन जाने कौन किसके क़त्ल में शामिल नहीं है
हर बड़ा क़ातिल यही कहता है वो क़ातिल नहीं है

क़ातिलों को है यहाँ हर क़त्ल का अधिकार हासिल
मरने वालों को मगर कोई भी हक़ हासिल नहीं है

ये जो पानी आते आते आ गया है सिर के ऊपर
क्या मेरा माँझी किसी साज़िश में तो शामिल नहीं है

आदमी की क़ाबलीयत पर यक़ीं सब को है लेकिन
उसकी नीयत आज भी विश्वास के क़ाबिल नहीं है

हम भले योद्धा न हों, पर बिन लड़े क्यों हार जाएँ
जिस्म जैसा भी रहे, ईमान तो बुज़दिल नहीं है

ऊँचे-ऊँचे देवदारों की बुलन्दी देख ली
हमने कश्मीरी चिनारों की बुलन्दी देख ली

एक पत्ती घास भी जिन पर कभी उगती नहीं
उस सियासत के पठारों की बुलन्दी देख ली

अब दिखाओगे उन्हें तुम कौन सी ऊँचाइयाँ
सरफ़रोशों ने तो दारों की बुलन्दी देख ली

आस्माँ करता है जिनकी सरफ़राज़ी को सलाम
वक़्त ने उन ख़ाकसारों की बुलन्दी देख ली

जान पाए कब किसी के ग़म की गहराई 'कमल'
यूँ तो हमने चाँद-तारों की बुलन्दी देख ली

दोस्ती के नाम पर दुश्मन के बहकाए हैं हम
ख़ुदकुशी के बाद अक्सर ख़ूब पछताए हैं हम

जो भी अच्छाई थी सब अन्धे कुएँ में फेंक दी
पर बुराई हर किसी से माँग कर लाए हैं हम

राह के पत्थर को भी उस तरह ठुकराया नहीं
ख़ुद कलेजे पर हज़ारों ठोकरें खाए हैं हम

ज़िन्दगानी इस क़दर भी हम से तू पर्दा न कर
मुद्दतों के बाद तेरी बज़्म में आए हैं हम

उम्र भर भटका किए हैं 'क़ैस' की सूरत 'कमल'
क्या ख़बर किस जन्म की 'लैला' के भरमाए हैं हम

आख़िर वो दिल से प्यार की दौलत कहाँ गई
इन्सान की इन्सान से निस्बत कहाँ गई

बदनामियों की हद से जो आगे निकल गया
लोगों, तुम्हारे शह्र की शोहरत कहाँ गई

आख़िर उन्हीं के नाम पर क्या-क्या नहीं हुआ
पैग़म्बरों के नाम की अज़्मत कहाँ गई

है ख़ून ही अब ख़ून का दुश्मन बना हुआ
लोगो, तुम्हारे ख़ून की रंगत कहाँ गई

हर दर्द ख़ुद ही बन गया अपनी दवा 'कमल'
आख़िर हमारे दौर की हिकमत कहाँ गई

राजकुमार 'निजात'

जन्मतिथि : 1.4.1953

शिक्षा : पी-एच.डी.

प्रकाशन : ग़ज़ल-संग्रह 'तपी हुई ज़मीन' (हिन्दी) एवं 'रौशनी का सफ़र' (पंजाबी) सहित भिन्न-भिन्न विधाओं की लगभग एक दर्जन पुस्तकें प्रकाशित। पत्र-पत्रिकाओं/संकलनों में रचनाएँ प्रकाशित

सम्मान/पुरस्कार : 'साहित्य महोपाध्याय' (मानद उपाधि) सहित अनेक संस्थाओं द्वारा सम्मानित

सम्पर्क : पटेल बस्ती, सिरसा (हरियाणा) 125055
फ़ोन : 01666 - 232082 (नि.), 247154 (का.)

बाग़ में फूलों के घर में तितलियाँ अच्छी लगीं
आसमाँ में, बादलों में, बिजलियाँ अच्छी लगीं

मुझको मेरे दर्द ने अपना बनाया जब कभी
मुझको मेरी धड़कनों की मस्तियाँ अच्छी लगीं

दे न जाएँ वक़्त पर अपने ही दरवाज़े फ़रेब
सोचकर मुझको मकाँ की खिड़कियाँ अच्छी लगीं

नफ़रतों की आग में जलने की फ़ितरत हो जहाँ
कब उसे खुशियों से लिपटीं बस्तियाँ अच्छी लगीं

याद है मुझको अभी वो गाँव की पगडंडियाँ
जिनपे चलते बैल की वो घंटियाँ अच्छी लगीं

घर के भीतर में जो घर होता है
हाँ वहीं दिल का बसर होता है

दिल में नफ़रत को न आने देना
आग से ज़्यादा असर होता है

दूर बहुत दूर निकल जाता है
जब परिन्दे का सफ़र होता है

अब कहाँ रौनके-बहाराँ है
अब कहाँ रक़्से-जिगर होता है

उसका पैमाना भर ही जाता है
जो न महरूमे-नज़र होता है

दिल के अहसास को दबा देगा
वो फ़कत आग को हवा देगा

हमसफ़र बन जा तू परिन्दों का
आदमी तो तुझे गिरा देगा

रोशनी के हसीन जंगल में
तीरगी बन के वो दगा देगा

भूख लफ़्ज़ों में क्या बयान करूँ
रंग चेहरे का खुद बता देगा

आईना अपने साथ रखता है
और वो अपना क्या पता देगा

हादिसों से गुज़र गए लम्हे
ये लगा मुझको मर गए लम्हे

आख़िरी वक़्त मेहरबानी हुई
देखकर मुझको डर गए लम्हे

याद जब आई वो ग़ज़ल तेरी
अश्क बन करके झर गए लम्हे

मैं समन्दर बना था जिसके लिए
बनके सहरा बिखर गए लम्हे

फ़ाकामस्ती में उम्र बीत गई
बस इधर से उधर गए लम्हे

दिल से होता है दिल का प्यार अजी
दिल का है ये ही कारोबार अजी

आँख से आँख का करार हुआ
दरअसल दिल का है क़रार अजी

गालियाँ दीजिए ज़ुबाँ से मगर
हो न जाएँ ये दिल के पार अजी

आपके आने पर मिली लज़्ज़त
समझिए आ गई बहार अजी

एक हल्की सी चोट होती है
दिल ये होता है तार तार अजी

मोहसिन अली सुहैल

जन्मतिथि : 7.5.1953
शिक्षा : बी.ए.
प्रकाशन : 'अहसासे-वतन', 'अँधेरे-उजाले'। सं. फ़िख्रे-मोहसिन, गुलदस्ता, अदबनामा
सम्मान/पुरस्कार : अनेक संस्थाओं द्वारा सम्मानित
सम्प्रति : पत्रकारिता
सम्पर्क : हसन स्क्वेयर, छोटा पारा, रायपुर (छ.ग.)
फ़ोन : (नि.) 2536789, (का.) 2211646
मो. 094252-11772

ये ख़बर हमने पढ़ी है शाम के अख़बार में
ज़िन्दगी बिकने लगी है मौत के बाज़ार में

हर क़दम हर गाम पर अपनों को देता है फ़रेब
झूठ के पैबन्द जब लग जाते हैं किरदार में

मुस्तहिद होकर कुचल डालें चलो सैय्याद को
मशवरे ये हो रहे हैं फूल में और ख़ार में

बढ़ के साहिल खुद करेगा अज़्मो-हिम्मत का तवाफ़
ले चले हैं हम भी अपनी कश्तियाँ मँझधार में

ख़ूने-नाहक का असर देखे ज़माना ग़ौर से
धार अब बाक़ी नहीं है ज़ुल्म की तलवार में

दोस्ती सूरज से ही है हमने ऐ मोहसिन 'सुहैल'
किसलिए बैठे भला हम सायए-दीवार में

नज़र की राह से दिल में ज़रा उतर के देख
बस एक बार इधर भी निगाह भर के देख

किसी पे उँगली उठाने से फ़ायदा क्या है
उसूल कैसे हैं अपने ज़रा तू घर के देख

मैं अपने ज़ख़्मों की तादाद क्या बताऊँ तुझे
जो हो सके तो सितारे शुमार करके देख

क़दम क़दम पे मुसीबत का सामना होगा
वफ़ा की राह से तू भी ज़रा गुज़र के देख

ज़रूर आएँगे इमदाद के लिए तेरी
'सुहैल' चाहने वालों को याद करके देख

निकल के दिल से भरी जब उड़ान काग़ज़ पर
लो आया छूने ग़ज़ल आसमान काग़ज़ पर

ज़बाँ दराज़ी न कर पाएगा कभी हमसे
सितम की काट के रख दी ज़बान काग़ज़ पर

तमाम लफ्ज़ खरीददार बनके आए हैं
सजाई हमने ग़ज़ल की दुकान काग़ज़ पर

ज़माना हो गया तस्वीरे-यार देखे हुए
चले भी आइए अब मेरी जान काग़ज़ पर

खुदाया आबरू रख लो 'सुहैल' की अपने
के आज नज़्म का है इम्तेहान काग़ज़ पर

कभी हँसा के मुझे और कभी रुला के मुझे
ज़माना देख चुका ख़ूब आज़मा के मुझे

न रास्ता है न मंज़िल न हमसफ़र कोई
ये किस मकाम पे छोड़ा है दिल ने ला के मुझे

अब अपने आप से मिलने को भी तरसते हैं
वो ख़ुद से दूर हुए हैं क़रीब ला के मुझे

इस एहतियाते-मोहब्बत का भी जवाब नहीं
वो देखते तो हैं लेकिन नज़र बचा के मुझे

'सुहैल' वक़्त से पहले मैं मर नहीं सकता
जो चाहो देख लो तुम ज़हर भी पिला के मुझे

मुझसे मिलने के लिए अहले-करम आते हैं
और कुछ लोग तो ले ले के जनम आते हैं

आपके वास्ते हाज़िर हैं हमारी आँखें
आईना हाथ से रख दीजिए हम आते हैं

आपके होठों पे होती है तबस्सुम की लक़ीर
लौट के जिस घड़ी परदेश से हम आते हैं

हमने जिस रोज़ से दस्तूरे-मोहब्बत समझा
आपके फ़ोन भी उस रोज़ से कम आते हैं

सुनके शोहरत तेरी मेहमान नवाज़ी की 'सुहैल'
शाम को घर में मेरे रन्जो-अलम आते हैं

रमेश कँवल

मूल नाम : रमेश प्रसाद

जन्मतिथि : 25.8.1953, जितौरा, पीरो, आरा (बिहार)

शिक्षा : विज्ञान स्नातक, अदीब

प्रकाशन : ग़ज़ल-संग्रह 'लम्स का सूरज' (उर्दू) व 'सावन का कंवल' (हिन्दी)। अनेक पत्र-पत्रिकाओं में रचनाएँ प्रकाशित

सम्मान/पुरस्कार : 'दुष्यन्त कुमार स्मृति पुरस्कार', भागलपुर, 'फिराक़ गोरखपुरी राष्ट्रीय शिखर सम्मान, समस्तीपुर सहित अनेक संस्थाओं द्वारा सम्मानित

सम्प्रति : बिहार प्रशासनिक सेवा में वरीय पदाधिकारी

सम्पर्क : 6, मंगलम विहार, आरा गार्न्डेस रोड, जगदेव पथ, पटना - 800014
फ़ोन : 09334111547

नाम हूँ मैं, मेरा पता तुम हो
मैं हूँ खुशबू, प्रिये हवा तुम हो

मेरी पूजा हो, देवता तुम हो
मेरे जीने का मुद्दआ तुम हो

बन्द कमरे का मैं हूँ दरवाज़ा
दस्तकों में छुपी अना तुम हो

मैं सियासत की बेईमान गली
और रिश्वत की अप्सरा तुम हो

मैं लिखावट तेरी हथेली का
मेरी तक़दीर का लिखा तुम हो

आवरण मैं उदासियों का 'कँवल'
जो रुला दे वो क़हक़हा तुम हो

पैरों में मेरे फ़र्ज़ की ज़ंजीर पड़ी है
ऐ जज़्ब-ए-दिल ठहर! बहुत सख़्त घड़ी है

अब जन्मों के रिश्ते भी कहीं टूट न जाएँ
यूँ अपनी वफ़ा फ़र्ज़ से इस बार लड़ी है

ज़ुल्फ़ों की घटा, आँख के ख़ुम, प्यार का बादा
आग़ोश में आ जाओ लिए रात बड़ी है

तदबीर से जाग उठती है सोई हुई तक़दीर
तदबीर मुक़द्दर की वो ख़ामोश कड़ी है

इक पल की ख़ुशी को हैं तरसते कई युग से
कहते हैं 'कँवल' उम्र-ग़मे-यार बड़ी है

अपनी खुशियाँ सभी निसार करूँ
ज़िन्दगी आ कि तुझसे प्यार करूँ

आदतन तुझ पे ऐतबार करूँ
बेसबब तेरा इन्तज़ार करूँ

तेरी ख़ुशबू से तन बदन सींचूँ
अपनी साँसों को ख़ुशगवार करूँ

मुश्किलों को तेरी मैं सहल करूँ
तेरी दुश्वारियों पे वार करूँ

बेसबब तो नहीं उदास 'कँवल'
क्यों किसी को मैं शर्मसार करूँ

ग़म बिछड़ने का नयन सहने लगे
ख़ुशनुमा मंज़र खफ़ा रहने लगे

जिस्म की मजबूरियाँ रौशन हुईं
दूरियों की धूप तन सहने लगे

हौसलों के शहर बेमंज़र हुए
आस्थाओं के महल ढहने लगे

मुझको भाती है गई रुत की महक
उसको अच्छे ख़्वाब के गहने लगे

आ गया स्पर्श का मौसम 'कँवल'
अनसुने किस्से बदन कहने लगे

मेरी सदाओं का सूरज बुझा बुझा सा था
न जाने हांपते लम्हों का क्या तक़ाज़ा था

नज़र में खौफ़ का मंज़र समेट लाया हूँ
ये और बात कि हर शख़्स ही शनासा था

अजीब शर्त थी दंगा कराने वालों की
नगर में रिश्तों का चेहरा उड़ा उड़ा सा था

हर एक लम्हा बदलता रहा मेरा चेहरा
न जाने वक्त का आइना चाहता क्या था

ज़मीन प्यासी थी, आँगन के पेड़ प्यासे थे
'कँवल' के होठों पे सावन का नाम आता था

हरिप्रकाश जैन 'हरि'

जन्मतिथि : 15.9.1953, शिवपुरी (म.प्र.)
शिक्षा : एम.बी.बी.एस., एम.एस.(नेत्र)
प्रकाशन : विभिन्न पत्र-पत्रिकाओं में रचनाएँ प्रकाशित
सम्मान/पुरस्कार : अनेक संस्थाओं द्वारा सम्मानित
सम्प्रति : नेत्र विशेषज्ञ, जिला चिकित्सालय, शिवपुरी
सम्पर्क : 'प्रतीक', श्रीराम कालोनी, शिवपुरी (म.प्र.)
फोन : 07492 - 232355

आसमाँ से पत्थरों की बारिशें होने लगीं
चाँद के घर बादलों की साज़िशें होने लगीं

अब हवा बीमार है, माहौल में दहशत घुली
सुख है थोड़ा और लम्बी गर्दिशें होने लगीं

खुश्क सी अमराइयाँ, गुमसुम चमन में कोयलें
उल्लुओं के गीत की फ़रमाइशें होने लगीं

टेसुओं का रंग फिर से सुर्ख़रू होने लगा
पनघटों पर ख़ौफ़ की अब बन्दिशें होने लगीं

अब न खेतों पर महकती फागुनी सी गन्ध है
ख़ुश्बू-ए-बारूद की अब ख़्वाहिशें होने लगीं

पसीना मुझसे मेरा पूछता है
कहाँ है सुख का डेरा पूछता है

उजाले की किरण उतरेगी कब तक
मिरे दिल का अँधेरा पूछता है

नशेमन को जला कर भी मिला क्या
ये चिड़ियों का बसेरा पूछता है

वो जितने साँप थे बस्ती में पहुँचे
किसे पकड़ूँ सपेरा पूछता है

दरार आई तिरे रिश्तों में क्यूँ 'हरि'
ये मुझसे घर भी मेरा पूछता है

भोर का सूरज उगाना चाहता हूँ
आज मैं फिर मुस्कराना चाहता हूँ

आसमाँ, पर्वत, घटा और इस हवा को
रूह में अपनी समाना चाहता हूँ

भूख, पीड़ा और न हो रिश्तों में तल्ख़ी
इक जहाँ ऐसा बनाना चाहता हूँ

जो खड़ा हो भीड़ में सबसे अकेला
साथ उसका मैं निभाना चाहता हूँ

ख़ाक में मिलती हुई इन्सानियत को
आज सीने से लगाना चाहता हूँ

बहुत कम किए फ़ासले पर घटे कब
ये फ़िरकापरस्ती न जाने हटे कब

मैं जो लिख रहा हूँ ग़ज़ल बो रहा हूँ
फ़सल अक्षरों की न जाने कटे कब

न है कोई दिल में, न यादों में कोई
धुआँ फिर भी आँखों से जाने छटे कब

जिएँ कब तलक ख़्वाब आँखों में लेकर
अभावों का कुहरा न जाने घटे कब

न कोई निगेहबाँ, न ही राहबर है
ये दुश्वार रस्ता न जाने कटे कब

कहीं मिले न मिले पर तलाश करना है
मुझे वफ़ा का समन्दर तलाश करना है

वो जिससे भीग उठे रूह मेरी अन्दर तक
कहाँ मिलेगा वो मन्ज़र तलाश करना है

ज़माने भर से नहीं ख़ुद से हूँ मुख़ातिब मैं
सुकून अपने ही अन्दर तलाश करना है

जो मुझको मुझसे मिला दे कुछेक पल के लिए
फिर एक ऐसा ही रहबर तलाश करना है

न कोई छाँव न है आसरा किसी दर का
अभी तो अपना मुझे घर तलाश करना है

श्रीकान्त तिवारी 'कान्त'

जन्मतिथि : 5.10.1953, गोला गोकर्णनाथ, खीरी (उ.प्र.)

शिक्षा : एम.ए. (राजनीति विज्ञान)

प्रकाशन : ग़ज़ल-संग्रह 'ज़िन्दगी महकी' एवं 'गेंदा महक उठे' काव्य-संग्रह। अनेक पत्र-पत्रिकाओं में रचनाएँ प्रकाशित। 'पत्थर हो गए' ग़ज़ल-संग्रह एवं नई कविता व हास्य-व्यंग्य की दो कृतियाँ प्रकाशनाधीन। कुछ काव्य-संकलनों का सम्पादन

सम्मान/पुरस्कार : 'विवेक श्री' की मानद उपाधि (स्वामी विवेकानन्द वाल उद्यान लखनऊ) एवं भारतीय सेवा संस्थान, लखनऊ सहित अनेक संस्थाओं द्वारा सम्मानित।

सम्प्रति : कृषि क्षेत्र

सम्पर्क : 'काव्य कुंज' मोहम्मदी रोड, तिवारी गोला गोकर्णनाथ, लखीमपुर खीरी (उ.प्र.) 262802

यों तो अक्सर मेरे भी अरमान मचल जाते हैं
लेकिन रपटीली धरती पर पैर फिसल जाते हैं

जब यथार्थ की कठिन भूमि पैरों में चुभती है तब
कंचन-मृग के स्वप्न सरल जीवन को छल जाते हैं

उन्हें पुकारों कितना भी पर नहीं लौट पाएँगे
जाने वाले जाने कितनी दूर निकल जाते हैं

आँखों में जब मात्र स्वार्थ की चरबी चढ़ती है
अच्छे ख़ासे चेहरों के भी रंग बदल जाते हैं

'कान्त' किसी की सुधियाँ सारी रात जगाती तो
सुखद नींद के आतुर झोंके कल पर टल जाते हैं

बेरुख़ी अच्छी न उसकी बन्दगी अच्छी
दुश्मनी अच्छी न उसकी दोस्ती अच्छी

कोठियों में रिस रहा है जबकि रिश्तों का लहू
जिसमें अपनापन बचा, वह झोंपड़ी अच्छी

तितलियों को नाज़ है रंगीन फ़ितरत पर
ओस में भीगी कली की सादगी अच्छी

खून से लथपथ पड़े हैं राजपथ यारो
गाँव की कीचड़ भरी अपनी गली अच्छी

देखकर आगत सदी के कारनामे 'कान्त' की
लेखनी ने कह दिया पिछली सदी अच्छी

हम ज़मीं से आसमाँ तक
थे कहाँ पहुँचे कहाँ तक

अपनी हिम्मत थी कि मंज़िल
खींच लाए कारवाँ तक

फूल बेबस छोड़, कंटक
सींचता है बाग़बाँ तक

हम कभी आबाद थे यह
कह रहा टूटा मकाँ तक

'कान्त' की श्रद्धा गई है
सर झुकाने सिर्फ़ माँ तक

जाने कितने पापड़ बेले
फिर भी हम रहे अकेले

हम पर क्या इल्जाम लगाते
तुम भी तो हो खाए खेले

जब से उनकी संगत पायी
नीम चढ़े तुम हुए करेले

तुमने हैं जो तीर चलाए
हँस हँस कर हमने हैं झेले

आना जाना 'कान्त' मनाना
यह तो है दुनिया के मेले

हाल पूछोगे चाल पूछोगे
कैसे-कैसे सवाल पूछोगे

मछलियाँ कैसे हाथ आ पायीं
कैसे फेंका था जाल पूछोगे

तुम ख़यालों में उलझ जाओगे
जब भी मुझसे सवाल पूछोगे

और जब सामने खड़ी होगी
मौत से क्या सवाल पूछोगे

तेरे तीरों की नोंक क्यों टूटी
'कान्त' की कौन ढाल पूछोगे

अर्श अमृतसरी

मूल नाम : नरेन्द्र कुमार सेठ

जन्मतिथि : 8.11.1953, अमृतसर

शिक्षा : हाई स्कूल

प्रकाशन : 'ग़ज़लें ही ग़ज़लें', 'दीवाने-अर्श', 'सिसकियाँ', 'ग़ज़लों की बहार' ग़ज़ल संग्रह। 'आरजू' (त्रैमा.) एवं 'बासी खबरें' का सम्पादन। पत्र-पत्रिकाओं में रचनाएँ प्रकाशित

सम्प्रति : सेवा-निवृत्ति के पश्चात पूर्णकालीन लेखन, पत्रकारिता

सम्पर्क : सी - 240, पटेल गार्डन, ककरौला मोड़, उत्तम नगर, नई दिल्ली - 59
फ़ोन : (011) 55854755
मो. 9818277888

जब जब तेरे रुख़ पे, ख़ुशी पाती नहीं हूँ मैं
सुकूने-दिल नहीं मिलता, मुस्कराती नहीं हूँ मैं

अपनी ज़िन्दगी को तुमने, अपनी ज़िन्दगी माना
ख़्यालों में तुम्हारे क्या, कभी आती नहीं हूँ मैं

मेरी चाहत में कोई है कमी तो साफ़ बतलाओ
तराने प्यार के झूठे कभी गाती नहीं हूँ मैं

तुम्हीं हो देवता मेरे तुम्हारी ही पुजारिन हूँ
किसी मन्दिर शिवाले तक कभी जाती नहीं हूँ मैं

तुम्हारे नाम कर दी 'अर्श' जब से ज़िन्दगी मैंने
भूलकर भी कभी अपनी क़सम खाती नहीं हूँ मैं

टूटते तारों को तुम प्यार से देखा करना
फिर किसी मोड़ पे मिल जाएँ हम दुआ करना

इक ज़माना था कहीं प्यार नहीं बिकता था
कितना आसान है अब प्यार का सौदा करना

वफ़ा की राह में रन्जो-अलम औ' ख़ार सही
हमने सीखा ही नहीं दोस्तो गिला करना

इक तरफ फ़र्ज़-औ'-ईमाँ एक तरफ़ प्यार मेरा
कितना मुश्किल है ज़िन्दगी में फ़ैसला करना

भूल कर भी न कभी 'अर्श' ये ख़ता करना
कभी दो चाहने वाले न तुम जुदा करना

दिल में थोड़ा सा ख़ौफ़े-खुदा चाहिए
हर गुनाह के लिए सोचना चाहिए

एक मुफ़लिस की बेटी जवाँ हो गई
भूखी नज़रों को अब और क्या चाहिए

उम्र भर ही ज़माने के काम आए हैं
इन बुजुर्गों को अब आसरा चाहिए

खून से सींचता हूँ चमन हर घड़ी
जब वो आएँ तो हर गुल खिला चाहिए

कितनी आँखें हैं हसरत भरी 'अर्श' पर
बारिशें, धूप सबको हवा चाहिए

जब दिल से हमने आपको अपना बना लिया
उस वक़्त हँस कर आपने दामन छुड़ा लिया

हम तन्हा जी रहे हैं ख़तावार की तरह
सब कुछ भुला के आपने तो घर बसा लिया

खुशियाँ नसीब आपको ये आपका नसीब
हमको तो दर्दो-ग़म मिला हँस के उठा लिया

है खेलना दिलों से भले शौक़ आपका
हमने तो खेल-खेल में खुद को जला लिया

पा लेंगे 'अर्श' हम तो ज़माने की दौलतें
जिस दिन गले से आपने हमको लगा लिया

दिल गर किसी से लगाओ तो जाने
फिर आप यूँ मुस्कराओ तो जाने

मुहब्बत की राहों में अश्क, दर्दो-गम हैं
ये दौलत अगर तुम कमाओ तो जाने

जिसमें खिले फूल चाहत के हरदम
कोई ऐसा गुलशन सजाओ तो जाने

खुदा भी वहीं है मुहब्बत जहाँ है
ये सिरफिरों को सिखाओ तो जाने

सिकन्दर की मानिंद जहाँ जीत लोगे
मगर 'अर्श' को जीत पाओ तो जाने

अंजनि कुमार शर्मा

जन्मतिथि : 1.2.1954, तिलकपुर, सुल्तानगंज (बिहार)

शिक्षा : बी.टैक.

प्रकाशन : अनेक पत्र-पत्रिकाओं में रचनाएँ प्रकाशित

सम्मान/पुरस्कार : राजभाषा प्रमण्डल भागलपुर सहित अनेक संस्थाओं द्वारा सम्मानित

सम्प्रति : विद्युत सलाहकार, अभियन्ता (भागलपुर)

सम्पर्क : सियाराम नगर, भीखनपुर, भागलपुर - 812001 (बिहार)
मो. 9831214685

जाना जाता है कि इस राह से लश्कर निकला
भेड़ियों की शक्ल में ही जब तस्कर निकला

राज जो भी करते वो कटवाते हैं सर
सैकड़ों ही बटमारों का समन्दर निकला

कौन है जो करते हैं अगवा लोगों का
तीर ऐसे चलवाते दिल पत्थर निकला

मंदिर मस्जिद पर निशदिन सब शीश नवाते
ज़ालिमों का वह भी तो अक्सर घर निकला

अब न यारी जमती पंडित औ मुल्ला की
जेब में अक्सर जिनके अब ख़ंजर निकला

रात जाएगी सवेरा होगा
कोहरे का न ये घेरा होगा

हाथ को हाथ नहीं दीखेगा
रोशनी क्या वो अँधेरा होगा

तय शुदा मित्र से मिलना जो है
मोड़ आने पे ही फेरा होगा

शह्र में लौट तो आया हूँ मैं
दिन पता क्या कभी मेरा होगा

शहर में आबो-हवा बदली है
कोई कूँची से उकेरा होगा

अब रौब के तले ही बसने लगे हैं लोग
फुफकार कर पलट कर डँसने लगे हैं लोग

फीकी पड़ी है ताक़त सच की सभी तरफ़
सच पर ही फ़ब्तियाँ अब कसने लगे हैं लोग

जबड़ा है भेड़िए का पंजा है शेर का
अपने ही जाल में अब फँसने लगे हैं लोग

चारा चबा गया है चर्चा है मुल्क में
उल्टी बहा के गंगा भँसने लगे हैं लोग

अपराध कर रहे हैं मज़हब के नाम पर
हैवानियत के हद पर हँसने लगे हैं लोग

यहाँ इस तरह कुछ बनाए गए हैं
पुराने महल ही सजाए गए हैं

हुआ है ज़माना भी खुदग़र्ज़ इतना
हवा में उछलने सिखाए गए हैं

सितारे हज़ारों धरा पर खड़े हैं
हमेशा डराकर सताए गए हैं

महल भी नए जितने तामीर उनसे
गुनाहों के परचम उड़ाए गए हैं

करो अंजनी अब फिक़र मत जरा भी
जुल्मो-क़हर तुम पे ढाए गए हैं

फिर लगाकर बस्तियों में आग कोई
गा रहा है दूर जाकर फाग कोई

एक भी मेहमान तो आता नहीं है
फिर उचड़ता क्यों यहाँ पर काग कोई

हम सिमाने पर लड़ाई लड़ रहे थे
आस्तीं में ही छिपा था नाग कोई

जब मिली ऋतुराज आने की खबर तो
देखकर हर्षा गया फिर बाग कोई

आदमियत तीन कौड़ी का हुआ है
फिर उछाला जा रहा है पाग कोई

स्वतन्त्र देव 'आरिफ़'

जन्मतिथि : 23.5.1954
शिक्षा : बी.एस.सी.
प्रकाशन : पत्र-पत्रिकाओं में रचनाएँ प्रकाशित
सम्मान/पुरस्कार : अनेक संस्थाओं द्वारा सम्मानित
सम्पर्क : बी-VIII/241, रामपुरा फूल, गली वैद्य हरबंस लाल वाली, (नज़दीक रेलवे स्टेशन), जि. भटिण्डा (पंजाब) 151103
फ़ोन : 01651 - 222494

इन्साँ होकर मैं कितना हैरान हुआ
ख़ुद की ख़ातिर ख़ुद से बेईमान हुआ

अल्लाह बेहतर जाने अपनी कुदरत को
अब तो सूरज जुगनू का दरबान हुआ

हाल हमारा बद से बदतर तक पहुँचा
नंगा नाच हमारे घर की शान हुआ

बन्दर से बंदा बनते सदियाँ गुज़रीं
लेकिन इन्साँ पल ही में हैवान हुआ

इश्क किया तो हमने इतना जाना है
लफ़्ज़ मुहब्बत का हमको कुरआन हुआ

सबकी बातें सुनता हूँ
अपने दिल की करता हूँ

डरते हैं आसेब से सब
मैं इन्सान से डरता हूँ

मरने को ही ज़िन्दा हूँ
और जीने को मरता हूँ

मरना है इक रोज़ मगर
मैं हर रोज़ ही मरता हूँ

कितना तन्हा हूँ 'आरिफ़'
खुद से बातें करता हूँ

लाख वो बद गुमाँ सा लगता है
फिर भी कुछ मेहरबाँ सा लगता है

गुल ये कैसा खिला है गुलशन में
हर कोई बाग़बाँ सा लगता है

कोई रिश्ता ही अब नहीं उससे
फिर भी कुछ दरमियाँ सा लगता है

आपकी मेहर क्या हुई मुझ पर
हर कोई मेहरबाँ सा लगता है

तेरे शे'रों में हमको ऐ 'आरिफ़'
ग़म का दरिया रवाँ सा लगता है

बाहर से कुछ और दिखाने वाला मैं
खुद को हर पल रोज़ छुपानेवाला मैं

खुद के मेरे टेढ़े मेढ़े रस्ते हैं
सबको सीधी राह दिखानेवाला मैं

डूबे कोई और मुझे कुछ फ़िक्र नहीं
अपनी बेड़ी पार लगाने वाला मैं

वक़्त पड़े तो अपने मतलब की ख़ातिर
दुश्मन को भी बाप बनाने वाला मैं

अपना हिस्सा लेने की ख़ातिर 'आरिफ़'
अपनों को भी मार गिराने वाला मैं

अपना ही वो साया होगा
जिसने साथ निभाया होगा

नाज़ किया था जिन पर तूने
उनको साथ न पाया होगा

ख़ुद से बातें करके हमने
अपना दिल बहलाया होगा

तन्हाई में खुद ही खुद को
अपना हाल सुनाया होगा

लगता है इस ग़म को 'आरिफ़'
अपना ही दिल भाया होगा

विपिन जैन

जन्मतिथि : 1.12.1954
शिक्षा : एम.ए. (हिन्दी)
प्रकाशन : तीन कथा-संग्रह व एक लघुकथा संग्रह प्रकाशित। अनेक पत्र-पत्रिकाओं में रचनाएँ प्रकाशित
सम्मान/पुरस्कार : 'प्रेमचन्द कथा पुरस्कार' भारतीय रेलवे सहित अनेक संस्थाओं द्वारा सम्मानित
सम्प्रति : मंडल कोषाध्यक्ष, उत्तर रेलवे, नई दिल्ली
सम्पर्क : के. आई. 147, कवि नगर गाजियाबाद (उ.प्र.)
फ़ोन : 2700410, मो. 9810084163

बैठ अकेले पत्थर पर एक शाम लिखा था
खुरच खुरच कर उसने मेरा नाम लिखा था

तुमने नहीं हवाओं के रुख़ को पहचाना
उन पर ही तो मौसम का पैगाम लिखा था

दर्द बाँटना, दर्द सँजोना, दर्द ही जीना
लिखने वाले ने मेरा यह काम लिखा था

मैं जिन चेहरों में अपनापन ढूँढ रहा था
उन चेहरों पर मुस्कानों का दाम लिखा था

तूने सितम किए लेकिन तू नावाकिफ़ था
एक एक पर तेरा ही अंजाम लिखा था

सिर्फ़ सायों से क्यों डरे कोई
मौत से पहले क्यों मरे कोई

क्या हुआ एतमाद टूटा अगर
पर भरोसा न क्यों करे कोई

हमको तो अपनी राह से है ग़रज़
चलता है गर अलग चले कोई

यह चलन आज तक नहीं बदला
गुनाह कोई करे, भरे कोई

जिसके मक़सद में खोट नहीं
क्यों न फिर उसको बख़्श दे कोई

दुनिया से अन्जान था मैं भी
खोई सी पहचान था मैं भी

मन की बातें कह देता था
थोड़ा सा नादान था मैं भी

दौलत से महरूम था लेकिन
दिल से तो धनवान था मैं भी

अपना ही घर समझ लिया था
पर घर में मेहमान था मैं भी

कितने ही चेहरे थे उसके
मिलकर खुद हैरान था मैं भी

मैं सहराओं में पानी ढूँढता हूँ
मैं इस जीवन के मानी ढूँढता हूँ

कभी देखा था इन आँखों में मैंने
मैं वो ठहरा सा पानी ढूँढता हूँ

वो खुशियाँ ढूँढते हैं ज़िन्दगी में
मैं उसमें ज़िन्दगानी ढूँढता हूँ

कभी आई न जो मेरे लबों पर
मैं वो भूली कहानी ढूँढता हूँ

जो न बदली वक़्त के साथ कभी
मैं वो बातें पुरानी ढूँढता हूँ

अपना चेहरा दिखाई देता है
जैसा चाहो सुनाई देता है

मैं यहाँ किसको क्या सुनता हूँ
दिल ही खुद को सफ़ाई देता है

उड़ ही जाते हैं खुद ब खुद पंछी
कौन किसको रिहाई देता है

सिर्फ़ उतना ही सच नहीं होता
जितना हमको दिखाई देता है

जब सितारे हैं तेरे गर्दिश में
क्यूँ किसी को बुराई देता है

विपिन सुनेजा 'शायक'

जन्मतिथि : 6.12.1954
शिक्षा : एम. ए., एम. एड.
प्रकाशन : ग़ज़ल-संग्रह 'मालकौंस' एवं 'पीड़ा का स्वयंवर' काव्य-संग्रह प्रकाशित। 'दीप जलता है अकेला' (काव्य-संग्रह) एवं अनेक स्मारिकाओं का सम्पादन। अनेक पत्र-पत्रिकाओं में रचनाएँ प्रकाशित
सम्मान/पुरस्कार : 'उदयभानु हंस कविता पुरस्कार' सहित दर्जनों संस्थाओं द्वारा सम्मानित
सम्प्रति : प्राध्यापक (अंग्रेजी)
सम्पर्क : स्मृति, 24, सिविल लाइन्स, कृष्णा नगर, रेवाड़ी (हरियाणा) 123401
फ़ोन : 01274 - 254754

कहानियाँ जब नई लिखो तो, कहीं मेरा भी बयान लिखना
बग़ावतों में था मैं भी शामिल, मुझे भी थोड़ा महान लिखना

हुआ हूँ पिंजरे में बन्द फिर भी, मेरा सफ़र तो रुका नहीं है
मैं अपने पर फड़फड़ा रहा हूँ, इसी को मेरी उड़ान लिखना

चले हुए रास्तों पे चलकर, पहुँच भी जाऊँ तो क्या करूँगा
कठिन सही पर है लक्ष्य मेरा, नया कोई संविधान लिखना

मैं जानता हूँ ये सारे टीले, ये सारे पर्वत मेरे लिए हैं
बस इतना करना कि मेरे रस्ते के अन्त में इक ढलान लिखना

जो मेरे हाथों पे लिख चुके हो, मैं उसके बारे में तो कहूँ क्या
न देना माथे को कोई रेखा, कभी न इस पर थकान लिखना

दर्द उगा है पल्लव जैसा
सूनेपन में उत्सव जैसा

हरदम हर पल नयनों में जल
निर्धन के घर वैभव जैसा

अन्तर्मन तक काँप उठा हैं
भूख का नर्तन ताण्डव जैसा

देख ज़रा यह मेरे भीतर
क्या है लावारिस शव जैसा

जीवन सारा बीत गया है
नेत्रहीन के शैशव जैसा

सुबह से ही काला गगन हो गया है
विषैला विषैला पवन हो गया है

मैं उसकी तबाही पे अन्दर से खुश हूँ
बड़ा हास्यास्पद रुदन हो गया है

किसी को चढ़ाना है सूली पे फिर से
सुना है कि मेरा चयन हो गया है

मैं सच की गवाही से घबरा गया हूँ
मेरी आत्मा का निधन हो गया है

नया घाव तुमने दिया आज मुझको
नई इक ग़ज़ल का सृजन हो गया है

करने चले थे प्रेम, सज़ा ठीक मिल गई
यह काम निर्धनों का नहीं, सीख मिल गई

सोचे बग़ैर उसपे ही चलता रहा सदा
खेंची हुई किसी की जहाँ लीक मिल गई

मेज़ों को थपथपाते रहे देर तक सभी
इक शोर था उसी में मेरी चीख़ मिल गई

मैं उसके द्वार जब भी गया न्याय माँगने
तो साल छह महीने की तारीख मिल गई

पीकर शराब खो गए सपनों के गाँव में
जब आश्वासनों की हमें भीख मिल गई

पीड़ा का है आज स्वयंवर, देखें धनुष उठाए कौन
अपने दिल के गर्म लहू से उसकी माँग सजाए कौन

अमृत और मदिरा के जाने कितने ग्राहक बन बैठे
पर हँस कर अपने अधरों से विष का पात्र लगाए कौन

कोई आगे आकर सच को फिर सिंहासन दिलवा दे
हैं तैयार समर्थन को सब, लेकिन आगे आए कौन

माना मेरे घर की ईंटें पत्थर सब कुछ हल्के हैं
पर मेरा वह ख़ून पसीना, उसका मोल चुकाए कौन

किसने पवनों में विष घोला, सावन हमसे रूठ गया
कौन मनाकर लाए उसको, अब मल्हार सुनाए कौन

स्वदेश कुमार भटनागर

जन्मतिथि : 18.12.1954, आगरा (उ.प्र.)
शिक्षा : एम.ए. (हिन्दी, दर्शनशास्त्र), पी-एच. डी. (दर्शन)
प्रकाशन : पत्र-पत्रिकाओं में रचनाएँ प्रकाशित
सम्प्रति : वैयक्तिक सहायक, जिला जज
सम्पर्क : 88, कोठीवाल नगर, मुरादाबाद (उ. प्र.) 244001
फोन : (0591) 3095324

आग जैसी नज़र में रहते हैं
हम अलावों के घर में रहते हैं

हमने माँगी थीं चाँद से किरनें
ये सज़ा, दोपहर में रहते हैं

ज़िन्दगी कम है कुछ तवक़्क़ों से
सोचकर, चश्मे-तर में रहते हैं

लोग बैठे हैं, साए चलते हैं
कैसे ख़ौफ़ो-ख़तर में रहते हैं

हर्फ़ो-अल्फ़ाज़ चूमने वाले
फ़ल्सफ़ों की डगर में रहते हैं

हम फ़क़ीरों को कोई क्या जाने
बैठे-बैठे सफ़र में रहते हैं

आज सूरज को क्या हुआ मौला
दिन निकलते ही छुप गया मौला

लोग फटते हैं ज्वालामुखियों से
हर बशर एक हादसा मौला

ख़ौफ़-सा उड़ रहा है मन्ज़र में
ज़ीस्त का चेहरा खो गया मौला

पी गए साए ख़ुद शजर अपने
वक़्त का हाल है बुरा मौला

दौरे-हाज़िर में हमपे क्या गुज़री
तूने देखा न वो सुना मौला

सोच के जिस्म में उतरते हुए
इक ग़ज़ल कह दी आह भरते हुए

थक गया कितना जिस्म धरती का
चाँद की मिल में काम करते हुए

है हथेली पै छाँव तो लेकिन
तितलियों की तरह ठहरते हुए

वक़्त की जीभ पर उगे काँटे
नक़्श छोड़ेंगे कुछ उभरते हुए

क्यूँ सहमता है इश्क़ का दरिया
पर्वतों से ज़रा उतरते हुए

जिस्म का आस्माँ नहीं होता
दर्द जलकर धुआँ नहीं होता

ज़हनो-दिल आयतों से लगते हैं
जिस्म जब दरम्याँ नहीं होता

आए हम क्यों, कहाँ को जाना है
राज़ ये क्यूँ अयाँ नहीं होता

कितने पत्थर से मुझमें उड़ते हैं
हर्फ़ जब भी ज़ुबाँ नहीं होता

लम्हा लम्हा बटोरकर साँसें
ज़िन्दगी का बयाँ नहीं होता

फाड़कर ख़्वाब किसने फेंके हैं
सुबह से मुँह सभी के टेढ़े हैं

आँख में दूर तक धुँधलका है
लोग सुनसान रस्तों जैसे हैं

बद-दयानत न हो यह छाँव कहीं
जिस्म पर धूप के अँगूठे हैं

ज़ीस्त में लग रहा है नक़्ब यहाँ
और हम नींद ओढ़े बैठे हैं

इक हरे से ख़याल की तह में
हर्फ़ आँसू के किसने भेजे हैं

दिनेश प्रभात

मूल नाम : दिनेश सक्सेना

जन्मतिथि : 6.2.1955, लखनवास (नरसिंह गढ़) माल:वांचल (म.प्र.)

शिक्षा : स्नातक

प्रकाशन : 'लहर ढूँढ़ता हूँ', 'बिजलियाँ पाँव में', 'आँखें नैनीताल हुईं' एवं 'झमाझम बारिश में' प्रकाशित। पत्र-पत्रिकाओं में रचनाएँ प्रकाशित

सम्मान/पुरस्कार : अनेक संस्थाओं द्वारा सम्मानित

सम्प्रति : एचई जी लि. मंडीदीप में अधिकारी

सम्पर्क : 'काव्यधारा' 56, सम्राट नगर, अशोका गार्डन, भोपाल - 462023 (म.प्र.)

फ़ोन : (0755) 5259993

मोबाइल : 9827398863

सलोनी बात भी अब तो दिलों में घर नहीं करती
धधकती आग भी पैदा किसी में डर नहीं करती

हमारे गाँव में अब भी हया के पेड़ फलते हैं
ससुर के सामने पलकें बहू ऊपर नहीं करती

मेरी तलवार से दुश्मन का कुछ रिश्ता-सा लगता है
नहीं तो, किसलिए धड़ से अलग वो सर नहीं करती

मुझे ये बादलों का झुंड पौरुषहीन लगता है
किसी भी एक की कोशिश गले को तर नहीं करती

लगा है आज फिर कोई कुल्हाड़ी लेके आया है
हवाएँ चल रहीं, पत्ती मगर 'सर-सर' नहीं करती

हमारे प्यार की खुशबू तुम्हारे देश जाएगी
हवा अपने-पराए में कभी अन्तर नहीं करती

बात-बात में नाक फुलाने की बीमारी ठीक नहीं
किसी दूसरे की सीमा में थानेदारी ठीक नहीं

एक चीज़ की दो परिभाषा, एक बात के मतलब दो
क़दम-क़दम पर यह चालाकी, यह मक्कारी ठीक नहीं

अनुमानों को सही मानकर, शंकाओं को सत्य समझ
निर्दोषों पर, मासूमों पर गोलाबारी ठीक नहीं

बड़े बड़े मसले बातों से चुटकी में हल होते हैं
ताक़त से हर युद्ध जीतने की तैयारी ठीक नहीं

कितनी देर लगा करती है सब कुछ स्वाहा होने में
एक रुई के व्यापारी के घर चिंगारी ठीक नहीं

जब से झूठे बैर खिलाए तू शबरी-सी लगती है
साँस साँस, धड़कन धड़कन अंताक्षरी-सी लगती है

तेरे दुःख का सारा सागर मैं पीने को आतुर हूँ
क्यों तेरी फिर आँख मुझे यह भरी भरी-सी लगती है

माँ के आँचल में छुपकर मैं राजकुँवर बन जाता था
बचपन की हर याद अभी भी सोनपरी-सी लगती है

जब से जलती हुई रेल का अख़बारों में चित्र छपा
मेरी बेटी सदा सफ़र में डरी डरी-सी लगती है

सच सुनने का उनमें साहस कल भी कब था, आज भी कब
इसीलिए तो बात हमारी खरी खरी-सी लगती है

कई मासूम बच्चों को यहाँ पर छल गया बचपन
उमर थी मोम की, इस्पात में पर ढल गया बचपन

शहद की चूसनी मुँह में लिए पलने में तुम सोए
पराई झिड़कियाँ खाकर किसी का पल गया बचपन

हमारे पास सपनों के पखेरू किसलिए आते
कड़कती ठंड में कच्ची फ़सल-सा जल गया बचपन

ज़रा-सी याद आते ही छलक पड़ती हैं ये आँखें
बहुत अच्छा हुआ जल्दी हमारा टल गया बचपन

जवानी ने तो चेहरे पर हमेशा कालिखें पोतीं
बड़प्पन देखिए मुखड़े पे लाली मल गया बचपन

पीड़ाएँ दिन दूनी हैं
चोटें सब अन्दरूनी हैं

कहना कभी न मानेंगे
सारे दर्द जुनूनी हैं

सुख बेचारे गूँगे हैं
दुख लेकिन बातूनी हैं

रात सुराओं में कटती
दिन में रमती धूनी हैं

कुआँ चीख़कर कहता है
सब ऊँचाई छूनी हैं

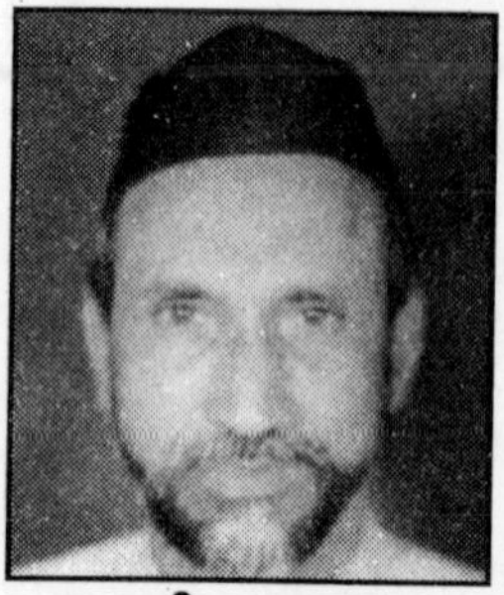

सगीर 'शाद'

जन्मतिथि : 16.4.1955

शिक्षा : बी.ए., बी.एड., एच.एम.डी.एस., आलिम-कामिल-फ़ाज़िल

प्रकाशन : पत्र-पत्रिकाओं में रचनाएँ प्रकाशित। शे'री मजमुआ 'मेरा ख़्वाब' प्रकाशनाधीन

सम्मान/पुरस्कार : 'शाइरे-वतन' (बज़्मे-सईद, झाबुआ, म.प्र.) सहित अनेक संस्थाओं द्वारा सम्मानित

सम्प्रति : शासकीय सेवा

सम्पर्क : शीतला माता मन्दिर, पो. छबड़ा (बाराँ) राजस्थान - 325220

फ़ोन : 07452 223241

अपनी आमद का भी पैग़ाम सहर ने ना दिया
रात बाक़ी रही और साथ क़मर ने ना दिया

ख़ूने-दिल दे के जिसे सींचा था बरसों मैंने
फल तो क्या साया भी उस घर के शजर ने ना दिया

टूटकर टुकड़े हुआ आइना लेकिन उसने
देखने वाले के चेहरे को बिखरने ना दिया

हमने चाहा तो बहुत ज़ब्ते-मुसलसल की क़सम
तेरे वादे ने शबे-ग़म से गुज़रने ना दिया

अपनी पलकों में छिपाए हुए रखा आँसू
'शाद' रुसवाई के डर से उसे गिरने ना दिया

बढ़ती रही यह प्यास बड़ी देर हो गई
दरिया था मेरे पास बड़ी देर हो गई

कैसे हो ग़म शनास बड़ी देर हो गई
रहते हुए उदास बड़ी देर हो गई

लिल्लाह अब न होश में आने की बात कर
खोए हुए हवास बड़ी देर हो गई

साक़ी की नीमबाज निगाहों का था असर
तोड़े हुए गिलास बड़ी देर हो गई

हल कर सका न फ़लसफ़ाए-ज़िन्दगी को 'शाद'
लेते हुए क्लास बड़ी देर हो गई

इन्साँ के ज़हनो-दिल पे जब छाता है तअस्सुब
पानी की तरह ख़ून बहाता है तअस्सुब

दुश्मन को दोस्त दोस्त को दुश्मन की शक्ल में
चेहरे बदल बदल के दिखाता है तअस्सुब

हमदर्दी यह ख़ुलूस मोहब्बत को छीनकर
जुल्मो-सितम को दिल में बिठाता है तअस्सुब

यह झूठे वाक़ेआत किताबों में छापकर
नफ़रत की आग दिल में लगाता है तअस्सुब

नक़्शे-क़दम पे मिलके चलें 'शाद' उसके हम
उल्फ़त से जो दिलों को मिटाता है तअस्सुब

जब से छोड़ा है तूने मेरा साथ रे
दिन गुज़ारा कहीं और कहीं रात रे

दीप ख़ुशियों के जलते थे जिनमें कभी
उन्हीं आँखों से होती है बरसात रे

होके मायूस तारे भी छिपने लगे
आ भी जा आ भी जा अब चली रात रे

क्यों मुक़द्दर का रोना है शामो-सहर
तू जो बदलेगा बदलेंगे हालात रे

वही समझेगा बस 'शाद' के दर्द को
जिसके सीने में है ग़म की सौग़ात रे

ख़ामोश होके लोगो सुनो देखो क्या हुआ
यह कैसा शोर बस्ती में हर जा बपा हुआ

देखा है जिसने आँख से मन्ज़र फ़साद का
बच्चा हुजूम से है वोह अब भी डरा हुआ

रोशन है जिस जमाल से यह कायेनात कुल
रहता है वही सबकी नज़र से छिपा हुआ

वो जाके देखो शहरे-ख़मोशाँ में जा बसा
रहता था कल जो बस्ती में सबसे मिला हुआ

उस घर को बोरिया भी मयस्सर नहीं है 'शाद'
रहता था फ़र्शे-मखमली जिसमें बिछा हुआ

सुरेन्द्र चतुर्वेदी

जन्मतिथि : 16.5.1955

शिक्षा : एम.ए. (हिन्दी, मनोविज्ञान)

प्रकाशन : 'दर्द बे अंदाज़', 'वक़्त के ख़िलाफ़', 'अन्दाज़े-बयां और', 'आसमाँ मेरा भी था', 'अंजाम ख़ुदा जाने' ग़ज़ल-संग्रहों सहित कविता, उपन्यास आदि विधाओं की अनेक पुस्तकें। पत्र-पत्रिकाओं में रचनाएँ प्रकाशित।

सम्मान/पुरस्कार : अनेक संस्थाओं द्वारा सम्मानित

सम्प्रति : निजी व्यवसाय

सम्पर्क : ग़ज़ल, कुन्दन नगर, अजमेर (राज.)-305007,
फोन : 2632871-72, 2627788,
मो. 9829271388

नज़र से दूर रह कर भी हर इक मंज़र से गुज़रा हूँ
मैं अक्सर डूबकर खुद में तेरे भीतर से गुज़रा हूँ

इलाही तुझसे मिलने को बहुत बेताब होकर मैं
कभी इस दर से गुज़रा हूँ कभी उस दर से गुज़रा हूँ

मुझे हर बार तिनकों से ही अपना घर बनाना है
इसी कोशिश में कितने मौसमों के डर से गुज़रा हूँ

महकने जब कभी मुझमें लगी इक गुमशुदा ख़ुशबू
लगा मुझको कि मुद्दत बाद तेरे घर से गुज़रा हूँ

लिये हैं हौसलों के बारहा खुद इम्तिहाँ मैंने
मुसलसल बनके दरिया मैं, खुदी के सर से गुज़रा हूँ

कहाँ गुम हो गया है याख़ुदा परवाज़ का जादू
न जाने आज फिर मैं कौन से अम्बर से गुज़रा हूँ

तिरी चौखट मिलेगी एक दिन ये सोचकर यारब
हज़ारों बार इस दुनिया की मैं ठोकर से गुज़रा हूँ

गुमशुदा है ज़िन्दगी का कारवाँ भी और मैं भी
रह गई आधी-अधूरी दास्ताँ भी और मैं भी

तंग ज़ेहनों में कहाँ सिमटेंगे आख़िर हम बताओ
दूर तक फैला हुआ है आसमाँ भी और मैं भी

पढ़ रहे थे आयतें आँखों में इक दूजे की लेकिन
था बहुत ख़ामोश मेरा हमज़बाँ भी और मैं भी

चोंच में तिनके दबा कर तय सफ़र करता रहा मैं
तब कहीं जाकर बना है आशियाँ भी और मैं भी

आशियाँ बारिश में जब तामीर मेरा हो रहा था
ख़ैरमक़दम कर रही थीं बिजलियाँ भी और मैं भी

आशियाँ मेरा जलाकर बिजलियाँ रोती रहीं
उम्र भर मुझमें किसी की सिसकियाँ रोती रहीं

शोर तो गुम हो गया गलियों में ढलती शाम तक
रात भर लेकिन हज़ारों चुप्पियाँ रोती रहीं

सूखते दरिया पे उड़ते बादलों को देखकर
क्या बताऊँ मुझमें कितनी मछलियाँ रोती रहीं

कब समुन्दर देखता है मुड़ के पीछे रेत को
बेख़बर इस बात से कुछ सीपियाँ रोती रहीं

काँपते हाथों से ख़त तो लिख दिया तुझको मगर
देर तक तन्हाइयों में उँगलियाँ रोती रहीं

अफ़सोस ज़िन्दगी का कभी था न है न होगा
हमें शौक़ ख़ुदकशी का कभी था न है न होगा

एहसास जिस घड़ी में, उसका हुआ था मुझको
आलम वो रोशनी का, कभी था न है न होगा

ख़ुशियों की हर घड़ी को यादों में क़ैद रख लो
मौसम फ़क़त ख़ुशी का, कभी था न है न होगा

रुसवाइयों का जंगल, तन्हाइयों से काटे
ऐसा कोई मसीहा, कभी था न है न होगा

मज़हब कोई बड़ा है इन्सान की हँसी से
ये ख़याल शायरी का, कभी था न है न होगा

जो बन कर बस नहीं पाया वही घर हो गया हूँ मैं
किसी बेवा हथेली का मुक़द्दर हो गया हूँ मैं

यक़ीनन मुझको क़िस्मत ने तो क़तरा ही बनाया था
मगर फ़ितरत मिली ऐसी समुन्दर हो गया हूँ मैं

बुझे दीये सरीखा जिस्म मेरा था अँधेरे में
ये किसका ज़िक्र आते ही मुनव्वर हो गया हूँ मैं

तेरे घर का पता बतला दिया जब से फ़क़ीरों ने
कहाँ महसूस होता है कि बेघर हो गया हूँ मैं

अता मुझ पर भी होंगी रहमतें नूरे-इलाही की
इसी उम्मीद को लेकर सुख़नवर हो गया हूँ मैं

विश्वम्भर नाथ शुक्ल

जन्मतिथि : 22.6.1955, कालपी (जालौन) उ.प्र.
शिक्षा : इण्टरमीडिएट, अदीब
प्रकाशन : पत्र-पत्रिकाओं में रचनाएँ प्रकाशित
सम्मान/पुरस्कार : अनेक संस्थाओं द्वारा सम्मानित
सम्प्रति : कृषक। नगर अध्यक्ष, 'व्यवस्था बदलो संघर्ष समिति' कालपी
सम्पर्क : 128, मिर्जा मण्डी, कालपी - 285204 (उ.प्र.)

ज़ुल्फ़ें हैं घटा जैसी और चाँद सा चेहरा है
हमने तुम्हें पहले भी शायद कहीं देखा है

बिखरी हुई ज़ुल्फ़ें हैं, उतरा हुआ चेहरा है
लगता है किसी ग़म ने उनको भी सताया है

वो चाँदनी रातों में जब घर से निकलता है
खिलती हैं हसीं कलियाँ, गुलज़ार महकता है

वादे हैं, भुलावे हैं, छल-छन्द है धोखा है
हमने तेरी चाहत को अच्छी तरह परखा है

उनको मेरी हालत पर आता भी तरस कैसे
पत्थर के सनम थे वो, हमने जिन्हें पूजा है

जब आप किसी का भी सम्मान नहीं करते
क्यों अपने मुहल्ले में 'घायल' को बुलाया है

हम जहाँ सर झुका के बैठ गए
वो वहीं पास आ के बैठ गए

उस ज़ुलेख़ा पे सैकड़ों यूसुफ़
अपना दावा जता के बैठ गए

राहे-उल्फ़त में क्या बताएँ हम
दिल सा रहबर गवाँ के बैठ गए

उनकी महफ़िल में कोई क्या जाए
जो गए दिल लुटा के बैठ गए

सुन के 'घायल' मुशायरे की ख़बर
हम भी महफ़िल में जा के बैठ गए

उम्र भर हम सुकूँ न पाएँगे
वो अगर हमसे रूठ जाएँगे

अपने दिल से तुम्हारी यादों को
उम्र भर हम भुला न पाएँगे

आएगी मौत की घड़ी जिस दम
तार साँसों के टूट जाएँगे

वो ख़फ़ा हो गए अगर हमसे
फिर किसे हाले-दिल सुनाएँगे

बिजलियों का है घर जहाँ 'घायल'
हम वहीं आशियाँ बनाएँगे

हर चाहने वाले को ये मालूम रहा है
कुछ दिन तो गुनहगार भी मासूम रहा है

आँखों से जिसे उसने पिलाई वो शराबी
मदहोश है रह-रह के अभी झूम रहा है

उसको कभी संसार में राहत न मिलेगी
जो दर्द की सौग़ात से महरूम रहा है

दामन में समेटे हुए विज्ञान की दौलत
संसार में हर सम्त बशर घूम रहा है

औक़ात ही क्या अख़्तरो-अन्जुम की है 'घायल'
इंसान के पैरों को क़मर चूम रहा है

जिसपे तेरा करम हो गया
वो बशर मुहतरम हो गया

कोई दीवाना सूली चढ़ा
सर किसी का क़लम हो गया

धीरे-धीरे घटीं दूरियाँ
फ़ासला कम से कम हो गया

जिस जगह मैंने सजदा किया है
उनका नक़्शे-क़दम हो गया

लोग 'घायल' समझने लगे
जब से उनका करम हो गया

प्रमोद कुमार कुश

जन्मतिथि : 5.7.1955, सबदलपुर (सहारनपुर) उ. प्र.

शिक्षा : एम. टेक

प्रकाशन : ग़ज़ल-संग्रह (उर्दू) 'आँसू भी खनकते हैं' एवं कविता संग्रह 'भ्रम के दायरे' व 'बुरे फँसे बनवारी लाल' व्यंग्य नाटक-संग्रह/अनेक पत्र-पत्रिकाओं में रचनाएँ प्रकाशित।

सम्मान/पुरस्कार : 'सुधा-वाणी सम्मान' (गुजरात) सहित अनेक संस्थाओं द्वारा सम्मानित/अलंकृत।

सम्प्रति : केन्द्र सरकार के अधीनस्थ कार्यालय में निदेशक

सम्पर्क : द्वारा, डॉ. एस. शर्मा, के. एफ–130 देवशक्ति, नया कविनगर, गाज़ियाबाद (उ. प्र.)

मो. 09825975988, 09825645648

हर सुबह् इक और ग़म की इब्तिदा है आदमी
दिन ढले मायूसियों की इंतिहा है आदमी

आईना तो काँच ठहरा काँच से उम्मीद क्या
आदमी के साथ चलिए आईना है आदमी

ढूँढता है चन्द ख़ुशियाँ चन्द अपनों के लिए
कुछ भला कुछ कुछ बुरा है और क्या है आदमी

आदमी से आदमी की गुफ़्तगू है कम मगर
आदमी के तज़्किरों में मुद्दआ है आदमी

वो छुपा बैठा फ़लक पे सामने आता नहीं
क्या करे वो जानता है क्या बला है आदमी

वक़्त उसका मौज उसकी और उसके ही भँवर
वो समुन्दर का ख़ुदा है नाख़ुदा है आदमी

एक 'तनहा' की सिसकती तीरगी से पूछिए
किस तरह शामो-सहर तिल-तिल जला है आदमी

पैरों तले ज़मीन रख सर आसमाँ पे रख
शोले जिगर में रख मगर शबनम ज़ुबाँ पे रख

चिंगारियों का दौर है हर सू धुआँ उठे
अच्छा है तू भी इक नज़र अपने मकाँ पे रख

राहों की ग़र्द ही तुझे मंज़िल दिखाएगी
थोड़ा जुनूँ थोड़ा यक़ीं बस कारवाँ पे रख

बिखरें कहीं न टूट के रिश्तों के आइने
लफ़्ज़ों पे रख लगाम तू क़ाबू बयाँ पे रख

महकेगी दास्ताँ तेरी 'तनहा' गुलाब सी
हर ग़मज़दा के दर्द को तू जिस्मो-जाँ पे रख

हैं आप माहताब तो बेशक हुआ करें
रोशन यहाँ चिराग़ है बच कर चला करें

इक और मुलाक़ात को वो बेक़रार हो
बस पहली मुलाक़ात पे इतना खुला करें

हमने दवा तो की मगर रिश्ते न बच सके
अब दूरियाँ निभा सकें आओ दुआ करें

ख़ामोशियों का और ही मतलब न ले कोई
होंठों का इस्तेमाल भी थोड़ा किया करें

जाती हैं हिचकियाँ हमें मुश्किल में डाल के
'तनहा' का नाम रात को कम ही लिया करें

इक चाँद की तलाश में भटके हैं रात भर
तारों के साथ साथ हम जागे हैं रात भर

रंजिश है या कि इश्क़ है कुछ तो ज़रूर है
लेकर हमारा नाम वो सिसके हैं रात भर

ख़ामोश हैं वो ये कहीं इक़रार ही न हो
खुद को तसल्लियाँ यही देते हैं रात भर

दिन भर जो सिर्फ़ बन के धुआँ घूमते रहे
बादल मेरी निगाह के बरसे हैं रात भर

मिलती नहीं जगह कहीं 'तनहा' सुकून की
ख़्वाबों की अंजुमन को भी तरसे हैं रात भर

हम चले हम चल दिए हम चल पड़े
आज फिर माथे पे उनके बल पड़े

नींद सहलाएगी माथा उम्र भर
आँख पे माँ का अगर आँचल पड़े

आज हम पे आ पड़ा है वक़्त ये
आप की क़िस्मत में शायद कल पड़े

रुक गए मेरे क़दम क्यूँ दफ़अतन
रास्ते कुछ दूर जो समतल पड़े

इक तसव्वुर एक 'तनहा' रात थी
हर तरफ़ लाखों दिए क्यूँ जल पड़े

नासिर अली 'नदीम'

जन्मतिथि : 1.10.1955, जालौन (उ.प्र.)

शिक्षा : माध्यमिक शिक्षा, तदुपरान्त निरन्तर स्वाध्याय

प्रकाशन : पत्र-पत्रिकाओं में रचनाएँ प्रकाशित। 'ज़ीनत-ए-ज़ुबाँ', 'सलामो-पयाम', 'सबकी ख़ैर-खबर' का सम्पादन

सम्मान/पुरस्कार : ग़ज़ल शिल्प के प्रचार एवं काव्य-सृजन हेतु अनेक संस्थाओं द्वारा सम्मानित

सम्प्रति : निजी व्यवसाय

सम्पर्क : 41/1, नारोभास्कर, जालौन (उ.प्र.) 285123

फ़ोन : 05168 - 222170 (पी.पी.)

पालते हैं अपने मन में क्षुद्र ही जो कामनाएँ
खोजते हैं प्यार में व्यापार की सम्भावनाएँ

अन्य कोई रोकने सत्पंथ में आया नहीं है
आई हैं सम्मुख स्वयं की लालसाएँ, वासनाएँ

चाहे 'मन का साधना' हो, चाहे 'नीयत बाँधना' हो
सब उसी को प्राप्त करने के लिए हैं साधनाएँ

क्या परीक्षा और उत्पीड़न में कुछ अन्तर नहीं है
क्यों परीक्षा कह के देते हो किसी को यातनाएँ

है 'नदीम' इक ऐसा अद्‌भुत सत्य उसका रूप जग में
जिसके सम्मुख, क्षीण-कौतूहल हैं सारी कल्पनाएँ

काठ जैसे न युग-अग्नि में तुम जलो
प्राण रहते हुए, कर सको, सो करो

बीज हो तो धरा चीरकर उग पड़ो
और जो वृक्ष हो तो फलो, छाँव दो

जल उचित, रस उचित, क्षीर-अमृत उचित
किन्तु हे मानवो! रक्त तो मत पियो

यह समय 'सत्य की जीत वाला नहीं'
भ्रान्ति यह तोड़ दो, तोड़ दो, तोड़ दो

इससे बढ़कर कोई साधना ही नहीं
जो करो सो कहो, जो कहो सो करो

प्रेम वाणी से होता नहीं है प्रकट
मन की भाषा अगर पढ़ सको, तो पढ़ो

बाहरी शत्रुओं से तो लड़ते हो पर
अपने अन्दर बसे शत्रु से भी लड़ो

जिसकी पूजा करें एकमत हो सभी
मूर्ति ऐसी कोई गढ़ सको तो गढ़ो

हो 'नदीम' उससे नीचे उतरना न फिर
इतनी गहराई वाली ऊँचाई चढ़ो

नर्क भी, स्वर्ग भी जीवन को बना सकते हो
इनसे ऊपर भी जो चाहो तो उठा सकते हो

अग्निधारक भी है, शीतल भी बहुत है चंदन
जैसे चाहो उसे उपयोग में ला सकते हो

मुझको रुचिकर, न अरुचिकर है कथा और न व्यथा
बोझ हल्का हो तुम्हारा तो सुना सकते हो

बीतना धर्म समय का है, वो बीतेगा ही
आप रो-रो के भी, गाकर भी बिता सकते हो

हो 'नदीम' उसको सुलाए हुए अवचेतन में
जागकर तुम, उसे चाहो तो जगा सकते हो

सत्य से सारे सम्बन्ध तोड़े हुए
फिर रहे हैं अहंकार ओढ़े हुए

आज मस्तक भी कोई नहीं पूजता
कल के पुजते हैं पगचिन्ह छोड़े हुए

सत्य पर, धर्म पर, न्याय पर क्या टिकें
आत्मा से जो अपनी भगोड़े हुए

पूर्वयुग के मनुज थे मनुजता-व्रती
हाय नवयुग! कि हम से निगोड़े हुए

चाहते हो सफलता 'नदीम' आप तो
कर्म को छोड़, कर क्यों हो जोड़े हुए

अजय जनमेजय

जन्मतिथि : 28.11.1955, हस्तिनापुर (उ.प्र.)

शिक्षा : बी.एस-सी., एम.बी.बी.एस., डी.सी.एच. (आगरा)

प्रकाशन : 'सच सूली पर टँगने हैं', 'तुम्हारे बाद' (ग़ज़ल-संग्रह), 'अक्कड़ बक्कड़ हो हो हो' एवं 'हरा समुन्दर गोपी चन्दर'। बाल गीत-संग्रह एवं बाल कहानी-संग्रह। 'हिन्दी ग़ज़ल यात्रा', 'हिन्दी की चर्चित ग़ज़लें', 'ईचकदाना बीचकदाना' (बाल कविता संग्रह) 'समय की शिला पर' दोहा-संग्रह सहित अनेक संकलनों का सम्पादन

सम्मान/पुरस्कार : दुष्यंत अवार्ड, शकुंतला सिरोठिया पुरस्कार, श्रीमती रतन शर्मा पुरस्कार राष्ट्रधर्म गौरव सम्मान, सहित अनेक संस्थाओं द्वारा सम्मानित एवं अलंकृत

सम्प्रति : शिशु रोग विशेषज्ञ

सम्पर्क : पो. बा. 16, सिविल लाइंस, बिजनौर (उ. प्र.) एवं 417, रामबाग कालोनी, सिविल लाइंस, बिजनौर (उ.प्र.) 246701
फ़ोन : 01342 (नि.) 262233, (का.) 262766 मो. 9412215952

मुश्किलें और बढ़ीं और बढ़ीं, हल न मिला
बाद तेरे जो बढ़ी प्यास तो फिर जल न मिला

अपनी ही चोट के मारे मिले, पागल जो मिले
ग़ैर के दर्द में पागल कोई पागल न मिला

अबके सूखा वो पड़ा दर्द की खेती भी जली
अबके आँखों में बरसता हुआ बादल न मिला

सब ही बेचैन थे कल के लिए, हम भी तुम भी
सबको जीवन में मगर आज मिला, कल न मिला

शह्र की भीड़ में सब लोग ही ज़ख़्मी थे 'अजय'
युद्ध की भूमि में लेकिन कोई घायल न मिला

हँसते बच्चे तलाश करता हूँ
हाँ फरिश्ते तलाश करता हूँ

मन की माला अभी अधूरी है
मन के मनके तलाश करता हूँ

जिनसे पत्थर के बुत तराश सकूँ
मैं वो शीशे तलाश करता हूँ

धूप को ढूँढता हूँ रातों में
दिन को तारे तलाश करता हूँ

जब से देखा उन्हें 'अजय' मैंने
दिल क़ो अपने तलाश करता हूँ

याद से ग़ाफ़िल तेरी मेरा कोई लम्हा न था
मैं अकेले रह के भी तन्हा रहा, ऐसा न था

धूप में जलने-तड़पने के सिवा चारा न था
प्यास में तपता हुआ सहरा था मैं, दरिया न था

कम ही होंगे दोस्तो, हमसे फ़क़ीराना मिज़ाज
हमने वो भी खो दिया है, जो कभी पाया न था

मैं ये कैसे जान पाता चाँदनी में आग है
चाँदनी में आज तक तन्हा कभी भीगा न था

ऐसे घर में रहके तुम करते भी क्या, सोचो 'अजय'
सायबाँ था सर पे लेकिन, प्यार का साया न था

मैं इस दुनिया में जीवित हूँ मुझे अहसास रहने दे
ज़रा-सी देर ऐ दिल! मुझको मेरे पास रहने दे

हवा के मस्त झोंके की तरह आकर गुज़र भी जा
मेरे उपवन में पलभर का सही मधुमास रहने दे

बहुत मुँहज़ोर होते हैं तमन्नाओं के रेले भी
तू अपने हाथ ही में अश्व-मन की रास रहने दे

वह मेरे साथ है औ' सामने है दूर तक सागर
बहुत ही ख़ूबसूरत आस है, यह आस रहने दे

पिए जाऊँ मैं जीवनभर, न कम हो प्यार का अमृत
मैं प्यासा हूँ, मैं प्यासा हूँ मुझे यह प्यास रहने दे

देख अभी इस मलबे-नीचे पत्थर और मिलें
जाने कितनी किरचें मेरे भीतर और मिलें

जाते-जाते दी है दुनिया! हमने एक दुआ
चाहने वाले तुझको हमसे बेहतर और मिलें

रौंद चुका हूँ कितने मरुथल जल के धोखे में
आगे जाने कितने सूखे सागर और मिलें

किसको ख़बर भटकाने वाले हम से राही को
रस्ता-रस्ता कितने ऐसे रहबर और मिलें

दुःख देने वाले से ताज़ा चोटें माँग 'अजय'
इन ख़ाली आँखों को मोती-गौहर और मिलें

हसनैन मुस्तफाबादी

मूल नाम : सैयद गुलाम अबुल हसनैन

जन्मतिथि : 30.11.1955, मुस्तफाबाद, सराय आकिल (इलाहाबाद)

शिक्षा : एम.ए., एल.एल.बी.

प्रकाशन : पत्र-पत्रिकाओं में रचनाएँ प्रकाशित

सम्मान/पुरस्कार : अनेक संस्थाओं द्वारा सम्मानित

सम्प्रति : निजी सचिव, उच्च न्यायालय, इलाहाबाद

सम्पर्क : 61/25-सी, अटाला, इस्लामपुर इलाहाबाद (उ.प्र.)
फ़ोन : (नि.) 2652720, (का.) 2420905, मो. 9415215064

सिर्फ़ मुझ पर इश्क़ की जादूगरी है आज तक
दास्ताने-दिल मेरी ग़म से भरी है आज तक

हो गया हूँ गो कनाराकश जहाने-इश्क़ से
फिर भी मुझ से हुस्न की बाज़ीगरी है आज तक

कल भी थे हम अम्न के हामी हैं हामी आज भी
कुफ़्र परवर ज़ेह्न में फ़ितनागरी है आज तक

ज़हर देकर तुमने चाहा था मिटा डालें मगर
इश्क़ के गुलशन की हर पत्ती हरी है आज तक

हुक्मराँ जो आज है 'हसनैन' जिसके दम से है
मर रहे हैं भूख से वह भुखमरी है आज तक

कोई हमदम न कोई मूनिसो-यावर निकला
जो भी निकला वह लिए हाथ में ख़ंजर निकला

मेरी दीवानगीए-इश्क़ यहाँ तक पहुँची
जिसको देखा वह लिए हाथ में पत्थर निकला

मैं तो रुसवा ही हुआ, आप भी महफ़ूज़ नहीं
क्या कहूँ आपके कूचे से मैं क्योंकर निकला

सर झुका करके गुज़रना था वहाँ से गुज़रे
मुद्दआ दिल का मगर दिल से न बाहर निकला

कोई 'हसनैन' न हमदर्द ग़रीबों का मिला
यूँ तो इस शह्र में रातों को मैं अकसर निकला

देखें कब चश्मे-करम उनकी इधर होती है
बस सहारा है यही जिस पे बसर होती है

दर्दो-ग़म ने मुझे पहुँचा दिया इस मंज़िल पर
अब न अपनी भी मुझे कोई ख़बर होती है

दिल भी टूटा है शिकस्ता है मेरा पहलू भी
देखें कब चाहने वालों को ख़बर होती है

शब में पड़ती है मुसीबत तो यही सोचता हूँ
क्या खुशी की भी ज़माने में सहर होती है

बावजूद इसके नहीं चाहते दुश्मन फिर भी
चैन से ज़िन्दगी 'हसनैन' बसर होती है

काश कोई पूछता मेरे दिले नाशाद से
फ़ायदा हासिल हुआ कुछ नालओ-फ़रयाद से

जो नहीं मायूस होता हक़ निगर हमदाद से
डर नहीं सकता कभी वह ज़ुल्मो इसतिबदाद से

सह रहे हैं ज़ुल्म और फ़रयाद कर सकते नहीं
साबक़ा एक नातवाँ का हो गया जल्लाद से

अब मेरे आँसू भी मेरा साथ दे पाते नहीं
सामना है रोज़ मेरा एक नई उफ़ताद से

ग़ैर से शिकवा नहीं 'हसनैन' वह कोई भी हो
अब तो डर लगता है सुनकर अपनी ही रुदाद से

राह दुश्वार है हर गाम पे दुश्वारी है
फिर भी सहराए-मुहब्बत का सफ़र जारी है

की न भूले से अदायत भी मरीज़े-ग़म की
क्या ज़माने में यही रस्मे-वफ़ादारी है

उनकी फ़ुरक़त में मेरे दिल की अजब हालत है
आँसू आँखों से नहीं ख़ूने-जिगर जारी है

ये है बीमारे-मुहब्बत की वफ़ाओं का सिला
ग़ैर से पूछते हैं क्या इन्हें बीमारी है

अहले-दौलत तो हैं 'हसनैन' बड़ी राहत में
अहले-गुरबत में मगर शामो-सहर भारी है

उषा मोंगा

जन्मतिथि : 22.2.1956, फाजिल्का (पंजाब)
शिक्षा : आर.एम.पी
प्रकाशन : काव्य-संग्रह 'दर्द मेरे शहर का'। पत्र-पत्रिकाओं में रचनाएँ प्रकाशित
सम्मान/पुरस्कार : अनेक संस्थाओं द्वारा सम्मानित
सम्प्रति : प्रधान, त्रिवेणी कला कुंज, कठुआ
सम्पर्क : आशीर्वाद क्लीनिक, कालेज रोड, कठुआ (जे. एंड के.) 184101
फ़ोन : 01922233141

आइने से कह दो कोई बात करना छोड़ दे
राज़ जो मेरे हैं, इसके पास मुझको मोड़ दे

ये ज़माना बेवफ़ा है, इसने तुझको दुख दिए
मुझको समझाता है, पगली, ये जहाँ तू छोड़ दे

कोई ऐसा हो, जो हमको फिर मिला दे एक बार
कोई तो ऐसा हो, आकर जो दिलों को जोड़ दे

अक्स धुँधले-धुँधले से आते हैं अब इसमें नज़र
आ किसी दिन और मेरा शीशाए-दिल तोड़ दे

कल बुलाकर पास मुझको, बात ये कहने लगा
जुल्म के आगे न झुक, पंजा ही उसका मोड़ दे

तमन्ना ये है, मैं खुद को मिटा दूँ
ज़माने की सभी, रस्में निभा दूँ

न रक्खूँ याद, मैं कोई भी शिकवा
हैं जितने भी गिले, सबको भुला दूँ

नहीं अपना हुआ कोई, तो क्या है
मैं जीवन को, अकेले ही बिता दूँ

निभाने ही से, निभते हैं, ये रिश्ते
ये कोशिश है मिरी, सबको बता दूँ

दिलों में दूरियाँ, लेकिन मिले क्यों
चलो मैं फ़ासले, सारे मिटा दूँ

कुछ भी तो मुश्किल नहीं, गर ठान लो
ज़िन्दगी आसान है, गर मान लो

अड़चनों को मुस्कुरा कर झेल जाओ
दर्द इक पल के लिए है, मान लो

ज़िन्दगी ज़िन्दा दिली का नाम है
ज़िन्दा रहना है तो, ये तुम जान लो

ज़िन्दगी की रौनके हैं, चार दिन
इस हक़ीक़त को भी तुम, पहचान लो

चढ़ते सूरज की तो, पूजा सब करें
है मज़ा, जब गिरतों को थाम लो

कोई रोने का बहाना चाहिए
आँसुओं में डूब जाना चाहिए

दुश्मनों ने यह नसीहत हमको दी
दोस्तों से ख़ौफ़ खाना चाहिए

जो ख़िजाँ में भी महकता ही रहे
गुलसितां ऐसा खिलाना चाहिए

तुमसे उम्मीदे-वफा, तब थी, न है
प्यार, उल्फ़त भूल जाना चाहिए

रो न दूँ, मैं अपने ही हालात पर
जुल्म इतना भी न ढाना चाहिए

मैं कैसे बताऊँ हुआ क्या सितम है
बस इतना समझ लो कि आँखों में दम है

बहुत आज़माया ज़माने को हम ने
यहाँ दर्द ही दर्द है, प्यार कम है

उठे जब जनाज़ा हमारा जहाँ से
न आँसू बहाना, तुम्हें ये क़सम है

सदा मुस्कुराते, मुझे सबने देखा है
कोई बात है, आँख मेरी जो नम है

जो है बेवफ़ाई में, सरताज सब का
हमारा सनम है, हमारा सनम है

नरेश शर्मा दीनानगरी

जन्मतिथि : 2.3.1956, दीनानगर (गुरदासपुर)
शिक्षा : बी.ए., प्रभाकर
प्रकाशन : 'सुबह होने को है', 'धूप में नंगे पाँव' आदि संकलनों में कहानियाँ, तथा 61 अनुवाद प्रकाशित। अनेक पत्र-पत्रिकाओं में रचनाएँ प्रकाशित
सम्मान/पुरस्कार : अनेक साहित्यिक संस्थाओं द्वारा सम्मानित
सम्प्रति : सरकारी सेवा
सम्पर्क : 434-ए, न्यू शास्त्री नगर, पठानकोट - 145001 (पंजाब)
फ़ोन : 0186 - 2230939

बूँद माँगी थी समन्दर दे गया
डूबने का साथ ही डर दे गया

कैसे उड़ता चाह कर भी दूर तक
सरफिरा इक तोड़ कर पर दे गया

हम जिसे छोड़ आए थे दीनानगर
याद आकर दीदा-ए-तर दे गया

जो दो गज़ के वास्ते लड़ता रहा
जाते जाते सारा अम्बर दे गया

ज़िन्दगी का यह सफ़र आसान हो
चाहतों के मील-पत्थर दे गया

खोल कर खिड़की के पट कोई 'नरेश'
शायरी के हमको दफ़्तर दे गया

इस नगरी में रहना हमने सीख लिया
चुप रहकर, सब कहना हमने सीख लिया

सब दर्रे, सब रस्ते बेशक बन्द हुए
अश्कों-अश्कों बहना हमने सीख लिया

तुम धरती के ऊपर रहकर बेकल हो
नींव तले सब सहना हमने सीख लिया

चन्द मुखौटे, चन्द नकाबें औ' परदे
तुमने जो जो पहना हमने सीख लिया

धूप, हवा में खोज हमारी लाहासिल
रेत के नीचे बहना हमने सीख लिया

उल्फ़तों को हर घड़ी पतवार कर
नफ़रतों की हर नदी तू पार कर

हिन्दी-उर्दू में हों चाहे दूरियाँ
आ, निगाहों की ज़बाँ में प्यार कर

गर बचानी बेल है अँगूर की
हर तरफ़ इक तार काँटेदार कर

माहताबी रात की गोरी नदी
काग़ज़ों की नाव से मत पार कर

वक़्त से मैं, वक़्त मुझसे डर गया
दूर दोनों बैठे हैं हम हार कर

ज़िन्दगी कुहराम की अब चीज़ है
साँस हर नीलाम की अब चीज़ है

बेवफ़ा से हो गिला किस बात का
बेवफ़ाई आम की अब चीज़ है

राम, नानक, बुद्ध में हैं क्यों भेदभाव
क्यों ख़ुदा इस्लाम की अब चीज़ है

दोस्तों का क्या भरोसा मैं करूँ
दोस्ती भी नाम की अब चीज़ है

जीते-जी फ़ुर्सत कहाँ हासिल 'नरेश'
मौत ही आराम की अब चीज़ है

मन में पीड़ा बो कर देख
और ज़रा फिर रो कर देख

सागर से भी गहरे हैं
आँसू-आँसू होकर देख

जुरअत है तो ऐ क़ातिल
हाथ लगा ख़ूँ धो कर देख

सीधी राहों के राही
इन गलियों में खो कर देख

तन की ख़ुशबू मलमल है
चाँदनियों में धो कर देख

प्रदीप गर्ग 'पराग'

जन्मतिथि : 1.4.1956, शामली (मुजफ्फरनगर) उ.प्र.

शिक्षा : एम.एस-सी., एम.एड., एम.ए. (इतिहास)

प्रकाशन : अनेक पत्र-पत्रिकाओं में रचनाएँ प्रकाशित। उपसम्पादक · स्वर्णजयंती प्रतिबिम्ब (साप्ताहिक), फरीदाबाद

सम्मान/पुरस्कार : 'ऋतंभरा साहित्य सम्मान', 'सुकाव्य रत्न' सहित अनेक संस्थाओं द्वारा सम्मानित

सम्प्रति : व्याख्याता, शिक्षा निदेशालय, दिल्ली

सम्पर्क : 1785, सैक्टर - 16, फ़रीदाबाद (हरियाणा) 121002

फ़ोन : 0129 - 5070443

रोकर भी मुस्काने निकले
फिर क़िस्मत अज़माने निकले

जिनको समझा दिल से अपना
वो कितने बेगाने निकले

ज़ख़्मों से भी आह नहीं की
हम ऐसे दीवाने निकले

समझ रहे थे जिनको बेघर
उनके कई ठिकाने निकले

जलने की जिद दिल में ठाने
यूँ घर से परवाने निकले

आज ज़माना
बड़ा सयाना

सब कुछ जाना
बन अन्जाना

किसने ख़ुद को
है पहचाना

कितना मुश्किल
उसे मनाना

ज़ख़्म नया दे
यार पुराना

चतुर शिकारी
सब पर भारी

मुँह में राम
बगल में आरी

बड़ी टीस दे
उसकी यारी

जीने में भी
मरना जारी

एक पहेली
दुनिया दारी

नया बहाना
रोज बनाना

मिलकर गाओ
नया तराना

सुख दुख का है
ताना बाना

नहीं किसी का
सगा जमाना

है मतलब का
अब याराना

खूबसूरत सा हो एक घर
ज़िन्दगी चैन से हो बसर

तुझसे ज़्यादा न कुछ माँगता
है गुजारिश हो तेरी नज़र

मिल न पाया कहीं भी सुकूँ
यूँ ही भटका किए दर-ब-दर

हमने शिद्दत से चाहा जिन्हें
उम्र भर वो रहे बेख़बर

कर दी तूने करम की नज़र
शुक्रिया तेरा परवर दिगर

मधुरिमा सिंह

जन्मतिथि :9.5.1956

शिक्षा :एम.ए. (दर्शन शास्त्र), पी-एच.डी.

प्रकाशन :ग़ज़ल-संग्रह 'कई बरस के बाद', 'ये भी तो हो सकता है', एवं 'आग की खुशबू' (उर्दू लिपि में) सहित गीत, कविता, आध्यात्मिक रचनाओं की अनेक पुस्तकें प्रकाशित। 'पत्थर के पर' एवं 'पत्थर के पन्नों पर' ग़ज़ल-संग्रह सहित संस्मरण, आज़ाद नज़्में, खंड काव्य रागात्मक प्रेम कविताओं का संग्रह प्रकाशनाधीन

सम्मान/पुरस्कार :'महादेवी वर्मा अनुशंसा पुरस्कार', 'निराला नामित पुरस्कार' (उ.प्र. हिन्दी संस्थान), 'हिन्दी ग़ज़ल एवार्ड (प्रथम)' (असलम मेमो. सो.) 'हिन्दी साहित्य सम्मान' (हिन्दी-उर्दू एवार्ड कमेटी), 'दिव्या सम्मान' (महिला मंच) सहित देश-विदेश की अनेक साहित्यिक, सामाजिक एवं शैक्षणिक संस्थाओं द्वारा सम्मानित/अलंकृत

सम्प्रति :भूमिजा सीता एवं मीरा महाकाव्य की रचना प्रक्रिया में रत्

सम्पर्क :अभिव्यक्ति, 2/71, विजय खंड, गोमती नगर, लखनऊ (उ.प्र.) 226010 फ़ोन : (0522) 2395027

मेरा उसे अहसास हुआ हो, ये भी तो हो सकता है
वो भी मुझको सोच रहा हो, ये भी तो हो सकता है

बस्ती-बस्ती फिरने वाले, ओ चन्दा बंजारे रुक
कोई तेरे साथ चला हो, ये भी तो हो सकता है

रात हुआ महसूस किसी ने होंठ धरे हो माथे पर
कोई न हो बस सर्द हवा हो, ये भी तो हो सकता है

मैंने आहट सुनकर सोचा, बिछुड़ी खुशियाँ आई हैं
ग़म ने मुझको ढूँढ लिया हो, ये भी तो हो सकता है

द्वारे-द्वारे ढूँढ रही हूँ, अपना चेहरा बस्ती में
पूरी बस्ती बे-चेहरा हो, ये भी तो हो सकता है

तुम्हारी आँख का आँसू चुरा लिया मैंने
तुम्हारा राज़ तुम्हीं से छिपा लिया मैंने

तमाम उम्र जो अपनी तलाश में भटका
उसी से उसके शह्र का पता लिया मैंने

कहूँगी आज भी क्या उससे अलविदा के सिवा
न जाने फिर भी उसे क्यूँ बुला लिया मैंने

मेरा ही आईना पहचानता नहीं मुझको
ये किसके चेहरे-सा चेहरा लगा लिया मैंने

गुलाम दिल के रहे दिल की बात ही मानी
न रोशनी न धुआँ क्या जला लिया मैंने

मेरी यादों ने छू लिया होगा
हँसते-हँसते वो रो दिया होगा

जानती हूँ तेरे फ़साने में
मेरा किरदार शर्तिया होगा

देखो पन्ने पलट के माज़ी के
मेरा उनवान हाशिया होगा

आग में जिसने फेंक दी मोहरें
वो नहीं शाह, औलिया होगा

तेरी ख़ुशबू से रूह महके तो
रंग ग़ज़लों का जोगिया होगा

फिर खुल गई ग़ज़ल कोई दिल की किताब की
होठों से छू गई वही साँसें गुलाब की

वो शख़्स जाने क्यूँ बहुत अपना लगा मुझे
जिसने कभी भी छेड़ दीं बातें जनाब की

कच्चा घड़ा था इश्क़ का पानी में घुल गया
लहरें सिसक रही हैं अब तक 'चनाब' की

दिल के फ़क़ीर ने कहा जो माँगना है माँग
मैंने भी पीर माँग ली साझे-हिसाब की

आया जो तेरा गाँव तो उतरा नहीं गया
पैरों में फँस के रह गई डोरी रकाब की

रात हमारी आँखों से फिर बही कहानी अम्मा की
खिड़की से सटकर महकी जब रात की रानी अम्मा की

घर के सुख में उसने खुद को पूरा-पूरा बाँट दिया
दो जोड़े सूती धोती में गई जवानी अम्मा की

बेसन की सौंधी रोटी-सा ये भी मुझको याद अभी
पीठ फेरकर पानी पीकर भूख छुपानी अम्मा की

जब बच्चे के होने में, मैं तड़प-तड़प के रोई थी
तब देखी थी अपने जैसी पीर उठानी अम्मा की

मैंने अम्मा की झुर्री को धीरे-धीरे ओढ़ लिया
कैसे मैं बिटिया से कह दूँ, बात पुरानी अम्मा की

रवीन्द्र प्रकाश हंस

जन्मतिथि : 10.5.1956
शिक्षा : बी.ई. (मेकेनिकल इंजीनियरिंग)
प्रकाशन : अनेक पत्र-पत्रिकाओं में रचनाएँ प्रकाशित
सम्मान/पुरस्कार : अनेक संस्थाओं द्वारा सम्मानित
सम्प्रति : वैज्ञानिक अधिकारी, भाभा परमाणु अनुसन्धान केन्द्र, मुम्बई
सम्पर्क : 6ए, नन्दा देवी, अणुशक्ति नगर मुम्बई 400094
फ़ोन : 022 - 25568611 (नि.)

कहर सूनामी ने ढाया, जो भी था सब बह गया
सामने नज़रों के इक मंज़र भयानक रह गया

ये ख़ता सागर की थी या खेल था तूफ़ान का
डूबने वालों से साहिल पूछता ही रह गया

मौत के सागर बता क्या ये तुझे मालूम है
कौन कितने ग़म के सागर पी के क्या-क्या सह गया

आज के इंसान की ताक़त का रेतीला महल
खा के लहरों के थपेड़े एक पल में ढह गया

माँ की ममता पे सितम ढाया है सुनामी ने यूँ
एक बच्चे को बेचारा और दूजा बह गया

इस तरह छेड़ो नहीं नेचर का नाजुक सन्तुलन
ये पते की बात सूनामी उफनता कह गया

अब नहीं कुछ भी बचा जीने को उनके पास में
हाँ मदद पाने का इक विश्वास बाक़ी रह गया

आदमी से क्या न क्या अब हो गया है आदमी
राह कैसी नफ़रतों की चल पड़ा है आदमी

फ़ासला घर और मन्दिर-मसजिदों में कुछ नहीं
बीच राहों में मगर, गुम हो रहा है आदमी

काँपती हैं धारणाएँ, टूटते सम्बन्ध हैं
आदमी से किस क़दर देखो डरा है आदमी

फैले हैं विष बेल बनकर आज वो चारों तरफ़
बीज जितने दहशतों के बो चुका है आदमी

इक थकन में चूर होता जा रहा है हर समय
किस तरह की ज़िन्दगी जीने लगा है आदमी

आकर चमन में मुझको, महसूस यूँ हुआ है
इंसाँ जो फूल है तो, उसकी महक खुदा है

सब हैं अज़ीज़ उसको, कोई नहीं पराया
माली वो बाग़ का है, हर फूल पर फ़िदा है

रोते हुओं के आँसू पोछों, तो उसको पाओ
खुशियों का रूप लेकर, नज़रों में वो सजा है

हर वक़्त हर जगह है, वो साथ हम सभी के
दिल में है वो सभी के, साँसों में वो बसा है

इंसान, अब किसी भी, इंसान को न मारे
आवाज़ रूह देती, गूँजे यही सदा है

घर के बाहर इक खुला आँगन भी होना चाहिए
शाख़ों में उलझा हो सूरज वो नज़ारा चाहिए

चहचहाते हों परिन्दे भोर होते ही जहाँ
ख़्वाब से दुनिया में लाए वो तराना चाहिए

ओस की चादर बिछी हो दूब के कालीन पर
हद क़दम शबनम में भीगा वो ग़लीचा चाहिए

रात-रानी से महकती, चाँदनी रातें मिलें
प्यार की मदहोश खुशबू का ख़जाना चाहिए

सुबह अपनी, शाम अपनी, रात-दिन अपने लगें
ज़िन्दगी में वक़्त कुछ, यूँ भी गुज़रना चाहिए

दूर पर्वत पर है बैठा, एक टुकड़ा धूप का
लग रहा है ख़्वाब जैसा, एक टुकड़ा धूप का

मखमली कालीन-सा वो, गुदगुदाता प्यार-सा
छन के जब पत्तों से आता, एक टुकड़ा धूप का

रेशमी रेशों सी बिखरे सुब्ह की मुस्कान है
कोहरे से जब उतरता, एक टुकड़ा धूप का

जब घनी बरसात में बोझिल सा हो जाता है मन
मुस्कराना तेरा लगता, एक टुकड़ा धूप का

यूँ लगा जैसे छुआ तूने सुलगते हाथ से
पास जब चुपचाप आया, एक टुकड़ा धूप का

अनिल कुमार जैन

जन्मतिथि : 27.6.1956

शिक्षा : बी.फार्म, एम.ए. (संगीत), आयुर्वेद रत्न

प्रकाशन : अनेक पत्र-पत्रिकाओं में रचनाएँ प्रकाशित। 'परिधि' का तीन वर्ष तक संपादन। ग़ज़ल-संग्रह 'जज़्बा' प्रकाशनाधीन

सम्मान/पुरस्कार : अनेक संस्थाओं द्वारा सम्मानित

सम्प्रति : मेडीकल प्रैक्टिस

सम्पर्क : पोस्ट आफ़िस के पास, बड़ा बाजार, सागर (म.प्र.) 470002

गर्दिश में वो कोसों दूर हैं क्यूँ, जो साथ थे मेरे बहारों में
साए की तरह छोड़ा तन्हा, अपनों ने मुझे अँधियारों में

तन बिकता है, मन बिकता है, फ़न बिकता, रूह भी बिकती है
हर चीज़ का सौदा होता है, खुदगर्ज़ों के दरबारों में

क़द्रों की हक़ीक़त बेमानी, जीने की तमन्ना ख़ाक हुई
है खून यहाँ हर सू सस्ता, मँहगा पानी बाज़ारों में

अब होली में वो रंग कहाँ, दीवाली सूनी लगती है
मतभेद से कुछ मँहगाई से, फीका लगता त्यौहारों में

जन्नत जो ज़मीने-हिन्द की थी, फूलों की महक बसती थी जहाँ
अब मौत बरसती है यारो, कश्मीर के सब गलियारों में

आया ये ज़माना कैसा 'अनिल', अमृत से हलाहल जीत गया
अब ख़ौफ़े-खुदा दिल में न रहा, डरना भी गया उजियारों में

ज्वालामुखी तो चुप है, लावा उबल रहा है
ऊपर है राख अन्दर, अंगार जल रहा है

अब और इसको छेड़ा, बन जाएगा ये शोला
जो दर्द आदमी के, सीने में पल रहा है

ज़र्रे की कोशिशों को, जी भर के दाद दीजे
वो आसमान छूने, कितना उछल रहा है

पड़ने से किरकिरी के, आँसू निकल पड़े थे
मैं ये समझ रहा था, पत्थर पिघल रहा है

वैसे तो क़द 'अनिल' का कुछ कम नहीं है उस पर
कुछ बोझ है ज़ियादा, झुक कर वो चल रहा है

उठता सवाल दिल में, ये बार-बार क्यूँ है
कमज़ोर ही यहाँ पर, बनता शिकार क्यूँ है

पूछा हवा से इक दिन, टूटी सी झोंपड़ी ने
ऊँची हवेलियों में, रहती बहार क्यूँ है

दिल भीड़ में हमेशा, घबराता है हमारा
तन्हाइयों में हमको, मिलता करार क्यूँ है

पूछे यतीम बच्चा, माँ-बाप हो अगर तुम
भगवान घर तुम्हारा, तारों के पार क्यूँ है

दुनिया का ढंग बदलने, अवतार होगा कोई
सदियों से आदमी को, ये इन्तज़ार क्यूँ है

कहने को आसमान से, आई थीं बिजलियाँ
मुझको पता है, किसने जलाया था आशियाँ

बहती हवा के साथ न बह जाएँ दूर तक
माँझी ने बाँध दी हैं, किनारे पे कश्तियाँ

बदहालियाँ, तबाहियाँ, आँसू, जिगर के दाग़
फिर याद आ रही हैं, तेरी मेहरबानियाँ

माहिर हैं इल्मो-फ़न में ये ममता की मूरतें
रौनक भी घर की होती हैं प्यारी ये लड़कियाँ

अपनी लकीर उससे बढ़ाने की फ़िक्र में
दिन रात ढूँढता है 'अनिल' उसकी ख़ामियाँ

दिल के मासूम सवालात से डर लगता है
दिल में उठते हुए जज़्बात से डर लगता है

राहे-तारीक़ कहाँ लेके हमें जाएगी
हमको बदले हुए हालात से डर लगता है

आएँगे, आके सितम हम पे नया ढाएँगे
हमको आते हुए लम्हात से डर लगता है

दिल में काँटे हैं उगे, मुँह में जुबाँ फूलों की
ऐसे लोगों की मुलाक़ात से डर लगता है

काँपने लगता है क्यूँ दिन के उजाले में बदन
तुम तो कहते थे 'अनिल' रात से डर लगता है

नासिर यूसुफ़जाई

मूल नाम : नासिर ख़ान यूसुफ़ज़ई
जन्मतिथि : 13.11.1956, नाहन (हि.प्र.)
शिक्षा : स्नातक
प्रकाशन : अनेक पत्र-पत्रिकाओं में ग़ज़लें प्रकाशित। काव्य-संग्रह 'कुछ पत्ते पीले कुछ हरे' का सम्पादन
सम्मान/पुरस्कार : अनेक संस्थाओं द्वारा सम्मानित
सम्पर्क : 36/1, गौरा भवन के पीछे, मौ. ढाबों, नाहन-173001 (हि.प्र.)
फ़ोन : (01702) 223627, मो. 9418078395

इक महजबीं झलक सी दिखा के निकल गया
नींदें उड़ा गया मिरी आँखों को छल गया

इक नाज़नीन जब से मिरा हमसफ़र हुआ
माहो-नजूम से भी मैं आगे निकल गया

फिर अपनी तबूअ़ में भी र'वानी नहीं रही
जब शहर छोड़ के वो सरापा ग़ज़ल गया

जिस नामुराद शख़्स को समझा मैं देर से
मिलता तो है प' वो मिरे दिल से निकल गया

जिसने किया था कौल कि हरदम रहेगा साथ
मुश्किल घड़ी जो आई तो रस्ता बदल गया

हम तो नशे में हो के भी 'नासिर' गिरे नहीं
पर तू तो होशमन्द था कैसे फिसल गया

कितना बदल गया है नगर देखता रहा
तहज़ीब और अदब के खँडर देखता रहा

जाने इन्हें है घेरा हुआ किन बलाओं ने
सहमे हुए तमाम बशर देखता रहा

कल तक जो हमज़बान थे हैं बदगुमान आज
बदली हुई मैं सब की नज़र देखता रहा

जंगल के रक्षकों ही के हाथों से दोस्तो
कटता हुआ हर एक शजर देखता रहा

'नासिर' हर एक सिम्त है दहशत भरी हुई
यह कुछ न देखना था मगर देखता रहा

किस बात पे हुआ है पशेमान बात कर
जो कुछ हुआ भुला दे मिरी मान बात कर

इस शहर में तो रहते हैं हैवान हर जगह
क्यूँ ढूँढता है तू यहाँ इन्सान बात कर

तुझको तो रहना है यहाँ जब तक ये साँस है
दुनिया से क्यूँ है बेख़बर, अन्जान बात कर

क्या बात है बता है क्यूँ हलकान सा खड़ा
क्या तुझ को हो गया है ये, नादान बात कर

'नासिर' कहाँ हमेशा रहा है कोई यहाँ
दो दिन का है जहाँ में तू मेहमान बात कर

ज़िन्दगी इक किताब है यारो
इसको पढ़ना सवाब है यारो

इसको पढ़ना, मगर वज़ू कर लो
ये ग़ज़ल की किताब है यारो

उसकी हर इक अदा नशीली है
वो सरापा शराब है यारो

कौन कहता है इसको लाफ़ानी
ज़ीस्त मिस्ले-हबाब है यारो

दिल का हरगिज़ बुरा नहीं 'नासिर'
गो ज़बाँ का ख़राब है यारो

ख़ुशी के दीप जलाओ बड़ी हसीन है रात
ख़ुशी से झूम के गाओ बड़ी हसीन है रात

इसी नगर में कई लोग हैं ख़फ़ा मुझ से
मना के उनको भी लाओ बड़ी हसीन है रात

मिरे नगर में भी हैं लोग ग़म के मारे हुए
गले उन्हें भी लगाओ बड़ी हसीन है रात

वो मुझ को ख़्वाब में आकर सताया करते हैं
उन्हें भी रू-ब-रू लाओ बड़ी हसीन है रात

भटकता देखा है 'नासिर' कहीं बियाबाँ में
उसे भी ढूँढ के लाओ बड़ी हसीन है रात

अशोक मिज़ाज

मूल नाम : अशोक सिंह ठाकुर

जन्मतिथि : 23.1.1957, सागर (म.प्र.)

शिक्षा : एम.एस-सी. (रसायन शास्त्र)

प्रकाशन : ग़ज़ल-संग्रह 'समन्दरों का मिज़ाज' (हिन्दी एवं उर्दू लिपि), 'सिग्नेचर' (हिन्दी लिपि), 'ग़ज़लनामा' (उर्दू लिपि)। 'ग़ज़ल 2000' का सम्पादन, 'ग़ज़ल यूनिवर्स' का सहसम्पादन। एक ग़ज़ल-संग्रह प्रकाशनाधीन।

सम्मान/पुरस्कार : म.प्र. उर्दू अकादमी द्वारा पुरस्कृत। 'अ. भा. अम्बिका प्रसाद दिव्य पुरस्कार' सहित अनेक संस्थाओं द्वारा सम्मानित। प्रसार भारती द्वारा 'मान्य कवि'।

सम्प्रति : सहायक प्रबन्धक स्टेट बैंक ऑफ इन्दौर सागर म.प्र.

सम्पर्क : एच. 40, शान्ति विहार कालोनी, सागर (म.प्र.) फ़ोन : 07582 (नि.) 230516, (का.) 223865

कब कहा महँगी सुरा वाली सुराही चाहिए
हमको पानी से भरा बस इक घड़ा ही चाहिए

ज़ख़्म ख़ुद सारी कहानी कह रहे हैं जुल्म की
क्या करें फिर भी अदालत को गवाही चाहिए

वो शिकायत दर्ज़ कर लें, तो ग़नीमत है बहुत
और तुम्हारी अर्ज़ है कि कार्यवाही चाहिए

वो हमारी क्या हिफ़ाज़त कर सकेंगे बोलिए
उनको खुद अपनी हिफ़ाज़त को सिपाही चाहिए

हमने जो देखा सुना उस पर ग़ज़ल कह दी 'मिज़ाज'
हमको तमग़ा चाहिए ना वाहवाही चाहिए

फूल गिर जाएँगे सब पत्ते जुदा हो जाएँगे
जब ख़िज़ाएँ आएँगी तो पेड़ क्या हो जाएँगे

इस मशीनी दौर में रफ़्तार ही पहचान है
धीरे-धीरे जो चलेंगे गुमशुदा हो जाएँगे

चन्द बादल क्या हुए कितना अँधेरा हो गया
इस क़दर बढ़ते धुएँ में शहर क्या हो जाएँगे

अब किसी मरहम का होता ही नहीं इन पर असर
एक दिन ये ज़ख़्म सारे लादवा हो जाएँगे

कुछ हक़ीक़त और भी परदे के पीछे है 'मिज़ाज'
मैं बता दूँगा तो सब के सब ख़फ़ा हो जाएँगे

हम लोग अपनी राह की दीवार हो गए
इक दूसरे के वास्ते तलवार हो गए

अब तो बुलन्द और ज़रा हौसला करो
पत्थर जो मील के थे वो दीवार हो गए

घर को गिराने वाले सियासी मिज़ाज थे
ग़म में शरीक हो के वो ग़मख़्वार हो गए

तूफ़ाँ में हम को छोड़ के जाने का शुक्रिया
अब अपने हाथ पाँव ही पतवार हो गए

इतनी ज़रा सी बात पे हैरान है 'मिज़ाज'
काग़ज़ के फूल कैसे महकदार हो गए

हर इक सवाल को पढ़ना है ध्यान देना है
तमाम उम्र हमें इम्तहान देना है

उधार ले के बना तो लिया है लेकिन अब
हमें किराए पे आधा मकान देना है

कभी ख़ुशी तो कभी ग़म हमारे मेहमाँ हैं
हमें सभी को बराबर का मान देना है

हमारे शहर की हालत ज़रूर सुधरेगी
इक एक रुपया हमें सिर्फ़ दान देना है

नई सदी में पुराने से कुछ ख़यालों को
नई ज़मीन नया आसमान देना है

किसी सवाल का तुमसे जवाब माँगा है
कभी वफ़ाओं का हमने हिसाब माँगा है

गरज रहे थे जो बादल वो हो गए ख़ामोश
सुलगती रेत के दरिया ने आब माँगा है

मैं अपने चाँद के नखरे उठा के हार गया
ख़ुदा से मैंने अब इक आफ़ताब माँगा है

हम अपने जकड़े हुए ज़ह्नों को करें आज़ाद
वतन ने आज नया इंक़िलाब माँगा है

अमृतपाल सिंह 'शैदा'

जन्मतिथि : 19.4.1957, पटियाला
शिक्षा : एम.ए. (पंजाबी)
प्रकाशन : पत्र-पत्रिकाओ में प्रकाशन, संकलनों में सहभागिता
सम्मान/पुरस्कार : अनेक संस्थाओं द्वारा सम्मानित
सम्प्रति : भाषा विभाग पंजाब, मुख्यालय पटियाला में सेवारत
सम्पर्क : 123-बी/9, गुरू नानक नगर पटियाला (पंजाब)-147002
फोन : (0175) 2305911

लहू के सुर्ख़ गुलाबों का कारोबार किया
सिसकते टूटते ख़्वाबों का कारोबार किया

ज़माने भर के सवालों के क़र्ज़दार हुए
ज़माने भर के जवाबों का कारोबार किया

जुनूँ में ज़हर ही पीता था क़हक़हों का जो शख़्स
ये सच है उसने शराबों का कारोबार किया

जहाँ थे धड़ ही फ़क़त, और चेहरे ग़ायब थे
वहाँ भी हमने निक़ाबों का कारोबार किया

रहे हैं वक़्त के दरिया के दरमियान मगर
किया तो हमने सराबों का कारोबार किया

न लफ़्ज़ कोई बना मेरे दिल का आईना
तमाम उम्र किताबों का कारोबार किया

बशर-बशर ही से इक ये सवाल करता है
बशर का जीना बशर क्यों मुहाल करता है

उभरके आती है तस्वीर उस पे उतनी ही
जो जितना सोच का कैनवस विशाल करता है

वो मोहरतम है मगर है वो आस्तीन का साँप
वो ऐसे डसता है यारो कमाल करता है

जला-जला के दीये वो स्याह लफ़्ज़ों के
स्याह रातों का जीना मुहाल करता है

घुमा-घुमा के उन्हें क़हक़हों के मेले में
थका-थका के ग़मों को निढाल करता है

लहू के फूल, गुहर आँसुओं के बरसाकर
ग़रीब 'शैदा' को वो मालामाल करता है

बिछुड़ती रुत की उदासी नहीं देखी जाती
छलकती आँख की सीपी नहीं देखी जाती

दिलों-दिमाग़ में बहता है धूप का दरया
बरसती चाँद से चाँदी नहीं देखी जाती

हँसी-हँसी में जो दरिया में ख़ुदकुशी कर ले
नदी वो प्यास की मारी नहीं देखी जाती

फ़रिश्ते यास में डूबे हैं, हाय उनसे भी
सिसकती अम्न की देवी नहीं देखी जाती

ख़ुदाया छीन ले बीनाई मेरी आँखों की
उजड़ती आस की बस्ती नहीं देखी जाती

निभाए कृष्ण का किरदार फिर कोई 'शैदा'
हया की द्रौपदी नंगी नहीं देखी जाती

इससे पहले कि नज़दीकियाँ ढूँढिए
लाज़िमी है कि कुछ दूरियाँ ढूँढिए

धूप ने पी लिया है समन्दर तमाम
अपनी डूबी हुई कश्तियाँ ढूँढिए

रंग क्या, रूप क्या, ज़ात क्या, धर्म क्या
आदमी में फ़क़त ख़ूबियाँ ढूँढ़िए

इस चमन को हवस की नज़र खा गई
इस चमन में न अब तितलियाँ ढूँढिए

घोलकर ज़हर इसमें गया है कोई
अब न इस झील में मछलियाँ ढूँढिए

जिन मकानों की 'शैदा' छतें ही नहीं
उन मकानों में मत सीढ़ियाँ ढूँढिए

जुनूँ को इतना भी बेइख़्तियार मत करना
फ़क़त शिकार की ख़ातिर शिकार मत करना

मैं आँख भी न मिला पाऊँ अपनी ग़ैरत से
कि क़ातिलों से मेरे तुम गुहार मत करना

मेरे ख़ुलूस का दामन है चाँद सा उजला
जो थामना हो इसे दाग़दार मर करना

जो ज़हर पीना भी हो क़हक़हों का पी लेना
हसीन चेहरे पे ग़म का सिंगार मत करना

जो ज़िन्दा रहना है इस दौर में तो लाज़िम है
ख़ुद अपने साए पे भी ऐतबार मत करना

न हो सके किसी सूरत भी जो रफ़ू 'शैदा'
तअल्लुक़ात को यूँ तार-तार मत करना

अनमोल शुक्ल

जन्मतिथि : 23.4.1957, हरदोई (उ.प्र.)
शिक्षा : सिविल इंजीनियरिंग में डिप्लोमा
प्रकाशन : अनेक पत्र-पत्रिकाओं में रचनाएँ प्रकाशित
सम्मान/पुरस्कार : अनेक संस्थाओं द्वारा सम्मानित
सम्प्रति : जूनियर इंजीनियर, सिंचाई विभाग, बिजनौर
सम्पर्क : पी-III/10, मध्य गंगा केनाल कालोनी, बैराज रोड बिजनौर (उ.प्र.) फ़ोन : 01342 - 264878, मो. 9412146255

आपने क़िस्मत में मेरी क्यों लिखा ऐसा सफ़र
मोम की बैसाखियाँ और धूप में तपता सफ़र

हमसफ़र हमराज हो, हमदर्द हो या हम ख़याल
फिर तो कट जाता है मीलों दूर तक लम्बा सफ़र

भीड़ चारों ओर जितनी है यहीं रह जाएगी
मुझको भी करना पड़ेगा एक दिन तनहा सफ़र

मंजिलों की, क़ाफ़िलों की, हौसलों की बात कर
क्या हुआ जो बीच रस्ते में तिरा टूटा सफ़र

जिन परिन्दों के परों के हौसले ज़ख़्मी रहे
उनसे हो पाया न कोई भी कभी ऊँचा सफ़र

मुश्किलों, दुश्वारियों से, जूझते 'अनमोल' ने
जितना भी काटा है हँसकर, बोलकर काटा सफ़र

उसके मेरे बीच में इतना ही बस व्यवधान था
एक पर्दा था हटाना पर ये क्या आसान था

एक जैसी ही सजावट निर्धनों के घर मिली
दर्द, आँसू, टीस, आहें, बस यही सामान था

लोग उसको छोड़कर मुँह मोड़कर जाने लगे
उसने भी जाना तभी वो डूबता जलयान था

अब तो पूजित हो रहा है बस सजे वस्त्रों में तन
कौन उसको पूछता वो भिक्षु का प्रतिमान था

मित्र रहते थे प्रतीक्षारत सदा 'अनमोल' के
वो भी था इक वक़्त जब मैं महफ़िलों की जान था

वो भी प्यार में मुझसा पागल होगा क्या
जितना मैं हूँ उतना बेकल होगा क्या

उसका पीछे से आकर आँखें ढँकना
पहले सा वो अब भी चंचल होगा क्या

सारे सपने बारी बारी क़त्ल हुए
मेरे दिल सा कोई मक़्तल होगा क्या

झूठे सपनों से दिल को बहलाता हूँ
इससे बढ़कर भी कोई छल होगा क्या

बिछुड़ा जब 'अनमोल' से वो सोचा मैंने
इससे भी भारी कोई पल होगा क्या

साथ दुश्मन के उन्हें दूर से आता देखे
कोई दुश्मन भी न ये तल्ख़ नज़ारा देखे

दर्द हो दोस्त का, दुश्मन का, किसी शख़्स का हो
है वो इन्सान कि जो दर्द सभी का देखे

आइने में भी कोई नुक़्स निकल सकता है
ग़ौर से जब किसी आइने को चेहरा देखे

ये तो दुनिया है अलग आँख अलग चश्मा है
आप क्या जाने कोई आपको कैसा देखे

कितने मासूम है 'अनमोल' मुखौटों को ही
देखकर कहते हैं मैं भी तो हूँ दुनिया देखे

बन गई उसकी जब ज़िन्दगी कैक्टस
हो गई उसकी सारी हँसी कैक्टस

कोई त्यौहार क्या निर्धनों के लिए
ईद, दीवाली, क्रिसमस सभी कैक्टस

उसकी बेरोज़गारी का संकेत है
उसके चेहरे पे उगती हुई कैक्टस

एक मुफ़लिस की बेटी का सपना धुला
तबसे नज़रों में है पालकी कैक्टस

दूर जब हो गए मुझसे 'अनमोल' वो
बन गई है मिरी हर खुशी कैक्टस

शबाब औरंगाबादी

मूल नाम : हकीम ज़हीर अब्बास नक़वी
जन्मतिथि : 3.5.1957
शिक्षा : एम.ए. उर्दू
प्रकाशन : पत्र-पत्रिकाओं में रचनाएँ प्रकाशित
सम्मान/पुरस्कार : अनेक संस्थाओं द्वारा सम्मानित
सम्प्रति : हिकमत (चिकित्सा), ज़फ़र दवाख़ाना 161/2, गऊशाला रोड, ग़ाज़ियाबाद
सम्पर्क : सी. वी. 10, संजय नगर, ग़ाज़ियाबाद (उ.प्र.)

तेरे करम से वक़्त के धारे को मोड़ लूँ
हठ ये है आसमान के तारों को तोड़ लूँ

दुनिया को क्या जगाऊँ मैं ग़फ़लत के ख़्वाब से
अपने ज़मीर-ओ-ज़र्फ़ को पहले झिंझोड़ लूँ

दिल से अगर नहीं है तो सजदा नहीं कोई
कितना ही सर को टेक लूँ कितना ही फोड़ लूँ

इतनी तो एहतियात है मेरे सवाल में
उससे मिले न भीख तो दामन सिकोड़ लूँ

तौफ़ीक़ गर 'शबाब' ख़ुदा दे मुझे मेरा
दामान-ए-तर से अश्क-ए-नदामत निचोड़ लूँ

बस यही पूरा ख़्वाब हो जाए
ज़िन्दगी कामयाब हो जाए

उनके रुख़ से नक़ाब सरके तो
हर नज़र बेनक़ाब हो जाए

यूँ तड़प उनके सामने ऐ दिल
संग-दिल लाजवाब हो जाए

हर कोई चाहे उनकी महफ़िल में
बस मेरा इन्तिख़ाब हो जाए

वह सरापा ग़ज़ल का शहज़ादा
कैसे कोई 'शबाब' हो जाए

कैसे कह दूँ ख़ता, ख़ता ही नहीं
झूठ किरदार बोलता ही नहीं

हर कोई जानता है दुनिया में
माँ से बढ़कर कोई दुआ ही नहीं

आज के रहनुमा का क्या कहना
कह दिया फिर कहा, कहा ही नहीं

सर झुकाना है हुक्म पर उनके
रास्ता और दूसरा ही नहीं

कैसे पाऊँगा मैं 'शबाब' उसे
मेरी क़िस्मत में जो लिखा ही नहीं

कुछ तो कहिए ये बेरुख़ी क्या है
इस क़दर हमसे बरहमी क्या है

आदमी प्यार आदमी से रखे
इससे बढ़के भी बन्दगी क्या है

ज़िन्दगी उनकी ज़िन्दगी ही नहीं
जो न समझे कि ज़िन्दगी क्या है

तेरी उल्फ़त के गीत गाता हूँ
और ये मेरी शायरी क्या है

फ़ख़्र तेरा 'शबाब' ठीक नहीं
एक सी शक्ल भी रही क्या है

हाल पूछो न दीदा-ए-तर का
ख़ौफ़ तारी है रोज़-ए-महशर का

शाख़ें अपनी जड़ों से नावाक़िफ़
अब तो रोना यही है घर-घर का

मैं कलेजा निकाल कर रख दूँ
रुख़ तो कीजे इधर को ख़न्जर का

एक उनके फ़क़त न होने से
सारा नक़्शा बदल गया घर का

ज़िक्र करना 'शबाब' है लाज़िम
मय का साक़ी का और साग़र का

शहादत अली 'निज़ामी'

जन्म तिथि : 17-8-1957
शिक्षा : इण्टरमीडिएट
सम्प्रति : निजी व्यवसाय
सम्पर्क : सी-282, डी.डी.ए. कालोनी, ख़याला, नई दिल्ली-110018 फोन : 25179609

चोट पर चोट खाता रहा
फिर भी मैं मुस्कराता रहा

ठोकरें वह लगाता रहा
यानी मुझको जगाता रहा

आईने पे नज़र ख़ुद न की
दूसरों को दिखाता रहा

बैठकर सामने वह मेरे
मेरी ग़ज़लें सुनाता रहा

नाम लेने से क्या फ़ायदा
पर कोई दिल दुखाता रहा

आस थी जिससे मरहम की वो
ज़ख़्म मेरे बढ़ाता रहा

साज़िशें तो मिटाने की थी
गीत उल्फ़त के गाता रहा

कारोबारे-मोहब्बत में क्या
तू 'निज़ामी' गँवाता रहा

एक दिन मेरा मुक़द्दर औज पर हो जाएगा
जो है पौधा आज वह एक दिन शजर हो जाएगा

जब ग़मों की राह में वह हमसफ़र हो जाएगा
तो सफ़र मेरा यक़ीनन मुख़्तसर हो जाएगा

दो क़दम पे मंजिले-मक़सद जब रह जाएगी
मेरा दुश्मन क्या ख़बर थी राहबर हो जाएगा

जानता हूँ क्या मिलेगा हक़ बयानी का सिला
बस यही होगा क़लम यह मेरा सर हो जाएगा

मत भरोसा कर 'निज़ामी' चार दिन की उम्र पर
तेरा ख़्वाबों का महल इक दिन खण्डर हो जाएगा

जब ग़म के रास्तों से गुज़रेगी ज़िन्दगी
हर हर क़दम हमको निखारेगी ज़िन्दगी

हमको वफ़ा ख़ुलूस मोहब्बत के वास्ते
इक दिन तो देख लेना पुकारेगी ज़िन्दगी

मुद्दत हुई कि दिल से न आई कोई सदा
कब साज़े-दिल के तार सुधारेगी ज़िन्दगी

आऐंगे बन सँवर के जब उनके तसव्वुरात
लफ़्ज़ों की काइनात सँवारेगी ज़िन्दगी

ऐसा ज़रूर होगा किसी रोज़ देखना
बाज़ी वफ़ा को मौत से हारेगी ज़िन्दगी

मेरा दिल जिसने तड़पाया बहुत है
मेरे दिल को वही भाया बहुत है

सितम सहना और उस पर मुस्कराना
हुनर यह मेरे काम आया बहुत है

मेरे हमराह रहता है मुसलसल
तेरा ग़म मुझको रास आया बहुत है

भरोसा क्या करें अब मौसमों पर
गए मौसम ने बहकाया बहुत है

न घबरा गर्दिशों से ऐ 'निज़ामी'
बुजुर्गों का अभी साया बहुत है

लफ़्ज़ों में चाशनी है ज़बाँ में मिठास है
इन्सानियत का दर्द हमारा लिबास है

मैं जिसको ढूँढ़ता हूँ ज़माने की भीड़ में
मेरी नज़र में रहता है वह दिल के पास है

साक़ी तेरा करम अभी मुझ पर नहीं हुआ
बस मैकदे में मेरा ही ख़ाली गिलास है

आएगा वह ज़रूर किसी रोज़ लौटकर
आँखों को इन्तज़ार मेरे दिल को आस है

ये कौन देखता है 'निज़ामी' को ग़ौर से
ये कौन आज बज़्म में जौहर शनास है

रेखा किंगर 'रोशनी'

जन्मतिथि : 9.2.1958

शिक्षा : एम.काम, एल.एल.बी., एल-एल.एम. (क्राइम्स), डिप्लोमा इन नेचरोपैथी, डिप्लोमा इन यौगिक ऐजूकेशन। एक्यूप्रेशर, रेकी, मसाज, जेमोलोजी आदि में भी योग्यता प्राप्त। फिल्म-टेलीविज़न प्रोडक्शन में डिप्लोमा।

प्रकाशन : अनेक पत्र-पत्रिकाओं में रचनाएँ प्रकाशित।

सम्मान/पुरस्कार : अनेक संस्थाओं द्वारा सम्मानित

सम्प्रति : वकालत, योग एवं नेचुरोपैथी पर व्याख्यान, सामाजिक संस्थाओं में काउंसलर।

सम्पर्क : 5, गणेश नगर, एयर इण्डिया कॉलोनी के पीछे, कालीना चर्च, सान्ताक्रुज (पू.) मुम्बई-29, मो.–9820402581

दिल का आना, दिल का जाना, दिल दीवाना, जाने भी दो
जान के भी है धोखा खाना, फिर पछताना, जाने भी दो

जिसको तुमने अपना समझा, उसने ही है दिल को तोड़ा
अपना है या वह बेगाना, बन अंजाना, जाने भी दो

शम्अ की मानिन्द है जलना, शम्अ की मानिन्द पिघलना
इश्क़ में पड़ता है मिट जाना, यह अफ़साना, जाने भी दो

दर्दे-दिल जागीर तुम्हारी, कोई न जाने पीर तुम्हारी
जख़्मों को नासूर बनाना, दर्द बढ़ाना, जाने भी दो

दिल की दौलत सच्ची दौलत, इश्क़ बिना है जीना आफ़त
सौदाई दिल को समझाना, ताना-बाना, जाने भी दो

तुम जो बिछड़े जान लिया है, अपनो को पहचान लिया है
क्या है हक़ीकत, क्या है फ़साना, और ज़माना, जाने भी दो

नज़राना है उसकी चाहत, 'रौशनी' अपनी-अपनी क़िस्मत
लाज़िम है बस फ़र्ज़ निभाना, यह टकराना, जाने भी दो

ज़िन्दगी थम-सी गई है आपके जाने के बाद
जानो-दिल पे आ बनी है आपके जाने के बाद

सहरा-सहरा तिश्नगी लेकर भटकती ही रही
ज़िन्दगी सूखी नदी है आपके जाने के बाद

हर तरफ़ मुझको मेरी आँखों ने धोखा ही दिया
हर नज़र बीमार-सी है आपके जाने के बाद

आप थे तो ज़िन्दा रहने की उमंगे दिल में थीं
अब तो बस अफ़सुर्दगी है आपने जाने के बाद

आपके जाने से पहले 'रौशनी' में नूर था
अब कहाँ वो रौशनी है आपके जाने के बाद

मैं इन्तिहा हूँ कि इब्तेदा हूँ
तलाश में ख़ुद की गुमशुदा हूँ

नज़र से दिल तक उतर जो जाए
वो दिलनशीं मदभरी अदा हूँ

वजूदो-वहमो-गुमान से पर
अलाहिदी अनकही सदा हूँ

अगरचे शामिल हूँ कारवाँ में
ज़माने भर से मगर जुदा हूँ

ये तेरी रहमत है 'रौशनी' पर
इनायतों पर तेरी फ़िदा हूँ

जहाँ में मुस्कराना सीख लो तुम
दिलों से दिल मिलाना सीख लो तुम

न जाने कब कटे साँसों की डोरी
किसी के काम आना सीख लो तुम

दुआ बनकर के गूँजे हर ज़बाँ से
कोई ऐसा तराना सीख लो तुम

नहीं हो कोई भी दुश्मन जहाँ में
सभी से दोस्ताना सीख लो तुम

ये पैगामे-मुहब्बत रौशनी का
इसे दिल में बसाना सीख लो तुम

तेरी ही याद है, तेरी ही आरज़ू है बस
तेरा ख़याल है तेरी ही जुस्तजू है बस

तेरे बगैर गुज़ारा है मेरा नामुमकिन
मेरा वजूद कहाँ, सिर्फ़ तू ही तू है बस

तिलिस्म टूट गया आइना-ए-हस्ती का
तेरा ही अक्स निगाहों के रू-ब-रू है बस

ये तिश्नगी, ये समन्दर, ये 'रौशनी' का फ़रेब
तेरी तलाश लिए फिरती कू-ब-कू है बस

सराफ़ सागरी

जन्मतिथि : 12.2.1958, सागर (म.प्र.)
शिक्षा : एम.एस-सी., एम.एच.एम.एस., आयुर्वेद रत्न।
प्रकाशन : अनेक पत्र-पत्रिकाओं/संकलनों में रचनाएँ प्रकाशित। सम्पदा (काव्य-संग्रह) का सम्पादन
सम्मान/पुरस्कार : शाइरे-वतन-2004 सहित अनेक संस्थाओं द्वारा सम्मानित
सम्प्रति : संस्थापक अध्यक्ष : विद्युल्लता काव्य-मंच म.प्र. रा.वि. मंडल, जबलपुर
सम्पर्क : 637, कमला नेहरू नगर, गढ़ा रोड, जबलपुर (म.प्र.)
मो. 098261-31120

धरा माँगती न गगन माँगती है
वतन की ये मिट्टी अमन माँगती है

मिले गर तेरा दर तो चाहत हो पूरी
ज़मीं आसमाँ की शरण माँगती है

पहाड़ों से टकरा के प्यासी नदी इक
समन्दर से अपना मिलन माँगती है

है ओछा अभी भी बशर का ये चिन्तन
समझ-बूझ अब भी मनन माँगती है

सड़ी लाश ये देश की आज हमसे
किराए का दो गज क़फ़न माँगती है

कभी हों न आँसू किसी के नयन में
फ़ज़ा 'सागरी' खुश वतन माँगती है

धुंध के साए शहर में
लोग घबराए शहर में

कौन जाने कब किधर से
मौत आ जाए शहर में

बेहया हुस्नो-जवानी
आँख शरमाए शहर में

ख़ंजरों औ चाकुओं से
जिस्म थर्राए शहर में

'सागरी' सौ सौ जतन कर
जी नहीं पाए शहर में

ग़म में भी अब मुस्कुराना ज़िन्दगी
छोड़ दे आँसू बहाना ज़िन्दगी

दूर तक ख़ामोशियाँ तनहाइयाँ
रस्म-ए-तनहाई निभाना ज़िन्दगी

कौन है अपना, पराया कौन है
ये कभी हमने न जाना ज़िन्दगी

तेरी इस आदत के सदक़े जान-ओ-दिल
ज़ुल्म करना भूल जाना ज़िन्दगी

तुझसे मिलकर इल्म ये मुझको हुआ
ठोकरों में है ज़माना ज़िन्दगी

रू-ब-रू करके इशारे आईना
खोलता है भेद सारे आईना

देखता है हुस्न के जलवे मगर
रात दिन तनहा गुज़ारे आईना

उम्र भर रहता टंगा ये कील पर
इक मसीहा सा किनारे आईना

है रहा बिकता सर-ए-बाज़ार ये
आँख में आँसू उतारे आईना

रू-ब-रू हर शक्ल के ऐ 'सागरी'
देखता है दाग़ सारे आईना

कहीं कोई शरारत हो न जाए
मुझे तुमसे मोहब्बत हो न जाए

बने बैठे हैं वो बुत रू-ब-रू अब
मुझे सजदे की आदत हो न जाए

अभी तक तो कहा है सच ही मैंने
मगर उनको शिकायत हो न जाए

तिरे मिलने से पहले ऐ खुशी अब
सुकूँ मेरा नदारत हो न जाए

कहे जा 'सागरी' अशआर तब तक
कि जब तक रूह रुख़सत हो न जाए

वर्षा सिंह

जन्मतिथि : 29.8.1958, रीवा (म.प्र.)
शिक्षा : एम.एस-सी. (वनस्पति शास्त्र), बी. एड., डी.ई.एच.एम.
प्रकाशन : 'वक़्त पढ़ रहा है', 'सर्वहारा के लिए', 'हम जहाँ पर हैं' 'सच तो ये है' (ग़ज़ल-संग्रह) 'हिन्दी ग़ज़ल दिशा और दशा' (आलोचना), पत्र-पत्रिकाओं में रचनाएँ प्रकाशित
सम्मान/पुरस्कार : अनेक संस्थाओं द्वारा सम्मानित/अलंकृत
सम्प्रति : मध्यप्रदेश विद्युत मंडल में सेवारत
सम्पर्क : एम-III, शान्ति विहार, रज़ा खेड़ी, सागर (म.प्र.) 470004
फ़ोन : 07582 - 230088

देखो तो क्या है कोलाहल के भीतर
बिछी हुई है ख़ामोशी की इक चादर

बच्चे खेल-खिलौनों में उलझे रहते
शजर पुराने जानें, गुज़री क्या किन पर

दो-दो चार जोड़ कर चलती दुनिया में
दो-दो पाँच भी होते देखे हैं अकसर

तितली, फूल, हवा, पानी के रिश्ते में
आँच सुलगती रहती है खुशबू बनकर

दौर बदलता, सदी बदलती है लेकिन
ज्यों के त्यों कायम रहते ढाई-आखर

सतरों-सतरों गढ़ी किताबें मौसम ने
पढ़ने वाले ठहरे 'वर्षा'-सावन पर

अब कहीं ताज़गी नहीं मिलती
होंठ पर भी हँसी नहीं खिलती

ज़िन्दगी थम के रह गई जैसे
इक क़दम भी ज़रा नहीं चलती

प्यार मैंने सदा सही माना
लोग कह लें भले इसे ग़लती

लौट आएँगे दिन कभी अच्छे
धूप, चाहत की रोशनी मलती

कौन 'वर्षा' को आज समझाए
हाल दुनिया का जान कर घुलती

हो गया गुम मेरी वफ़ा लेकर
कल मिला था नई अदा लेकर

वो न समझेगा ज़िन्दगी क्या है
जो उजड़ता रहा दुआ लेकर

मैं उसे ढूँढने को निकली हूँ
उसके ई-मेल का पता लेकर

मशवरा दे रहा था लोगों को
एक टूटा-सा आईना लेकर

रात भर इस क़दर हुई 'वर्षा'
ज़लज़ले आ गए घटा लेकर

चाह नीली, दुआ हरी लिखना
हर सज़ा से उसे बरी लिखना

ये हुआ है असर हवाओं का
आ गया दर्द को ख़ुशी लिखना

फ़ोन पर कह दिया 'विदा' उसने
जानता था जो दोस्ती लिखना

वक़्त ने ही मुझे सिखाया है
रेत की देह में नदी लिखना

उम्र के हर पड़ाव में 'वर्षा'
आँधियों में भी आरती लिखना

चाहतों से गुज़र के देखा है
अपने भीतर उतर के देखा है

ख़ूब सपने हैं! कभी हँस-हँस के
तो कभी आँख भर के देखा है

क्या कहूँ क्या था रुख़ हवाओं का
पत्तियों-सा बिखर के देखा है

एक उम्मीद थी वो आएगा
याद सौ बार करके देखा है

कोई रुकता नहीं कभी 'वर्षा'
चलते-चलते ठहर के देखा है

वाहिद फ़राज़

जन्मतिथि : 3.11.1958

शिक्षा : एम.कॉम., एल-एल.बी., अदीब कामिल, पी-एच.डी.

प्रकाशन : ग़ज़ल-संग्रह 'दामन' एवं काव्य-संग्रह 'मेरा वतन'। संपादन—'ग़ज़ल से रिश्ता', 'क्रान्तिदूत आज़ाद', 'वन्दे मातरम्', 'प्रतीति'। 'तैबा की महक' प्रकाशनाधीन। अनेक पत्र-पत्रिकाओं में रचनाएँ प्रकाशित

सम्मान/पुरस्कार : अनेक संस्थाओं द्वारा सम्मानित

सम्प्रति : शासकीय सेवा

सम्पर्क : 30, मौलाना आज़ाद रोड, झाबुआ (म.प्र.) 457661

फ़ोन : 07392 - 244764

मेरे घर में आग लगी है सारे नगर में पानी है
एक अकेले मुझको सताना मौसम की मनमानी है

लाख करो तुम कोशिश लेकिन काम नहीं इक आनी है
अमन चमन में होगा कहाँ से जब तक खींचातानी है

कुछ की आँखें नम हैं देखो कुछ की आँख में पानी है
रुखा-सूखा बचपन है और रोती गाती जवानी है

कहीं पे सूखा कहीं पे बाढ़ें क़ुदरत ने क्या ठानी है
दरिया सागर सूखे हैं और आँखों-आँखों पानी हे

जिसके घर को लूट लिया है तोप उसी पर तानी है
जुल्मो-सितम की हद है यारो सर से ऊपर पानी है

दुश्मन को है सबक़ सिखाना हम ने मन में ठानी है
जीत हमारी होगी यारो फिर क्यों आनाकानी है

चेहरे को चाँद जुल्फ़ को बादल बताएगा
ख़ुश्बू को तेरी हर कोई संदल बताएगा

मोती बताएगा कभी शबनम कहेगा वो
आँसू को तेरे हर कोई निर्मल बताएगा

एहले-ख़िरद को यारो न हरगिज़ गुमान था
दानिशवरों को रास्ता पागल बताएगा

पानी की बूँद गिन के गिराएगा देखना
किसको है प्यास कितनी ये बादल बताएगा

रोका है उसको राह में किस-किस ने ऐ 'फ़राज़'
गर वो बता न पाया तो आँचल बताएगा

कहाँ से आते हैं पत्थर तलाश करना है
लहू लुहान वो ख़ंजर तलाश करना है

सुलग रहे थे जो नारों के दरमियाँ शब में
मुझे शहर में वही घर तलाश करना है

शहर के सारे निशानात तो मिले लेकिन
अभी तो अपना मुझे घर तलाश करना है

अमन की सब ने बनाई है कश्तियाँ घर में
मगर सभी को समन्दर तलाश करना है

रुके तो पाँव के छालों ने कह दिया हमसे
चलो चलो के मुक़द्दर तलाश करना है

लब पे अपने गुलाब रखता हूँ
सुर्ख़ शोलों की ताब रखता हूँ

लोग कहते हैं आईना जिसको
ऐसी रोशन किताब रखता हूँ

बर्फ़ जैसा मिज़ाज है मेरा
दुश्मनों पर इताब रखता हूँ

नींद रूठी है मुझसे रातों की
फिर भी आँखों में ख़्वाब रखता हूँ

घर में शीशे सजा के रखे हैं
हर किसी का जवाब रखता हूँ

जान पहचान कर गया कोई
फिर परेशान कर गया कोई

मेरी आँखों से पोंछ कर आँसू
मुझ पे एहसान कर गया कोई

मुझको यादों की तितलियाँ दे कर
राह आसान कर गया कोई

रौनक़े-बज़्म पूछते क्या हो
कब से वीरान कर गया कोई

तोड़ कर रिश्त-ए-दिल ऐ 'फ़राज़'
आज हैरान कर गया कोई

नफ़ीस परवेज़

जन्म : 1.3.1959 नूरपुरा
शिक्षा : एम. ए. पोलिटिकल साइंस
सम्प्रति : तालीमी मसरूफ़ियात, खेती बाड़ी
सम्पर्क : निकट जामा मस्जिद, मोहम्मद नगर
नूरपुरा, ज़िला–बिजनौर, (उ. प्र.)

हो रही है दिल में फिर हलचल बहुत
हैं अदाएँ आपकी चंचल बहुत

देर तक अच्छी ही है बेरुखी
बरहमी होती है पल दो पल बहुत

वह मज़ाक़े-वजादारी क्या हुआ
मैला-मैला तेरा आँचल बहुत

जाने कब ख़ुशियों का मौसम आएगा
उजड़ा-उजड़ा दिल का है जंगल बहुत

हम ही क्या 'परवेज़' दीवाना बनें
उनकी ख़ातिर लोग हैं पागल बहुत

झाँके है ऐसे अब्र के टुकड़ों से माहताब
जैसे उठा उठा के गिराए कोई नक़ाब

पढ़ कर कभी भी देख ले इंसान अमल का बाब
पोशीदगी में रहती है इक-इक खुली किताब

नफ़रत बदल ही जाएगी इक दिन ख़ुलूस में
देते रहे जो फूल से पत्थर का तुम जवाब

अपना भी कोई अपनों को पहचानता नहीं
हालात किस क़दर हैं ज़माने के अब ख़राब

सहमे हुए हैं महरो-वफा ज़ुल्मो-ज़ोर से
जाने यह कैसा आ गया 'परवेज़' इंकलाब

सच भला यहाँ कहाँ
झूठ है जहाँ तहाँ

कोई न जा सके जहाँ
जाकर दिखाओ तुम वहाँ

यह भी है कोई ज़िन्दगी
दिल वहाँ है हम यहाँ

सच्चा है सिर्फ़ एक तू
झूठा है सारा जहाँ

हाथ में क़लम को थाम
कट गई है गर ज़बाँ

शोलए-दिल है दहका, तुमको है जैसे देखा बिजली गिरा गए हो
अरमाँ जगा गए हो, दिल में समा गए हो, जादू जगा गए हो

मेरे लबों पे नग़मे, रह-रह के बिखरे कितने, इक साज़े-इश्क़ बन के
जज़्बात की गली से, इस दिल की महफ़िलों में, तुम जब से आ गए हो

हर आन सोगवारी, हर लम्हा बेक़रारी, है खुद से बेनियाज़ी
तुम सुबह बन के आए, फिर रात बन के मेरे ख़्वाबों पे छा गए हो

बेकैफ़ है सवेरा, हर सिम्त इक अँधेरा, दिल मुज़तरिब है मेरा
आओ क़रीब आओ अपना मुझे बनाओ, तुम दिल पे छा गए हो

समझो न तुम नज़ाकत, ये वरहमी की आदत, इक सर बसर क़यामत
'परवेज़' भी है गुमसुम, जब से प्यार की तुम शमा जला गए हो

देवीचरण कश्यप

जन्मतिथि : 10.4.1959, कानपुर (उ.प्र.)
शिक्षा : परास्नातक
प्रकाशन : अनेक पत्र-पत्रिकाओं में रचनाएँ प्रकाशित
सम्मान/पुरस्कार : अनेक संस्थाओं द्वारा सम्मानित
सम्प्रति : आयुध पैराशूट (परिक्षत्र) निर्माणी, कानपुर में सेवारत
सम्पर्क : नई बस्ती, पानी की टंकी के पास, गोलाघाट कैन्ट, कानपुर - 208004 (उ.प्र.)

क़त्ल कर डालो कि फाँसी पे चढ़ा दो मुझको
जुर्म क्या है मेरा इतना तो बता दो मुझको

मैं अगर सच कि इबारत हूँ तो पढ़ डालो मुझे
और अगर हर्फ़ ग़लत हूँ तो मिटा दो मुझको

याद आऊँगा तो नम होंगी तुम्हारी आँखें
इससे बेहतर तो यही है कि भुला दो मुझको

रौशनी मुझमें अगर हो तो जलाए रखो
रौशनी दे न सकूँ मैं तो बुझा दो मुझको

तू सितम मुझ पे कितने भी कर ज़िन्दगी
झुक न पाएगा अब मेरा सर ज़िन्दगी

सिर्फ़ इतना बता दे कि आख़िर तुझे
क्या मिला लूटकर मेरा घर ज़िन्दगी

ऐसी दुनिया में होने से क्या फ़ायदा
मौत हो जिसके हर मोड़ पर ज़िन्दगी

मेरी हर साँस में फूल खिलने लगे
बन के खुशबू तू उसमें बिखर ज़िन्दगी

मैं तो शिकवा-गिला तुझसे करता नहीं
मेरी खुशियों में आँसू न भर ज़िन्दगी

इन आँखों में अश्कों के मन्ज़र बहुत हैं
सँभलना है मुश्किल समन्दर बहुत हैं

क़दम अपना मंज़िल पे रख दूँ मैं लेकिन
मेरी राह में ग़म के पत्थर बहुत हैं

अभी कौन तूफ़ाँ यहाँ से है गुज़रा
कि सहमे हुए दिल के रहबर बहुत हैं

तू रुसवाइयाँ ग़म की कब तक सहेगा
गुज़र चल यहाँ से यहाँ डर बहुत है

ये शहूरे-वफ़ा है अजब शहर यारो
खुशी कम यहाँ ग़म के लश्कर बहुत हैं

तू कहता जिसे ख़ूबसूरत पहल है
ये लाशों पे तामीर किसका महल है

ये क्या हो गया देश के रहबरों को
बग़ावत का इक सिलसिला आजकल है

हर एक शख़्स सहमा सा लगता है मुझको
यहाँ ज़िन्दगी से तो बेहतर अज़ल है

उजालों में तू ढूँढ ले अपनी मंज़िल
समझ ले कि बस रौशनी एक पल है

हर एक शे'र है आईना ज़िन्दगी का
तुम्हारी अमानत मेरी ये ग़ज़ल है

ये क्या हादिसा हो गया ज़िन्दगी में
अँधेरों का डर था लुटे रौशनी में

मेरे आँसुओं पर तरस खाने वाले
ये तोहफ़े मिले हैं मुझे दोस्ती में

मुझे और तो कुछ नहीं याद लेकिन
बहुत याद आए हो तुम बेख़ुदी में

मेरी लाश पर रोके ग़म देने वालों
बहुत ग़म मिले हैं मुझे ज़िन्दगी में

ज़माने से वो क्या निशाँ मिट सकेगा
जो ख़ुद मिट चुका हो तेरी आशनी में

सन्तोष सोनी

जन्मतिथि : 6.5.1959, भिण्ड (म.प्र.)
प्रकाशन : 'ओस की बूँदें' काव्य-संग्रह 'गीतायन' का सह सम्पादन। एक काव्य-संग्रह व एक ग़ज़ल-संग्रह प्रकाशनाधीन। अनेक पत्र-पत्रिकाओं एवं संग्रहों में रचनाएँ प्रकाशित
सम्मान/पुरस्कार : अनेक संस्थाओं द्वारा सम्मानित
सम्प्रति : दूर संचार (बी.एस.एन.एल.) में सेवारत
सम्पर्क : टाइप III/6, पी एण्ड टी कालोनी थाटीपुर, सुरेश नगर के पास, ग्वालियर - 474011 (म.प्र.)
फ़ोन : 2342100

ये घाव पुर गया है, अब मसल न जाए कहीं
जमा है दर्द, अब ये फिर पिघल न जाए कहीं

फूल हँसने लगे हैं, पंछियों की चह चह भी
मेरे चमन से ये चहल-पहल न जाए कहीं

मुझे ये बात आज चाँदनी से कहनी है
मचल गया है चाँद वो मचल न जाए कहीं

आज आया है मिला भी नहीं है अरसे से
उससे मिलना है मुझे, वो निकल न जाए कहीं

कोई समझाए, इससे पहले उस बालक को
वो कंकड़ों के खेल में, बहल न जाए कहीं

उनका नारा है ज़माने को बदल कर रख दो
और कोशिश है ज़माना बदल न जाए कहीं

पतझरों का एक मेला है
जीर्ण तन है हाथ ठेला है

दर्द अपनों से मिला उसको
इसलिए रहता अकेला है

आजकल यह ज़िन्दगी उसकी
डूबती-सी साँझ बेला है

दानवों का वंशधर कोई
रोटियों के साथ खेला है

सत्य उलझा ही रहा इसमें
यह जगत ऐसा झमेला है

आप जब भी जिधर चल दिए
ज़िन्दगी को नए पल दिए

शोध करनी पड़ेगी हमें
आम ने नीम के फल दिए

खेत में एक मजदूर ने
भूख के प्रश्न को हल दिए

भाव-बिन, अस्त्र-विज्ञान ने
ज़िन्दगी को मरुस्थल दिए

आँसुओं ने नहीं कुछ कहा
आँख से सिर्फ़ वो ढल दिए

यदि कहीं रक्षा ज़रूरी है
तो वहाँ सीमा ज़रूरी है

शब्द की पूजा ज़रूरी है
गीत की संध्या ज़रूरी है

फूटती हैं शब्द से किरणें
भोर की चर्चा ज़रूरी है

वेदना के छन्द लिखने को
अश्रु की गणना ज़रूरी है

बात में खुशबू मिलाने को
फूल की भाषा ज़रूरी है

अश्रु भी तो नहीं आचमन के लिए
लाश हूँ एक मैं भी दहन के लिए

कोई शय्या नहीं चाहिए बस मिले
एक झोंका हवा का थकन के लिए

भावना ही सहज चाहिए आपसे
और क्या चाहिए मेरे मन के लिए

कोई उनसे हमारा नमन बोल दे
प्राण-पन से लुटे जो वतन के लिए

अग्नि की ज्वाल भी थरथराने लगी
एक आँसू गिरा जब हवन के लिए

रवि कुमार

जन्मतिथि : 16.6.1959, पठानकोट (पंजाब)

शिक्षा : बी.ए.

प्रकाशन : पत्र-पत्रिकाओं में रचनाएँ प्रकाशित

सम्मान/पुरस्कार : अनेक संस्थाओं द्वारा सम्मानित

सम्प्रति : बैंक अधिकारी, हिन्दू को-ऑप. बैंक, पठानकोट

सम्पर्क : 1516, मुहल्ला सराय, पठानकोट 145001

फ़ोन : 0186 - 2226699

रात फिर थक के सो गए बच्चे
मीठे सपनों में खो गए बच्चे

नफ़रतें यूँ तो थीं बुजुर्गों की
ओर हक़दार हो गए बच्चे

माँ के बिस्तर से रूठकर निकले
बाप के साथ सो गए बच्चे

ज़ब्त की यह भी इन्तिहा देखो
ख़ुश्क आँखों से रो गए बच्चे

गर्द जितनी भी थी थकानों की
मुस्कुराहट से धो गए बच्चे

ख़ामोशी में अपनी बातें कहती है
दुख की नदिया धीरे-धीरे बहती है

एक पहाड़ी सदियों से यूँ तकती है
पागल बुढ़िया जैसे सोच में रहती है

चौराहे से आने जाने वालों को
ये लावारिस लाश सुनो क्या कहती है

वो देखो पर्वत से झरना फूट रहा
इसके सीने में भी हलचल रहती है

मैंने उसकी आँखों में क्या देख लिया
दिल के अन्दर बेचैनी सी रहती है

जिस रस्ते भी जाना है
अपना बोझ उठाना है

कोई किसी के साथ नहीं
ये दिल को समझाना है

सारे रस्ते रौशन हैं
आँखों में वीराना है

ख़ाली हाथ मुसाफ़त में
क्या खोना क्या पाना है

रात कभी यूँ लगता है
सुबह तलक मर जाना है

बन्द हों दरवाज़े तो क्या रुक पाती है
धूप दरारों से होकर आ जाती है

रात देर तक सोचते रहने की आदत
जाने कितने सपनों को खा जाती है

चाँद, सितारे, धरती, अम्बर नाच रहे
अपनी लय में मस्त हवा क्या गाती है

नदिया के धारों को छूकर इक चिड़िया
मीठी धूप में अपने पंख सुखाती है

घने दरख़्तों को जाती पगडंडी से
ख़ामोशी हमको आवाज़ लगाती है

पर्वत टीले बन्द मकानों जैसे थे
और जो पत्थर थे इन्सानों जैसे थे

दिन में सारी बस्ती मेले जैसी थी
रात के मन्ज़र क़ब्रिस्तानों जैसे थे

बड़े-बड़े महलों में रहने वाले लोग
अपने घर में ख़ुद मेहमानों जैसे थे

वादी का सिंगार पहाड़ी-लड़की सा
झरने तो अलमस्त जवानों जैसे थे

कैसे-कैसे दर्द छुपाए फिरते थे
दिल भी क्या मख़सूस ठिकानों जैसे थे

सैयद रियाज़ रहीम

जन्मतिथि : 27.7.1959, धारवाड़ (कर्नाटक)
शिक्षा : एम.ए. (उर्दू, अंग्रेजी)
प्रकाशन : अनेक पत्र-पत्रिकाओं में रचनाएँ प्रकाशित
सम्मान/पुरस्कार : अनेक संस्थाओं द्वारा सम्मानित
सम्प्रति : अध्यापन
सम्पर्क : रेहाना हाउस, कालीना चर्च के पीछे, कालीना, सान्ताक्रुज (पू.) मुम्बई - 400029

दुनिया जैसी दुनिया है यह वैसा हम को होना था
सब जो हँसे तो हँसना था सब रोएँ तो रोना था

कच्ची उम्र में बूढ़ों जैसी दुनियादारी सीख गए
अपने दौर के बच्चों को तो बच्चों जैसा होना था

फ़स्ल उगी है तलवारों की इसमें अपना दोष कहाँ
हमसे पहले के लोगों को प्यार-मुहब्बत बोना था

सच की ख़ातिर ज़हर का प्याला हँसते-हँसते पीते थे
हो न सके हम लेकिन हम को उनके जैसा होना था

ऐसे कड़े दिन हम लोगों पर शहरे-अम्न में गुज़रे हैं
गलियों-गलियों दहशत थी और घर-घर रोना धोना था

जिस्म से आरी लोगों का ही साया है
रुत ये कैसी कैसा मौसम आया है

कोई चीख़ फ़िज़ा में अब तो गूंजेगी
सन्नाटों ने कितना शोर मचाया है

इस रुत में भी प्यासी धरती प्यासी है
इस रुत में भी बादल घिर कर आया है

उसकी ज़रूरत उसकी अना पर हावी है
मुझ से मिलने मेरे घर तक आया है

पेड़ पे बैठे पंछी ने पूछा मुझ से
शहर से 'सय्यद' क्यों जंगल में आया है

जिधर रस्ता नहीं होता उधर रस्ता बनाते हैं
इसी दुनिया में रहकर हम नई दुनिया बनाते हैं

उन्हीं के दर पे दुनिया सर झुकाने पे हैं क्यों राज़ी
जो हँसती खेलती बस्ती को सन्नाटा बनाते हैं

सफ़र का सिलसिला यों ही नहीं ज़िन्दा हैं सदियों से
हमारे ख़्वाब सहराओं में भी दरिया बनाते हैं

कोई भी खेल हो हम खेलते हैं अपनी शर्तों पर
जिसे मोहरा समझते हैं उसे मोहरा बनाते हैं

न दीवारों से कुछ मतलब न सरहद अपनी राहों में
मुहब्बत के उजाले से नया नक़्शा बनाते हैं

नई रुतें नया मंज़र नया जहाँ न मिला
ज़मीं-हिसार से निकले तो आसमाँ न मिला

हर एक बात मिरी हर्फ़े-मो'तबर ही सही
हर एक बात पे मेरी तू हाँ में हाँ न मिला

इसीलिए तो हूँ मंज़िल से मैं क़रीब बहुत
कि मेरी राह में कोई भी सायबाँ न मिला

ये और बात है कुछ नाम मो'तबर हैं 'रियाज़'
नई ग़ज़ल को कोई मीरे-कारवाँ न मिला

हर एक दर पे सदा दे के लौट आए हैं
गई रुतों में जो अपने थे सब पराए हैं

किसी को क्या जो अँधेरा बहुत है रस्तों में
सभी ने अपने घरों में दिए जलाए हैं

कोई अक़ीदा नज़रिया कोई, जुनून कोई
ये दौर वो है क़दम सबके डगमगाए हैं

हमारे शानों पे अब तक ये बोझ कैसा है
जो क़र्ज़ हम पे थे वाजिब वो सब चुकाए हैं

गोविन्द सेन

जन्मतिथि : 15.8.1959

शिक्षा : एम.ए. (हिन्दी, अंग्रेजी)

प्रकाशन : ग़ज़ल-संग्रह 'चुप्पियाँ चुभती हैं', 'अकड़ू-भुट्टा' (निमाड़ी हाइकु संग्रह)। पत्र-पत्रिकाओं में रचनाएँ प्रकाशित

सम्मान/पुरस्कार : 'पं. देवीदत्त शुक्ल स्मृति सम्मान' सहित अनेक संस्थाओं द्वारा सम्मानित/पुरस्कृत

सम्प्रति : अध्यापन

सम्पर्क : 193, राधारमण कॉलोनी, मनावर (धार) म.प्र. 454446

भूखे ही रह जाना बाबा
झोली मत फैलाना बाबा

नहीं खोलना दुःख की गठरी
अच्छा नहीं ज़माना बाबा

तरुवर याद नहीं रखता है
पंछी का उड़ जाना बाबा

सच कहता हूँ नहीं सुहाता
तेरा यूँ झुक जाना बाबा

अपनी जेबें तो खाली हैं
कुछ सपनें ले जाना बाबा

जैसे खरपतवार हैं बापू
अनचाहे बेकार हैं बापू

सबकी आँखों में चुभते हैं
आँखों से लाचार हैं बापू

कोई मन से नहीं चाहता
यूँ तो बेटे चार हैं बापू

पड़े खाट पर खाँस रहे हैं
घर के चौकीदार हैं बापू

देह-दंड को भोग रहे हैं
मृत्यु का आहार हैं बापू

वक़्त बहुत निर्मम है भाई
करता नाक में दम है भाई

छोटे छोटे दुःख है लेकिन
धीरज अपना कम है भाई

ऊँचाई से डर लगता है
रस्ता भी दुर्गम है भाई

रजधानी में मज़मेबाजी
बस्ती में मातम है भाई

जीवन लगता फीका फीका
नमक ज़रा सा कम है भाई

भीतर कब रह पाए काँटे
आख़िर बाहर आए काँटे

अहंकार में अंधे होकर
नाहक ही इतराए काँटे

सुख देना तो सीख न पाए
दुःख देकर हर्षाए काँटे

अपने काँटे सबने देखे
मेरे देख न पाए काँटे

पाँवों को तो खूब डराया
जूतों से घबराए काँटे

एक नहीं सौ बार हुआ
कहा-सुना बेकार हुआ

रद्दी जैसा लगता है
जबसे वो अख़बार हुआ

बाहर से तो होता था
भीतर से भी वार हुआ

सपना कुर्सी का आया
सत्ता से जब प्यार हुआ

सूरत में बदलाव नहीं
हंगामा हर बार हुआ

महेश मूलचन्दानी

जन्मतिथि : 21.3.1960, होशंगाबाद (म.प्र.)
शिक्षा : बी.काम.
प्रकाशन : हास्य-व्यंग्य काव्य-संग्रह 'कुत्ते की पूँछ' सहित देशभर की पत्र-पत्रिकाओं में गीत, ग़ज़ल, नई कविता, आलेख प्रकाशित
सम्मान/पुरस्कार : अनेक संस्थाओं द्वारा सम्मानित
सम्प्रति : निजी व्यवसाय
सम्पर्क : महेश बूट हाउस, नेहरू चौक, इतवारा रोड, होशंगाबाद (म.प्र.) 461001
फ़ोन : (नि.) 07574-253183, (दुकान) 253123,
मो. 9425366326

पापों का सम्मान हुआ है
पुण्यों का अपमान हुआ है

अमृत सब साँपों ने पीया
उपलब्ध हमें विषपान हुआ है

सत्य नहीं उच्चार सके हम
झूठ बड़ा आसान हुआ है

चरित्र नहीं है, पास किसी के
दरिद्र बड़ा इन्सान हुआ है

ऊँचे महल बड़े दानी हैं
फुटपाथों का दान हुआ है

आज नहीं मुस्कानें दिखतीं
ये जीवन शमशान हुआ है

आज यही अफ़सोस रहा है
कथनी का ही कोश रहा है

झूठ हुआ वाचाल बहुत है
सत्य सदा ख़ामोश रहा है

नगर बन्द, नारे, हड़तालें
केवल इतना जोश रहा है

उन माथों पर मुकुट धरे हैं
पहले जिन पर दोष रहा है

जगा रहे वे ही जन जन को
ग़ायब जिनका होश रहा है

मातमी लिबास लगती है
ज़िन्दगी उदास लगती है

जब टूटती है आस्था तो
काँच का गिलास लगती है

जीवन के छन्द को पढ़कर
रोटी अनुप्रास लगती है

आदमी तो ज़िन्दा है मगर
आदमीयत लाश लगती है

कौन इसकी मौत पर रोए
नैतिकता सास लगती है

•

बोझ से दुहरी दिखाई देती है
ये सदी ठहरी दिखाई देती है

दुःख-दर्द की बातें करे जहाँ
वो सभा बहरी दिखाई देती है

गाँव में आतंक है जिसका
सभ्यता शहरी दिखाई देती है

अगस्त्य की तरह पीने लगे हैं
जो नदी गहरी दिखाई देती है

जूठे बर्तन माँजती भूख में
सेठ की महरी दिखाई देती है

बोलने का जोश रखते हैं
पर ज़ुबाँ ख़ामोश रखते हैं

अपने अपने अर्थों का हम
एक शब्दकोश रखते हैं

वे कसौटी लिए फिरते हैं
और बढ़कर दोष रखते हैं

दानिशमन्द कुछ नहीं करते
वे सिर्फ़ अफ़सोस रखते हैं

ग़रीब हैं इस क़दर नीचे
जैसे पैर-पोश रखते हैं

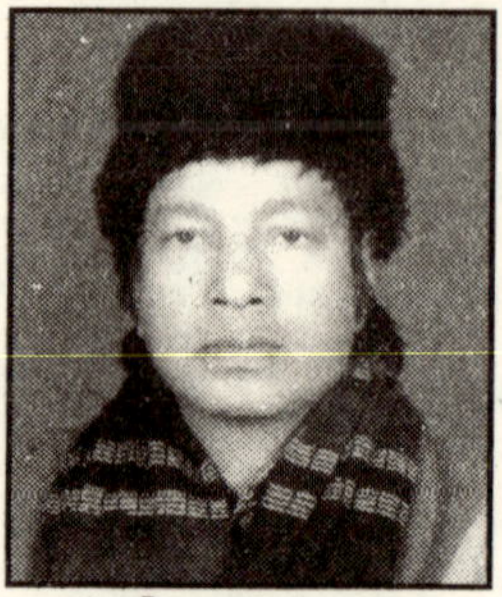

केशव शरण

जन्मतिथि : 23.8.1960, वाराणसी
शिक्षा : इण्टरमीडिएट
प्रकाशन : 'दर्द के खेत में' ग़ज़ल-संग्रह सहित चार काव्य-संग्रह। पत्र-पत्रिकाओं में रचनाएँ प्रकाशित
सम्मान/पुरस्कार : अनेक संस्थाओं द्वारा सम्मानित
सम्प्रति : सरकारी सेवा
सम्पर्क : एस-2/564, सिकरौल, वाराणसी, 221002
मो.–9415295137

हमारी ज़िन्दगी क्या हो गई है
कि सारी मौज-मस्ती खो गई है

गुलों पर आब, खुशबू और तितली
न लौटी वो गुलों से जो गई है

न पूरी हो लबों की मुस्कुराहट
कि पाऊँ आँख मेरी रो गई है।

नदी में घुटने तक पानी न होगा
निराशा डूब मरने को गई है

ग़मों के दाग़ अभी दिल पर लगे हैं
फिर आँसू की लहर क्या धो गई है

करे ये दिल्लगी ही, ठीक से पर
ये दुनिया दिलवरी से तो गई है

जगाऊँ ख़्वाब की मूरत को क्या मैं
जो जागी रात भर अब सो गई है

अभी तक ज़मीं का नज़ारा नहीं है
समन्दर है कैसा किनारा नहीं है

नहीं जानता था बिछुड़ते हुए मैं
कि मिलना हमें अब दुबारा नहीं है

वही रात मेरे लिए है मुक़र्रर
ये सूनी अँधेरी सी कारा नहीं है

गगन में हैं लाखों चमकते सितारे
मुक़द्दर का मेरे सितारा नहीं है

सराबोर बेशक़ लहू धूल से हूँ
मगर मैंने मैदान हारा नहीं है

कहाँ ठहरी हुई है तू नदी
यहाँ हम जल रहे धू-धू नदी

बहेगी जब उसी अन्दाज़ में
उसी रूमानियत को छू नदी

तुम्हारे पाट नीरव हो गए
न कलकल है न है कू कू नदी

बहे जाते तुम्हारे नाम पर
झराझर आँख से आँसू नदी

किसे मालूम है किस घाट पर
रहा 'केशव शरण' साधू नदी।

गुलसिताँ में बहार है अब भी
बस तेरा इन्तज़ार है अब भी

हो उठा था कभी बहुत पहले
दिल मेरा बेक़रार है अब भी

एक दिन हुस्न को झुका लेगा
इश्क़ को ऐतबार है अब भी

अब तो सर के ही साथ उतरेगा
जो जुनूँ सा सवार है अब भी

कितनी कारीगरी से जोड़ूँ मैं
आईने में दरार है अब भी

वो कहाँ है किधर गया है
इक ज़माना गुज़र गया है

वो कहीं इक ज़गह ही होगा
और दिल दर-ब-दर गया है

ज़िन्दगी का गुज़र न पूछो
बहता दरिया ठहर गया है

जब भी साकार करना चाहा
मेरा सपना बिखर गया है

कितनी ख़्याली है मेरी दुनिया
जिससे अब दिल भी भर गया है

उमाशंकर 'अश्क'

जन्मतिथि : 10.9.1960, पिछोर (डबरा) ग्वालियर
शिक्षा : बी.कॉम.
प्रकाशन : पत्र-पत्रिकाओं में रचनाएँ प्रकाशित
सम्मान/पुरस्कार : 'काव्य शिरोमणि' सहित अनेक संस्थाओं द्वारा सम्मानित
सम्प्रति : शिक्षक
सम्पर्क : श्रीदेव मन्दिर के सामने, पिछोर (डबरा) जि. ग्वालियर (म.प्र.) 475115
फ़ोन : 07524 - 286571

अंजाम अपने प्यार का बेहतर नहीं हुआ
दोनों में एक भी तो सुख़नवर नहीं हुआ

हमको जुदा तो होना था हम हो गए जुदा
अब दम निकल रहा है के बेहतर नहीं हुआ

यह फ़ासला नहीं है, मुक़द्दर की बात है
पहलू में मेरे क्यूँ मेरा दिलबर नहीं हुआ

हैं साथ-साथ मेरे अँधेरों की साज़िशें
रोशन किसी तरह जो मुक़द्दर नहीं हुआ

भारी हुआ है दिल कभी हल्का हुआ है दिल
लेकिन किसी भी हाल में पत्थर नहीं हुआ

भीगे ज़रूर 'अश्क' मगर हमको नाज़ है
पानी हमारे सर से तो ऊपर नहीं हुआ

ये कोई इन्क़िलाब लगता है
लम्हा लम्हा अज़ाब लगता है

उसका मुँह मोड़कर निकल जाना
मेरे ख़त का जवाब लगता है

एक हक़ीक़त है मेरा प्यार अब तक
आपका प्यार ख़्वाब लगता है

अजनबी है कि आश्ना है वो
आप अपना जवाब लगता है

तुम नहीं हो तो 'अश्क' गुलशन में
मौसमे-गुल ख़राब लगता है

मुझ बेख़बर के वास्ते इतनी ख़बर है और
आधा सफ़र गुज़र गया आधा सफ़र है और

यह बात मरहबा यह मुलाक़ात मरहबा
तू ऐसा हमसफ़र है कि जिसका असर है और

हम एक साथ रहके हैं कितने जुदा-जुदा
मेरी नज़र है और तुम्हारी नज़र है और

हर रहगुज़र पे चलता हूँ लगता है यह मगर
तुझ तक पहुँचने वाली कोई रहगुज़र है और

फ़नकार कोई 'अश्क' नहीं है किसी से कम
उसमें हुनर है और तो मुझमें हुनर है और

दिलशाद हूँ आराम से दम तोड़ रहा हूँ
कहने से तेरे शहर तेरा छोड़ रहा हूँ

सीने पे मेरे आपके क़दमों के निशाँ हैं
मैं आपके रस्ते का कोई मोड़ रहा हूँ

मजबूर हूँ ये राज़ मैं किस-किस से छिपाऊँ
जो तुमने दिया है वो क़फ़न ओढ़ रहा हूँ

ऐसा न हो इक रोज़ मुझे तोड़ दें क़समें
हर बार मैं खा-खा के क़सम तोड़ रहा हूँ

मंज़िल मुझे क़िस्मत से मिले या न मिले 'अश्क'
अब उसके इशारों पे क़दम मोड़ रहा हूँ

हमारा हाल कुछ बहतर नहीं है
कि अपना घर भी अपना घर नहीं है

ग़ज़ल कहने को कह सकता हूँ लेकिन
अभी पेशेनज़र दिलबर नहीं है

दिया है देने वाले ने बहुत कुछ
सुकूने-दिल मगर पल भर नहीं है

जवाबे-गरदिशे-अय्याम है ये
नहीं है हाथ में साग़र नहीं है

किसी क़ाबिल नहीं है 'अश्क' फिर भी
तुम्हारी राह का पत्थर नहीं है

दीप्ति मिश्र

जन्मतिथि : 15.11.1960, लखीमपुर-खीरी (उ.प्र.)
शिक्षा : एम.ए. (हिन्दी)
प्रकाशन : 'बर्फ़ में 'पलती हुई आग' (ग़ज़ल संग्रह), 'है तो है' काव्य-संग्रह सहित अनेक पत्र-पत्रिकाओं/संकलनों में रचनाएँ प्रकाशित।
सम्मान/पुरस्कारः अनेक संस्थाओं द्वारा सम्मानित/पुरस्कृत।
सम्प्रति : स्वतन्त्र लेखन, अभिनय।
सम्पर्क : फ़्लैट नं. 102, श्री सिद्धनाथ हा.कॉ. सोसायटी मॉडल टाउन, चार बंगला, अंधेरी (पं.) मुम्बई
फोन—022-26329778
मो.—09812338935

वो नहीं मेरा मगर
उससे मुहब्बत है तो है
ये अगर रस्मों, रिवाजों से बग़ावत है तो है

सच को मैंने सच कहा, जब कह दिया तो कह दिया
जब ज़माने की नज़र में ये हिमाक़त है तो है

कब कहा मैंने कि वो मिल जाए मुझको, मैं उसे,
ग़ैर ना हो जाए वो बस इतनी हसरत है तो है

जल गया परवाना तो शम्मा की इसमें क्या ख़ता
रात भर जलना-जलाना उसकी क़िस्मत है तो है

दोस्त बनकर दुश्मनों-सा वो सताता है मुझे
फिर भी उस ज़ालिम पे मरना अपनी फ़ितरत है तो है

दूर थे और दूर हैं हरदम ज़मीनो-आसमाँ
दूरियों के बाद भी दोनों में कुर्बत है तो है

सब्र का ज्वालामुखी धधका है फूटेगा ज़रूर
सुर्ख़ लावा बह चला है, बाँध टूटेगा ज़रूर

लील जाएगा सभी कुछ आग का दरिया मगर
राख का इक ढेर पीछे फिर भी छूटेगा ज़रूर

सच को सचमुच जानने से पहले इतना जान लो
सच का ये अहसास जी का चैन लूटेगा ज़रूर

खोजने निकले हैं, खुद को, खोज ही लेंगे कभी
हाँ, ख़ुदी की खोज में घर-बार छूटेगा ज़रूर

खुश है अपने ख़्वाब में हम, हमको खुश रहने भी दो
यह तो हमको भी पता है ख़्वाब टूटेगा ज़रूर

कोई चाहत, कोई हसरत भी नहीं
क्यूँ सुकूँ दिल को मेरे फिर भी नहीं

जाने क्यूँ मिलती रही उसकी सज़ा
जो ख़ता हमने अभी तक की नहीं

हम भला हसरत किसी की क्या करें
हमको तो दरकार अपनी भी नहीं

तुम मआ'नी मौत के समझोगे क्या
ज़िन्दगी तो तुमने अब तक जी नहीं

शिद्दतों से हैं सहेजे हमने ग़म
थी ख़ुशी भी पर हमीं ने ली नहीं

जिस्म क्या चीज़ है ये जाँ क्या है
और दोनों के दरमियाँ क्या है

इक ख़ला भीतर, इक ख़ला बाहर
फिर मुकम्मल-सा ये जहाँ क्या है

चार दीवार, छत, ज़मीं वालो
है भी मालूम आशियाँ क्या है

चन्द सिक्कों में तुल गए रिश्ते
सूद क्या और अब ज़ियाँ क्या है

रोज़ जुड़ता है इक नया सफ़हा
ज़िन्दगी की ये दास्ताँ क्या है

है काग़ज़ पे लिक्खी हुई ज़िन्दगानी
औ' चारों तरफ़ सिर्फ़ पानी ही पानी

बहुत फ़र्क़ है, फिर भी है एक जैसी
हमारी कहानी, तुम्हारी कहानी

न था कुछ, न होगा, जो है हाल ही है
था माज़ी भी फ़ानी, है फ़र्दा भी फ़ानी

तेरे पास ऐ ज़िन्दगी अपना क्या है
जो है साँस आनी, वही साँस जानी

फ़क़त जिस्म ही, जिस्म से मिल रहे हैं
ये कैसी जवानी? ये कैसी जवानी?

किशोर कुमार कौशल

जन्मतिथि : 10.5.1961

शिक्षा : एम.ए. (हिन्दी), पत्रकारिता में डिप्लोमा

प्रकाशन : 'मिट्टी की पुकार' काव्य-संग्रह सहित अनेक पत्र-पत्रिकाओं में रचनाएँ प्रकाशित

सम्मान/पुरस्कार : साहित्यकार संसद (बिहार) द्वारा सम्मानित

सम्प्रति : सहायक प्रबन्धक (राजभाषा), एस. टी.सी. नई दिल्ली

सम्पर्क : गाँव व डाकघर-फतेहपुर बिल्लोच, जि. फरीदाबाद (हरियाणा)-121004
फोन : 0129 - 2204205

जाने किस धुन में जीते हैं दफ़्तर आते जाते लोग
कैसे कैसे विष पीते हैं दफ़्तर आते जाते लोग

वेतन के दिन भर जाते हैं इनके बटुए, जेब मगर
दो दिन पीछे फिर रीते हैं दफ़्तर आते जाते लोग

रेल-बसों की दौड़-धूप में तन-मन थककर चूर हुए
हारे-हारे भी जीते हैं दफ़्तर आते जाते लोग

दफ़्तर की हर ऊँच-नीच को सहते हैं, पर कह डालें
ऐसे नहीं गए बीते हैं दफ़्तर आते जाते लोग

रोज़ी रोटी के चक्कर में सारे मेले छूट गए
अपने ज़ख़्मों को सीते हैं दफ़्तर आते-जाते लोग

बोलता है आदमी नश्तर नुकीली बोलियाँ
भाइयों के भाल से अब मिट रही हैं रोलियाँ

कौन जाने प्यार की खुशबू उड़ाकर ले गया
चल रही सब ओर नफ़रत की नशीली गोलियाँ

कोठियाँ वो गढ़ रहे हैं बोटियों की नींव पर
और इनको तो मयस्सर भी नहीं हैं खोलियाँ

गाँव में मनुहार का त्योहार है रूठा हुआ
शहर में शर्मो-हया की जल रही हैं होलियाँ

अब अकेले का सफ़र है आदमी की भीड़ में
लद गए वो दिन निकलती थी घरों से टोलियाँ

औरों की फ़िक्र छोड़िए, ख़ुद को सँभालिए
करते हैं आप पाप तो परदा न डालिए

आधा ही तय हुआ है अभी उम्र का सफ़र
क्यूँ थक गए हैं सोचकर मंज़िल पे आ लिए

मैं उनके बीच बैठकर हाँ-हाँ न कर सका
यूँ मैंने अपने दोस्त भी दुश्मन बना लिए

आँसू किसी के पोंछना, काँटा निकालना
ये सब पुरानी बात है, मतलब निकालिए

कल तक खुली थी गाँव की गलियाँ, ये रास्ते
चौपाल पर भी आज तो पहरे बिठा लिए

उलझनें इतनी हैं अपनी जान को
कोई कब समझे यहाँ इन्सान को

क्यों न होते क़त्ल बतलाओ भला
बादशाहत जब मिली दरबान को

काम इन्सानों के ऐसे हो गए
शर्म अब आने लगी शैतान को

एक भी फ़नकार अब मिलता नहीं
घूमते हैं सब यहाँ पहचान को

आइए मिलकर करें बेहतर इसे
अम्न सौंपें आज की सन्तान को

तुम हो साथ कहानी में
आया असर रवानी में

किसकी रामकहानी है
इन आँखों के पानी में

कैसे कैसे डूब गए
इस दरिया तूफ़ानी में

मस्ती जब नीलाम हुई
क्या रह गया जवानी में

जीने का सामान मिला
सब सन्तों की बानी में

शरदनारायण खरे

जन्मतिथि : 25.9.1961

शिक्षा : एम.ए. (इतिहास), एल.एल.बी., पी-एच.डी.

प्रकाशन : देश की अनेक पत्र-पत्रिकाओं में गीत, ग़ज़ल, कविता क्षणिका, निबन्ध, लघुकथा आदि विधाओं की रचनाएँ प्रकाशित

सम्मान/पुरस्कार : अनेक संस्थाओं द्वारा सम्मानित

सम्प्रति : प्राध्यापक एवं विभागध्यक्ष (स्नातकोत्तर इतिहास) शासकीय कन्या महाविद्यालय मंडला (म.प्र.) 481661

सम्पर्क : पुलिस थाने के सामने, तिलक वार्ड, मंडला (म.प्र.)
फ़ोन : (7642) 253060 (नि.) 252536 (का.)

राह पथरीली बहुत थी फिर भी हम चलते रहे
मन में मंज़िल के लिए अरमाँ सदा पलते रहे

बन न पाए भास्कर तो भी न हम मायूस हैं
दीप बनकर रोशनी के हित में तो जलते रहे

हमने क़ुर्बानी वतन पे देने की मन ठान ली
फिर ग़द्दारों की क़िस्मत रोज़ वे फलते रहे

वे बने सच्चे मसीहा रहनुमाई में जुटे
इसलिए इस मुल्क़ में दंगे सतत् चलते रहे

उनकी नीयत पर बारहा उँगली उठाई है 'शरद'
बस यही कारण कि उनको हम सदा खलते रहे

दीवारें उठाने की सियासत न कीजिए
सच बोलूँगा ज़रूर शिकायत न कीजिए

जो प्यार के संसार में काँटों को बिखेरे
ऐसी तो मिरे भाई इनायत न कीजिए

ये मुल्क मुहब्बत का इक चमन था दोस्तो
मज़हब के नाम गन्दी विरासत न कीजिए

कल का जहाँ क्यों आज से झगड़ों में ही रहे
जो बाँट दे दिलों को, वसीयत न कीजिए

इन्सानियत के दायरे के पार हो 'शरद'
ऐसी तो आप मुझसे अदावत न कीजिए

ज़िन्दगी के दौर में रोज़ ही होता है अब
झूठा-कपटी चैन की नींद में सोता है अब

दुश्मनों की बात तो अब मैं भला क्यूँकर करूँ
दोस्त ही नित राह में काँटों को जब बोता है अब

झूठ का हर सिम्त यारो, क़हक़हों का शोर है
और यहाँ इन्साफ़ तो काज़ी के घर रोता है अब

अपनी ख़ातिर जो जिया बस उसने ही जीवन जिया
जो लड़ा सबके लिए अपना सुकूँ खोता है अब

ऐ 'शरद' अब हाल में, आगे क्या तुमसे कहूँ
छोड़कर अच्छाई को बाक़ी सभी होता है अब

दूर क्यूँकर के खुशी से हो गई है ज़िन्दगी
है सभी कुछ, पर नहीं वो, अनमनी है ज़िन्दगी

वक़्त आगे बढ़ गया पर, मानो सब कुछ रुक गया
तुम गए उस मोड़ पर, ठहरी हुई है ज़िन्दगी

जाने कब आएगा मुझको जीने का असली मज़ा
बेचैन हूँ क्यूँकर के बस थोड़ी बची है ज़िन्दगी

ख़्वाब उनका जब भी आया, तब मुझे ऐसा लगा
है बदन पहले का तो भी, कुछ नई है ज़िन्दगी

दर्द बाँटा ना 'शरद', ना ही सहेजा मेरा ग़म
साथ रहकर भी लगा सब, अजनबी है ज़िन्दगी

अपनी ही धुन में देखिए खोए हुए हैं लोग
जागे हुए हैं या कि फिर सोए हुए हैं लोग

करके ये रोज़ पाप अब गंगा के नीर से
अपने सभी दुराचरण धोए हुए हैं लोग

ख़ुदगर्ज़ी, झूठ, द्वेष की आदत ही पड़ गई
काँटे ख़ुद अपनी राह में बोए हुए हैं लोग

चेहरे को देखकर लगा, वो खुशगवार हैं
सम्पन्नता तो है मगर रोए हुए हैं लोग

अब और क्या होने को शेष रह गया 'शरद'
पहले से ही तो जानवर होए हुए हैं लोग

कैलाश झा किंकर

जन्मतिथि : 12.1.1962
शिक्षा : एम.ए. (इतिहास), एल.एल.बी.
प्रकाशन : 'हम नदी की धार में' (ग़ज़ल संग्रह) एवं कविता संग्रह 'सन्देश' सहित 7 काव्य-संग्रह। पत्र-पत्रिकाओं में रचनाएँ प्रकाशित। 'कौशिकी', 'स्वाधीनता', 'कात्यायनी' एवं 'प्रकाश पुंज' पत्रिकाओं का सम्पादन
सम्मान/पुरस्कार : 'साहित्यश्री' (उ.प्र.) सहित दर्जनों संस्थाओं द्वारा सम्मानित
सम्प्रति : शिक्षक
सम्पर्क : (स्थायी) ग्राम, पो. हरिपुर भाया, सकड़पुरा, जिला खगड़िया 848203 (बिहार)
फ़ोन : (06244) 237103
(वर्तमान) क्रान्ति भवन, चित्रगुप्त नगर, खगड़िया - 851204
फ़ोन : (06244) 225413

हार कर बैठे नहीं हम और चलना चाहिए
पाँव में छाले अभी कुछ और पड़ना चाहिए

कौन-सा वह क्षेत्र है जिसमें सखे मेहनत नहीं
मेहनतों से कर्मवीरों को न डरना चाहिए

लाख तूफ़ाँ राह में हों पर किसे परवाह है
ज़िन्दगी संघर्ष है संघर्ष करना चाहिए

आज की तारीख़ में भी बात गीता की सही
फ़िक्र फल को छोड़कर सतकर्म करना चाहिए

साथ के साथी भले ही साथ देना छोड़ दें
एक अपने आप पर विश्वास करना चाहिए

सरेआम ख़ंजर यहाँ घोंपता है
जुबाँ भी न कोई कहीं खोलता है

हताशा निराशा यहाँ पर वहाँ पर
बना लाश मानव फ़क़त डोलता है

ग़रीबों उठो ताल ठोको बढ़ो अब
कहो क्यों स्वयं को ही कम तोलता है

नहीं हिन्द की एकता टूट पाए
पछाड़ो उसे जो ज़हर घोलता है

डरा जो वही मर गया है समर में
बहादुर को कोई नहीं रोकता है

चाँदनी को क्यों दहकते, देखता हूँ आजकल
दर्द का मंज़र निकलते, देखता हूँ आजकल

कौन-सी है ये हवा जो आग ढोकर ला रही
मेमने को भी झुलसते, देखता हूँ आजकल

दोस्त भी बनकर खड़ा है सामने दुश्मन नया
यार-गारों को झगड़ते, देखता हूँ आजकल

अश्क से भीगी नहाई आँख केवल हर तरफ़
हाथ में ख़ंजर चमकते, देखता हूँ आजकल

बात किंकर की अगर मानो तो बन जा आदमी
जानवर का दम निकलते, देखता हूँ आजकल

सोचिए सोज़े-वतन की बात है
हिन्द के उजड़े चमन की बात है

कौन हिन्दू कौन मुस्लिम छोड़िए
प्रेम के रीते चलन की बात है

मन्दिरों के देव! मस्जिद के खुदा
देश के बदले पवन की बात है

आज भी लद्दाख़ से नेफ़ा तलक
रक्त से रंजित गगन की बात है

राष्ट्र के उत्थान से मुँह मोड़कर
फ़ालतू क्यों विष-वमन की बात है

सताने में उनको मज़ा आ रहा है
यही ग़म मुझे रात दिन खा रहा है

किया जिसने अब तक सगे से भी बढ़कर
उसी को पराया कहा जा रहा है

सुलगती रहेगी कहो आग कब तक
फ़लक में धुआँ ही धुआँ छा रहा है

धड़कते दिलों का जुनूँ मर गया है
तभी बन निडर भेड़िया गा रहा है

किया क़त्ल जो कुछ हड़पने की ख़ातिर
वही हाथ दो ग़ज़ क़फ़न ला रहा है

नरेश महाजन 'निरगुन'

जन्मतिथि : 30.1.1962

शिक्षा : बी.ई. (सिविल)

प्रकाशन : पत्र-पत्रिकाओं में रचनाएँ प्रकाशित

सम्मान/पुरस्कार- :अनेक संस्थाओं द्वारा सम्मानित

सम्प्रति : एस.डी.ओ. पठानकोट

सम्पर्क : साहिबजादियाँ लोकलिटी पठानकोट,
(पंजाब)-145001
फ़ोन : 0186 - 22213198

खाट बिछौना अपना अपना
रोना धोना अपना अपना

धरती और आकाश सभी के
चाँदी सोना अपना अपना

इक कमरे का घर है फिर भी
कोना कोना अपना अपना

कहने को सुख-दुख के साथी
हँसना रोना अपना अपना

एक ख़ज़ाना सबके अन्दर
पाना खोना अपना अपना

जाँचा परखा फिर ये जाना
बोझ है ढोना अपना अपना

ज़िन्दगी इक वरक का ख़त समझा
जब खुली एक इक परत समझा

साए से मैं मुग़ालते में रहा
साँप के फन को सर की छत समझा

मुख़्तलिफ़ ज़ावियों से देख के भी
जब भी समझा मुझे ग़लत समझा

वो तो लिख कर मुकर भी सकता था
मैं ज़ुबाँ को ही दस्तख़त समझा

फूल ख़ुशबू हवा ख़ुदा तक मैं
एक बच्चे की मारफ़त समझा

सिमटा हूँ तो सिमटा पत्थर होने तक
और जो बिखरा बिखरा ज़र्रे ज़र्रे तक

सोचोगे तो देर बहुत हो जाएगी
कट जाएँगे जंगल साधू होने तक

जीवन का हर पहलू देखा है हमने
मखमल के बिस्तर से लेकर नेज़े तक

फ़सलें नीची, ऊँचे क़र्ज़ किसानों पर
भूल गए हैं बैसाखी के मेले तक

पशमीने के पैराहन में भूले हम
कुछ बच्चों के पास नहीं हैं कपड़े तक

अब मिलन हो के या जुदाई हो
इस क़फ़स से मेरी रिहाई हो

ख़र्च जो भी था कर लिया हमने
अब तो अन्दर की कुछ कमाई हो

है हक़ीक़त ख़ुदा ख़ुदा न करे
ये कहानी सुनी सुनाई हो

जिस्म मेरा डरा करे मुझसे
हाथ में जब दियासलाई हो

ज़िन्दगी रोज़ इस क़दर देखो
जैसे दुल्हन की मुँह दिखाई हो

चोट हल्की सी ज़ख़्म गहरा सा
ग़म का दरिया लगे है ठहरा सा

मुख़्तलिफ़ दर्द मुख़्तलिफ़ लज़्ज़त
कोई सागर सा कोई सहरा सा

ख़्वाब देखा था ये भी उल्फ़त में
रात चाँदी सी दिन सुनहरा सा

मुझको इन्साफ़ तो मिला अन्धा
जो ख़ुदा भी मिला तो बहरा सा

ज़िन्दगी की किताब भी कैसी
जिल्द मोटी वरक़ इकहरा सा

प्रभा दीक्षित

जन्मतिथि : 22.2.1962, रायबरेली (उ.प्र.)

शिक्षा : एम.ए. (हिन्दी, अंग्रेजी, संस्कृत), पी-एच.डी. (हिन्दी)

प्रकाशन : ग़ज़ल-संग्रह 'रोशनी की इबारत' एवं कविता-संग्रह 'अधूरी कविता', समीक्षा कृति 'मुक्तिबोध व नागार्जुन का काव्य-दर्शन' प्रकाशित। 'श्रमिक की ग़ज़लें' का सम्पादन। अनेक पत्र-पत्रिकाओं, संकलनों में रचनाएँ प्रकाशित। कविता संग्रह 'साझी उड़ान' एवं 'वक़्त के जलते सवाल' एवं 'गूँगी कलम का बयान' (स्त्री-विमर्श) लेख संग्रह प्रकाशनाधीन

सम्मान/पुरस्कार :अनेक संस्थाओं द्वारा सम्मानित

सम्प्रति : प्रवक्ता हिन्दी विभाग, एम.जी. कालेज, कानपुर संस्थापिका 'युग प्रभा' एवं कार्यकारिणी सदस्य 'जन संस्कृति मंच'।

सम्पर्क : 128/222 वाई वन ब्लाक, किदवई नगर, कानपुर (उ.प्र.)

फ़ोन : 0512 - 2636502

खुद अपने दर्द में डूबी सुबह के साथ हम निकले
फ़लक की रोशनी में हँस रही थी रात हम निकले

शहर सहमा हुआ था एक ख़ामोशी का आलम था
कई जलते मकानों से परिन्दे बेशरम निकले

यहाँ हिन्दू मुसलमाँ सिक्ख ईसाई तो मिलते हैं
मिले कुछ आदमी भी क्या कहें गिनती में कम निकले

खुदा का घर गिराते हैं तो क्या साबित नहीं होता
सभी धर्मों के ठेकेदार कितने बेधरम निकले

ये दुनिया उस समय लगती है खुद में क़ैदख़ाने सी
कभी नाराज़ होकर जब तेरे कूचे से हम निकले

तेरी छत से मेरी छत तक चाँदनी आती तो है
दर्द की पुरवाई मेरे ज़ख़्म सहलाती तो है

रोशनी छूकर पहाड़ों के शिखर को कह रही
सूर्य के ढलने से पहले दीप की बाती तो है

क्या कहें खुशियाँ मयस्सर हो नहीं पाईं हमें
ज़िन्दगी में कुछ ग़मों के हुस्न की थाती तो है

आदमी की फ़ितरतों में ख़ौफ़ का जंगल भी है
आदमी के हाथ से बगिया सँवर जाती तो है

उम्र भर भटका किए दुनिया तेरे भूगोल में
मेरे घर से तेरे घर तक इक डगर जाती तो है

हम आपसी रिश्तों से बेख़बर नहीं रहे
पर इश्क़ में भी उसके बराबर नहीं रहे

हम जीत के भी हार से जाते हैं कई बार
वो हार के भी जीत से कमतर नहीं रहे

मंज़िल के पास आ के भी लगता है कई बार
वो साथ तो चलते हैं हमसफ़र नहीं रहे

बाज़ार सोचता है वही सोचते हैं आप
किस दौर में दफ़्तर के साथ घर नहीं रहे

वो कैसा समन्दर है जो डरता है बूँद से
किस बूँद की बाहों में समुन्दर नहीं रहे

तेरी आँखों में मेरी चाहत उतर आई है दोस्त
खुद गवाही आइने के सामने आई है दोस्त

दो परिन्दे डाल पर बैठे हैं पिछली रात से
इन गुनाहों से इबादत खुद भी शरमाई है दोस्त

एक आँसू में भी होती है समन्दर की सतह
डूबकर देखा है हमने कितनी गहराई है दोस्त

ख़्वाब की आँखों में सोया है मोहब्बत का वजूद
खुद को ये एहसास होता है कि परछाईं है दोस्त

कैसे बतलाए 'प्रभा' खुद अपनी ग़ज़लों का मिज़ाज
रात की ख़ामोशियों के बीच शहनाई है दोस्त

सुख के घर बैठे पहरे हैं
क्यों विषाद इतने गहरे हैं

भरी-भरी नदिया के उर में
सूखी हुई चन्द लहरें हैं

रोज़ घरौंदे दरक रहे हैं
मन में दर्द कहीं ठहरे हैं

एक उदास ग़ज़ल के घर में
हँसती हुई कई बहरें हैं

'प्रभा' समय की रीति यही है
एक मुखौटा दस चेहरे हैं

राम अवतार नायक

जन्मतिथि : 8.3.1962, मुकुन्दगढ़ (झुंझनू) राज.
शिक्षा : आठवीं क्लास
प्रकाशन : ग़ज़ल-संग्रह 'ताक में हैं पत्थर' एवं 'मैं बंजारा'। पत्र-पत्रिकाओं में रचनाएँ प्रकाशित
सम्मान/पुरस्कार : अनेक संस्थाओं द्वारा सम्मानित
सम्प्रति : व्यवसाय
सम्पर्क : ए-2/95, हस्तसाल रोड, उत्तम नगर, नई दिल्ली - 110059
फ़ोन : (011) 25633693, मो. 9811529793

ख़ूब रोया ख़ूँ के आँसू तन्हा बिस्तर देखकर
चौंक-सा उठता था जो ख़्वाबों का लश्कर देखकर

लौटने वापस लगी मेहनतकशों की भीड़ अब
बन्द होती फ़ैक्ट्रियाँ सूने से दफ़्तर देखकर

सो नहीं पाए थे सारे लोग थे दहशतज़दा
गाँव की दहलीज पर कल शाम कंजर देखकर

चीख़ उट्ठा दिल मेरा किस दौर में रहते हैं हम
शहर भर के हाथ में चाकू-ओ-ख़ंजर देखकर

आँधियों का रक़्स बढ़ता ही गया 'अवतार' क्यों
तेज़ इस बरसात में मुफ़लिस का छप्पर देखकर

जब से वो लाचार हुए हैं
आँसू ही हथियार हुए हैं

क्या कर लेंगे इस जीवन में
अभिशापित संस्कार हुए हैं

रोज़ी-रोटी ख़ाक मिलेगी
हाथ सभी बेकार हुए हैं

फूल कहाँ से कोई पाए
गुलशन ही जब ख़ार हुए हैं

'अवतार' न छेड़े कोई हमें
ख़ुद से हम बेज़ार हुए हैं

ओक में अपनी अगर हम रेत भरते ही नहीं
प्यास के मंज़र लबों पर यूँ सँवरते ही नहीं

लाख तिनके हम सही रहते अगर जुड़कर यहाँ
इस तरह हालात के हाथों बिख़रते ही नहीं

रूबरू जीने की हमको वो दुआ देता रहा
पीठ पीछे कह उठा कम्बख़्त मरते ही नहीं

क्या पता उनको कि शीशा खेलता है खेल क्या
लोग कहते हैं हमें कि हम सँवरते ही नहीं

जो किताबें इश्क़ की पढ़ लेते हैं 'अवतार' वो
फिर किसी से दुश्मनी की बात करते ही नहीं

चौकसी हम कर न पाए अपने चौकीदार की
इसलिए सुर्ख़ी बने हैं आज के अख़बार की

कल मसीहा देश के रहते थे जिस दरबार में
अब वहाँ जयकार होती माफ़िया सरदार की

कोरे काग़ज़ पर गिराकर आँख से दो-चार बूँद
क्या नई शैली निकाली भाव के इज़हार की

जिसपे रोना उम्र भर पड़ता रहा है आपको
किसलिए फिर वो ही ग़लती आपने हर बार की

कब क़फ़स के ख़ौफ़ का कायल रहा 'अवतार' है
आ खुली चर्चा करें आकाश के विस्तार की

बिन दीवारो-दर के आज मकानों से
बंजारे भी आए ठौर-ठिकानों से

सूरज की किरणों पर मत तू आँखें रख
दूर रहा कर झूठी इन मुस्कानों से

मेरी हालत देख के मुस्काने वालो
लुत्फ़ जलन का पूछो तुम परवानों से

कब तक देगा धोखा हमको तू बतला
क्यों बहलाता रहता रोज़ बहानों से

दिल पर बोझ लिए महफ़िल जो छोड़ चले
उकताए 'अवतार' तुम्हारे तानों से

सागर मीरजापुरी

मूल नाम : योगेन्द्र बहादुर सिंह
जन्मतिथि : 6.6.1962
शिक्षा : एम.एस-सी.
प्रकाशन : 'मोम के घरौंदे', 'मोज़ेक के गमलों में उगा शहर', 'एक टुकड़ा चाँद'। पत्र-पत्रिकाओं में रचनाएँ प्रकाशित।
सम्मान/पुरस्कार :अनेक संस्थाओं द्वारा सम्मानित
सम्प्रति : शिक्षक
सम्पर्क : के. एन. आई. सुलतानपुर (उ.प्र.) 228118
फ़ोन : 05362 - 225379 (आवास)
मो. 9415457585

गुलशने-दिल आज यूँ सहरा हुआ
चाँदनी के द्वार पर पहरा हुआ

गो दिवाली रोज़ तेरे घर में है
मैं उजाले के लिए रुसवा हुआ

तुमने कोई चीज़ पाई है पड़ी
दिल मेरा दिलदार गुमगस्ता हुआ

वस्ल की मीआद पूरी हो गई
हल्क़ए-आगोश ना हल्का हुआ

ये जवानी का तो भारी बोझ है
जिस्म यूँ अँगड़ाई में दुहरा हुआ

प्यार में मिलकर बिछड़ने का नशा
जाम-ए-तन्हाई का जुर्आ हुआ

अश्क़ की क़ीमत फ़क़त आबे रवाँ
दिल मेरा उजड़ा हुआ इक आशियाँ

ये अदा की शोख़ियाँ ये मस्तियाँ
गेसुओं की हर घटा अब्रे जवाँ

इश्क़ के बीमारों का है ये नगर
इस नगर की हर गली कूए-मुग़ाँ

'वस्ल की यादें' दरख़्ते-ज़िन्दगी
वस्ल का अहसास है बर्गे-ख़ज़ाँ

हुस्न की महफ़िल में 'सागर' आ गए
गिर पड़ेगी आज तो बर्क़े-तपाँ

उदासी है शबे-ग़म है
अया दिल की नहीं कम है

क़सम खाने से क्या होगा
तेरी सुहबत में ही ख़म है

तेरी दो आँखों का पानी
यक़ीनन आबे-ज़मज़म है

मुहब्बत की अदालत में
सफ़ाई का चलन कम है

सनम के प्यार का दामन
मेरे दामन से ही नम है

लीजिए दिल, खेलिए ठुकराइए
बेवफ़ाई बेसबब कर जाइए

मुझको तन्हा छोड़कर यूँ चल दिए
मख़्मसाते इश्क़ भी ले जाइए

शामें कितनी ढल गईं ढल जाएगी
आप मेरे ख़्वाब में ढल जाइए

किसकी ख़ातिर जी रहे हैं ज़िन्दगी
ज़िन्दगी को ज़िन्दादिल कर जाइए

ज़ख़्म दो या दर्द दो 'सागर' मुझे
वल्वलाए वस्ल या दे जाइए

उम्रभर सायों से मन बहलाओगे
ख़ुद को ही ख़ुद से जुदा कर जाओगे

इश्क़ की जानिब न जाओ दोस्तो
आग का दरिया है रे, जल जाओगे

ख़ाली-ख़ाली लौट आती है सदा
कब तलक पत्थर पे सिर टकराओगे

मुझसे ही मुझको चुराए जाते हो
जानेमन! मुर्दे से तुम क्या पाओगे

आइना 'सागर' बना डालो मुझे
अक्स बन-बनकर उतरते जाओगे

शम्भुनाथ तिवारी

जन्मतिथि : 11.7.1962, गोहुअना (गोरखपुर)
शिक्षा : एम.ए. (हिन्दी), पी-एच.डी.
प्रकाशन : विभिन्न पत्र-पत्रिकाओं में रचनाएँ प्रकाशित। ग़ज़ल-संग्रह 'परिन्दे की उड़ान' प्रकाशनाधीन
सम्मान/पुरस्कार :अनेक संस्थाओं द्वारा सम्मानित
सम्प्रति : व्याख्याता, (हिन्दी) एम. एल. वी. राजकीय महाविद्यालय, भीलवाड़ा (राज.)
सम्पर्क : टाइप II/2, राजकीय आवास, मजिस्ट्रेट कालोनी, कोटा रोड, भीलवाड़ा (राज.) 311001
फ़ोन : 01482 - 256952 (नि.)
मो. 9414371899

अब और खुद को भला बेक़रार क्या करता
मैं जानबूझकर पत्थर से प्यार क्या करता

मुझे जो छोड़ गया अजनबी-सा राहों में
उसी का उम्रभर मैं इन्तज़ार क्या करता

वह एक पल में कई रंग बदल लेता है
मैं ऐसे आदमी का ऐतबार क्या करता

कभी असर ही नहीं आह का हुआ जिस पर
उसी से इल्तिजा मैं बार-बार क्या करता

हुए हैं एक ज़माने से जिगर के टुकड़े
उसी को और भला तार-तार क्या करता

तमाम उम्र ख़िज़ा में गुज़र गई मेरी
कोई कहे कि मैं लेकर बहार क्या करता

सोचकर मुझको यह हैरानी बहुत
दुश्मनी अपनों ने ही ठानी बहुत

ग़म ज़माने भर का जब देकर गया
अब उसे क्यों है पशेमानी बहुत

चाहता है दिल से पर कहता नहीं
यह अदा उसकी है लासानी बहुत

दोस्ती का क्या सिला मुझको मिला
ख़ाक मैंने उम्रभर छानी बहुत

ज़िन्दगी में फूल भी काँटे भी हैं
चन्द खुशियाँ तो परीशानी बहुत

सीने में दबी आग जगा क्यों नहीं देते
तुम कौन हो दुनिया को बता क्यों नहीं देते

जो आदमी को रोक दे बनने से आदमी
ऐसे किसी मज़हब को भुला क्यों नहीं देते

जब जल रहा है आदमी नफ़रत की आग में
तब लफ़्ज़े मुहब्बत को मिटा क्यों नहीं देते

मंज़िल का पता जो न मुसाफ़िर को दे सके
उस मील के पत्थर को हटा क्यों नहीं देते

जो रोक दे इंसान के तदबीर की राहें
हाथों की वह लकीर मिटा क्यों नहीं देते

चेहरे जो दिख रहे हैं यूँ लहूलुहान से
इनका है शौक खेलना तीरों कमान से

कुर्बान हो गए लड़े जो हौसले के साथ
जो कुछ नहीं थे अर्श पर बैठे हैं शान से

जिनका कोई कुसूर नहीं कुछ खता नहीं
वह ही हुए हैं बेदख़ल अपने मकान से

यह किसने हवाओं में ज़हर घोल दिया है
डरने लगे हैं अब तो परिन्दे उड़ान से

आहों में वह असर कि थरथराए आस्माँ
क्या ज़ोर आज़मा रहे हो नातवान से

कभी उससे निबाह मत करना
अपनी दुनिया तबाह मत करना

वह तो भटका हुआ मुसाफ़िर है
उससे कोई सलाह मत करना

जिसने मुड़कर कभी नहीं देखा
उसकी जानिब निगाह मत करना

समझ सको तो ज़मीं को समझो
चाँद-तारों की चाह मत करना

सच को सच कह दिया मगर अब तू
और कोई गुनाह मत करना

यश मालवीय

जन्मतिथि : 18.7.1962, कानपुर
शिक्षा : स्नातक
प्रकाशन : 'कहो सदाशिव', 'उड़ान से पहले' सहित व्यंग्य, बालगीत आदि पर 5 पुस्तकें प्रकाशित। पत्र-पत्रिकाओं में रचनाएँ प्रकाशित
सम्मान/पुरस्कार : उ.प्र. हिन्दी संस्थान सहित देश की अनेक संस्थाओं द्वारा सम्मानित
सम्पर्क : 'रामेश्वरम्' ए-III, मेंहदौरी कालोनी इलाहाबाद 211004 (उ.प्र.)
फ़ोन : 0532 - 2545604

वक़्त यूँ तेवर बदलता है बताओ क्या करें
ऊबकर भी जी बहलता है बताओ क्या करें

शून्य से नीचे उतर आया है पैमाना, वहीं
धमनियों में ख़ूँ उबलता है बताओ क्या करें

चाँद को रोटी समझकर भूख की दहलीज़ पर
एक नन्हा शिशु मचलता है बताओ क्या करें

सुब्ह पाकर भी किसी ख़रगोश सा सहमा हुआ
बादलों में सच टहलता है बताओ क्या करें

शाम तक भी ग़र न लौटा सुब्ह का भूला हुआ
सोचकर ही जी दहलता है बताओ क्या करें

है कभी पत्थर कभी लोहा ग़ज़ल
किसलिए कहिए कि है शीशा ग़ज़ल

चल रही है पाँव में छाले लिए
हाथ में मेंहदी रचाए क्या ग़ज़ल

है मुखर इतनी कि बहरे भी सुनें
क्यों न खोले होंठ का ताला ग़ज़ल

जो निहत्थे थे समय की जंग में
हाथ का उनके हुई भाला ग़ज़ल

क़हक़हों को दम अचानक घुट गया
हो गई जिस लम्हा संजीदा ग़ज़ल

ठोस लिखना या तरल लिखना
दोस्त मेरे कुछ सरल लिखना

भोर में भी सो रहे हैं जो
नींद में उनकी ख़लल लिखना

पाँव जब पथ से भटकते हों
गाँव की कोई मसल लिखना

पेट की जो आग है उसको
आग में झुलसी फ़सल लिखना

झूठ का चेहरा उतर जाए
बात जब लिखना, असल लिखना

पुरानी धड़कनों का मोल दे दो
हमारे हाथ में कश्कोल दे दो

कि जिससे लड़ सकें हम ज़िन्दगी से
हमें वो पैरहन, वो खोल दे दो

ज़ेह्न में रात के कर दो उजाला
अँधेरे में सुबह के बोल दे दो

कहानी है तनी रस्सी सरीखी
कहानी में ज़रा सा झोल दे दो

रहे कुछ तो सुहाना पास अपने
हमें वो दूर के ही ढोल दे दो

बीच का रास्ता नहीं होता
काश इस बात पर यक़ीं होता

आँख में फूल सा सजा लेते
एक मंज़र भी जो हसीं होता

मंज़िलें पाँव चूम ही लेतीं
अपना साया जो हमनशीं होता

मान लेते गुनाह की शक्लें
जो हुआ है मेरे तईं होता

रात कमज़र्फ़ यूँ नहीं होती
एक दरिया कहीं यहीं होता

सौरतन सिंह 'आज़ाद'

जन्मतिथि : 15.8.1962
शिक्षा : एम. फिल. (हिन्दी)
प्रकाशन : ग़ज़ल-संग्रह 'दस्तक' प्रकाशित। पत्र-पत्रिकाओं में रचनाएँ प्रकाशित
सम्मान/पुरस्कार : अनेक संस्थाओं द्वारा सम्मानित
सम्प्रति : अध्यापन
सम्पर्क : एस-20, विजय विहार, उत्तम नगर, नई दिल्ली - 110059

भुलाकर दोस्ती उसने वफ़ा सारी भुलाई है
कभी दामन बचाया है, कभी झटकी कलाई है

तवज्जो की जगह है बेरुख़ी उनकी निगाहों में
ज़रा दामन जो फैलाया तो बिजली-सी गिराई है

क़सम खाकर गिरा नज़रों से खुद ही नाखुदा मेरा
कभी मौजों को छेड़ा है, कभी कश्ती हिलाई है

क़ज़ा ने हाथ झटका है, वफ़ा ने तोड़ डाला दिल
न इस दर पर रसाई है, न उस दर पर रसाई है

कहीं 'आज़ाद' करते हैं वफ़ादारी सितमगर भी
हमें अपनों ने मारा, ग़ैरों ने मय्यत उठाई है

ज़िक्र तेरा महफ़िल में बार-बार करते हैं
साफ़-साफ़ कहते हैं इन्तज़ार करते हैं

कौन देखता है अब रास्ता बहारों का
याद में तुम्हारी दिल बेक़रार करते हैं

रात जब सितारों की हाय! झिलमिलाती है
शबनमों की सुहबत में अश्कबार करते हैं

दर्द ही कमाया है, अश्क ही बचाए हैं
इश्क़ के नगर में हम रोज़गार करते हैं

वो दुआ न देंगे 'आज़ाद' तेरी चाहत को
बदनज़र ज़माने में दाग़दार करते हैं

आस लुट गई कोई, ख़्वाब सब बिखर गए
वह गई नदी तो हम रेत से ठहर गए

हम थे इक ख़याल में, हमको कुछ पता नहीं
राह से हमारी वो किस तरफ़ गुज़र गए

शाख टूट टूट के इक तना ही रह गया
फूल थे जो रंग थे, पेड़ से उतर गए

वादियों में क्या गए, हम तेरी तलाश में
इस तरह चली हवा ज़ख़्मे-गुल उभर गए

आँख से जुदा हुए, इस तरह खुदा हुए
रुख़ बदल, बदल गई, गीत सब बिसर गए

सितमगर में हम यूँ वफ़ा ढूँढते हैं
के जैसे बुतों में ख़ुदा ढूँढते हैं

न पिघला वो पत्थर सदाओं से अपनी
करे जो असर वो दुआ ढूँढते हैं

करेगी इलाजे-जिगर मौत आकर
अबस हम ग़मों की दवा ढूँढते हैं

उन्हें याद करते हैं दुनिया में सारे
ज़ो रस्ता जहाँ में नया ढूँढते हैं

मुहब्बत की 'आज़ाद' मंज़िल वही है
फ़रिश्ते जहाँ का पता ढूँढते हैं

चाहत से हमारी वो बेजार नज़र आए
नाकाम मुहब्बत के आसार नज़र आए

ये शर्म हया तेरी परदा-सा लगा हमको
परदा भी तेरा अब तो दीवार नज़र आए

बीमार हुए अच्छे, मौसम का असर देखो
हम मस्त बहारों में बीमार नज़र आए

जब चोट लगी गहरी, जब दर्द उठा कोई
अपनी ही निगाहों में लाचार नज़र आए

सब ग़ैर हुए अपने 'आज़ाद' ज़माने में
साया ही मेरा मुझको ग़मख़्वार नज़र आए

रामचरण राग

जन्मतिथि : 13.12.1962
शिक्षा : एम.ए. (हिन्दी, समाजशास्त्र), बी. एड.
प्रकाशन : अनेक पत्र-पत्रिकाओं में रचनाएँ प्रकाशित
सम्मान/पुरस्कार : अनेक संस्थाओं द्वारा सम्मानित
सम्प्रति : भाषा अध्यापक (हिन्दी), शिक्षा निदेशालय, दिल्ली
सम्पर्क : प्रशान्ति निलयम् 10/326, गली नं. 1, मौ. जुबली बास, स्कीम नं. 2, लाजपत नगर, अलवर (राज.) 301001
फ़ोन : 0144 - 2332728

ज़लज़ला आया है कैसा मेरे घर के दरमियाँ
लड़ गए पत्थर से पत्थर बामो-दर के दरमियाँ

सिर्फ़ शाख़ो-गुल से ही बनता नहीं इसका वजूद
पंछियों के भी बसेरे हैं शजर के दरमियाँ

पास जिनके खुद चली आई है मंज़िल दौड़कर
शख़्स कुछ ऐसे हुए हैं इस शहर के दरमियाँ

जो तेरे हमदर्द बनकर आ रहे हैं आजकल
आग भड़काएँगे इक दिन चश्मे-तर के दरमियाँ

एक दिन हो जाएँगे रहज़न हमारे हमसफ़र
हमने कब सोचा था ऐसा इस सफ़र के दरमियाँ

फूलों-से, तारों-से बच्चे
खेलें हथियारों से बच्चे

दुनिया भर की ख़बरें लेकर
लगते अख़बारों से बच्चे

बन्द घरों में खेल रहे हैं
हल्के गुब्बारों से बच्चे

पीठ पे बोझा लादे हरदम
गुज़रें गलियारों से बच्चे

कितनी दहशत है आँखों में
सहमे अँधियारों से बच्चे

काम जो चाहे कर
पर खुदा से तो डर

अब तो हर राह पर
सोच कर पाँव धर

खेल क़िस्मत का है
अपनी आँखें ना भर

सुबह का भूला तू
शाम को लौट घर

जिसको अपना बना
देखकर जाँच कर

क्यूँ न कुछ ऐसा कर जाएँ
बाद हमारे हम याद आएँ

ले जाएँगी कहाँ मनुज को
विज्ञापन की ये छलनाएँ

सबको सच लगती हैं लेकिन
झूठी होती सत्य-कथाएँ

घर-घर टी.वी. शोर कर रहा
अब चौपालें क्या बतियाएँ

तेज़ धूप है रेत का सागर
नाच रही है मृग तृष्णाएँ

किस ख़ूबी से धोखा देते चतुर चितेरे लोग
तुझको मुझको छलते प्यारे तेरे मेरे लोग

कभी तो लूटें, कभी बचाएँ इस बस्ती को देखो
पहरे पर रक्षक थे पहले आज लुटेरे लोग

दिल की सुन लें, अपनी कह लें, इतना वक़्त कहाँ
आपाधापी में उलझे हैं साँझ-सवेरे लोग

तर्ज़ ज़िन्दगी की बदली तो बदल गए हालात
समझौतों पर जीने वाले हुए घनेरे लोग

सूरज उगने पर सोते हैं, रातों-रातों जागें
करने लगे पसन्द यहाँ क्यों सिर्फ़ अँधेरे लोग

अनिल चौधरी

जन्मतिथि : 16.3.1963, दौलतपुर (मुज़फ़्फ़रनगर) उ.प्र.

शिक्षा : स्नातक, आयु. स्नातक

प्रकाशन : ग़ज़ल-संग्रह 'मुट्ठीभर धूप' सहित एक बालगीत संग्रह 'नन्हे-नन्हे गीत'। विभिन्न पत्र-पत्रिकाओं में रचनाएँ प्रकाशित। 'खुशबुओं का सफर' का सम्पादन

सम्मान/पुरस्कार :अनेक संस्थाओं द्वारा सम्मानित

सम्प्रति : चिकित्सा एवं स्वतन्त्र लेखन

सम्पर्क : जाटान स्ट्रीट, (निकट अग्रवाल धर्मशाला) बिजनौर (उ.प्र.) 246701
फ़ोन : 01342 - 265070

जुबाँ जो खोलूँ तो मेरा लहजा कहाँ-कहाँ तक धमाल देगा
अगर मैं चुप हूँ ज़मीर मेरा मुझी पे पानी भी डाल देगा

अगर न तुमने सिखाई उसको पुरानी अपनी रिवायतें वो
ज़दीद बेटा तुम्हें भी इक दिन तुम्हारे घर से निकाल देगा

कभी किसी ने मदद से दामन नहीं भरा है नहीं भरेगा
मगर ज़माना ज़माने भर के नए नए से सवाल देगा

हमारे दिल में बला की ठंडक मगर वो सूरज नहीं सुनेगा
वो सर पे बैठेगा रोज़ आकर हमें भी इक दिन उबाल देगा

ज़दीदयत जब ज़रूरी हो तो खुली दिमाग़ों की खिड़कियाँ हों
वगरना तुमको तुम्हारा लहज़ा नई मुसीबत में डाल देगा

लगाम कस लो, सँभल के बैठो 'अनिल' रास्तों में फिसलने हैं
तुम्हारे ख़्वाबों का सिलसिला ये तुम्हें कहीं भी उछाल देगा

तड़पते ग़म, घुटी साँसें, अँधेरे हैं, हवा बदलूँ
अभी कुछ भी नहीं बदला तो कैसे मैं फ़ज़ा बदलूँ

बड़ी मुद्दत से मैंने प्यार के लम्हे नहीं चक्खे
तेरी नज़रों में उतरूँ और साक़ी ज़ायका बदलूँ

ये बीमारी जो दिल की है कभी क्या ठीक होती है
मैं चारागर बदल बैठूँ कि फिर कोई दवा बदलूँ

किसी की याद मुझसे दूर हो तो दूर हो कैसे
मैं घर बदलूँ या दुनिया को या ख़ाली बस पता बदलूँ

वही वादे, वही धोखे 'अनिल' हैं आरियाँ दिल पर
तेरी महफ़िल में क्या रक्खा, चलूँ अब रास्ता बदलूँ

पलक झपकते ही मौसम बदल न जाए कहीं
मेरी बहार की ये शाम ढल न जाए कहीं

तुम्हारे प्यार का झोंका इधर नहीं आता
मुझे ये मेरी घुटन ही निगल न जाए कहीं

बहुत सँभाल के रक्खी हैं प्यार की ये घटा
हमारी आँख से आँसू निकल न जाए कहीं

मुहोब्बतों के दियों पर कड़ी नज़र रखना
हमारे घर की तरह कोई जल न जाए कहीं

खुशी के पल तो वो मुश्किल से बख़्शता है 'अनिल'
तुम्हारे हाथ से वो पल निकले न जाए कहीं

जिसको चाहा वही ग़ैर का हो गया
तंग जीने का यूँ सिलसिला हो गया

कारवाँ आँसुओं की बनी ज़िन्दगी
मेरा ग़म ही मेरा रहनुमा हो गया

जाने किस-किस के घर में जलेंगे दिए
वो मेरा दोस्त मुझसे जुदा हो गया

करके पक्का इरादा जो हम चल पड़े
बीच दरिया के भी रास्ता हो गया

तुमने जब प्यार से मुझको देखा 'अनिल'
मैं था पत्थर सिफ़त, आइना हो गया

ज़िन्दगी धीरे से क्या समझा गई
रफ़ता-रफ़ता बुर्दवारी आ गई

नींद की गहराई थी, चौंका गई
कौन ज़ुल्फ़ें रात की सहला गई

बरसों पहले की तरह उसकी हँसी
इक पहेली सा मुझे उलझा गई

सोचता हूँ कौन था दिल के क़रीब
याद किसकी थी, मुझे तड़पा गई

आसमाँ की एक चाहत ऐ 'अनिल'
पैर नीचे से ज़मीं खिसका गई

अशोक गुलशन

जन्मतिथि : 25.6.1963, पिपराघाट, बलरामपुर (उ. प्र.)

शिक्षा : बी.ए.एम.एस., एन.डी., डी.एच.एम., आचार्य (द्वय) विद्या वाचस्पति (द्वय) मानद, साहित्याचार्य

प्रकाशन : 'गुलशननामा', 'मौन वृक्ष' (ग़ज़ल, मुक्तक) सहित एक कविता-संग्रह व एक कहानी-संग्रह। अनेक पत्र-पत्रिकाओं में रचनाएँ प्रकाशित। सम्पादन—समर्पण, शृंखला, काव्यगन्धा, विहार, सहर, धरती-गगन

सम्मान/पुरस्कार :देश-विदेश की अनेक संस्थाओं द्वारा सम्मानित

सम्प्रति : प्रभारी चिकित्साधिकारी, राजकीय आयुर्वेदिक चिकित्सालय, प्रेमी दास कुट्टी, बहराइच (उ.प्र.)

सम्पर्क : जिला अस्पताल के सामने, बहराइच - 271001 फ़ोन : 05252 - 236284 मो. 9415165034

जीने की ख़ातिर जीवन में तुम मुझको सम्बल दे देना
मेरा आज अगर विचलित हो मुझको बीता कल दे देना

कविताओं की पगडण्डी पर चलते-चलते भटक गया हूँ
अपनी जुल्फ़ों के साये में मुझको एक ग़ज़ल दे देना

खेतों की मिट्टी सूखी है दूर-दूर जलहीन जलाशय
हरियाली सावन की लाकर मुझको नयी फ़सल दे देना

ख़ुशियों के कुछ इने-गिने पल इस जीवन में शेष बचे हैं
और प्रतीक्षा करूँ इसलिए साँसें मुझे अचल दे देना

आज बहारें नतमस्तक हैं सिर्फ़ तुम्हारे रूप अयन में
मुझ आवारा प्यासे 'गुलशन' को थोड़ा सा जल दे देना

चाहता हूँ ज़िन्दगी में यार कुछ ऐसा करूँ
तू सामने बैठा रहे और मैं तुझे देखा करूँ

बस तुझ ही से हाल पूछूँ दिल का अपने ऐ सनम
और अपने ग़म का तेरे रू-ब-रू चर्चा करूँ

जाम आँखों के तेरी पीता रहूँ मैं हर घड़ी
और तेरी आँख में बस डूबकर बहका करूँ

मैं तो तेरी राह हूँ, राही भी, मंज़िल भी तेरी
और तेरे वास्ते ही मैं सदा गुज़रा करूँ

जब बहारें लेके आया है ग़मे-गुलशन में तू
क्यों न मैं भी फूल बनकर हर घड़ी महका करूँ

शाम-सवेरे नाम तुम्हारा रटके इधर-उधर
पंछी जैसा मन बेचारा भटके इधर-उधर

बचे न आख़िर आज तुम्हारी यादों के दर्पन
आँधी की ज़द में आकर के चटके इधर-उधर

कुछ ऐसे आवाज़ दे रहीं रह-रहकर यादें
मन के दरवाज़ों की साँकल खटके इधर-उधर

फैले सूर्य-रश्मि सी हर पल अधरों की लाली
दिग्-दिगन्त के नील नयन में छटके इधर-उधर

जीवन का सन्दर्भ ज़िन्दगी से कैसे जोड़ें
साँसों की डोरी फँस-फँस के अटके इधर-उधर

मुझको कभी खरी कभी खोटी दिखाई दे
ये ज़िन्दगी मुझको बड़ी छोटी दिखाई दे

देखूँ जो काश्मीर तो लगता है आज भी
उस पार मुझे हिन्द की चोटी दिखाई दे

कैसे सँवारूँ आज भला ज़िन्दगी को मैं
जिसकी किसी के हाथ में गोटी दिखाई दे

बेवा का जिस्म देखकर मुखिया को यूँ लगा
भूखे को जैसे चाँद सी रोटी दिखाई दे

जब से मिला है साथ ये 'गुलशन' को आपका
तब से लकीर प्यार की मोटी दिखाई दे

ज़िन्दगी क्या है जान जाओगे
मौत को जब क़रीब पाओगे

आँख अपनी कभी नहीं सोई
तुम इसे ख़्वाब क्या दिखाओगे

दिल तो पहले से ख़ाक है मेरा
यार क्या बिजलियाँ गिराओगे

अपनी दुनिया में सिर्फ़ नफ़रत है
तुम इसे प्यार क्या सिखाओगे

इश्क़ दरिया है जान लो 'गुलशन'
पाँव रखते ही डूब जाओगे

नित्यानंद तुषार

मूल नाम : नित्यानन्द शर्मा

जन्मतिथि : 31.10.1963 जि. बुलन्दशहर (उ.प्र.)

शिक्षा : एम.ए. (हिन्दी)

प्रकाशन : पाँच ग़ज़ल-संग्रह 'दूरियों के दिन', 'सितम की उम्र छोटी है', 'वो ज़माने अब कहाँ', 'हम कहाँ है', 'अगर साथ दो' प्रकाशित। 5 ग़ज़ल-संग्रहों का सम्पादन। 'वंशिकालय' का सम्पादन। अनेक पत्र-पत्रिकाओं में रचनाएँ प्रकाशित

सम्प्रति : परामर्शदाता, प्रारम्भ प्रकाशन, ग़ाज़ियाबाद

सम्पर्क : आर-64, सैक्टर - 12, प्रताप विहार ग़ाज़ियाबाद (उ.प्र.) 201009
फ़ोन : 2742464

हमारे रहनुमाओं ने यहाँ क्या-क्या नहीं देखा
जो मंज़िल से मिले जाकर वही रस्ता नहीं देखा

मुनासिब था, ज़रूरी था, वतन हक़दार था जिसका
वतन के हुक्मरानों ने वही सपना नहीं देखा

कभी रोटी, कभी कपड़ा, कभी घर की परेशानी
मुसीबत साथ है उसके उसे तन्हा नहीं देखा

जो दुनिया की हक़ीक़त है अभी तुमने नहीं देखी
अभी गुलशन ही देखा है अभी सहरा नहीं देखा

सफ़र में हैं तो मंज़िल पर पहुँचकर ही रुकेंगे हम
कभी ठहरा हुआ हमने कहीं झरना नहीं देखा

'तुषार' उसको ज़रूरत है तो मेरे पास वो आए
कभी प्यासे के घर आते कोई दरिया नहीं देखा

मैंने कुछ समझा नहीं था तुमने कुछ सोचा नहीं
वरना जो कुछ भी हुआ है वो कभी होता नहीं

उससे मैं यूँ ही मिला था सिर्फ़ मिलने के लिए
उससे मिलकर मैंने जाना उससे कुछ अच्छा नहीं

आप मानें या न मानें मेरा अपना है यक़ीन
ख़ूबसूरत ख़्वाब से बढ़कर कोई धोखा नहीं

जाने क्यूँ मैं सोचता हूँ उसको अब भी रात दिन
मेरी ख़ातिर जिसके दिल में प्यार का जज़्बा नहीं

मेरी नज़रों से जुदा वो मेरे दिल में है 'तुषार'
वो मेरा सब कुछ मैं जिसकी सोच का हिस्सा नहीं

मेरा अपना तर्जुबा है इसे सबको बता देना
हिदायत से तो अच्छा है किसी को मशवरा देना

अभी हम हैं हमारे बाद भी होगी हमारी बात
कभी मुमकिन नहीं होता किसी को भी मिटा देना

नई दुनिया बनानी है नई दुनिया बसाएँगे
सितम की उम्र छोटी है ज़रा उनको बता देना

अगर नुक्सान हो अपना बड़ी तकलीफ़ होती है
बहुत आसान होता है किसी का घर जला देना

'तुषार' अच्छा है अपनी बात को हम ख़ुद ही निपटा लें
ज़माने की है आदत सिर्फ़ शोलों को हवा देना

जो रिश्ते हैं हक़ीक़त में वो अब रिश्ते नहीं होते
हमें जो लगते हैं अपने वही अपने नहीं होते

कशिश होती है कुछ फूलों में पर खुशबू नहीं होती
ये अच्छी सूरतों वाले सभी अच्छे नहीं होते

सभी के पेट को रोटी, बदन पे कपड़े सर पे छत
बहुत अच्छे हैं ये सपने मगर सच्चे नहीं होते

इन्हें जो भी बनाते हैं वो हम तुम ही बनाते हैं
किसी मज़हब की साजिश में कभी बच्चे नहीं होते

पसीने की सियाही से जो लिखते हैं इरादों को
'तुषार' उनके मुक़द्दर के सफ़े कोरे नहीं होते

इश्क़ की इन्तिहा हो गई
एक सूरत ख़ुदा हो गई

उनसे जैसे ही नज़रें मिलीं
ज़िन्दगी ख़ुशनुमा हो गई

उनको पाना करिश्मा हुआ
बद्दुआ भी दुआ हो गई

ये मुहब्बत भी क्या चीज़ है
धीरे-धीरे नशा हो गई

जो हुआ भूल जाओ 'तुषार'
उनकी सीरत पता हो गई

शरद सिंह

जन्मतिथि : 29.11.1963, पन्ना (म.प्र.)

शिक्षा : एम.ए. (प्राचीन भारतीय इतिहास संस्कृति एवं पुरातत्व तथा मध्यकालीन भारतीय इतिहास), पी-एच.डी.।

प्रकाशन : उपन्यास, कहानी एवं काव्य आदि विधाओं की दस पुस्तकें प्रकाशित। पंजाबी, उर्दू, गुजराती, उड़िया एवं मलयालम भाषा में कहानियों व कविताओं के अनुवाद प्रकाशित। गीत-संग्रह 'कजरारे बादल' का सम्पादन। विविध विषयों पर पटकथा लेखन एवं सम्पादन। पत्र-पत्रिकाओं में रचनाएँ प्रकाशित।

सम्मान/पुरस्कार : 'पं. गोविन्द वल्लभ पन्त पुरस्कार', 'दाजी जन्म शताब्दी सम्मान' अम्बिका प्रसाद दिव्य रजत अलंकरण' सहित अनेक संस्थाओं द्वारा सम्मानित।

सम्प्रति : स्वतन्त्र लेखन, समाज सेवा।

सम्पर्क : एम-111, शान्ति विहार, रजाखेड़ी, सागर (म. प्र.)-470004 फ़ोन : 07582-30088

इसकी दुनिया, उसकी दुनिया, जाने किसकी-किसकी दुनिया
कोई कहता रब की दुनिया, तो कोई इंसानी दुनिया

जूरासिक युग से कलयुग तक, जाने कितने रूप धर चुकी
यही पढ़ा है, यही सुना है, है ये बहुत पुरानी दुनिया

हीर, सोहनी, राँझा, माही स्मृतियों में आते-जाते
श्रद्धा, मनु या आदम हौव्वा, लगती प्रेम-कहानी दुनिया

इस दुनिया की ख़ातिर लड़ने वालों को कोई समझाए
सूफ़ी सन्तों का है कहना, प्रेम नहीं तो फ़ानी दुनिया

मिलने और बिछड़ने के भी ढेरों क़िस्से यहाँ भरे हैं
'शरद' जानती केवल इतना, ये है आनी-जानी दुनिया

साबुत घर के टुकड़े-टुकड़े, तोड़ रहे हैं क्यूँ कर लोग
उनके बारे में भी सोचें, अब तक हैं जो बेघर लोग

नदियाँ सूखीं, सागर प्यासा, ख़ुश्क हवाएँ दौड़ रहीं
पानी की भी क़दर न जाने, ऐसे भी हैं पत्थर लोग

बहुत ग़रीबी है बस्ती में, फटेहाल हैं ख़्वाब जहाँ
नींद ढूँढते हैं रातो को, बने हुए खुद बिस्तर लोग

क़तरा-क़तरा पिघल रहा है, मोम सरीखा वक़्त यहाँ
जीवन में इतने उलटे के भूल गए ये अक़्सर लोग

किस पर करें भरोसा, रब्बा! किसके कहने को मानें
अपने वादों से पलटे हैं, तौबा-तौबा कह कर लोग

चार क़िताबें पढ़कर, दुनिया को पढ़ पाना मुश्किल है
हर अनजाने को आगे बढ़, गले लगाना मुश्किल है

जब से उसने मुँह फेरा है और हुआ बेगाना-सा
तब से उसके दरवाज़े से, आना-जाना मुश्किल है

सबको रुतबे से मतलब है, मतलब है 'पोजीशन' से
ऐसे लोगों से, या रब्बा! साथ निभाना मुश्किल है

रात-रात भर तारे गिनना, बीते दिन की बात हुई
अब तो सीलिंग के पंखे से आगे जाना मुश्किल है

मन की चिड़िया पंख सिकोड़े बैठी है जिस कोटर में
'शरद' उसे अब तिनका-तिनका और सजाना मुश्किल है

उसकी मुट्ठी भरी हुई है, मेरी मुट्ठी खाली-खाली है
उसने पहले छतरी माँगी फिर चुपके से धूप चुरा ली

वो चन्दा है आसमान का, तारों से मन बहलाएगा
उसको क्या मालूम पड़ेगा, मावस होती कितनी काली

कौन पैरवी करता मेरी, वो वकील था, वो ही जज था
उसने अपनी ही दलील पर, अपनी पीनल-कोड बना ली

इक पत्थर है मेरे आगे, जिसको ईश्वर मान लिया हैं
कुछ-न-कुछ तो करना ही था, जब दुनिया ने नज़र फिरा ली

'शरद' रात है जितनी लम्बी, आँखें उतनी जागी-जागी
सपनों ने भी जैसे उसकी यादों के संग लगन करा ली

आँगन बैठी धूप उदासी, कुछ गुमसुम, कुछ पीली-पीली
जैसे रेत समेटे मुट्ठी, बँधी हुई हो ढीली-ढीली

फ़ुरसत के पल में कुछ यादें, दिखलाती हैं दृश्य पुराने
प्रेम-डोर से बँधी हुई है यह पोथी कुछ सीली-सीली

गूँज रहे हैं कानों में अब गरमाहट से रीते आखर
फिर भी तन-मन सुलग रहा है, पोर-पोर पर तीली-तीली

उसके सपने आसमान के, मेरे सपने माटी के हैं
मेरी छत धूसर रंगों की, उसकी छत है नीली-नीली

जल्दी उगते, जल्दी ढलते दिन के जैसा साथ हमारा
'शरद' आज यादों की किरचें चुभती हैं अब कीली-कीली

नूरुल ऐन क़ैसर

जन्मतिथि : 10.12.1963, बड़हरा गंज (पडरौना) उ.प्र.
शिक्षा : हाफ़िजे-कुरआन, मुअल्लिमे-उर्दू, आलिम
प्रकाशन : पत्र-पत्रिकाओं में रचनाएँ प्रकाशित
सम्प्रति : घड़ीसाज़
सम्पर्क : बी. 351, ख़याला कॉलोनी, नई दिल्ली—18

सदा कां मुझ से रिश्ता चाहता है
वह रहना भी अकेला चाहता है

लहू का क़तरा-क़तरा उसको दे दूँ
यही मेरा मसीहा चाहता है

कोई माँ कर रही है रोज़ फ़ाक़ा
कोई बच्चा खिलौना चाहता है

ज़रा रात और गहरी हो तो देखूँ
ये दिल कितना अँधेरा चाहता है

सिफ़त मूसा की कोई भी नहीं और
वो दरियाओं में रस्ता चाहता है

मेरे ग़म से नहीं कुछ उसको मतलब
मेरी खुशियों में हिस्सा चाहता है

मिलोगे किससे ख़ाली हाथ 'क़ैसर'
यहाँ हर शख़्स तोहफ़ा चाहता है

बग़ैर जुहदे-मयस्सर तो कुछ नहीं होगा
हवा में बनते रहे घर तो कुछ नहीं होगा

उठो कि हमको ज़माने के साथ चलना है
जो बैठ जाएँगे थककर तो कुछ नहीं होगा

वो जिसका हाल बज़ाहिर हमारे जैसा है
दरूने-ख़ाना भी बेहूतर तो कुछ नहीं होगा

दिलों को जीतना चाहो तो मोम बन जाओ
रहेगा हाथ में पत्थर तो कुछ नहीं होगा

ख़ताएँ हो गईं सब तुमसे मुनसिलक 'क़ैसर'
गुनाहगार के सर पर तो कुछ नहीं होगा

न जाने कितने महकते गुलाब तोड़ गया
वो आया और मेरे सारे ख़्वाब तोड़ गया

कमी तो कोई नहीं थी बहार आने में
मिज़ाजे-यार को मौसम ख़राब तोड़ गया

ये हादिसा है कि टूटा है आईना लेकिन
ये वाक़िआ है वह अपना जवाब तोड़ गया

अब उसके बाद ज़रूरत नहीं क़यामत की
हमारे सर पे वह इतना अज़ाब तोड़ गया

हमारा अज़्म ही काम आया इस जगह 'क़ैसर'
जहाँ पे हौसला हर इक का ताब तोड़ गया

ख़ुदा उसी को ही दस्ते-सवाल देता है
जो हाथ उठाके फ़क़ीरों को टाल देता है

यह और बात की नापाक कर लिया हमने
ख़ुदा तो बन्दों को रिज़्के-हलाल देता है

सुकून दिल का देता है हर घड़ी लेकिन
कभी-कभी तो यह सच भी बबाल देता है

ख़ुदा नहीं है वो आख़िर तो कौन है वह जो
भँवर में डूबती कश्ती निकाल देता है

तेरे ख़याल मुझे घेरते हैं जब 'क़ैसर'
तो कोई ज़हन को मकड़ी का जाल देता है

कोई सूरत कोई तदबीर नज़र तो आए
सुबूह का भूला हुआ शाम को घर तो आए

जाने क्या हश्र हो अब ज़ब्त के पैमाने का
तिश्नगी लेके समन्दर में उतर तो आए

ख़्वाहिशो तुमको मचलने का मिलेगा मौक़ा
सामने पहले मेरे कोई भँवर तो आए

कैसे कहता है यह दिन देखते हैं उसके बग़ैर
क़ौल अब तरके-मुलाकात का कर, तो आए

और अब कितना असर ढूँढ रहा 'क़ैसर'
जाम आँखों के तेरी बात पे भर तो आए

मयंक अवस्थी

जन्मतिथि : 25.6.1964

शिक्षा : बी.एस-सी.

प्रकाशन : अनेक पत्र-पत्रिकाओं में रचनाएँ प्रकाशित। ग़ज़ल-संग्रह 'तस्वीरें पानी पर' का सम्पादन

सम्मान/पुरस्कार : अनेक संस्थाओं द्वारा सम्मानित

सम्प्रति : भारतीय रिज़र्व बैंक में सेवारत

सम्पर्क : सी-20, भारतीय रिज़र्व बैंक कालोनी, हौज ख़ास, नई दिल्ली-208011

मेरी ही धूप के टुकड़े चुरा के लाता है
मुझे वो चाँद कोई कहकशाँ दिखाता है

ये किसकी प्यास से दरिया का दिल है ख़ौफ़ज़दा
हवा भी पास से गुज़रे तो थरथराता है

बदन की प्यास वो शै है कि कोई सूरज भी
सियाह-झील की बाँहों में डूब जाता है

कोई हक़ीर भटकता है शाहराहों पे
अना का दश्त फ़क़ीरों को रास आता है

अगर हूँ राख मुझे फूँकने की जुरअत कर
हवा का लम्स तो शोला मुझे बनाता है

क़ैदे-शबे-हयात बदन में गुज़ार के
उड़ जाऊँगा मैं सुब्ह अज़ीयत उतार के

इक धूप ज़िन्दगी को यूँ सहरा बना गई
आए न भूल के कभी मौसम बहार के

हाथों से तोड़ हथकड़ी काफ़िर चले गए
रोते रहे असीर ख़ुदा को पुकार के

बादल नहीं हुज़ूर ये लपटें हैं आग की
आँखों से देखिए ज़रा चश्मा उतार के

शानों पे चढ़ के दुख़्तरे-रिज़ के कभी भी हम
ले आएँगे बहिश्त ज़मीं पर उतार के

ख़ुशफ़हमियों में चूर, अदाओं के साथ-साथ
भुनगे भी उड़ रहे हैं हवाओं के साथ-साथ

पण्डित के पास वेद, लिए मौलवी क़ुरान
बीमारियाँ लगी हैं, दवाओं के साथ-साथ

कहते हैं सब कि एक है मालिक जहान का
रहते हैं अपने-अपने ख़ुदाओं के साथ-साथ

वो ज़िन्दगी थी इसलिए हमने निभा दिया
उस बेवफ़ा का संग, वफ़ाओं के साथ-साथ

उड़ती है आज सर पे मेरे रास्ते की धूल
कल होगी रहगुज़ार में पाँवों के साथ-साथ

जहाँ गुहार लगाओ वहाँ नहीं होता
जो दो जहान में कब और कहाँ नहीं होता

हवा का रुख़ जो इधर मेह्रबाँ नहीं होता
जो बुझ रहा था वो शोला जवाँ नहीं होता

जमी हैं बर्फ़ की पर्तें दिलों के दरिया पर
अभी ख़ुलूस का झरना रवाँ नहीं होता

लबे-ख़मोश कोई दास्ताँ कहें न कहें
नज़र का दर्द कभी बेज़ुबाँ नहीं होता

नज़र पड़ोस की तक़सीम कर गई घर को
नहीं तो प्यार में झगड़ा कहाँ नहीं होता

थोड़ा सा ज़िन्दगी का ख़सारा ज़रूर है
पर ग़म ने दिल का रंग निख़ारा ज़रूर है

दुनिया के इस सफ़र की कोई इन्तहा है गर
तो आसमान का भी किनारा ज़रूर है

आलम में देखिए तो कोई भी ख़ुदा नहीं
आलम ख़ुदा की सम्त इशारा ज़रूर है

क्या जानिए, वो शोख़, समन्दर है या सराब
जो भी हो तिश्नगी का सहारा ज़रूर है

हमको यक़ीं है आपके दिल की किताब में
इक अनलिखा सा नाम हमारा ज़रूर है

सरिता शर्मा

जन्मतिथि : 29.7.1964, भिलाई नगर (छ.ग.)

शिक्षा : एम.ए. (हिन्दी साहित्य) पी-एच.डी., बी. लिब.

प्रकाशन : गीत-संग्रह 'पीर के सातों समन्दर', मुक्तक-संग्रह 'तेरी मीरा ज़रूर हो जाऊँ'। गीत, ग़ज़ल, बालगीत एवं लघुकथा की चार पुस्तकें प्रकाशनाधीन। अनेक पत्र-पत्रिकाओं में रचनाएँ प्रकाशित।

सम्मान/पुरस्कार : 'छत्तीसगढ़ निधि' (भिलाई इस्पात संस्थान) 'त्रिवेणी सम्मान', 'आस्था साहित्य सम्मान (अलवर) 'महादेवी वर्मा पुरस्कार' (फ़र्रुख़ाबाद) 'ब्रज कोकिला' उपाधि सहित देश भर की अनेक संस्थाओं द्वारा सम्मानित/अलंकृत।

सम्प्रति : पूर्णकालीन साहित्य-साधना में रत।

सम्पर्क : 115ए, पाकेट बी, मयूर विहार फेज-2 दिल्ली-91फोन : 011–22731310, 22731314 मो.–9810246322, 9868511522

तुझे क्या बताऊँ ऐ हम नशीं, तुझे चाह कर मैं सँवर गई
तेरें इश्क़ में वो जुनून है कि मैं सब हदों से गुज़र गई

तेरी रहमतों की ये बारिशें जो हुई हैं मेरे वजूद पर
मेरे ज़िस्म से मेरी रूह तक कोई चाँदनी-सी उतर गई

तेरे हर क़दम पे निसार है, मेरी चाहतें, मेरी उल्फ़तें
मेरी राह तुझसे जुदा नहीं तू जिधर गया मैं उधर गई

मेरा हाथ, हाथ में क्या लिया, सरे-अंजुमन मेरे हमसफ़र
यही बात थी वो जो कल यहाँ, कुल अंजुमन को अखर गई

है अगर नहीं तेरा वास्ता किसी और से तो मुझे बता
थी ख़बर जो राज़ की किस तरह किसी और तक वो ख़बर गई

मेरे गेसुओं में बसी हुई तेरी उँगलियों की के खुशबुएँ
जो लगीं महकने तो खुद-ब-खुद मेरी ज़ुल्फ़ खुल के बिखर गई

तू मेरी नज़र में है
ये ख़बर, ख़बर में है

हर क़दम पे इक नया
हादसा सफ़र में है

पत्थरों को क्या पता
प्यार काँच-घर में हैं

हर घड़ी ये ज़िन्दगी
दर्द के असर में है

कुछ तो फ़ैसला सुना
क्यों अगर-मगर में है

वो रहबर-सा लगता है
लेकिन डर-सा लगता है

तेरे बिन सूना - सूना
घर खण्डहर-सा लगता है

तेरी बस्ती का हर शख़्स
क्यूँ पत्थर-सा लगता है

मैं जब धरती होती हूँ
वो अम्बर-सा लगता है

भीगी-भीगी 'सरिता' को
सागर तरसा लगता है

सिर्फ़ बद्दुआ नहीं देते
वरना दरवेश क्या नहीं देते

तेरी ख़ुद से ही ख़ुद जिरह होगी
जा तुझे हम सज़ा नहीं देते

दुश्मनी खुल के हम निभाते हैं
दोस्त बनकर दगा नहीं देते

डर है रिश्तों के डूब जाने का
इसलिए मशवरा नहीं देते

तेरी बातों के ज़ख़्म हैं लेकिन
ये भी तुझ बिन मज़ा नहीं देते

आदमी की अजानी ख़ता ज़िन्दगी
पूछती ज़िन्दगी का पता ज़िन्दगी

उम्र भर चेहरा-चेहरा भटकते रहे
और ढूँढे कहाँ लापता ज़िन्दगी

भोर से साँझ तक डाकिये की तरह
बाँचती चिट्ठियों का पता ज़िन्दगी

जानकर बेख़बर ख़ुद में डूबी हुई
तयशुदा मौत का रास्ता ज़िन्दगी

चलते-चलते क़दम लड़खड़ाने लगे
और बाक़ी है कितनी बता ज़िन्दगी

शरफ़ बहराइची

जन्मतिथि : 16.8.1964

शिक्षा : हाफ़िज़े-क़ुरआन

प्रकाशन : पत्र-पत्रिकाओं में रचनाएँ प्रकाशित

सम्मान/पुरस्कार :अनेक संस्थाओं द्वारा सम्मानित

सम्प्रति : निजी कारोबार

सम्पर्क : म.नं. 341 बी ब्लाक, गली नं. 5
श्रीराम कालोनी, राजीव नगर,
खजूरी, दिल्ली - 110094

दरसे-वफ़ा तो देना है आसाँ कर दिखलाना मुश्किल है
क़ौलो-अमन का इस दुनिया में फ़र्क़ मिटाना मुश्किल है

बस्ती जलाने वालों को क्या इतना भी मालूम नहीं
आग लगाना तो आसाँ है, आग बुझाना मुश्किल है

राहे-वफ़ा में वक़्त ने हमको लाके कहाँ पर छोड़ दिया
आगे बढ़ना बस में नहीं है लौट के जाना मुश्किल है

मन्दिर मसजिद टूट के लोगों दुबारा बन सकते हैं
दिल की इमारत टूट गई तो फिर से बनाना मुश्किल है

बेदारी की तहरीकों से कुछ न 'शरफ़' होगा हासिल
जो दम साधे पड़े हुए हैं उन्हें जगाना मुश्किल है

गुल है अपनी जगह ख़ार अपनी जगह
हमको गुलशन से है प्यार अपनी जगह

अम्ने-आलम के नारे हैं दिलकश बहुत
और लाशों के अम्बार अपनी जगह

जंग में कौन हक़ पर है यह देखिए
जीत अपनी जगह हार अपनी जगह

मुंसिफ़ों की नज़र तो सुबूतों पे है
और मुलज़िम का किरदार अपनी जगह

है 'शरफ़' हक़-परस्ती का दावा हमें
मक़तल अपनी जगह दार अपनी जगह

अम्न दरकार है ज़िन्दगी के लिए
अब ये नेमत नहीं आदमी के लिए

सबसे मिलजुल के रहना जो है दोस्तो
रोना पड़ता है सबकी खुशी के लिए

हमने बाँटी है दुनिया को शम्मे-वफ़ा
घर तरसता रहा रोशनी के लिए

सिर्फ़ रन्ज़ो-अलम हो तो कुछ ग़म नहीं
आफ़तें हैं बहुत आदमी के लिए

है 'शरफ़' ज़िन्दगी के मसायल बहुत
किसको फ़ुर्सत है अब आशिक़ी के लिए

फूल मुझे बरसाने दो
अम्न के नगमे गाने दो

आओ मिले हम अब ऐसे
जैसे मिले अनजाने दो

इक मैं और इक आईना
आपके है दीवाने दो

हमको पीने से रोकें
ख़ुद के हैं मयख़ाने दो

मौत को इक दिन आना है
आती है तो आने दो

क्या कहा जाए उन इशारों को
क़त्ल करवा दिया हज़ारों को

कोई मुन्सिफ़ नहीं यहाँ या रब
खुद सज़ा दे गुनाहगारों को

ये तो दस्तूर है ज़माने का
सब गिराते हैं बेसहारों को

बन के सब बाग़बाँ गुलिस्ताँ के
लूट कर ले गए बहारों को

डूबना उसका था 'शरफ़' लाज़िम
तकता रहता था जो किनारों को

अनवर सुहैल

जन्मतिथि : 9.10.1964, छत्तीसगढ़
शिक्षा : एफ.एम.सी.
प्रकाशन : चार काव्य-संग्रह। त्रैमासिक 'असुविधा' में सम्पादन सहयोग
सम्प्रति : कनिष्ठ प्रबन्धक, साउथ ईस्टर्न कोल फील्ड्स लि.
सम्पर्क : टाइप IV-3, आफ़ीसर्स कालोनी बिजुरी, अनूपपुर (म.प्र.) 484440
फ़ोन : 07658 - 264920

उनके संयम का सम्भाषण याद आया
अपने लोगों का भोलापन याद आया

सरकारी धन का बँटवारा होते देख
चोर-लुटेरों का अनुशासन याद आया

उनके इतने चर्चे, उनको देखा तो
बिन बदली-बरखा का सावन याद आया

चारों ओर पड़ा है, सूखा लेकिन आज
स्वीमिंग पुल का है उद्‌घाटन याद आया

इस दफ़्तर में जाने कितने बाबू थे
लेकिन अब है इक कम्प्यूटर याद आया

फ़ाकाकश मिल-जुल कर इक दिन ज़ोर किए
कैसे उसका डोला आसन! याद आया

मिल-जुल बात बनाई जाए
सबकी ख़ैर मनाई जाए

चारों ओर है चोर गिरहकट
कब तक जान बचाई जाए

अन्धे-बहरे, मन्त्री हाक़िम
किसको बात सुनाई जाए

फ़ाकाकश रमज़ान बिताया
कैसे ईद मनाई जाए

हुक्म हुआ सूखी धरती को
राग मल्हार सुनाई जाए

जैसे बेढब प्रश्न तुम्हारे
वैसे उल्टे उत्तर सारे

चुटकी से कैसे हल होंगे
दुनिया भर के मसले सारे

बहलाओ पर कुछ तो सोचो
मूर्ख नहीं हैं दर्शक सारे

दो-दो टके में मिल जाएँगे
शेख़ो-बिरहमन औ' हत्यारे

हाथ हमारे छोटे, लेकिन
तोड़ लाएँगे हम भी तारे

शहर में आज फिर क्या हो गया है
फ़िज़ा में कौन नफ़रत बो गया है

हजारों शख़्स भागे जा रहे हैं
सभी हैरान हैं क्या हो गया है

न जाने कौन सी बस्ती उधर है
न आया लौटकर जो गया है

वो आया था घटा का भेस धरकर
गया तो आसमाँ भी धो गया है

तेरी ख़ुश्बू समेटे बाजुओं में
मेरा कमरा अकेला सो गया है

शिकवा करोगे कब तक
बेजाँ रहोगे कब तक

माथे पे हाथ रखकर
रोते रहोगे कब तक

निकलो भी इस कुएँ से
सोचा करोगे कब तक

उट्ठो कि निकला सूरज
सोते रहोगे कब तक

शेरो-सुख़न में 'अनवर'
सपने बुनोगे कब तक

शाहिद भारती

जन्मतिथि : 1.11.1964, नूरपुर (बिजनौर) उ.प्र.
शिक्षा : स्नातक
प्रकाशन : पत्र-पत्रिकाओ में रचनाएँ प्रकाशित
सम्मान/पुरस्कार :अनेक संस्थाओं द्वारा सम्मानित
सम्प्रति : निजी व्यवसाय
सम्पर्क : 1830, प्रथम तल, नूरगंज बहादुर रोड, हाथी खाना, बाड़ा हिन्दू राव, दिल्ली - 6
मो. 9818842779

महाऋषि, मुनियों के चेलो जैसा है
जीवन बाजीगर के खेलों जैसा है

सारे क़ैदी 'शाहज़फ़र' के जैसे हैं
अपना घर 'रगूँन' की जेलों जैसा है

मैं गाँव की मुफ़लिस माँ का बेटा हूँ
घर आँगन का मंज़र मेलों जैसा है

क़समें, वादे मेरे भी बाज़ारू हैं
उसका भी बर्ताव रखैलों जैसा है

मेरे ये दिन रात किसानों जैसे हैं
और सफ़र भारत की रेलों जैसा है

सात समुन्दर का पानी भी झाग लगे
जीवन रमते जोगी का बैराग लगे

धान की रोटी जैसी लज़्ज़त बातों में
गोरी का तन मन सरसों का साग लगे

उन खेतों से फ़सलों की उम्मीदें हैं
जिन खेतों में पानी से भी आग लगे

पीपल के साए में बेले सूख गईं
घर के दीपक से ही घर को आग लगे

देख मेरे पैरों में भी ज़ंजीरें हैं
सन्दल के पेड़ों से भी हैं नाग लगे

जब तक हम मिट्टी के घर में रहते थे
गाँव के सारे लोग असर में रहते थे

अब इस्लामाबाद में भी महफ़ूज़ नहीं
अच्छे ख़ासे रामनगर में रहते थे

घर का बँटवारा पहले भी होता था
रोज़न की दीवारो-दर में रहते थे

तेरी चाहत पंख लगाए फिरती थी
हम सूरज के साथ सफ़र में रहते थे

सब मयख़ाने में गिरवी रख आया हूँ
कैसे कैसे ख़्वाब नज़र में रहते थे

नागिन की आँखों में दुख की लाली है
नागराज ने एक छछून्दर खाली है

घर में दस्तरख़ान सजा है वादों का
भूख से मेरी जान निकलने वाली है

इन्द्रधनुष के रंग लबों पे रहते हैं
वो लड़की आसाम की कच्ची छाली है

भूख महाजन दोनों तकते रहते हैं
मेरे कान में ख़ुद्दारी की बाली है

मैं भी दोनों हाथ उठाए फिरता हूँ
उसका चेहरा भी पूजा की थाली है

दिलों के खेत में जो दुख ही बोए जाएँगे
कहाँ गुलाब से ये चेहरे मुस्कुराएँगे

अकासबेल का रिश्ता है गहरा पीपल से
ये नाते टूटे तो फिर पेड़ सूख जाएँगे

फलों की रुत है मगर नारियल के पेड़ों से
परिन्दे भूखे प्यासे ही लौट जाएँगे

कोई किताब सा चेहरा वरक वरक पढ़कर
वो मेरे बाद कहानी मेरी सुनाएँगे

इसी उम्मीद पे ख़ुद को सँभाल रखा है
मोहब्बतों के ज़माने कभी तो आएँगे

विजया ठाकुर सलाथिया

जन्मतिथि : 15.8.1965
शिक्षा : एम.एस-सी., बी.एड.
प्रकाशन : पत्र-पत्रिकाओं में रचनाएँ प्रकाशित
सम्मान/पुरस्कार :अनेक संस्थाओं द्वारा सम्मानित
सम्प्रति : लेक्चरर
सम्पर्क : द्वारा श्री अनमिन्दर सलाथिया वा.नं. 13, शास्त्री नगर, कठुआ (जम्मू एण्ड कश्मीर) 184102
फ़ोन : 01922 - 238266, 236173
मो. 9419170455, 50205

हर मकाँ ख़तरे में है हर इक बशर ख़तरे में है
बहशियों की भीड़ में हर एक सर ख़तरे में है

अम्न का पैगाम आया यह ख़बर ख़तरे में है
सब की सब माँगी दुआओं का असर ख़तरे में है

बदहवासी में भटकते लोग सारे दर-ब-दर
रहमतों की बात करने वाला दर ख़तरे में है

पंछियों के भी घरोंदे अब नज़र आते नहीं
ज़िन्दगी देता था जो वो हर शजर ख़तरे में है

साज़िशे है ख़ास हिस्सा आज के इस दौर का
मो'तवर ख़तरे में है नामो'तवर ख़तरे में है

नफ़रतें फैली फ़ज़ाओं में यहाँ कुछ इस क़दर
दिलकशी मंज़र निगारी की नज़र ख़तरे में है

पैरहन चाक है रफ़ू कर लो
आख़िरी साँस है वजू कर लो

ये बड़ी पुरसुकून बादी है
इसमें कुछ देर हाओ-हू कर लो

रुह जब काँपती सिसकती लगे
नज़्मों ग़ज़लों की आरज़ू कर लो

ख़ार ओ गुल का न अब हिसाब करो
तुम फ़क़त उस की जुस्तजू कर लो

हम फ़क़ीरों से बात फिर करना
पहले दिन को लहू लहू कर लो

रुह में दर्द समाया जाता
देखा दुख न पराया जाता

गहरे सागर की सुहबत में
प्यास ही तरसाया जाता

शफ़कत की बारिश जब होती
रुह से ग़म का साया जाता

दर्द से दर्द के रिश्ते जागें
गीत कोई जब गाया जाता

सुर्ख़ रहेगी धरती बरसों
इतना ख़ून बहाया जाता

हम जो क़ुदरत से हमकलाम से हैं
ये मज़े सारे रब के नाम से हैं

उनको अपनी ख़बर नहीं है अभी
जो मुख़ातिब अभी अवाम से हैं

वो मिटाएँगे, रंजो-ओ-ग़म सबके
वादे उन के ख़ासो-ओ आम से हैं

पढ़ के लौटे ग़ज़ल जो हम अपनी
तीर सारे ही अपने नाम से हैं

जिस को पाना किसी ने सीखा नहीं
झगड़े सारे ही उस मक़ाम से हैं

लब पे आए है तिरा नाम तलावत की तरह
घर तिरा मेरे लिए एक ज़ियारत की तरह

सुर्ख़ रुख़सार का रँग और भी गहरा होता
ज़िक्र करती है हवा तेरा शरारत की तरह

मेरी रग-रग में मचा शोर समुन्दर जैसे
साँस भी आए है पर एक रिवायत की तरह

चाँद टेढ़ा भी है, सूरत भी है पीली पीली
चाँदनी उसको मिली जैसे रियायत की तरह

मेरे इस नाम के मा'ने नहीं अच्छे शायद
ज़िक्र करते हो मेरा एक अदावत की तरह

कमलेश्वर साहू

जन्मतिथि : 26.11.1965

शिक्षा : हायर सैकण्डरी, डी.एम.एल.टी.

प्रकाशन : ग़ज़ल-संग्रह 'बिरजू रिक्शा वाला' एवं 'यदि लिखने को कहा जाए' काव्य-संग्रह। अनेक पत्र-पत्रिकाओं में रचनाएँ प्रकाशित। कुछ कविताएँ पंजाबी व बांग्ला में अनूदित

सम्प्रति : सहायक प्लाटून कमाण्डर, छत्तीसगढ़ सशस्त्र बल

सम्पर्क : म.नं. 702, साकेत कालोनी, वार्ड नं. 57, कातुल बोर्ड, पो.ओ. एस.ए.एफ. लाइन, जिला दुर्ग (छत्तीसगढ़) 490022

गमले का इक नन्हा-सा पौधा भी बरगद लगता है
अपने घर का छोटा-सा आँगन भी बेहद लगता है

बरसों से हम दोनों पड़ोसी हैं लेकिन न जाने क्यों
मेरे उसके घर के बीच का पत्थर सरहद लगता है

मौसम बदला दुनिया बदली बदले हम तुम रिश्ते भी
अपने ही बच्चों के साथ में रहना शायद लगता है

दुख के सागर में काग़ज़ की नाव है खुशियाँ मान लिया
चाहे जिसके हिस्से आए हर दिल गदगद लगता है

बीस बरस की विधवा के चेहरे की खुशियाँ गई कहाँ
क्यों उसके काँधे का आँचल कोरा कागद लगता है

खेत में आए कहाँ से जानवर मत पूछना
पेड़ से बिछड़े हुए पंछी का घर मत पूछना

दर हक़ीक़त सर छुपाने के लिए छत ही नहीं
ख़्वाब में मिल जाता है रहने को घर, मत पूछना

इस क़दर थी भीड़ मिट्टी-तेल लेने के लिए
लोग चुप थे फिर हुआ कैसे ग़दर मत पूछना

ट्रेन में बैठे हुए हैं खुश भी हैं ग़मगीन भी
हो न जाए उम्र से लम्बा सफ़र मत पूछना

सिर्फ़ मिट्टी है यहाँ लोगों के दर्शन के लिए
जोदड़ों की सभ्यता का है नगर, मत पूछना

ड्राइंग रूम में सजा कमल है पत्थर ही तो है
जिस पर तुमने लिखी ग़ज़ल है पत्थर ही तो है

दुनिया भर के लोग देखने आते हैं जिस शय को
कहने को तो ताजमहल है पत्थर ही तो है

चाँदी से पैबस्त चूड़ियाँ सोने की नक़्क़ाशी
जिसके पीछे तू पागल है पत्थर ही तो है

पथराई आँखों से आँसू बहते हमने देखा
छूने में कितना कोमल है पत्थर ही तो है

मूरत से मत माँगो ममता कुछ भी नहीं मिलेगा
कहने को माँ का आँचल है पत्थर ही तो है

रात का पहला पहर है कुछ न कुछ हो जाएगा
बच के क़ातिल की नज़र है कुछ न कुछ हो जाएगा

जबसे बदले लोगों ने अन्दाज़ जीने के यहाँ
तब से ही सहमा शहर है कुछ न कुछ हो जाएगा

दुश्मनी बेख़ौफ़ करने की हमें आदत रही
दोस्ती का ख़ौफ सर है कुछ न कुछ हो जाएगा

हर घड़ी बेख़ौफ़ होकर बोलने वाला वो शख़्स
चुप भला क्यों इस क़दर है कुछ न कुछ हो जाएगा

बरसों से आदत रही है इस अँधेरे की हमें
ये उजाले का सफ़र है कुछ न कुछ हो जाएगा

एक चेहरा था वो जो भाता रहा
दिल के सीसे में नज़र आता रहा

फूल ने तितली से इक दिन ये कहा
इस चमन का रंग अब जाता रहा

जो लड़ाई में था शामिल ही नहीं
जीत का परचम वो लहराता रहा

जिसके होठों पे अमन था ही नहीं
कामयाबी का सिला पाता रहा

मैंने देखा फिर कभी न आसमाँ
बोझ इतना मेरे सर आता रहा

'शरर' बहेड़वी

मूल नाम : जी. एम. नूरी
जन्मतिथि : 05-01-1966
शिक्षा : बी.ए., सी.एम.एस.
प्रकाशन : पत्र-पत्रिकाओं में रचनाएँ प्रकाशित
सम्मान/पुरस्कार : अनेक संस्थाओं द्वारा सम्मानित
सम्प्रति : मेडिकल प्रैक्टिस (चिकित्सा) ई-189 सैक्टर 12 विजय नगर (गा.) व अनुवादक
सम्पर्क : कुंवर मंज़िल, एच-203, सैक्टर 12 प्रताप विहार, ग़ाज़ियाबाद (उ.प्र.)
मो. 9868311329

यूँ दबे पाँव सूरज आता है तीरगी को पता नहीं चलता
शब का सरमाया लूट लेता है और किसी को पता नहीं चलता

वक़्त को साथ-साथ रहने दो वक़्त का कुछ तो एहतिराम करो
वक़्त कब साथ छोड़ जाएगा आदमी को पता नहीं चलता

आज दस्तूर है ज़माने का और उनवान है फ़साने का
दुश्मनी वो भी बातों बातों में दोस्ती को पता नहीं चलता

अब कहाँ आरज़ू तमन्नाएँ महव होती हुई नज़र आएँ
कब तसव्वुर बहार बन जाए हर किसी को पता नहीं चलता

ज़ेह्न-ए-इन्साँ की ला उबाली का ये भी आला मुक़ाम होता है
ख़ुद फ़रामोशियाँ अगर हों 'शरर' ख़ुद ख़ुदी को पता नहीं चलता

सेह्न-ए-गुलशन में आशियाँ न रहा
कोई अन्देशा-ए-ख़ज़ाँ न रहा

तिनका तिनका झुलस के राख हुआ
क्या नशीमन है! जो धुआँ न रहा

ऊँचे-ऊँचों की बात करते हैं
कोई मुफ़लिस का राज़दाँ न रहा

वह तो हर एक लब की ज़ीनत है
ज़िक्र उसका कहाँ कहाँ न रहा

ऐ 'शरर' हम न क्यों हों ख़ाना-ब-दोश
सर छुपाने को जब मकाँ न रहा

बियाबाँ में न गुलशन में अकेली
मैं ख़ुशबू हूँ हवा मेरी सहेली

मेरा मसलक है पैग़ाम-ए-मुहब्बत
जो मुश्किल आई वह हँस हँस के झेली

मेरी रग-रग में तुम जलवा फ़िगन हो
वहीं हो तुम जहाँ आवाज़ दे ली

दिमाग़-ओ-दिल मुअत्तर कर दिए हैं
मेरी हस्ती जहाँ गुँचों से खेली

'शरर' चूमेगी मंज़िल ख़ुद क़दम को
दुआ माँ बाप के दिल से जो ले ली

शह्र की गलियों में इक मंज़र-ए-वीराँ देखा
हमने लोगों को ब-हम दस्त-ओ-गिरेबाँ देखा

ज़ह्र-आलूद हवाओं ने जला दी खेती
जो गुलिस्ताँ था उसे आज बियाबाँ देखा

देखकर बच्चे, उजालों को सहम जाते हैं
जिनकी आँखों ने तशद्दुद का चराग़ाँ देखा

हम सुना करते हैं ताबीर उलट होती है
इसलिए फूल नहीं ख़्वाब-ए-मुग़ीलाँ देखा

फूल सहमे हुए गुलशन में थीं कलियाँ ख़ाइफ़
दिल को देखा जो अनादिल के तो लरज़ाँ देखा

सर्द मौसम में ग़ज़ल भी तो नहीं होती है
चादर ओढ़े हुए कोहरे की कहीं सोती है

आज हर चीज़ पे तारी है लरज़ने का इताब
कपकपाता हुआ शोला भी लगे ज्योति है

कल लहक जाएगा हर फूल जो चमका सूरज
एक उम्मीद है जो खेत नए बोती है

राज़ की बात को बस राज़ ही रहने दीजे
लब पे आ जाए तो ये अपना असर खोती है

आरिज़-ए-गुल से लिपट जाए जो शबनम ऐ 'शरर'
गुल हँसा करते हैं ख़ामोश कली होती है

रचना श्रीवास्तव

जन्मतिथि : 21.1.1966, बालाघाट (म.प्र.)
शिक्षा : एम.ए., एल.एल.बी., बी. लिब.
प्रकाशन : अनेक पत्र-पत्रिकाओं में रचनाएँ प्रकाशित, एक ग़ज़ल-संग्रह प्रकाशनाधीन
सम्मान/पुरस्कार : अखिल भारतीय दलित साहित्य अकादमी, दिल्ली एवं जमालपुर, क़ौमी एकता में मंच वड्सा (महाराष्ट्र), जैमिनी अकादमी हरियाणा सहित देशभर की अनेक संस्थाओं द्वारा सम्मानित।
सम्प्रति : शासकीय सेवा के साथ-साथ स्वतन्त्र लेखन में रत। अनेक साहित्यिक/सामाजिक सांस्कृतिक संस्थाओं में सक्रिय भागीदारी
सम्पर्क : शासकीय महाविद्यालय, बरघाट, जि. सिवनी (म.प्र.) फोन : (नि.) 07692 - 250420, महाविद्यालय-250274

किस क़दर दीवानगी में मुब्तिला है आदमी
आदमी के ख़ून का प्यासा हुआ है आदमी

अब तो भाई के ही हाथों कट रहा भाई का सर
खूँ के रिश्तों का भी क़ातिल हो गया है आदमी

हैं कभी मोहसिन कभी ज़ालिम कभी हैं बेवफ़ा
तरह तरह के नकाबों में छुपा हैं आदमी

कौन माँएँ कौन बहने किसी बहुएँ बेटियाँ
अपने वहशीपन में खोकर रह गया है आदमी

इस भरी दुनिया में 'रचना' कोंई तो अपना भी हो
भीड़ में होते हुए तन्हा खड़ा है आदमी

अन्धे सफ़र में ठोकरें ही खा रहे हैं लोग
जाना कहाँ है और कहाँ जा रहे हैं लोग

सबकी भलाई चाही थी इतने कुसूर पर
मतलब परस्त हमको ही ठहरा रहे हैं लोग

बरबादियों पे कौन सा मौका खुशी का है
घर जल रहे हैं और हँसे जा रहे हैं लोग

मक़सद बदल गया, तो सिम्तें बदल गईं
मंज़िल हुई जो दूर तो पछता रहे हैं लोग

'रचना' जला के अपने ही हाथों से अपना घर
अब क्या रहा है ढूँढने जो आ रहे हैं लोग

बगिया नहीं रहीं वो चमेली नहीं रही
सपनों में जो बनी थी, हवेली नहीं रही

मेंहदी रचाती हाथों में बेटी ग़रीब की
तक़दीर वाली ऐसी हथेली नहीं रही

यादें तमाम रात मुझे छेड़ती रहीं
तेरे बग़ैर भी मैं अकेली नहीं रही

साजन के साथ जब से गई ख़त नहीं लिखा
क्या मेरी याद तुझको सहेली नहीं रही

तोहफ़े ग़मों के देती रही 'रचना' ज़िन्दगी
सौग़ात अब कोई नवेली नहीं रही

नफ़रतों के शहर में दिल प्यार वाले ले चलो
हैं बहुत गहरा अँधेरा कुछ उजाले ले चलो

राह में बिखरे हुए काँटे न हों प्यासे कहीं
कल्ब में अज़्मे-सफर पाँवों में छाले ले चलो

पेटभर खाने को जिनको उम्रभर हसरत रही
उनकी ख़ातिर चन्द सूखे ही निवाले ले चलो

इम्तेहाँ गाहे मोहब्बत की यह पहली शर्त है
सब्र का पत्थर रखो होठों पे ताले ले चलो

कुछ नई तहज़ीब के 'रचना' तकाज़े भी सही
कुछ बुजुर्गों की रिवायत भी सँभाले ले चलो

अहबाब सारे सुन के ये हैरान हो गए
हम अपने दुश्मनों पे मेहरबान हो गए

होते हैं क़त्ल रोज़ सरे-राह अब यहाँ
क़ातिल शहर के जब से निगहबान हो गए

शेरो-सुख़न ने अपनी बढ़ा दी हैं आबरू
लो क़द्रदानियों के भी सामान हो गए

हैरत है जिनसे कोई निसबत नहीं मुझे
सुनकर वो मेरा हाल परेशान हो गए

'रचना' भरी है जब से दिमाग़ों में नफ़रतें
गाँव तो गाँव शहर भी वीरान हो गए

सलीम ख़ां फ़रीद

जन्मतिथि : 6.6.1966, हसामपुर (सीकर) राज.
शिक्षा : एम.ए. (हिन्दी साहित्य)
प्रकाशन : 'प्रसंगवश' (संस्मरणाँजलि पुस्तक)। विभिन्न पत्र-पत्रिकाओं में रचनाएँ प्रकाशित। बाल-पत्रिका 'उपवन' का सम्पादन, साहित्य सम्पादन 'वीर-वीरांगना' (पाक्षिक) सहसम्पादन 'अर्थात' (त्रैमासिक) संपादन 'अनादि आस्था' (छमाही)
सम्मान/पुरस्कार :अनेक संस्थाओं द्वारा सम्मानित
सम्प्रति : राज्य सरकार के चिकित्सा विभाग में कार्यरत्। प्रगतिशील लेखक संघ का राष्ट्रीय कार्यकारिणी सदस्य
सम्पर्क : मु. पो. हसामपुर (सीकर) राजस्थान-332718
फोन : 01574-271483 (PP)

जब तेरी ठकुराई चुप है
तो मेरी कविताई चुप है

भक्तों के हिंसक गीतों से
वण्रा सदन कसाई चुप है

भेद राग गाती संन्यासिन
सुनकर मीराबाई चुप है

ऐसे ऐसे मंज़र जिन पर
आँखों की बीनाई चुप है

बोल रहे बुलबुले बराबर
सागर की गहराई चुप है

कोई हल कैसे निकलेगा
जब तक यह तरुणाई चुप है

पानी पर ही पानी बरसे
अम्बर की नादानी बरसे

देख बचपना बड़े-बड़ों का
बच्चों की हैरानी बरसे

दुख से तपते एक नगर पर
सुख की आनाकानी बरसे

एक अकेले सच के आगे
सबकी ग़लतबयानी बरसे

मुश्किल से मालूम हुआ है
मुश्किल से आसानी बरसे

तेरी मेरी अनबन टूटे
तो उनका गठबन्धन टूटे

बँटवारे में कमी पड़ी तो
बेबस माँ के कंगन टूटे

अपने अपने अपनेपन से
बरसों का अपनापन टूटे

सोच रहे विध्वंसक सारे
कैसे अलख-निरंजन टूटे

सच कहने के कारण अब तक
जाने कितने दरपन टूटे

छोटे-छोटे द्वार हमारे
औ' हाथी हैं यार हमारे

एक अँगूठे ही के कारण
चुकते नहीं उधार हमारे

धरती का अब दम घुटता है
इतने भारी भार हमारे

तुम्हें मिलें तो उनसे कहना
सब सुख हुए फ़रार हमारे

कई हज़ारों की बस्ती में
हम ही हैं, हर बार हमारे

पुकारें तो दिखाई दे
हमें अपनी रसाई दे

अँगुलियाँ क्यों थमाता है
अगर दे तो कलाई दे

कभी कह बात कुछ ऐसी
कि जो सबको सुनाई दे

मुआ ये क्या उजाला है
न इसमें कुछ सुझाई दे

अगर सपने हैं आदमकद
तो सपनों को सचाई दे

तेज देवांगन देवपुरी

जन्मतिथि : 20.8.1966, देवपुर (धमतरी) छ.ग.

शिक्षा : स्नातक

प्रकाशन : पत्र-पत्रिकाओं में रचनाएँ प्रकाशित

सम्मान/पुरस्कार : 'काव्यभूषण' (टाटा नगर जमशेदपुर) सहित अनेक संस्थाओं द्वारा सम्मानित

सम्प्रति : नौकरी

सम्पर्क : क्वार्टर नं. टी-1, एन.डी.के. कालोनी धरमपुरा क्रमांक-2, जगदलपुर (बस्तर) छ.ग.

फ़ोन : 07782 - 252615

ऐसी भी क्या बात हुई कि हम भी चुप और तुम भी चुप
मुश्किल ख़ूब हालत हुई कि हम भी चुप और तुम भी चुप

रो-रोकर अब सुर्ख़ हो गई, फिर भी ग़म की आँखों से
बिन मौसम बरसात हुई कि हम भी चुप और तुम भी चुप

वक़्त ने बदली करवट तो जब, बिछड़ गए हम अर्सों से
अदना सी मुलाक़ात हुई कि हम भी चुप और तुम भी चुप

सागर जैसे दिल की उमंगें, चाँद सितारे मस्ती में
गुम-सुम गुम-सुम रात हुई कि हम भी चुप और तुम भी चुप

तलवार चली या भाले चले ना जंग हुई है तेरे संग
शह ना हुई न मात हुई कि हम भी चुप और तुम भी चुप

हवा मेरे विपरीत है, अजब सा है बहाव
सागर अथाह है बहुत, जर्जर सी है नाव

ग़म के साधे तीर खड़े महारथियों के हाथ
उलझ गया हूँ चक्रव्यूह में कोई मुझे बचाव

उसने कुछ भी कहा नहीं, हम भी कुछ ना बोले रे
दो दिलों के बीच में कैसा, प्यार का हुआ तनाव

भीतर-भीतर घुट रहे हैं, नीर के खारे जल
दर्द पनपता जाता है, नासूर होता घाव

'तेज' धूप है गर्मी है, उमस का है माहौल
मन के अन्दर ताप रहा हूँ जलता हुआ अलाव

इतना नाजुक सोचा ना था, हम दोनों का प्यार
टूट-टूटकर टूटते हुए, देख लिया संसार

वक़्त की इस समन्दर में शेष है लहरें यादों की
कश्ती सागर तीर रखी थी, डूब गया मल्हार

प्रेम तबाही है या पूजा जीवन भर ना जाने हम
अन्तर्द्वन्द्व के इस समर में, जीत सके ना हार

गुलदस्ते हैं हाथों मेरे, बीते समय की यादों के
खुशी-खुशी में दे गई कोई ग़म का नया उपहार

देखी हमने रोज़-रोज़ ही, हर ख़्वाहिश की मौत
मातम में भी हमने मनाया, खुशियों का त्यौहार

जाम की एक प्याली की तलब हर शाम मुझे
और सुबह लगता है पीना हराम मुझे

छिप जाते हैं तारे गगन के बादल में
तब आती है यादों के कुछ नाम मुझे

कहते हैं जंग में प्यार से बढ़कर चीज़ नहीं
इश्क़ मोहब्बत ने कर दिया नाकाम मुझे

क़ीमती दाम है नफ़रत के जिन आँखों में
प्यार के बदले ये जो मिला इनाम मुझे

हरदम मैं उन लोगों से भय खाता हूँ
जो करते हैं बार-बार सलाम मुझे

बहुत खाए कोड़े हैं, कहीं भी चले जाएँगे
हम बेलगाम घोड़े हैं कहीं भी चले जाएँगे

हरकतों से तंग आ चुके हैं हम आपकी
राह अब मोड़े है, कहीं भी चले जाएँगे

मानते रहे हैं हर बात सारे जहान की
गुलाम हम थोड़े हैं, कहीं भी चले जाएँगे

लोगों की छींटाकशी से रोज परेशान
गली अब तो छोड़े हैं कहीं भी चले जाएँगे

पूछते हो 'तेज' से कहाँ चले जा रहे हो
घर से भगोड़े हैं, कहीं भी चले जाएँगे

विजय तिवारी

जन्मतिथि : 26.1.1967, भोपाल
शिक्षा : स्नातक
प्रकाशन : पत्र-पत्रिकाओं में रचनाएँ प्रकाशित।
'अनायास' काव्य-संकलन।
सम्मान/पुरस्कार :
सम्प्रति : कृषि कार्य एवं पत्रकारिता
सम्पर्क : हनुमान मन्दिर परिसर, नार्थ टी.टी. नगर जवाहर चौक, भोपाल (म.प्र.)
फ़ोन : 0755 (O) 2710955,
(R) 2711956, 9826041525

कभी हिन्दू या मुसलमाँ, मेरी पहचान रहा
न रहा मैं तो कभी ना फ़क़त इन्सान रहा

वाक़ई क्या ऐ मशालो, तुम्हें मालूम नहीं
ख़ाक बस्ती में, कहीं राम या रहमान रहा

वाईज़ों दूर रखो, मसलए-मज़हब हमसे
रोटियाँ माँगता बच्चा, यहाँ बेजान रहा

मेरी तस्वीर ज़माने से मुकम्मल न हुई
मेरी तहरीर में अल्लाह ही भगवान रहा

बादशाहों अब तो बदलो, निज़ाम अपना अपना
सरहदें खोलो गले मिलने का अरमान रहा

यार हमने शराब पी ली है
अब तबियत बड़ी रँगीली है

रोज़ मरते हैं फिर भी ज़िन्दा हैं
ज़िन्दगी यूँ जनाब जी ली है

अब न बातों में दर्द छलकेगा
हमने दिल की किताब सी ली है

उसने माना तो खुदा मान लिया
रूठ जाए ना वो हठीली है

होश में आए तो 'विजय' कैसे
याद उसकी बड़ी नशीली है

यादों ने भरमाया होगा
कौन यहाँ फिर आया होगा

पागल जैसे घूम रहा है
ज़ुल्म नहीं सह पाया होगा

चोट बदन पर जगह जगह है
दामन बहुत बचाया होगा

क़समें तोड़ नहीं सकता वो
भूल से ही पी आया होगा

चन्द दिनो में इतनी दौलत
ईमाँ बेच के आया होगा

जाने क्यूँ बारहा, जीने का सिला देता है
क़समें देता है मोहब्बत से, पिला देता है

ये मुक़द्दर है कि कुदरत का तमाशा यारो
गुल का खिलना उसे, बाज़ार में ला देता है

गर्दिशे-हाल में ये बात खुलासा पाई
जिसपे अहसाँ हो वो ही भुला देता है

हो चला उनको भी, अहसासे-जुदाई शायद
ख़त छिपाता नहीं, पढ़ता है जला देता है

जानें क्या बात है, हर ग़म को ख़बर दिल की
जिसको देखो वही आता है रुला देता है

ज़िन्दा रहने को ज़रूरी है बहाना कोई
वरना क्यूँ चाहेगा मयख़ानों में जाना कोई

क्या ज़रूरी है वज़ह मौत भी ढूँढी जाए
मौत को चाहिए हर रोज़ बहाना कोई

इन ग़मों, ठोकरों, ज़ख़्मों को और फ़रेबों को
क्यूँ बताता है मिरे दिल का ठिकाना कोई

साग़रो-मीना न हटाओ मेरे आगे से
आज आता है बहुत याद पुराना कोई

ये 'विजय' है जो मुहब्बत का भरम पाले है
वरना आता नहीं इक तरफ़ा निभाना कोई

कमल किशोर 'भावुक'

जन्मतिथि : 20.8.1967, सुरार (कानपुर) उ.प्र.

शिक्षा : हाई स्कूल, साहित्य विशारद (मध्यमा)

प्रकाशन : अनेक पत्र-पत्रिकाओं में रचनाएँ प्रकाशित। ग़ज़ल-संग्रह 'सन्नाटे में सरगम'। एक मुक्तक-संग्रह व एक छन्द-संग्रह प्रकाशनाधीन। काव्य-संकलन 'काव्याकाश' का सम्पादन

सम्मान/पुरस्कार : 'सर्वश्रेष्ठ युवा रचनाकार सम्मान' (उ.प्र.) सहित अनेक संस्थाओं द्वारा सम्मानित

सम्प्रति : स्वरोजगार, स्वतन्त्र लेखन

सम्पर्क : 'कान्तिकुन्ज', प्रभातपुरम, आलमनगर (रेलवे स्टेशन के सामने, मन्दिर के पीछे) लखनऊ (उ.प्र.)
मो. 9415566180 (पी. पी.)

अभिशापों का स्वप्न सँजोना, कुछ अजीब सा लगता है
विषधर का संन्यासी होना, कुछ अजीब सा लगता है

ख़ुद को मोम किया तो पाया, ढोने को बस आग मिली
क़ुदरत का ये जादू-टोना, कुछ अजीब सा लगता है

नहीं मिले थे, तो क़िस्मत को, कोस लिया करते थे हम
मगर तुम्हें अब पाकर खोना, कुछ अजीब सा लगता है

यों तो उसने हँसकर भेजा, रोजी-रोटी की ख़ातिर
लेकिन माँ का छुप-छुप रोना, कुछ अजीब सा लगता है

अपनी ही ख़ुद हत्या करने पर आमादा है 'फसलें'
'मौसम' की कुण्ठाएँ बोना, कुछ अजीब सा लगता है

तुमने ही तो सरगम चुनकर, दिये शब्द सन्नाटों को
क़लम! तुम्हारा रोना-धोना, कुछ अजीब सा लगता है

फूल तलक पत्थर-दिल जिसमें, उस पत्थर की दुनिया का
'भावुक' होकर आँख भिगोना, कुछ अजीब सा लगता है

फूल ही केवल नहीं, अब ख़ार भी होगी ग़ज़ल
वक़्त की आवाज़ है, तलवार भी होगी ग़ज़ल

ग़र्दिशों, मजबूरियों, जुल्मो-सितम के दौर में
सिर्फ़ आँसू ही नहीं, अंगार भी होगी ग़ज़ल

आख़िरी दम तक लड़े, टूटे न जो उनके लिए
ज़िन्दगी के युद्ध में, हथियार भी होगी ग़ज़ल

सिर्फ़ कोठी और कोठों का मनोरंजन नहीं
अब ग़रीबों के गले का हार भी होगी ग़ज़ल

दृष्टिपथ में लक्ष्य के, जो प्रश्न मुँह बाए खड़े
उन जटिल प्रश्नों से अब, दो-चार भी होगी ग़ज़ल

हसरतों के नाम ऐसी ज़िन्दगी जीते रहे
नाम तो सागर रहा पर तिश्नगी जीते रहे

दोस्तों की दोस्ती का यों खुलासा भी हुआ
महफ़िलों में फ़ब्तियाँ-छींटाकशी जीते रहे

शम्अ की मानिन्द सर पे आग को रक्खे हुए
ज़िस्म तो गलता रहा पर रोशनी जीते रहे

बिजलियों की आँधियों की हरकतें शामिल रहीं
एक बादल की तरह आवारगी जीते रहे

जबकि ख़िदमत में तिजोरी की लगा है आदमी
हम यहाँ बस चन्द ग़ज़लें-शायरी जीते रहे

इम्तिहानों से न हरगिज़ मुँह चुराना चाहिए
बल्कि ऐसे में स्वयं को आज़माना चाहिए

हर किसी को यार! जीने का हुनर आता कहाँ
आँख भीगी हो लबों को मुस्कुराना चाहिए

सिर्फ़ शलभों की जली लाशें नहीं, सन्देश है
प्राण देकर भी प्रणय का व्रत निभाना चाहिए

आस्माँ सम्भव नहीं, धरती! शिकारी की हुई
ये परिन्दे हैं इन्हें भी आशियाना चाहिए

बाँसुरी की ज़िन्दगी से, सीख ले ऐ ज़िन्दगी
ज़ख़्म सीने में भले हों, गुनगुना चाहिए

वो परिन्दा दम्भ पाले, है बड़े उल्लास में
दूसरों के पंख बाँधे, उड़ रहा आकाश में

ख़ून के आँसू रुलाई जा रही है भावना
हादसे ही जन्म लेते, आजकल विश्वास में

मोल हँसने का, मुझे रो-रो अदा करना पड़ा
आँसुओं की जीवनी है, दर्द के इतिहास में

सिर्फ़ अपनी त्रासदी की, क्या करें चर्चा यहाँ
जब सदी पूरी कि पूरी जी रही सन्त्रास में

है तक़ाज़ा वक़्त का, कोई ग़ज़ल ऐसी कहो
प्राण फिर से भर सके, जो टूटते विश्वास में

मोईन शादाब

जन्मतिथि : 10.10.1967, ग्राम रवाना, जनपद बिजनौर, उ.प्र.

शिक्षा : एम.ए., एम.फिल. (उर्दू), बी.एड. (जामिया मिल्लिया इस्लामिया में उर्दू साहित्य में 'वली की शायरी' पर शोध कार्य जारी)

प्रकाशन : पत्र-पत्रिकाओं में रचनाएँ प्रकाशित।

सम्मान/पुरस्कार : बेस्ट टेलेंट ऑफ़ कालिज एवार्ड (महाराजा हरिश्चन्द्र पी.जी. कालेज मुरादाबाद) सहित अनेक संस्थाओं द्वारा सम्मानित।

सम्प्रति : उर्दू समाचार वाचक, दूरदर्शन (डीडी न्यूज) पत्रकार

सम्पर्क : पोस्ट बाक्स नं. 9787, जामिया नगर, नई दिल्ली - 110025

स्थायी पता : ग्राम व पोस्ट रवाना शिकारपुर, जिला बिजनौर (उ.प्र.) 246735
मो. 9868123629

बोझ ख़्वाबों का इन आँखों से बहुत ढोया था
और फिर मैं भी नतीजे में लहू रोया था

दुख में शिरकत का यक़ीं हो भी उसे तो कैसे
दिल से रोया था मैं आँखों से नहीं रोया था

देखकर फ़स्ल अँधेरों की ये हैरत कैसी
तूने खेतों में उजाला ही कहाँ बोया था

गुम अगर सूईं भी हो जाए तो दिल दुखता है
और हमने तो मुहब्बत में तुझे खोया था

जीत इस बार भी कछुए की हुई हैरत है
दौड़ में अबके तो ख़रगोश नहीं सोया था

जिस्म नासूरों से सजना ही था तुमने 'शादाब'
पट्टियाँ धोई थीं ज़ख़्मों को कहाँ धोया था

दिल सहरा आबाद भी करना पड़ता है
उस ज़ालिम को याद भी करना पड़ता है

बेमक़सद के शग़्ल भी रास आ जाते हैं
वक़्त कभी बर्बाद भी करना पड़ता है

अर्ज़ ही करते रहने में घाटा है बहुत
कभी-कभी इरशाद भी करना पड़ता है

जलवों के खुश-रंग परिन्दों की ख़ातिर
आँखों को सैय्याद भी करना पड़ता है

आमद के क़ायल तो हम भी हैं लेकिन
फ़न पारा ईजाद भी करना पड़ता है

बे मौसम ही आँखों में भर जाते हैं
आँसू भी तो चालाकी कर जाते हैं

दिल का सौदा उनके बस की बात नहीं
औने-पौने दाम लगाकर जाते हैं

हर दिन ज़िन्दा रहने में है ख़र्च बहुत
आओ चलो इक दो दिन को मर जाते हैं

क़त्ल उजाले भी कर देते हैं लेकिन
सब इल्ज़ाम अँधेरों के सर जाते हैं

कैसे जी लेते हैं लोग अँधेरों में
हम तो सिर्फ़ तसव्वुर से डर जाते हैं

सिर्फ़ पुरखों के हवालों से नहीं चलता है
काम माँगे के उजालों से नहीं चलता है

तुम शराफ़त कहाँ बाज़ार में ले आए हो
अमाँ यह सिक्का तो सालों से नहीं चलता है

बाज़-औक़ात अँधेरों की तलब होती है
काम हर वक़्त उजालों से नहीं चलता है

इश्क़ के बीच में तू अक़्ल कहाँ ले आया
यार बिजनिस यह दलालों से नहीं चलता है

भाई 'शादाब' सुनो शे'रो-सुखन का दफ़्तर
सिर्फ़ महबूब के गालों से नहीं चलता है

उसको हमारी ज़ात से इंकार भी नहीं
लेकिन वो एतराफ़ को तैयार भी नहीं

रोग़न चराग़-ए-चश्म में जितना था जल चुका
और शह्र-ए-जाँ में सुब्ह के आसार भी नहीं

बेकार ढूँढते हो समाअत में ख़ामियाँ
पहली सी घुँघरुओं में वो झंकार भी नहीं

दो-चार पल क़याम का कुछ तो जवाज़ हो
कूचे में उसके साया-ए-दीवार भी नहीं

तुझको सुख़न-शनास बहरहाल चाहिए
'शादाब' तेरा कोई तरफ़दार भी नहीं

प्रमोद भट्ट नीलांचल

जन्मतिथि : 23.11.1967

शिक्षा : बी.एस-सी., एम.ए. (अंग्रेजी साहित्य) बी.एड.

प्रकाशन : विभिन्न पत्र-पत्रिकाओं में रचनाएँ प्रकाशित। 'शहर-पनाह' ग़ज़ल-संग्रह प्रकाशनाधीन।

सम्मान/पुरस्कार : 'साहित्य सुमन' (लखनऊ) सहित अनेक संस्थाओं द्वारा सम्मानित

सम्पर्क : गुलाब कालोनी, सागर (म.प्र.) 470002

ख़ाक हर ख़्वाब की ताबीर नज़र आती है
ज़िन्दगी दर्द की तस्वीर नज़र आती है

अब वो राहों से भी कतरा के गुज़र जाता है
उसके पैरों में भी ज़ंजीर नज़र आती है

तुमने उलझन को हक़ीक़त में कहाँ देखा है
सर पे लटकी हुई शमशीर नज़र आती है

उस बुलन्दी पे है अब फ़न की मेरे बीनाई
सारी दुनिया की जहाँ पीर नज़र आती है

है ग़ज़ल एक तिलस्मों का हसीं आईना
इसमें हर दौर की तस्वीर नज़र आती है

एक राँझे की निगाहों में कभी भी झाँको
बहती दरिया में कोई हीर नज़र आती है

हवाओं में बिखरना चाहता हूँ
मैं फूलों सा महकना चाहता हूँ

चरागे़-शब हूँ लेकिन शौक़ देखो
अँधेरों से उलझना चाहता हूँ

मुझे ऐ दामने-सहरा छुपा ले
मैं जी भरके बिलखना चाहता हूँ

अमीरी है यहाँ जीने की सूरत
मैं ये सूरत बदलना चाहता हूँ

मेरा कोई नहीं है उस गली में
मगर यूँ ही गुज़रना चाहता हूँ

बहारों की अदाएँ खींचती हैं
मुझे ठण्डी हवाएँ खींचती हैं

ये बरगद चाँद छूना चाहता है
ज़मी पर सौ लताएँ खींचती हैं

ज़मी पर चन्द ही दाने पड़े हैं
हज़ारों फ़ाख़्ताएँ खींचती हैं

वो मुझसे खिचता-खिचता जा रहा है
उसे किसकी दुआएँ खींचती हैं

वो मेरे पास वापस लौट आया
यक़ीं आया वफ़ाएँ खींचती हैं

हसीं रानाइयों में छुप गया है
कोई तन्हाइयों में छुप गया है

चमकती धूप में ये किसका साया
मेरी परछाइयों में छुप गया है

परिन्दा तोड़कर पिंजरा अचानक
नई ऊँचाइयों में छुप गया है

मेरी वीरानियों को लूटकर वो
घनी आबादियों में छुप गया है

हमारी सरहदों का कोई दुश्मन
हमारी बस्तियों में छुप गया है

है सितमगर भी वही प्यार की रिमझिम भी वही
वो मसीहा है मेरे क़त्ल का मुजरिम भी वही

जिसको जी जान से हम प्यार किया करते हैं
जानलेवा है वही, जान का जोखिम भी वही

उसको जिस सिम्त से देखा, ये नतीजा निकला
मेरा पूरब भी वही है मेरा पश्चिम भी वही

मैं कहाँ जाऊँ अगर जुर्म है फ़रियाद यहाँ
मेरा मुंसिफ़ भी वही है मेरा मुल्ज़िम भी वही

मेरे होठों पे जो रहता था तबस्सुम बनकर
बन गया है मेरे अश्कों की ये रिमझिम भी वही

नरेश निसार

जन्मतिथि : 14.2.1968
शिक्षा : इण्टरमीडिएट
प्रकाशन : विभिन्न पत्र-पत्रिकाओं में रचनाएँ प्रकाशित
सम्मान/पुरस्कार :
सम्प्रति : निजी व्यवसाय (ट्रांसपोर्ट)
सम्पर्क : गांव व डा. सूरजपुर उपरला, तह. इन्दौरा, जिला - कांगड़ा (हि.प्र.) 176404
फ़ोन : (01893) 245168, 245169,
मो. 9815741931

थक गए मेरी तरह लेकिन न हारे रास्ते
फिर रहे हैं रात दिन क्यों मारे मारे रास्ते

आग भी है ज़हर भी है दार है दर्या भी है
ख़ुदकुशी करने के हैं ये कितने सारे रास्ते

हम जुदा होने से पहले आ गले मिल लें ज़रा
फिर अलग हो जाएँगे मेरे तुम्हारे रास्ते

हम भी आएँगे किसी दिन फूल लेकर हाथ में
तेरे घर जाते तो होंगे प्यारे प्यारे रास्ते

सोच भी जाती नहीं थी आदमी की जिस तरह
उस जगह तक आदमी ने हैं गुज़ारे रास्ते

कौन जाने कौन हैं हम और कहाँ से आए हैं
और कहाँ ले जाएँगे हम को हमारे रास्ते

क्या मिला मेरा दिल दुखाने से
मैं तो पागल हूँ इक ज़माने से

सूरतें अलग-अलग सब की
हैं सभी एक ही घराने से

वक़्त की आँधी ले उड़ी उनको
वो तेरे ख़त फटे पुराने से

कौन आया मेरे ख़यालों में
आँख भर आई मुस्कराने से

आसमाँ छत है इक ज़माने से
है ज़मीं फ़र्श इक ज़माने से

दूर जब मुझसे किनारा हो गया
ग़म ही मेरा फिर सहारा हो गया

मैं तो रोता हूँ समुन्दर तू बता
तेरा पानी कैसे खारा हो गया

आईना भी देख कर हैरान है
हाल ये कैसे हमारा हो गया

साथ मेरे रहते-रहते आज कल
ग़म भी मेरे ग़म का मारा हो गया

हम हुए रुसवा तुम्हारे सामने
तुमको कैसे ये गवारा हो गया

वक़्त जब अच्छा नहीं होता है
कोई भी अपना नहीं होता है

साथ जिसके है तसव्वुर तेरा
वो कभी तन्हा नहीं होता है

हाल-ए-दिल खुल के बयाँ कर देना
इश्क़ में परदा नहीं होता है

वो बनाता है खिलौने लेकिन
उसके घर बच्चा नहीं होता है

कैसे हो जाता है खुदा जाने
जो कभी सोचा नहीं होता है

मौसम था ख़ुशगवार अभी कल की बात है
हर गुल पे थी बहार अभी कल की बात है

साक़ी था जाम-ए-मय था और मौसम भी था हसीं
क्या कुछ नहीं था यार अभी कल की बात है

इतिहास आदमी का ज़रा पढ़ के देखिए
था आदमी गँवार अभी कल की बात है

नफ़रत भी तेरी हम को नहीं आज कल नसीब
हासिल था तेरा प्यार अभी कल की बात है

सारे के सारे एक ही पल में बिखर गए
सपने थे सद हज़ार अभी कल की बात है

संजीव एकल

मूल नाम : संजीव कुमार शर्मा
जन्मतिथि : 1.3.1968
शिक्षा : स्नातक
प्रकाशन : पत्र-पत्रिकाओं में रचनाएँ प्रकाशित
सम्मान/पुरस्कार : दुष्यन्त स्मृति संस्थान, राजपुर द्वारा 'सर्वश्रेष्ठ हिन्दी ग़ज़लकार' पुरस्कार सहित अनेक संस्थाओं द्वारा सम्मानित
सम्प्रति : प्राइवेट नौकरी
सम्पर्क : मोहल्ला ब्रह्मनान (निकट जैन मन्दिर) बड़ी हनुमान मूर्ति के पास, बिजनौर (उ.प्र.) 246701
फ़ोन : 01342 - 251633, मो. 09824712586

भीड़ की भीड़ किसी शव को लिए बैठी है
राजनीति है कि उत्सव को लिए बैठी है

एक पीढ़ी है कि करती है सफ़र रोज़ के रोज़
और एक उम्र है अनुभव को लिए बैठी है

हम जहाँ प्यार में उड़ते थे परिन्दों की तरह
वो जगह आज भी कलरव को लिए बैठी है

ऐसा लगता है कि इस भीड़ भरी दुनिया में
आदमीयत किसी दानव को लिए बैठी है

है असम्भव भी मगर आस तेरे 'एकल' की
ऐ ग़ज़ल आज भी सम्भव को लिए बैठी है

फूल ने जब कभी भी सभाएँ करीं
मालियों ने अलग मन्त्रणाएँ करीं

राजनीति ने कुछ भी न करने दिया
आदमी ने बहुत कल्पनाएँ करीं

हमको परदेश में याद आईं बहुत
माँ ने हाथों से जितनी बलाएँ करीं

आदमी बस वहीं का वहीं रह गया
ज़िन्दगी ने बहुत यात्राएँ करीं

स्वार्थ ने मित्र 'एकल' न रहने दिया
प्यार ने कितनी शुभकामनाएँ करीं

हाथों में रेखाएँ बहुत हैं
यार उसे चिन्ताएँ बहुत हैं

हमको भी वनवास मिलेगा
अपनों से आशाएँ बहुत हैं

सपनों के घर हों या ना हों
आँखों में कविताएँ बहुत हैं

तू, मैं, दर्पण, अपने सपने
मिल तो लें, बाधाएँ बहुत हैं

वृक्षों जैसा बन जा 'एकल'
वृक्षों पे शाखाएँ बहुत हैं

ज़िन्दगी के जलाशय थे प्रतिपक्ष के
हम युद्धिष्ठिर न थे प्रश्न थे यक्ष के

कैसा रेखागणित हो गई ज़िन्दगी
बिन्दुपथ खो गए प्यार के अक्ष के

रोग तो उनकी नज़रों में घातक न था
ज़ख़्म छोटे दिखे, घाव थे वक्ष के

खिलखिलाहट थी अब जाने क्या हो गया
चीख़ने से लगे द्वार तक कक्ष के

एकलव्य से 'एकल' तलक देखिए
जब कटे तब अंगूठे कटे दक्ष के

स्वप्न इतने अधिक आर्थिक हो गए
आँख के अश्रु तक कार्मिक हो गए

जब अँधेरे से मिलने को आई किरन
कक्ष के द्वार तक मार्मिक हो गए

पहले होते थे सब धर्म से धार्मिक
अब तो बहरुपिए धार्मिक हो गए

फूल और शूल दोनों ही शाख़ों पे थे
फूल माला बने, हार्दिक हो गए

ज्ञानियों ने तो 'एकल' लिया मौनव्रत
अल्पज्ञानी बड़े तार्किक हो गए

श्याम अंकुर

जन्मतिथि : 1.5.1968 बाराँ (राज.)
शिक्षा : बी.एस-सी., एम.ए., बी.एड.
सम्प्रति : शिक्षक
सम्पर्क : हठीला भेरू जी की टेक मण्डोला वार्ड, बाराँ (राज.) 325205

ख़ुशबू देगा कैसे चन्दन तलवारों की धारों पर
चलता है अपना आज वतन तलवारों की धारों पर

नाजुक-नाजुक कलियाँ वन की क़ैद करी हैं भौंरों ने
यूँ रखा हुआ है उनका तन तलवारों की धारों पर

निकलेगा अब सुख का सूरज कहता फिरता लोगों से
तू बाँट रहा है रोज़ सपन तलवारों की धारों पर

बेच के गहने माँ के पूत ढकने लाया बापू को
सुबह-सुबह ही आज क़फ़न तलवारों की धारों पर

किसने 'अंकुर' आज भरी है हवा में बदबू नफ़रत की
यूँ मिला राम से गले हसन तलवारों की धारों पर

खुद को खुद के अन्दर ढूँढ
नदिया बनकर सागर ढूँढ

खुशबू खोजे बाहर तू
उसको गुल के भीतर ढूँढ

केशव को तू खोजे गर
मीरा जैसा बनकर ढूँढ

डुबकी मार ज्ञान की तू
गीता जी का आखर ढूँढ

जान देश पर कुर्बां हो
ऐसा 'अंकुर' अवसर ढूँढ

कष्टों में मुस्काना सीख
गुस्सा ज़रा दबाना सीख

कृष्ण-सुदामा पढ़ ले तू
उनसे फिर याराना सीख

यारा फूल गुलाबों सा
काँटों में खिल जाना सीख

तूफ़ानों से डरना क्या
आगे क़दम बढ़ाना सीख

'अंकुर' कितनी कड़वी हों
बातें मगर पचाना सीख

बाक़ी क्या है होना आगे
मानवता मत खोना आगे

आज ही काटे बोए ख़ार
गुल ही केवल बोना आगे

प्रेम का अपने मारों को
देना भर-भर दोना आगे

आज जो सोया निद्रा में
कल फिर तू मत रोना आगे

आज न सुनता एक तू 'अंकुर'
मत फिर आँख भिगोना आगे

दाता और भिखारी कौन
रक्षक और शिकारी कौन

झाँक ले अन्दर अपने तू
जनम-मरण में जारी कौन

किसके बल से दिल की धड़कन
दिल का है दरबारी कौन

तुझको जीवन देकर यार
खेल रहा है पारी कौन

रब के 'अंकुर' बन्दे सब
ब्राह्मण, जट, अंसारी कौन

'फ़रमान' ज़ियाई

मूल नाम : फ़रमान उल्लाह ख़ान
जन्मतिथि : 30.6.1968
शिक्षा : एम.ए. (अर्थशास्त्र, उर्दू)
प्रकाशन : अनेक पत्र-पत्रिकाओं में रचनाएँ प्रकाशित
सम्मान/पुरस्कार : अनेक संस्थाओं द्वारा सम्मानित
सम्प्रति : ऑल सैण्ट कान्वेण्ट स्कूल का संचालन
सम्पर्क : काला महल के पीछे, ऑल सैण्ट कॉन्वेण्ट स्कूल के पास, सिरोंज (विदिशा) म.प्र.
फ़ोन : 07591 - 253821
मो. 9303129494

तुम्हारी जादू असर निगाहें अजब करिश्मा दिखा रही हैं
किसी को शाइर किसी को वहशी किसी को मयकश बना रही हैं

इधर-उधर के बहाने छोड़ो न झूठ बोलो न बात टालो
ये बिखरी बिखरी तुम्हारी ज़ुल्फ़ें तो जाने क्या क्या बता रही हैं

यहीं से क़िस्से को ख़त्म कर दो हमें ये रुदाद मत सुनाओ
तुम्हारे बीते दिनों की यादें हमारी बीती सुना रही हैं

ये फ़स्ले-गुल है हमारे दम से ये कह दो गुलचीं से आके सुन ले
चहक-चहक कर ये बुलबुलें भी हमारे नग़में सुना रही हैं

सुना है 'फ़रमान' दर्दे-फ़ुर्क़त से तुम भी दो-चार हो रहे हो
ये सच नहीं है तो क्यूँ सदाएँ हमारे कानों में आ रही हैं

जब शबे-ग़म की बात आई है
रूह सीने में थरथराई है

फिर छलक आए आँख में आँसू
फिर मुझे उनकी याद आई है

जो कभी आपसे कही न गई
आज वो बात दिल में आई है

ग़म से आबाद जो रहे हरदम
ज़िन्दगी वो समझ में आई है

कोई 'फ़रमान' क्या निभाएगा
हमने जो दोस्ती निभाई है

किसने तोड़ा है दिल क्यूँ बताएँ तुम्हें
कौन है संग दिल क्यूँ बताएँ तुम्हें

जाने क्यूँ कल मुझे राह में रोककर
क्यूँ सुना हाल-ए-दिल क्यूँ बताएँ तुम्हें

ये ख़ुदा के लिए हमसे मत पूछिए
कब हुआ खूने-दिल क्यूँ बताएँ तुम्हें

हमको मालूम है उनके 'फ़रमान' से
दिल हुआ मुज़महिल क्यूँ बताएँ तुम्हें

हमको रुसवा किया चल दिए
बेवफ़ा भी कहा चल दिए

क्यूँ बताएँ तुम्हें राज-ए-दिल
सिर्फ़ इतना कहा चल दिए

यूँ न जाओ मुझे छोड़कर
मैं ये कहता रहा चल दिए

दिल की दुनिया उजड़ने लगी
जब से तुमने कहा चल दिए

ख़ुद भी 'फरमान' सोचो ज़रा
ऐसा क्या कह दिया चल दिए

अपनी ज़बाँ न खोलेंगे
दिल ही दिल में रो लेंगे

आँख से आँसू पोंछो वरना
राज़-ए-मोहब्बत खोलेंगे

दाग़ जो दिल को तुमने दिए हैं
अश्क-ए-रवाँ से हम धो लेंगे

ज़ख़्मे-जिगर का राज न पूछो
वरना आँसू बोलेंगे

हम भी 'फ़रमान' उनसे दिल की
बात करेंगे बोलेंगे

रामेश्वर प्रसाद गुप्ता

जन्मतिथि : 15.8.1968

शिक्षा : बी.ए. स्नातक, आयुर्वेद रत्न, कहानी कला व पत्रकारिता में प्रशिक्षण प्राप्त

प्रकाशन : ग़ज़ल-संग्रह 'मौकिफ़-ए-दिल' सहित दोहा, छन्द आदि विधाओं की 6 पुस्तकें। ग़ज़ल-संग्रह 'अल्फ़ाज़-ए-आईना', 'शब्दाक्षर' सहित 4 संग्रहों का सम्पादन। अनेक पत्र-पत्रिकाओं में रचनाएँ प्रकाशित

सम्मान/पुरस्कार :'सरस्वती साहित्य', 'काव्य श्री' डॉ. अम्बेडकर फेलोशिप एवार्ड, राष्ट्र कवि घासीराम व्यास सम्मान सहित दर्जनों संस्थाओं द्वारा सम्मानित

सम्प्रति : उपाध्यक्ष, राष्ट्रीय प्रगतिशील (साहित्यकार) संघ झाँसी, संस्थापक प्रवीण प्रकाशन मन्दिर,झाँसी, निराला साहित्य संगम, बड़ागाँव, झाँसी

सम्पर्क : बस स्टैण्ड बड़ा गाँव, झाँसी (उ.प्र.) 284121

जिए वो ज़िन्दगी क्या ख़ाक जीना भी नहीं आता
जिन्हें गर चाक दामन ग़ैरे सीना भी नहीं आता

बहुत से ख़्वाब मंज़िल के तमन्ना है कि पूरे हों
बिना पानी किनारे पर सफ़ीना भी नहीं आता

यहाँ जज़्बात बदले रोज़ मौसम की तरह यारो
बिना पतझड़ के सावन का म्हीना भी नहीं आता

फ़रेबी बस्तियाँ सब हैं कोई हमदर्द क्या होगा
परेशाँ शख़्स जिनको अश्क पीना भी नहीं आता

गले का हार बनते 'इन्दु' दौलत के नशे में सब
कहाँ अब प्यार की क़ीमत, नगीना भी नहीं आता

चलें आँधियाँ या गिरें बिजलियाँ
सलामत रखो हौसला दरमियाँ

गिले और शिकवे सभी दूर हों
दिलों में वफ़ा की उड़े तितलियाँ

यकीं हो सुकूँ हो खुशी हर मिले
हटें मुश्किलों की घिरी बदलियाँ

लिखो उल्फ़तों के ग़ज़ल गीत तुम
रहो व्यस्त जग में जगा मस्तियाँ

अगर चाहता 'इन्दु' दुनिया में कुछ
तो ईमाँ धरम की बसा बस्तियाँ

ख़्वाब झूठे हमें बस दिखाए गए
हर हक़ीक़त पे परदे गिराए गए

ख़ूब तहज़ीब रोई जगह हर जगह
जब जुबानों से ख़ंजर चलाए गए

बेजुबाँ बन सितम सब सहे दोस्तो
आँख से तब न आँसू छिपाए गए

फ़लसफ़ा इस तरह हर वफ़ा का दिया
सर पर इल्ज़ाम सारे लगाए गए

आज हैराँ हुआ 'इन्दु' यह देखकर
सब फ़रिश्ते अमन के भुलाए गए

आदमी इन्सान की कद्र करना सीख ले
अब अमन के वास्ते सब्र करना सीख ले

ज़िन्दगी मालिक ने दी रहमो-करम के लिए
दीन-औ-ईमान की राह चलना सीख ले

मुश्किलों का हो सफ़र मौत दस्तक दे रही
फन फुलाए नाग को दफ़्न करना सीख ले

इस ज़माने में नहीं वक़्त पे हो फ़ैसला
इन्सान-औ-हक के लिए आज लड़ना सीख ले

हर जगह रब 'इन्दु' है देखता तेरे गुनाह
एक दुलहन की तरह तू शर्म करना सीख ले

यूँ हुक्मराँ बन माल उड़ाया है आपने
इस देश को कंगाल बनाया है आपने

सहमा शहर हर गाँव हर आदमी यहाँ
हर मुश्किलों का जाल बिछाया है आपने

मजदूर को रोटी मिले, कपड़ा मिले मकाँ
बस व्यर्थ के ही गाल बजाया है आपने

दंगा मचा है खूब आतंक हर जगह
नफ़रत भरा भूचाल उठाया है आपने

पहचान पैसे जाति की तुझको बहुत अपनी
सत्ता को टकसाल बनाया है आपने

दानिश अय्यूबी

जन्म तिथि : 17-10-68
शिक्षा : अदीब
प्रकाशन : अनेक पत्र-पत्रिकाओं में रचनाएँ प्रकाशित
सम्प्रति : व्यापार
सम्पर्क : म. न. 626, गली न.6, मस्जिद कुंए वाली मुस्तफ़ाबाद, दिल्ली–94

हम उनकी जफ़ाओं का असर देख रहे हैं
देखा नहीं जाता है मगर देख रहे हैं

दिल जब लगाया है किसी शोख़ अदा से
बदली हुई लोगों की नज़र देख रहे हैं

मद्दत से तेरे क़ुर्ब का मौसम नहीं आया
सूखे हुए यादों के शजर देख रहे हैं

अब तो मुझे अपने भी तसल्ली नहीं देते
हँस-हँस के मेरा ज़ख़्मे-जिगर देख रहे हैं

फूलों का तबस्सुम भी बड़ी चीज़ है लेकिन
हम आपका अन्दाज़े-नज़र देख रहे हैं

आँखों में सजाए हुए ख़्वाबों के मनाज़िर
हसरत से ये उजड़ा हुआ घर देख रहे है

'दानिश' जो हमें धूप की शिद्दत से बचा ले
राहों में कोई ऐसा शहर देख रहे हैं

लिए कुछ बेअदब तनक़ीद की तलवार बैठे हैं
बराए-मअरका हम भी यहाँ तैयार बैठे हैं

हरीफ़े-जाँ जो हर दम दरप-ए-आज़ार रहता हैं
इसी ज़ालिम पे जाँ देने को हम तैयार बैठे हैं

सुना है बाम पे तशरीफ़ लाएँगे वो बेपरदा
जगाए दिल में भी हम हसरते-दीदार बैठे हैं

नहीं है ख़ैर की कोई ख़बर कह दीजिए उनसे
जो हाथों में सजाए आज का अख़बार बैठे हैं

इलाही लाज रखना साहबे-किरदार लोगों की
सनद किरदार की अपनाए बद-किरदार बैठे हैं

सदियाँ बीतीं आस लगाए
दुनिया आई आप न आए

आज तो रग-रग टूट रही है
साँस का धागा टूट न जाए

घर को क्या अब लौट के जाएँ
भूल चुके होंगे हमसाए

उनसे की जब राज़ की बातें
दीवारों ने कान लगाए

ग़ैरों से क्या शिकवा 'दानिश'
घर का भेदी लंका ढाए

वफ़ा की, इश्क़ की बातें न करना
मेरी वीरान तुम रातें न करना

ये आँसू हैं मुहब्बत की अमानत
कभी कमरे में बरसातें न करना

मुसलसल इक फ़रेबे-आरज़ू है
गुलो-रुख़सार की बातें न करना

फ़क़त इंसानियत है ज़ात अपनी
अलग अपनी कभी बातें न करना

मैं सेहरा में बहुत अच्छा हूँ 'दानिश'
हिसारे-शहर की बातें न करना

आप नज़दीक जो आएँ तो ग़ज़ल हो जाए
रुख़ से जुल्फ़ों को हटाएँ तो ग़ज़ल हो जाए

आपके हुस्ने-मुनव्वर का सहारा लेकर
हम क़लम जब भी उठाएँ तो ग़ज़ल हो जाए

झिलमिलाते हुए यादों के दरीचे से कभी
आप घर लौट के आएँ तो ग़ज़ल हो जाए

हमने पलकों पे बहुत दीप जलाए 'दानिश'
इक दिया वे भी जलाएँ तो ग़ज़ल हो जाए

नवेन्द्र कुमार सिंह

जन्मतिथि : 3.11.1968, नरैना (मिरजापुर) उ.प्र.
शिक्षा : एम.ए., पी-एच.डी., यू.जी.सी. (नेट)
प्रकाशन : अनेक पत्र-पत्रिकाओं में रचनाएँ प्रकाशित
सम्मान/पुरस्कार :अनेक संस्थाओं द्वारा सम्मानित
सम्प्रति : प्रवक्ता (हिन्दी विभाग) बुन्देलखण्ड कालेज, झाँसी
सम्पर्क : 124/1, सी.पी. मिशन कम्पाउण्ड, झाँसी (उ.प्र.) 284003
फोन : 05442-280265
मोबाइल : 9415585288

बस इतना अन्तर आया है अक्स रुपहला बदल गया है
लोगों को हैरानी है कि मेरा चेहरा बदल गया है

पहला पहरेदार मरा है क़ातिल इसी शहर के थे
पहरेदार नहीं बदला है केवल पहरा बदल गया है

गाँवों में खलबली मची है सिर्फ़ भेड़ियों की ख़ातिर
हैरानी है सभी भेड़ियों का रंग गहरा बदल गया है

कुर्सी पर लूले लँगड़े हैं कौन न्याय की बात करे
सिंहासन है वही पुराना राजा बहरा बदल गया है

घर के बच्चे परेशान हैं उनके साथ हुआ धोखा
नयी क़िताबों के पन्नों पर आज ककहरा बदल गया है

आज जीकर देख लें सच है कि कल खो जाएँगे
रेत के खण्डहर नहीं फिर से महल हो जाएँगे

कभी तो बारिश गिरेगी गर्म रेगिस्तान में
बर्फ़ पिघलेगी तो पत्थर तक सजल हो जाएँगे

देश की मिट्टी में काँटे मत उगाओ दोस्तो
फूल जब बोओगे क्यारी में तो फल हो जाएँगे

प्यार की बातें करो तक़रार हो जाएगी ख़त्म
हमारे हर दर्द हर आँसू ग़ज़ल हो जाएँगे

रात-भर सो न सका मैं मौत से उलझा रहा
ज़िन्दगी के प्रश्न तो फ़िलहाल हल हो जाएँगे

यादों से दूर उनके हम हो भी नहीं पाए
आँखें थकी हुई थीं हम सो भी नहीं पाए

दुनिया की भीड़ में वो पहचान लिए हमको
मेले में उनके जाकर हम खो भी नहीं पाए

दिन-रात जागता हूँ फुरसत नहीं है लेकिन
कुछ ज़ख़्म पुराने थे हम धो भी नहीं पाए

तनहाइयों में हँसकर जीता रहा हूँ लेकिन
अपने ही जनाज़े को हम ढो भी नहीं पाए

थी उनकी क़सम हँसकर हर दर्द भुला देना
उनसे जुदा हुए तो हम रो भी नहीं पाए

कुचला शव अपना ही था
सच था या सपना ही था

आग लगाई थी मैंने
बुझने तक तपना ही था

कच्चा माल हो गया हूँ
दुनिया में खपना ही था

मन्दिर में जब पहुँच गया
झूठा सच जपना ही था

अख़बारों में सुबह सुबह
मौत छपी छपना ही था

हम उनके घर में जाके शर्मसार हो गए
नज़रें झुका-झुका के शर्मसार हो गए

इल्ज़ाम लगाए गए क्या झूठ क्या सही
हम सच को सच बता के शर्मसार हो गए

शीशे की तरह लोग जिगर चीरते रहे
ख़ुद को बचा-बचा के शर्मसार हो गए

कागज़ के फूल आए हैं ख़त में हमारे नाम
हम तो सजा सजा के शर्मसार हो गए

रिश्तों पे भरोसा नहीं कर पाई ये दुनिया
रिश्तों को आज़मा के शर्मसार हो गए

हफ़ीज़ गुनावी

मूल नाम : अब्दुल हफ़ीज़ ख़ान
जन्मतिथि : 12.8.1969
शिक्षा : एम.ए. (इतिहास)
प्रकाशन : अनेक पत्र-पत्रिकाओं में रचनाएँ प्रकाशित
सम्प्रति : क्लाथ मर्चेंट
सम्पर्क : आमिर कटपीस सैंटर, नई सड़क, गुना (म.प्र.) 473001
फोन : 0752 - 501895,
मो. 9425135057

आइनों में पला बढ़ा है क्या
तू भी पत्थर से डर रहा है क्या

तुम जियो और जियो हज़ारों साल
ये दुआ है तो बद्दुआ है क्या

मेरे अहसास में धमक सी है
तेरी नज़रों से कुछ गिरा है क्या

सरसराने लगी है तन्हाई
कोई आवाज़ दे रहा है क्या

आज दिल खोल के हँसा है तू
आज तेरा भी दिल दुखा है क्या

मुझसे मेरा साया माँगा
धूप ने अपना हिस्सा माँगा

सबने सात समन्दर माँगे
मैंने अब्र का टुकड़ा माँगा

भीगा दामन लेकर खुश हूँ
वैसा पाया जैसा माँगा

रात गए जब घर को लौटा
बच्चों ने भी क्या-क्या माँगा

पैर में चुभकर टूट गया जब
राह ने अपना काँटा माँगा

खुद की नज़रों में सुर्ख़रू कर दे
मैं अभी मैं हूँ मुझको 'तू' कर दे

अपने आँसू नवाज़ कर मुझको
मेरी आँखों को बावजू कर दे

दोनों आलम में सर बलन्द रहूँ
तेरा ही काम है ये तू कर दे

अपने अश्कों की आबरू के लिए
तू भी दिल को लहू-लहू कर दे

ख़ुद से मिलना बहुत ज़रूरी है
मुझको दर्पण के रू-ब-रू कर दे

लहू में ज़िन्दगी की शर्त रखना
उसी का हक़ है ऐसी शर्त रखना

वफ़ा करना तो फिर अपनी वफ़ा में
कोई दावा न कोई शर्त रखना

ये इक माहिर जुआरी जानता है
कहाँ किस वक़्त कैसी शर्त रखना

अगर रातों से थोड़ी नींद माँगो
तो उसमें ख़्वाब की भी शर्त रखना

वो ख़ुद को बे-ग़रज़ कहना और उसका
दबे लफ़्ज़ों में अपनी शर्त रखना

अपने पस मंज़र से मंज़र काट दिया
पानी की इक धार ने पत्थर काट दिया

उसके ख़ौफ़ से बढ़कर कोई ख़ौफ़ नहीं
उसके डर ने दुनिया का डर काट दिया

आज समुन्दर के ये तेवर देखे तो
हमने खुद कश्ती से लंगर काट दिया

अपनी माजूरी पे ताने सुन-सुनकर
उसने भी एक तितली का पर काट दिया

पहले पहुँचा शाह की दिल की धड़कन तक
ताज के लालच में उसने सर काट दिया

चन्द्रभान 'राही'

जन्मतिथि : 1.10.1969, औंड़ जंगल (बस्ती) उ. प्र.

शिक्षा : एम.ए. (हिन्दी साहित्य) एल.एल.बी. एल.एल.एम.

प्रकाशन : काव्य-संग्रह 'कलम' सहित 5 कहानी संग्रह। पत्र-पत्रिकाओं में रचनाएँ प्रकाशित

सम्मान/पुरस्कार : 'एकता सम्मान' भोपाल सहित अनेक संस्थाओं द्वारा सम्मानित

सम्प्रति : विकास आयुक्त कार्यालय, मध्यप्रदेश, भोपाल में कार्यरत

सम्पर्क : मोहनी होम्स टी-1/376/बी/सर्वधर्म कालोनी कोलार रोड, भोपाल-42 म.प्र.

हमने छुपाई बात सदा पूछते हैं लोग
मुझसे ही मेरे घर का पता पूछते हैं लोग

हमदर्दियों से ज़ख़्मे-जिगर और खिल उठे
हैं किसलिए वो मुझसे ख़फ़ा पूछते हैं लोग

जलता है जब जिगर तो कोई पूछता नहीं
दुनिया से उठ गया तो वज़ा पूछते हैं लोग

सूरज ज़मीं के जुल्मों से जब लाल हो गया
धरती से क्या हुई है ख़ता पूछते हैं लोग

पहुँचे हैं जब की 'राही' की मंज़िल ही उठ गई
उस साहिबे-वफ़ा से वफ़ा पूछते हैं लोग

तुमने दिया जो फूल वो पत्थर लगा मुझे
लहजा तुम्हारे प्यार का ख़ंजर लगा मुझे

फुटपाथ पर जो लाश पड़ी है उसी की है
लड़ता हुआ जो भूख से अक्सर लगा मुझे

कल तक जो ज़िन्दगी में था नाकाम नमुराद
वो शख़्स आज मील का पत्थर लगा मुझे

घर को जला के रौशनी करने लगे हैं लोग
इस शहर का अजीब सा मंज़र लगा मुझे

'राही' न दे रहा हो ये तूफ़ान की ख़बर
सहमा हुआ सा आज समुन्दर लगा मुझे

अब तसकिरे हमारे फ़सानों में रह गए
यादों के कारवाँ जो मकानों में रह गए

मुन्सिफ़ के सामने न गवाही किसी ने दी
चर्चे मेरे लहू के ज़बानों में रह गए

सच बात कहके मैं तो अकेला खड़ा रहा
कुछ लोग फिर भी हीले हवालों में रह गए

उनको नसीब हो न सका मक़सदे-हयात
जो शोहरतों की ऊँची उड़ानों में रह गए

'राही' मुझे तो आज भी उनका मलाल है
तो तीर बिन चलाए कमानों में रह गए

दुश्मनी के हाथों से रौशनी को लाना था
शम्मे-आरज़ू हमको इस तरह जलाना था

आपकी मोहब्बत का ये भी एक करिश्मा है
उस तरफ़ चला आया, जिस तरफ़ न जाना था

डगमगा गई आख़िर नाव मेरी काग़ज़ की
आग के समुन्दर को पार करके जाना था

उनके एक वादे पर जान मेरी जाती है
ये तो आज़माने का सिर्फ़ एक बहाना था

मौसमे-बहाराँ में कल जहाँ गिरी बिजली
उस मुकाम पर 'राही' मेरा आशियाना था

आज कल यूँ भी कुछ चलन होगा
फूल कलियों से भी हवन होगा

पत्थरों के ही दिल तुम पाओगे
फूल-सा जिसका भी बदन होगा

पाट पर बैठे हैं सभी मज़हब
क्या सच ऐसा भी सपन होगा

आपसी बैर को मिटाओ तो
स्वर्ग अपना ही फिर वतन होगा

अब तो मरने को जी भी करता है
'राही' जुल्फ़ों का जो क़फ़न होगा

सदफ़ बरनी

मूल नाम : इरशाद अहमद
जन्मतिथि : 9-11-1969, दौलतपुर (बुलन्दशहर) उ. प्र.
शिक्षा : अदीब
प्रकाशन : पत्र-पत्रिकाओं में रचनाएँ प्रकाशित।
सम्प्रति : निजी कारोबार
सम्पर्क : 1276, गली नं. 14, मुस्तफ़ा मस्ज़िद के पास, 25 फुटा रोड, नया मुस्तफ़ाबाद, दिल्ली-94
मो. 9873003729

आह लब पर दिल में ग़म और दीदातर लाए हैं
तेरे दर से हम यही सौगात अक्सर लाए हैं

हम तुम्हारी माँग की जीनत बनाने के लिए
आसमाँ से तोड़कर महताबो-अख़्तर लाए हैं

धूप नफ़रत की जिसे हरगिज़ सुखा सकती नहीं
प्यार का सीने में अपने वो समन्दर लाए हैं

दोस्तो जिनकी वफ़ा की हम क़सम खाते रहे
आस्तीनों में छुपाकर वो भी ख़न्जर लाए हैं

जिनसे उम्मीदे-वफा थी बेवफ़ा निकले वो सब
हम जहाँ-ने-रंगो-बू में क्या मुक़द्दर लाए हैं

सारी दुनिया कह रही है अब तो दीवाना हमें
ऐ 'सदफ' क्या आप भी हाथों में पत्थर लाए हैं

मेरे ख़ुदा ये मुझे क्या दिखाई देता है
ज़मीं पे ख़ून का दरिया दिखाई देता है

उसी के जिस्म से आती है दुश्मनी की महक
वो एक शख़्स जो अपना दिखाई देता है

उसी के नूर से रौशन है कायनात तमाम
उसी का चार सू जलवा दिखाई देता है

शिकार होता है जो शख़्स ख़ुद-पसन्दी का
वो भीड़ में भी अकेला दिखाई देता है

'सदफ़' उसी का है सब खेल जिसको रब कहिए
ये रोज़ो-शब जो तमाशा दिखाई देता है

हमें उस दौर की तहज़ीब ही अच्छी नहीं लगती
के उरयानी की मज़हर आग-ही अच्छी नहीं लगती

मैं अपने दिल की बातें कह सकूँ जिससे वो साथी दे
मेरे मौला ये तन्हा ज़िन्दगी अच्छी नहीं लगती

मोहब्बत की फ़क़त तबलीग़ करना अपना सेवा है
किसी से हो, हमें तो दुश्मनी अच्छी नहीं लगती

सुकूने-क़ल्ब की ख़ातिर किसी का घर जला देना
मेरी आँखों को ऐसी रौशनी अच्छी नहीं लगती

ख़यालें-यार दिल में हो ज़माले-यार नज़रों में
'सदफ़' उस वक़्त कोई चीज़ भी अच्छी नहीं लगती

इश्क़ में हरदम तड़पने के सिवा कुछ भी नहीं
ये मरज़ है वो मरज़ जिसकी दवा कुछ भी नहीं

फिर रहे हैं दोस्तो मुजरिम यहाँ सीना सिपर
औ़र मुजरिम हैं वही जिनकी ख़ता कुछ भी नहीं

यूँ नवाज़ा है सज़ाए-दार से उसने मुझे
हक़ परस्ती के सिवा मेरी ख़ता कुछ भी नहीं

तेरी दौलत और शोहरत सब ख़ुदा की देन है
किस लिए मग़रूर है इन्साँ तेरा कुछ भी नहीं

ख़ात्मा ईमान पर करना 'सदफ़' का ऐ ख़ुदा
बस यही तुझसे दुआ है और दुआ कुछ भी नहीं

रेज़ा रेज़ा हो गए आए तो पत्थर जेरेपा
अज़्मे-मोहकम ने किया मंज़िल को बढ़कर जेरेपा

आज क़तरा क़तरा पानी के लिए मोहताज हैं
कल जो कहते थे के रखते हैं समन्दर जेरेपा

ख़िदमते-इन्साँ बना लेता है जो अपना शिआर
ख़ुद-ब-ख़ुद आती है दुनिया उसके चलकर जेरेपा

लालो-गोहर चीज़ क्या है याहो अख़्तर चीज़ क्या
जान भी माँगो तो रख दें हम तो हँसकर जेरेपा

आज फ़र्शे-ख़ार भी अपने मुक़द्दर में नहीं
कल तो रखते थे 'सदफ़' हम लालो-गौहर जेरेपा

अल्पना नारायण

जन्मतिथि : 1.6.1970
शिक्षा : स्नातक
प्रकाशन : पत्र-पत्रिकाओं में रचनाएँ प्रकाशित
सम्मान/पुरस्कार :अनेक संस्थाओं द्वारा सम्मानित
सम्प्रति : गृहणी
सम्पर्क : 4/20, एम.ए.सी.टी. क्वाटर्स, गर्ल्स होस्टल के सामने, एम.ए.सी.टी., भोपाल (म.प्र.)
मो. 9893050522

दर्द की महफ़िल सजाना चाहती हूँ
साज़ छेड़ो, गुनगुनाना चाहती हूँ

यूँ ही रस्मन पूछ बैठी हाल-चाल
वो ये समझा दिल दुखाना चाहती हूँ

उम्र भर का साथ तो मुमकिन नहीं है
साथ पल दो पल बिताना चाहती हूँ

युद्ध में जब हो गया बेटा 'शहीद'
माँ पे क्या गुज़री बताना चाहती हूँ

आग नफ़रत की बुझाने के लिए मैं
प्रेम की गंगा बहाना चाहती हूँ

कितने दिन हो गए पिया को शहर गए
पलकों पर दो आँसू आकर ठहर गए

बचपन से रक्खा था दिल के कोने में
वो अरमान न जाने सब अब किधर गए

ख़्वाबों की तस्वीर सजाई थी हमने
इधर-उधर सब रंग अचानक बिखर गए

आज़ादी पर उनको भाषण देना था
घर के पंछी के दोनों पर कतर गए

जिनके कारण रुसवाई का दंश सहा
वो भी आज बिना कुछ बोले गुज़र गए

अँधेरों पे भारी उजाले रहेंगे
तो हाथों में सबके निवाले रहेंगे

न महफ़ूज़ रह पाएगी अपनी अस्मत
जुबाँ पर हमारी जो ताले रहेंगे

ग़मों से भरी ज़िन्दगी जी रहे हैं
मगर भ्रम खुशी का ही पाले रहेंगे

यूँ आँसू बहाने से कुछ भी न होगा
अगर दिल हैं काले तो काले रहेंगे

बढ़ाते रहोगे अगर हौसला तुम
तो पतवार हम भी सँभाले रहेंगे

हम रोए तो लगा ज़माना रोता है
रोज़ यहाँ इक नया फ़साना होता है

कहीं खनकते जाम खुशी के गीत कहीं
कोई भूखे पेट बेचारा सोता है

नहीं वक़्त पर कर पाता जो निर्णय वो
बीच भँवर में फँसकर नाव डुबोता है

दामन अपना खाली देख दुखी मत हो
उतना ही मिलता है जितना बोता है

रिश्ते, नाते, प्यार, वफ़ा सब बेमानी
रिश्ता केवल मजबूरी का होता है

मैं आँसुओं को उनसे चुराता चला गया
बेफ़िक्र मुझको और रुलाता चला गया

मेरी वफ़ा का रंग नज़र आएगा कैसे
मैं बेवफ़ा हूँ दाग़ लगाता चला गया

बदलेगा मेरा वक़्त भी ऐ दोस्त एक दिन
यह ऐतबार दिल को कराता चला गया

मिटता रहा हवाओं के संग आ के बार-बार
जो अक्स रेत पर मैं बनाता चला गया

हमदर्द उसे जब से हमने बना लिया
वह दर्द मेरे नाम लिखाता चला गया

अनु जसरोटिया

मूल नाम : अनुराधा
जन्मतिथि : 21.8.1970, सुजानपुर (टीरा) हि.प्र.
शिक्षा : एम.कॉम., डिप्लोमा-ए (कम्प्यूटर)
प्रकाशन : पत्र-पत्रिकाओं में रचनाएँ प्रकाशित
पुरस्कार/सम्मान : अनेक संस्थाओं द्वारा सम्मानित
सम्प्रति : गृहिणी, स्वतन्त्र लेखन
सम्पर्क : द्वारा श्री कमलजीत जसरोटिया, निकट हैप्पी पैलेस, इन्दिरा कॉलोनी, कठुआ - 184100 (जे. एण्ड के.)

ख़ुदा जाने वो उड़कर कौन-सी बस्ती से आया था
वो पंछी बन के शाख़े-दिल पे मेरी चहचहाया था

मुहब्बत का कभी दोनों दिलों ने गीत गाया था
इधर हम मुस्कुराए थे उधर वो मुस्कुराया था

हमारा दिल नहीं था उस घड़ी अन्जाम से वाक़िफ़
मुहब्बत की डगर पर जब क़दम पहला बढ़ाया था

वो जिसका नर्म साया दूर करता था थकानों को
शजर वो हमने काटा था, सुखाया था, जलाया था

पढ़ा था हमने लाखों बार उस ख़त को अकेले में
किसी के पहले ख़त को हमने पलकों से लगाया था

हुई बरसात हम पर पत्थरों की ऐ 'अनु' अक्सर
कि आख़िर हमने भी तो पत्थरों से दिल लगाया था

ये बरखा रुत, ये बरसातें हमें अच्छी नहीं लगतीं
तिरे बिन चाँदनी रातें हमें अच्छी नहीं लगतीं

किसी दिन सामने आओ, हमारे रू-ब'रू बैठो
ये टेलीफ़ोन पर बातें हमें अच्छी नहीं लगतीं

किसी होटल, किसी कैफ़े किसी गुलशन में मिलते हैं
ये रस्ते की मुलाकातें हमें अच्छी नहीं लगतीं

ख़ुशी का भी कभी पैग़ाम भेजो तो तुम्हें जानें
ये रंजो-ग़म की सौग़ातें हमें अच्छी नहीं लगतीं

किसी दिन जीत ही लेंगे 'अनु' बाज़ी मुहब्बत की
कि आए दिन की ये मातें हमें अच्छी नहीं लगतीं

वो मदभरी आँखों में, डाले हुए काजल है
बस्ती में जिसे देखो, मदहोश है घायल है

ये कैसे उजाले हैं, तहज़ीब है ये कैसी
आवारा निगाहें हैं, उड़ता हुआ आँचल है

देती है पता हमको, तूफ़ान की आमद का
पानी की तहों में जो ख़ामोश सी हलचल है

कहता है मुझे ले चल, तू कूचा-ए-क़ातिल में
ये दिल तो है सौदाई, नादान है, पागल है

कल रात गए, उठकर हम फूट के जो रोए
आँगन में 'अनु' दिल के क्या ख़ूब ये जलथल है

गुलशन गुलशन बरसी बारिश
रंग सुहाने लाई बारिश

क्या क्या ज़ुल्म कमाती बारिश
कच्चे कोठे ढाती बारिश

प्यासे खेत पुकारें हरदम
अब आई, अब आई बारिश

बच्चों की काग़ज़ की कश्ती
गलियों में दौड़ाती बारिश

दिल के आँगन में भी 'अनु' जी
काश किसी दिन होती बारिश

अपनी क़िस्मत में है पहले तो तमन्ना करना
और फिर बैठ के काँटों में गुज़ारा करना

अपनी मेहनत की कमाई पे भरोसा करना
कुछ न हाथ आए तो फ़ाक़ों पे गुज़ारा करना

आँखों आँखो में वो कह जाते हैं बातें सारी
और कहते हैं कि अब बैठ के सोचा करना

जब हवा तेज़ हो कश्ती हो भँवर की ज़द पर
फिर तो पड़ जाता है तिनके को सहारा करना

हम बहुत दूर बहुत दूर चले जाएँगे
इन हसीं गलियों में फिर तुम हमें ढूँढा करना

आलोक शर्मा

जन्मतिथि : 28.9.1970, जि. दुर्ग (छ.ग.)

शिक्षा : एम.ए.

प्रकाशन : अनेक पत्र-पत्रिकाओं में रचनाएँ प्रकाशित

सम्मान/पुरस्कार : 'कादिम्बनी साहित्य महोत्सव' सहित अनेक संस्थाओं द्वारा सम्मानित

सम्प्रति : भिलाई इस्पात संयंत्र में कार्यरत

सम्पर्क : क्वार्टर नं. 3, डी स्ट्रीट - 29, सैक्टर 1, भिलाई नगर - 490001 (छ.ग.)
फ़ोन : 0788 - 2223917

रख गया कौन दरारों की इक खाई मुझमें
अपनी साँसें भी लगने लगी पराई मुझमें

सपनों की छाँव तक पहुँचते-पहुँचते
ज़िन्दगी की सूख गई अमराई मुझमें

ख़ुशियों के नगर का पता जब मिला
उम्र ने लिख दी इक तनहाई मुझमें

बुझते शोलों ने किया सलाम उसका
जिस हवा ने आग सुलगाई मुझमें

यक़ीनन वो शामिल है मेरे सफ़र में
जिसकी सोहब्बत ने आस जगाई मुझमें

मुश्किल हैं हालात क्या करें
ज़ख़्मी हैं जज़्बात क्या करें

मुस्कान भरे अधरों पर
आँसू के सवालात क्या करें

छोटी-सी इस ज़िन्दगी में
बड़े-बड़े झंझावात क्या करें

अपनेपन की आड़ में छुपकर
मिलते हैं संघात क्या करें

बिखरे बिखरे हैं सब लोग
इकट्ठे है फ़सादात क्या करें

तहज़ीब पर जब टूटता क़हर रहा
उन दिनों मैं अपने घर पर रहा

मैं उसको समझता तो किस तरह
आख़िर तक जो अन्धी डगर रहा

अनमनी धूप चिलकती रही देह पर
और पसीना-पसीना दोपहर रहा

तेरे ज़िक्र पर सूख गई आँखें
मुझ पर तेरा ये ख़ूब असर रहा

इक ग़ज़ल की तरह वो ख़ामोश रही
जिसके सामने मैं टूटी बहर रहा

इन दिनों अपने आसपास हूँ मैं
इसलिए निराश बदहवास हूँ मैं

सबके बीच रहकर भी हूँ ऐसे
कि एक भरा-पूरा वनवास हूँ मैं

मत लूटो और कुछ नहीं बचा मुझमें
शेष के नाम पर विश्वास हूँ मैं

हवाएँ रुख़ करेंगी इस ओर कभी
अमराई की कच्ची सुवास हूँ मैं

चलो कुआँ खोदकर पीएँ पानी
छोटे तबके की जलती प्यास हूँ मैं

धीमी है आग थोड़ी और सुलगाइए
फिर वेदना के भस्म पर धूनी रमाइए

इक शून्य पर अटकी है सदी की साँस
समय के माथे पर यथा शुभांक बनाइए

कोई किस्सा तो इस दौर में सुखान्त
बस इस वाक़ए को और मत उलझाइए

उम्र की चीख़ थककर सोई है अभी
इस आहट को ज़रा हौले से जगाइए

घायल है शब्द और भटके हुए अर्थ हैं
अब मानेगा कौन और किसे समझाइए

दीपंकर गुप्त

मूल नाम : सुविज्ञानन्द गुप्त
जन्मतिथि : 30.9.1970
शिक्षा : एम.ए. (हिन्दी), पी-एच.डी.
प्रकाशन : 'दर्द के गाँव में' ग़ज़ल-संग्रह सहित एक गीत-संग्रह एवं दो बालगीत-संग्रह। पत्र-पत्रिकाओं में रचनाएँ प्रकाशित
सम्मान/पुरस्कार : अनेक संस्थाओं द्वारा सम्मानित
सम्प्रति : अध्यापन एवं स्वतन्त्र लेखन
सम्पर्क : एम-1, शकूरपुर दिल्ली - 110034
फ़ोन : 55788688

दूरियों से इस तरह मिलना-मिलाना छोड़िए
होंठ पर झूठी हँसी है, मुस्कराना छोड़िए

लोग महफ़िल की शमाँ पर ध्यान दें बेशक मगर
इक पतंगे से ज़रा नज़रें चुराना छोड़िए

हैं मुसाफ़िर ज़िन्दगी के आप भी हम भी यहाँ
रास्ते की धूल से दामन बचाना छोड़िए

सिर्फ़ पत्थर हैं न हँसते हैं न रोते हैं कभी
आप दिल हैं पत्थरों से दिल लगाना छोड़िए

गूँजते हैं आज भी ढोलक मंजीरे ख़्याल में
अब न हरगिज़ गाँव का रिश्ता पुराना छोड़िए

तुम मेरी ग़ज़ल मेरा गीत मेरा छन्द हो
साँसों में समाई हुई मधुर सुगन्ध हो

आओ इस जहान में कुछ इस तरह जिएँ
जैसे बहार बाग़ फिरती स्वच्छन्द हो

ऐसा सफ़र क़बूल उम्रभर के वास्ते
हो खुशगवार शाम हवा मन्द-मन्द हो

कुछ इस तरह से बाँध लिया रूप ने मुझे
जैसे भ्रमर गुलाब की बाहों में बन्द हो

दर्पण बनूँ मैं तुम्हारे श्रृंगार दान का
वो गीत हो लबों पे जो तुमको पसन्द हो

किस क़दर आज मौसम मेहरबान है
मैं परेशान हूँ, वो परेशान है

मेरे सपने न जाने कहाँ खो गए
मेरी आँखों में रेतीला तूफ़ान है

ख़ार से बिंध गए एक तितली के पर
फूल के रूप पर इश्क़ कुर्बान है

वो सुने क्या भला मेरे दिल की सदा
जिसके सीने में पत्थर की चट्टान है

धीरे-धीरे सही 'दीप' चलते रहो
राह मुश्किल सही, यूँ भी आसान है

दौर आया नया लेके अँगड़ाइयाँ
गूँजे दर-दर मोहब्बत कर शहनाइयाँ

रत्न पाओगे इक दिन समन्दर के तुम
डूबकर देख लोगे जो गहराइयाँ

काश शहरों में भी गाँव जैसी मिलें
बूढ़े पेड़ों की हमराह परछाइयाँ

वक़्त की धूप सहकर जो तुम पक गए
लोरियाँ देंगी खुशियों की पुरवाइयाँ

'दीप' उनसे बचो जिनके किरदार में
मुँह पे तारीफ़ हैं पीछे रुसवाइयाँ

रूप की धूप में हम तो पलते रहे
बर्फ़ की भाँति हरदम पिघलते रहे

सत्य की मार हम पर पड़ी इस तरह
स्वप्न टूटे, खड़े हाथ मलते रहे

उनकी आँखों की मस्ती के अन्दाज़ वो
मेरी आँखों में मदिरा-से ढलते रहे

भीड़ में सिर्फ़ तन्हाइयाँ ही मिलीं
हम अकेले चले और चलते रहे

जान उनकी निगाहों पे दे दी मगर
'दीप' उनकी निगाहों में खलते रहे

अयाज़ सागरी

मूल नाम : अयाज़ अहमद खान
जन्म : 24.6.1971
शिक्षा : बी.ए.
प्रकाशन : विभिन्न पत्र-पत्रिकाओं में रचनाएँ प्रकाशित
सम्प्रति : निजी व्यवसाय
सम्पर्क : 12/104 शुक्रवारी हिल्स, सागर, म. प्र. 470002
फ़ोन : 07582-235476

हम चमन से निकलकर किधर जाएँगे
आशियाने से बिछड़े तो मर जाएँगे

हम हैं शीशा हमें टूटने दीजिए
टूटकर टुकड़े-टुकड़े बिखर जाएँगे

मैं तो अपनी कहानी सुना दूँ मगर
जाने कितनों के चेहरे उतर जाएँगे

आजकल हम भी परदेस में तो नहीं
हो चुकी रात अब अपने घर जाएँगे

ऐ 'अयाज़' उनको दर पे पहुँचने तो दो
हम ग़रीबों के दामन भी भर जाएँगे

हर क़दम पर फिसलते रहे
हम तो यूँ भी सँभलते रहे

बात फूलों की होती रही
लोग काँटों पे चलते रहे

मुस्कुराहट लबों पर रही
अश्क आँखों से ढलते रहे

हम तो शम्मा थे जब भी जले
मोम बनकर पिघलते रहे

क्या ये कम है कि हम ऐ 'अयाज़'
हादसों में भी पलते रहे

चोर पर चोट खाता रहा आदमी
फिर भी हँसता रहा आदमी

क्या ये कम है कि दिल ग़मज़दा था मगर
गीत ख़ुशियों के गाता रहा आदमी

वक़्त पर दुश्मनी से तो चूका नहीं
दोस्ती भी निभाता रहा आदमी

अपना चेहरा तो देखा नहीं, आईना
दूसरों को दिखाता रहा आदमी

ऐ 'अयाज़' आदमी, आदमी ही तो है
आदमी से लड़ाता रहा आदमी

शीशा बनकर टूटे क्यूँ
टूट गए तो बिखरे क्यूँ

साइल दाता के दर से
ख़ाली-ख़ाली लौटे क्यूँ

आग लगाई थी तो फिर
पानी लेकर दौड़े क्यूँ

तूफ़ाँ से टकराना था
साहिल पर ही डूबे क्यूँ

पत्थर दिल पत्थर है 'अयाज़'
उसके आगे रोए क्यूँ

यूँ तो सारी दुनिया में दोस्ती के मेले हैं
दोस्तों के मेले में इक हमीं अकेले हैं

कौन है मुहब्बत में जिसने दिल नहीं हारा
दोस्तो जवानी में खेल सब ने खेले हैं

क़द्र ऐशो-इशरत की आज हम बताएँगे
कोई हम से पूछे तो हमने दुःख भी झेले हैं

जाने किस की बाँहों में कौन कब सिमट आए
प्यार के झमेले फिर प्यार के झमेले हैं

अपने साथ ऐ 'अयाज़' अब तो सारा गुलशन है
इन भरी बहारों में हम कहाँ अकेले हैं

मंजू मनीषा

जन्मतिथि : 1.12.1971, वाराणसी (उ.प्र.)
शिक्षा : संस्कृत आनर्स
प्रकाशन : पत्र-पत्रिकाओं में रचनाएँ प्रकाशित
सम्मान/पुरस्कार :महादेवी वर्मा की उपाधि
सम्प्रति : गृहणी, स्वतन्त्र लेखन
सम्पर्क : मोहनी होम्स टी-1/376/बी/सर्वधर्म
कोलानी कोलार रोड भोपाल-42 म.प्र.
फ़ोन : 2495608

गर्दिशों में मुक़द्दर हमारे रहे
आपके ही चमकते सितारे रहे

इस तरह कुछ मुहब्बत का दस्तूर था
हम तुम्हारे रहे, तुम हमारे रहे

कश्तियाँ जब समुन्दर में डूबी मेरी
दूर तक तुम किनारे-किनारे रहे

जो भी समझा मुनासिब उसे पढ़ लिया
आज तक बिन पढ़े ख़त हमारे रहे

अब वही आसरा हमको देने लगे
कल तलक जो हमारे सहारे रहे

एक पल के लिए तुम सफ़र में मिले
फिर कभी ना मुझे उम्र भर में मिले

बन्द पलकें किए और उन्हें ढूँढ लो
जब मिले वो मेरी ही नज़र में मिले

डूबकर सोचती ही रही उम्रभर
क्यों मुझे सामने दोपहर में मिले

रंग खुशबू घटा चाँदनी देख ली
वो मुझे देवता के नगर में मिले

ये इमारत भी इक दिन बुलन्दी पे थी
कुछ तो ऐसे निशाँ खण्डहर में मिले

रस्मे उल्फ़त में क्या नहीं होता
ग़म कोई ला-दवा नहीं होता

हर जगह सर को यूँ झुकाने से
हक़-ए-उल्फ़त अदा नहीं होता

पूजने के बहुत तरीक़े हैं
सिर्फ़ पत्थर ख़ुदा नहीं होता

उनके आँसू अगर नहीं गिरते
फूल से घर सजा नहीं होता

मैं तो जब भी चली हूँ राहों में
मंज़िलों का पता नहीं होता

जितना चिंतित हो तन और मन के लिए
उतना ही सोचो अपने वतन के लिए

देश-प्रेमी बनो देश के वासियों
वर्ना तरसोगे दो ग़ज़ क़फ़न के लिए

देश का यह चमन और फूले-फले
सौ जतन कीजिए इस चमन के लिए

आज पैसे का मारा है हर आदमी
सारी विपदा है बस एक धन के लिए

क्यों न तारों से धरती की शोभा बढ़े
क्या चमकते हैं बस ये गगन के लिए

आँख कजली सजल हो गई
इक मुकम्मल ग़ज़ल हो गई

सूने बंजर को तुम क्या मिले
लहलहाती फ़सल हो गई

उनको पाकर मेरी ज़िन्दगी
आज कितनी सफल हो गई

काँटे अनगिन बिछे राह में
फिर भी मंज़िल सरल हो गई

बन्दिशें इस तरफ़ थी तो क्या
उस तरफ़ से पहल हो गई

हर्षवर्धन आर्य

जन्मतिथि : 14.5.1972 रोहतक (हरियाणा)
शिक्षा : स्नातक
प्रकाशन : पत्र-पत्रिकाओं में रचनाएँ प्रकाशित
सम्मान/पुरस्कार : हिन्दी अकादमी का नवोदित लेखक/कवि प्रथम पुरस्कार सहित अनेक संस्थाओं द्वारा सम्मानित
सम्प्रति : स्वर्णकार, चित्रकार
सम्पर्क : 2497, ओंकार नगर, त्रिनगर, (निकट बस स्टैण्ड) दिल्ली - 110035
फ़ोन : 011 - 27388205

रात आई है तो क्या इस रात का तू ग़म न कर
कल नया सूरज उगेगा आँख अपनी नम न कर

है बहुत गहरा समुन्दर नाव भी टूटी हुई
बाजुओं का साथ जब तक हौसलों को कम न कर

आँसुओं की गूँथ माला यूँ न फूलों पर सजा
मोतियों से बेशक़ीमत हैं इन्हें शबनम न कर

खौफ़ मत खा आज दुनिया की हक़ीक़त देखकर
मौत अपनी देख कर भी मौत का मातम न कर

आग सीने में जलाकर रख मगर धुआँ न हो
घाव ही तेरा सबक है घाव की मरहम न कर

वक़्त हो तुझसे ख़फ़ा तू वक़्त को भी मोड़ दे
जीत निश्चित 'हर्ष' ख़ुद को तू कभी बेदम न कर

ऐ हवा चिलमन उड़ा दिलकश इशारे देख लूँ
चाँद से बादल हटे उजले नज़ारे देख लूँ

आसमाँ वाले बता अंजाम क्या है इश्क़ का
क्या लिखा है भाग्य में अपने सितारे देख लूँ

छलछलाते झील-झरने आज तक देखे बहुत
प्यार जिस से हो छलकता, नैन प्यारे देख लूँ

रात को ज्यों झाँकते तारे घटाओं बीच से
ज़ुल्फ़ में गूँथी हुई गुल की बहारें देख लूँ

हार बनकर जो लिपट जाती हृदय पर 'हर्ष' से
उन सुकोमल नर्म बाहों के सहारे देख लूँ

एक चिंगारी बहुत दीया जलाने के लिए
एक आशा है बहुत कुछ कर दिखाने के लिए

चाँद पूनम का भले ही बादलों ने ढक दिया
एक तारा है बहुत मंज़िल दिखाने के लिए

पत्थरों में क्यों भटकता-घूमता दिन-रात तू
खोल दिल के द्वार इक उसको रिझाने के लिए

ज्यों लुटाता खिल-खिलाकर फूल खुशबू बाग़ में
ज़िन्दगी चलती रहे खुशियाँ लुटाने के लिए

यों सुना अपनी ग़ज़ल ज्यों गुनगुनाती है नदी
धार जिसकी प्यास दुनिया की मिटाने के लिए

बादलों ने आज धरती को भिगोया है
क्या ख़ुदा ख़ुद बादलों में बैठ रोया है

फूल से नाजुक दिनों में प्यार पलता था
उन दिलों में द्वेष का क्यों बीज बोया है

लग गई सदियाँ हमें जो घर बनाने में
गफ़लती में आज वह घर हमने खोया है

ख़ून के प्यासे खड़े हैं लोग बस्ती के
किन्तु माँ की गोद में वह मस्त सोया है

ज़िन्दगी में हर क़दम पर दुख ही दुख है 'हर्ष'
हमने चुन-चुन कर उन्हें दिल में पिरोया है

या ख़ुदा है आरज़ू आबाद ये गुलशन रहे
देश सेवा में हमेशा ये मेरा तन-मन रहे

मैं अगर ज़िन्दा रहूँ तो इस तरह ज़िन्दा रहूँ
आँधियों में दीप जैसे शान से रोशन रहे

ज़िन्दगी में उठ रहे तूफ़ान का मुँह मोड़ दूँ
हौसलों की आँच पाती दिल की हर धड़कन रहे

विश्वभर को मैं करा दूँ प्रेम रस का आचमन
आदमीयत का ज़मीं पर क्यों कोई दुश्मन रहे

जब मरूँ तो माँ के कण-कण में समाऊँ इस तरह
ज्यों महकता देवता के भाल पर चन्दन रहे

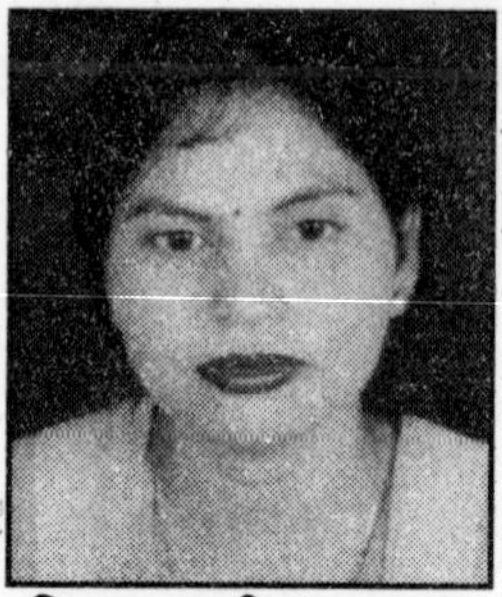

विजय कुमारी 'अहसास'

जन्मतिथि : 19.5.1972 कमरावली (हरियाणा)
शिक्षा : इण्टरमीडिएट, डिप्लोमा इलैक्ट्रोनिक, सी.टी.आई.
प्रकाशन : पत्र-पत्रिकाओं में रचनाएँ प्रकाशित
सम्प्रति : गृहणी, स्वतन्त्र लेखन
सम्पर्क : 201, बालूपुरा, निकट सनातन धर्म स्कूल, ग़ाज़ियाबाद (उ. प्र.)
फोन : 0120-2793790

अब तलक कैसे न जाने दिल को समझाते रहे
तिश्नगी बढ़ती रही यादों को बहलाते रहे

राहे-उल्फ़त ज़िन्दगी है राहे-उल्फ़त ज़िन्दगी
राहे उल्फ़त से जो भटके फिर वो पछताते रहे

साँस में ऐसा नया इक इन्क़लाब आया कि बस
अब ग़मे-फ़ुरकत में भी हम ग़म को ठुकराते रहे

जाम उनकी ही नशीली आँखों से मैंने पिया
बेख़ुदी में नाम उनका फिर भी दोहरते रहे

ज़िन्दगी और मौत को जो अब तलक समझे नहीं
वो जहाँ में गर्दिशे-दौराँ से टकराते रहे

रोज़ ही 'अहसास' से गुज़रे है अनगिन हादसे
रोज़ ही शीशे से पत्थर जाके टकराते रहे

एक लम्हे में ज़माने का सफ़र हो जाएगा
गर निगाहों में मेरी उनका गुज़र हो जाएगा

ये हक़ीक़त है ज़रा भी शक नहीं इसमें कोई
तुम जहाँ बैठोगे वो ही मेरा घर हो जाएगा

उनको आने दीजिएगा रहनुमाई के लिए
टेढ़ा मेढ़ा रास्ता ही खुद डगर हो जाएगा

बन के माली गर वो मेरे दिल में यूँ आते रहे
हसरतों का ये चमन उनकी नज़र हो जाएगा

आप अब 'अहसास' के पहलू में आके देखिए
मेरे दिल का ये नगर सबका नगर हो जाएगा

अब हमारे हाल पे हँसने लगी है ज़िन्दगी
क़तरा-क़तरा बर्फ़ सी जमने लगी है ज़िन्दगी

आज किस मासूम पर टूटा ज़माने का सितम
वक़्त की रफ़्तार क्या, थमने लगी है ज़िन्दगी

आपकी यादों ने इस दर्ज़ा झिंझोड़ा है मुझे
दिल की धड़कन से भी अब डरने लगी है ज़िन्दगी

सुन के दुनिया का ये भारी शोर दिल घबराए है
लम्हा-लम्हा दर्द सी कटने लगी है ज़िन्दगी

नफ़रते-दुनिया न ठुकरा पाएगी 'अहसास' को
गीत उल्फ़त का मियाँ पढ़ने लगी है ज़िन्दगी

अदब के गेसू सँवारे हैं हमीं जैसों ने
फ़लक से तारे उतारे हैं हमीं जैसों ने

जहाँ में कोई रहेगा न तिश्ना-लब बाक़ी
ख़ुदा के नाम पुकारे हैं हमीं जैसों ने

बदल के रख दिया किरदार ने जहाँ सारा
जहाँ के ज़र्फ़ निखारे हैं हमीं जैसों ने

तुम्हारे हुस्न पे आया निखार उल्फ़त से
दिलों के फूल जो वारे हैं हमीं जैसों ने

जिन्हें न मात कोई दे सका है ऐ 'अहसास'
दिए जवाब करारे हैं हमीं जैसों ने

खड़ी हूँ मिस्ले-शजर सायादार आँगन में
है दम क़दम से मेरे ही बहार आँगन में

है कोसों दूर मेरे घर से क्लेश रोग सभी
लगी है तुलसी जी आला वक़ार आँगन में

मैं अपने कमरे में सोती हूँ ख़्वाब में अकसर
पुकारता है कोई बार-बार आँगन में

कोई तो ऐश से सोता है अपने महलों में
कोई है बैठा हुआ बेक़रार आँगन में

हमारा साथ दिया आसमाँ के तारों ने
तरह तरह के जब आए विचार आँगन में

संजीव गौतम

जन्मतिथि : 3.1.1973
शिक्षा : एम.ए. (हिन्दी), बी.एड.
प्रकाशन : पत्र-पत्रिकाओं में रचनाएँ प्रकाशित। त्रैमासिकी 'अनुभूति सृजन' का सम्पादन। उपसम्पादक 'चर्वणा' एवं अतिथि सम्पादक 'सम्यक'
सम्प्रति : सहायक विकास अधिकारी (सहकारिता)
सम्पर्क : 'संवाद' 11 ब, गौरी कुंज, गैलाना रोड, आगरा - 282007 उ.प्र.

हौसला रख एक दिन तेरी फ़तह होगी ज़रूर
हो भले ही देर से लेकिन सुबह होगी ज़रूर

चीख़ता हूँ मैं अकेला आज लेकिन देखना
कल यहाँ सबके जुबाँ मेरी तरह होगी ज़रूर

सह रहे हैं लोग क्यों चुपचाप यूँ जुल्मो-सितम
इस कदर ख़ामोश रहने की वज़ह होगी ज़रूर

खेत भूखे मर रहे हैं, राजधानी आत्म मुग्ध
देखना इस बात पर इक दिन जिरह होगी ज़रूर

कब तलक होती रहेगी कत्ल यूँ इन्सानियत
एक दिन हैवानियत भी याँ ज़िबह होगी ज़रूर

कभी तो दर्ज़ होगी ज़ुर्म की तहरीर थानों में
कभी तो रोशनी होगी हमारे भी मकानों में

कभी तो नाप लेंगे दूरियाँ ये आसमानों की
परिन्दों का यक़ीं क़ायम तो रहने दो उड़ानों में

अजब हैं माइने इस दौर की गूँगी तरक़्क़ी के
मशीनी लोग ढाले जा रहे हैं कारख़ानों में

कहें कैसे कि अच्छे लोग मिलना हो गया मुश्किल
मिला करते हैं हीरे कोयलों की ही खदानों में

नज़रअन्दाज़ ये दुनिया करेगी कब तलक हमको
हमारा भी कभी तो ज़िक्र होगा दास्तानों में

बन्द रहती हैं खिड़कियाँ अब तो
घर में रहती हैं चुप्पियाँ अब तो

उफ़ ये कितना डरावना मंज़र
बोझ लगती हैं बेटियाँ अब तो

खो गए प्यार दोस्ती रिश्ते
रह गई हैं कहानियाँ अब तो

सबकी आँखों में सिर्फ़ गुस्सा है
और हाथों में तख़्तियाँ अब तो

हमने दुनिया से दोस्ती कर ली
हमसे रूठी है नेकियाँ अब तो

जिगर का खूँ हुआ है
मगर लब पर दुआ है

धुआँ है आस्माँ पर
ज़मी पर कुछ हुआ है

सिमटकर रह गया हूँ
मुझे किसने छुआ है

न ज़िन्दा हैं न मुर्दा
ये किसकी बद्दुआ है

सितमगर भी रहें खुश
फ़क़ीरों की दुआ है

बेशक तू स्वीकार न कर
लेकिन छिपकर वार न कर

इन्साँ है तू खुदा नहीं
हद का दरिया पार न कर

इसकी फ़ितरत में है जफ़ा
इस दुनिया से प्यार न कर

वस्तु नहीं है दिल, दिल है
तू इसका व्यापार न कर

भूख ग़रीबी उसके घर
अपने घर त्यौहार न कर

अजीत 'परचम'

जन्मतिथि : 14.11.1973
शिक्षा : बी.एस-सी. बी.एड., एम.ए. (हिन्दी)
प्रकाशन : पत्र-पत्रिकाओं में रचनाएँ प्रकाशित।
एक ग़ज़ल-संग्रह प्रकाशनाधीन
सम्प्रति : शिक्षक
सम्पर्क : ग्रा./पो. बहल, जिला भिवानी (हरियाणा) 127028

है कुछ ख़ामोश ख़ुद ही शाम, मुर्दा शह्र में यारो
न लो तुम भी ज़बाँ से काम, मुर्दा शह्र में यारो

वहाँ रिन्दों का क्या होगा? वो प्यासे ही न मर जाएँ
न साक़ी है, न कोई जाम, मुर्दा शह्र में यारो

वो ज़िन्दा शह्र था, होती थी जिसमें काम की पूजा
करो आराम ही आराम, मुर्दा शह्र में यारो

ज़मीर अपना मिटा कर, वो तो धन्ना सेठ बन बैठा
भरे हैं उसके सब गोदाम, मुर्दा शह्र में यारो

छिपा कर बम न रक्खा हो, कहीं चमकीले पैकिट में
न ले ले जान ये इनआम, मुर्दा शह्र में यारो

हीरे, मोती, न वो कनक में है
बात जो प्यार की महक में है

वो कहाँ शहर के नज़ारों में
बात जो गाँव की झलक में है

नर्म शाख़ों में वो लचक ही नहीं
जो तेरी देह की लचक में है

रात का राजमार्ग पर क्या काम
बिजलियों की चमक-दमक में है

उसको पागल न समझो तुम 'परचम'
एक शाइर है, वो सनक में है

हमसफ़र क्या नए दौर में
चल अकेला, नए दौर में

सबको बदलाव की है सनक
कुछ तो बदला, नए दौर में

कितना आसान है भूलना
इश्क़ पहला, नए दौर में

फ़िल्मों तक ही सिमट कर रहा
हुस्ने-दुनिया, नए दौर में

हमने 'परचम' झुकाकर सदा
सर बचाया, नए दौर में

ये शै ईमान से है क्या बड़ी यारो
तो फिर ये किसलिए धोखाधड़ी, यारो

लगी हाथों ही में महसूस होती है
रिवाज़ी बन्धनों की हथकड़ी, यारो

हसद से शमूअ सौतन-सी लगी जलने
जो महफ़िल टूट कर मय पर पड़ी, यारो

शिकस्ता दिल का हूँ टूटा हुआ टुकड़ा
कहानी की हूँ मैं टूटी कड़ी, यारों

महल की रौनकें भी पड़ गईं फीकी
सजी तुमसे जो मेरी झोंपड़ी, यारो

सूखा मरुथल हूँ, तू नदी लिख जा
वाटिकाएँ हरी-भरी लिख जा

रोज़ की तरह आ कलैण्डर पर
आज फिर एक जनवरी लिख जा

क्या हुआ जो स्वरूप प्रेम का हूँ
मेरा निहितार्थ रूप ही लिख जा

फूँक कर प्राण-वायु तू अपनी
बाँस के तन में बाँसुरी लिख जा

शैव दर्शन का सार हो जिसमें
बात 'परचम' वो ज्ञान की लिख जा

राजेश आनन्द 'असीर'

जन्मतिथि : 1.12.1974
शिक्षा : बी.काम., अदीब कामिल
प्रकाशन : पत्र-पत्रिकाओं में रचनाएँ प्रकाशित
सम्प्रति : निजी व्यवसाय
सम्पर्क : 150, पार्क रोड, गांधी ग्राम देहरादून (उत्तरांचल)
फोन : 0135-2620686
मोबाइल : 9897681073

करते रहते हैं दिल की करेंगे हम आज भी
शाहों से कम नहीं है हमारा मिज़ाज भी

कैसे करें हम उनकी वफ़ाओं पे एहतिमाल
अब तक न हम समझ सके अपना मिज़ाज भी

सदियों से चलता है जो करता रहा है मर्द
औरत के वास्ते है यहाँ लोक लाज भी

उल्फ़त का रोग दिल को लगाया तो है ज़रूर
अब देखना है क्या वो करेंगे इलाज भी

हर रोज़ इक ग़ज़ल कहें हम किस तरह 'असीर'
करनी है शायरी भी हमें कामकाज भी

जो बेहतर है उसे बदतर न कहना
किसी इंसान को पत्थर न कहना

यक़ीनन उम्र भर प्यासे रहोगे
किसी की आँख को सागर न कहना

वो बढ़ जाएगा अपनी हद से आगे
किसी दुश्मन को हिम्मतवर न कहना

सुकूँ के साथ जीना चाहता हूँ
मेरे जज़्बे को मेरा डर न कहना

वो सच्चाई से चिड़ने का है आदी
उसे तुम झूठ का पैकर न कहना

रात के साए में सहर ढूँढो
इक अलग अपनी रहगुज़र ढूँढो

आप अपना इलाज नामुमकिन
कोई अच्छा सा चारागर ढूँढो

उड़ लिए ख़ूब आसमानों पर
अब ज़मीं पर कोई शजर ढूँढो

ज़िन्दगी काटना मज़ाक़ नहीं
कोई अच्छा सा हमसफ़र ढूँढो

पढ़ सके जो 'असीर' का चेहरा
कोई तो साहिबे-नज़र ढूँढो

सच को सच वह अगर नहीं कहते
हम भी शब को सहर नहीं कहते

बात उनको बुरी लगे तो लगे
ऐब को हम हुनर नहीं कहते

वह मुझी से सवाल करते हैं
अपने दिल की मगर नहीं कहते

दिल में उतरे न जो नज़र साहिब
उस नज़र को नज़र नहीं कहते

आप कहते तो मुख़्तसर हैं 'असीर'
हाँ मगर बेअसर नहीं कहते

नज़र में जिनकी बुज़ुर्गों का एहतिराम नहीं
मक़ाम पा के भी उनका कोई मक़ाम नहीं

लिखा तो इस पे यक़ीनन किसी का नाम नहीं
उसी का है ये किसी और का पयाम नहीं

वो आश्ना है मगर मुझसे हमकलाम नहीं
अजीब शख़्स है कोई दुआ सलाम नहीं

तेरी जफ़ा पे शिकायत का हक़ मुझे भी है
कि चाहता हूँ तुझे मैं तेरा गुलाम नहीं

कोई तो बात है तुझमें जो तेरा चर्चा है
यूँ ही 'असीर' तेरा सुर्ख़ियों में नाम नहीं

जातिन्दर 'परवाज़'

मूल नाम : जतिन्दर पाल वर्मा
जन्मतिथि : 25.2.1975, शाहपुर कंडी (पंजाब)
शिक्षा : स्नातक (अध्ययनरत) स्टेनोग्राफी में डिप्लोमा
प्रकाशन : पत्र-पत्रिकाओं में रचनाएँ प्रकाशित
सम्मान/पुरस्कार : 'सरस्वती आशीर्वाद सम्मान' सहित अनेक संस्थाओं द्वारा सम्मानित
सम्प्रति : निजी व्यवसाय
सम्पर्क : शाहपुर कण्डी, पठानकोट (पंजाब) 145029
फ़ोन : 01870 - 2649994, 264807,
मो. 9868387601, 9814405111

ख़्वाब देखे थे घर में क्या क्या कुछ
मुश्किलें हैं सफ़र में क्या क्या कुछ

फूल से जिस्म चाँद से चेह्रे
तैरता है नज़र में क्या क्या कुछ

तेरी यादें भी दुनियादारी भी
हमने रखा है सर में क्या क्या कुछ

ढूँढते हैं तो कुछ नहीं मिलता
था हमारे भी घर में क्या क्या कुछ

शाम तक तो नगर सलामत था
हो गया रात भर में क्या क्या कुछ

हमसे पूछो न ज़िन्दगी 'परवाज़'
थी हमारी नज़र में क्या क्या कुछ

शजर पर एक ही पत्ता बचा है
हवा की आँख में चुभने लगा है

नदी दम तोड़ बैठी तिश्नगी से
समुन्दर बारिशों में भीगता है

कभी जुगनूँ कभी तितली के पीछे
मेरा बचपन अभी तक भागता है

सभी के ख़ून में ग़ैरत नहीं पर
लहू सब की रगों में दौड़ता है

जवानी क्या मेरे बेटे पे आई
मिरी आँखों में आँखें डालता है

इक-इक इक खत रेत
सारी दौलत रेत

वो मुझसे नाराज़
मेरी क़िस्मत रेत

टूट गई तलवार
हो गई हिम्मत रेत

घर में इक बीमार
सारी उजरत रेत

बचपन से 'परवाज़'
अपनी चाहत रेत

गुमसुम तन्हा बैठा होगा
सिगरट के कश भरता होगा

ज़ोर से मेरा दिल धड़का है
उसने मुझको सोचा होगा

सच बतलाना कैसा है वो
तुमने उसको देखा होगा

मैं तो हँसना भूल गया हूँ
वो भी शायद रोता होगा

अपने घर की छत पर बैठा
शायद तारे गिनता होगा

मुझको ख़ंजर थमा दिया जाए
इम्तिहाँ फिर मिरा लिया जाए

तोड़ना हो अगर सितारों को
आसमाँ को झुका लिया जाए

सोचता हूँ कि अब चराग़ों को
कोई सूरज दिखा दिया जाए

जिसपे नफ़रत के फूल उगते हों
उस शजर को गिरा दिया जाए

एक छप्पर अभी सलामत है
बारिशों को बता दिया जाए

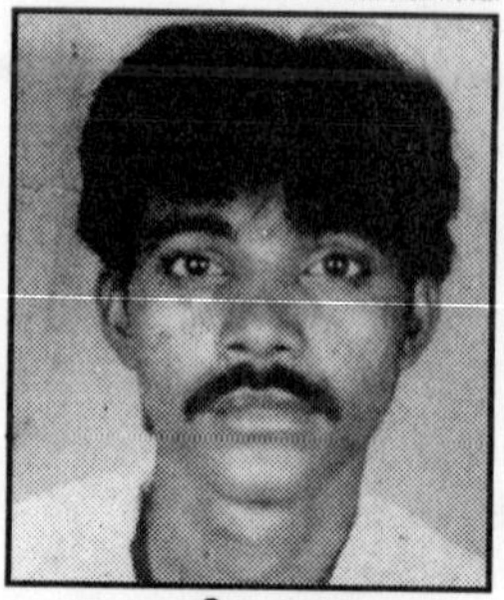

मु. मुजीब आलम

जन्मतिथि : 1.6.1976, रामपुरा (जालौन) उ.प्र.
शिक्षा : इण्टरमीडिएट
प्रकाशन : अनेक पत्र-पत्रिकाओं में रचनाएँ प्रकाशित
सम्प्रति : संचालक सागर कम्प्यूटर सेण्टर, उरई (जालौन)
सम्पर्क : मुहल्ला राजेन्द्रनगर (छोटी मस्जिद) रामपुरा, जालौन (उ. प्र.) 285127

हमारे रहनुमा क्या बाँकपन की बात करते हैं
बढ़ाकर देश में नफ़रत अमन की बात करते हैं

वतन की आबरू के वो हमें लगते हैं सब दुश्मन
सुरा पीकर जो लीडर गुलबदन की बात करते हैं

उसूलों की हुआ करती है अपनी एक मर्यादा
समन्दर कब नदी से आचमन की बात करते हैं

न खाली कर सके अमृत कलश वो एकता रूपी
सदा से देश में जो विष वमन की बात करते हैं

किसी दुश्मन से दुश्मन की नहीं है दोस्ती मुमकिन
अँधेरे रौशनी से कब मिलन की बात करते हैं

हँसी आती है 'आलम' को मुखौटे देखकर उनके
लगाकर आग घर में जो शमन की बात करते हैं

है आज देश अर्थ-व्यवस्था से परेशान
कपड़े से परेशान है आटा से परेशान

अब नेह नहीं, प्रेम नहीं, नीतियाँ नहीं
होता है बाप अपने ही बेटा से परेशान

दंगों ने किया देश के दामन को तार-तार
हम आज हुए अपने ही नेता से परेशान

चन्दा भी अब तो लोगों ने धन्धा बना लिया
चंगा बहुत है आज के नंगा से परेशान

रोती है राम राज्य को पंजाब की धरती
आसाम का इंसान है अल्फ़ा से परेशान

लाख रंजो-ग़म उठाती ज़िन्दगी
वेदना के गीत गाती ज़िन्दगी

भूख से लड़ती रही ये रात-दिन
निर्धनों की लड़खड़ाती ज़िन्दगी

रह गई अभिशाप बनकर आजकल
जाने क्यों हँसती हँसाती ज़िन्दगी

बालपन में श्रम को ये मजबूर है
फूल जैसी मुस्कराती ज़िन्दगी

कंस जैसा आचरण जिनका 'मुज़ीब'
क्या उन्हें गीता सुनाती ज़िन्दगी

सुनता नहीं है कोई भी, रहने दे शिकायत
ये दौर ही बहरा है तो फिर किस से शिकायत

तुम मग़रिबी तहज़ीब में जिस दिन से ढले हो
होने लगी है तब से मुझे तुमसे शिकायत

वो क़त्ल जो मुंसिफ़ के इशारे पे हुआ था
उस हादसे की किससे भला करते शिकायत

तूफ़ाँ ने ज़मींदोज़ किए सबके सब दरख़्त
अब किससे करें, कैसे करें पत्ते शिकायत

हालात सबके एक से लगते हमें 'आलम'
अब किससे हम गिला करें और किससे शिकायत

राजनेता को हम भी क्या समझे
उसकी चालों में ही भला समझे

सिर्फ गंगा नहीं नदी का नाम
उसकी महिमा को आस्था समझे

मन की बातें उकेर लेता है
आईना मेरी हर व्यथा समझे

पीर पर्वत समान हो जिसकी
मुझसे जीने की वो कला समझे

दर्दे-'आलम' से मैं परेशाँ हूँ
मेरे दुख-दर्द कोई क्या समझे

इम्तियाज़ अहमद ग़ाज़ी

जन्मतिथि : 8.7.1976, रकसहाँ (बड़ी कोट) ग़ाज़ीपुर, उ.प्र.

शिक्षा : बी.एस-सी. (जीवविज्ञान), एम.ए. (अंग्रेजी)

प्रकाशन : पत्र-पत्रिकाओं में रचनाएँ प्रकाशित। 'चाँद-सितारे', 'बढ़ते क़दम', 'अब तक', 'साहित्यिक विरासत', 'सुनील दानिश के सौ शेर' (सम्पादन)। 'गुफ्तगू' (त्रैमा.) का सम्पादन

सम्मान/पुरस्कार : अनेक संस्थाओं द्वारा सम्मानित

सम्प्रति : दैनिक 'आज' के उप-सम्पादक

सम्पर्क : 123 ए/1, हरवारा, धूमनगंज, इलाहाबाद 211011 (उ.प्र.)
मो. 09335162091

मैं प्यार करूँ तुमसे अगर कैसा लगेगा
और दे दूँ तुम्हें जानो-जिगर कैसा लगेगा

जो रूठ गई मुझसे अगर जाने-तमन्ना
रख दूँगा मैं क़दमों पे ये सर कैसा लगेगा

पलकों पे जो रौशन हैं दिए या के हैं आँसू
बन जाएँ छलककर जो गोहर कैसा लगेगा

दिल कहता है उस चाँद को तू देख मुसलसल
नज़रों का जो हो ख़त्म सफ़र कैसा लगेगा

आँखों में तेरे हुस्न की तस्वीर है 'ग़ाज़ी'
हो जाए अगर तेरा बसर कैसा लगेगा

मुझसे मत पूछ कि दवा क्या है
पहले ये पूछ कि हुआ क्या है

आँधियाँ ही रहेंगी या कि चिराग़
देख अब किसमें हौसला क्या है

क़त्ल के बाद खूँ तड़पता है
इससे क़ातिल को वास्ता क्या है

हर वक़्त अपनी धुन में रहता है
दिल लगी में भी माजरा क्या है

आज फिर भूख में बिका 'ग़ाज़ी'
देने वाले तुझे हुआ क्या है

रस्मे-उल्फ़त अदा कीजिए
आप मुझसे मिला कीजिए

जिसका दुश्मन नहीं है कोई
उससे बच के रहा कीजिए

आपसे प्यार करता रहूँ
इसलिए सच कहा कीजिए

जिसकी आँखों में पानी नहीं
उसके हक़ में दुआ कीजिए

आप 'ग़ाज़ी' हैं माना मगर
अपनी हद में रहा कीजिए

शक्ल पर तो शराफ़त मिली
और भीतर सियासत मिली

आदमी तो हज़ारों मिले
कम मगर आदमीयत मिली

रहनुमा क़ैद में आ गया
क़त्ल की जब शहादत मिली

जब से वो हो गए बेवफ़ा
लीजिए मुझको फ़ुर्सत मिली

हो गया आज 'ग़ाज़ी' शहीद
शुक्र है उसको जन्नत मिली

मैं हर क़ौम की रोशनी चाहता हूँ
खुदा की क़सम दोस्ती चाहता हूँ

पुरानी रिवायत के रस्ते पर चलकर
ग़ज़ल की नई रोशनी चाहता हूँ

मुक़द्दर बदलने का नुस्ख़ा बताए
मैं ऐसा कोई ज्योतिषी चाहता हूँ

मुझे लूटना गर उन्हें है गवारा
यूँ लुटती हुई ज़िन्दगी चाहता हूँ

मोहब्बत में सब कुछ लुटा के भी 'ग़ाज़ी'
तेरे प्यार की रोशनी चाहता हूँ

रविकान्त अनमोल

जन्मतिथि : 10.9.1976
शिक्षा : गणित स्नातकोत्तर, कम्प्यूटर प्रोग्रामिंग डिप्लोमा, शिक्षा स्नातक
प्रकाशन : पत्र-पत्रिकाओं में रचनाएँ प्रकाशित
सम्प्रति : आर्मी स्कूल जंगलोट (कठुआ) में अध्यापक
सम्पर्क : बी-एक्स एल/86, रड़ा (पठानकोट) 145001
फ़ोन : 0186 - 2250870

बशर अनजान है लेकिन कभी ये चुप नहीं रहता
वो सब कुछ जानता है और फिर भी कुछ नहीं कहता

हमारे हुक्मराँ अब हुक्मरानों से नहीं दिखते
कि उनके ताज में अब फ़िक्र का गौहर नहीं रहता

कहाँ ऐ दोस्त ऐसे शख़्स अब मिलते हैं दुनिया में
नज़र में खोट जिनके हाथ में पत्थर नहीं रहता

दिलों में घर बना लेना नहीं आसान कुछ साहिब
हुनर जिसको ये आ जाए कभी बेघर नहीं रहता

कहाँ 'अनमोल' उसको ढूँढने हम दर-ब-दर जाएँ
कोई घर ही नहीं ऐसा जहाँ दिलबर नहीं मिलता

फिर से कोई ख़्वाब दिखाने वाला है
ये दिल मुझ को फिर बहकाने वाला है

मेरे मन के साज़ पे फिर ऊपर वाला
दर्द का कोई नग़मा गाने वाला है

जाने फिर भी क्यों लगता है अपना सा
उसका हर अन्दाज़ ज़माने वाला है

जाने मैं कितना पछताने वाला हूँ
जाने वो कितना पछताने वाला है

मुझको है मालूम गुज़रता वक़्त अभी
रेत से मेरे नक़्श मिटानेवाला है

तुम्हीं को रूह के अन्दर तलाश करना है
तुम्हीं को जिस्म के बाहर तलाश करना है

तू जिस मक़ाम पर भी है उसे समझ आग़ाज़
मक़ाम तुझ को जो बेहतर तलाश करना है

जहाँ से बे-ख़ुदी मुझको ज़रा सी मिल जाए
अभी तो ऐसा कोई दर तलाश करना है

मैं तेरे दर को ही अक्सर तलाश करता हूँ
मिरा तो काम तिरा दर तलाश करना है

तुम्हीं हो रास्ता 'अनमोल' तुम ही मंज़िल हो
डगर-डगर तुम्हें दर-दर तलाश करना है

पस्तियों में खो गया है आदमी
कितना छोटा हो गया है आदमी

हर क़दम इक मस्अला दर पेश है
मस्अलों में खो गया है आदमी

इसलिए हैवानियत का ज़ोर है
आदमी में सो गया है आदमी

आदमी की दस्तरस है दूर तक
दूर तक यारो गया है आदमी

उसके दर से फिर न लौटा ख़ाली हाथ
जब झुका सर को गया है आदमी

दर्द भी दुनिया के इस में है तुम्हारी याद भी
कुछ दिनों से दिल हमारा शाद है नाशाद भी

तू बता तेरे सिवा किससे कहूँ मैं मुद्दआ
तू ही मेरा दर्द है तू ही मिरी फ़र्याद भी

जिनको ये नेमत नहीं मिलती वो करते हैं गिला
वो करें क्या जिनको धोखा दे गई औलाद भी

बोलने वाले के दिल का आईना होती है बात
शे'र के जो कद्रदाँ होंगे वे देंगे दाद भी

एक चेहरा है जो ओझल आँख से होता नहीं
सैकड़ों चेहरे हसीं देखे हैं उसके बाद भी

शशिभूषण 'चिराग'

जन्मतिथि : 7.10.1976
शिक्षा : मैट्रिक
प्रकाशन : पत्र-पत्रिकाओं में रचनाएँ प्रकाशित
सम्प्रति : कम्प्यूटर कम्पोजिंग का निजी व्यवसाय
सम्पर्क : 544, मुहल्ला आनन्दपुर, पठानकोट - 145001 (पंजाब)
फोन : 0186 - 2234722, मो. 9872698234

ज़िन्दगी लोग यूँ भी करते हैं
भूख खा-खा के पेट भरते हैं

ज़ह्र बिखरा है इन फ़ज़ाओं में
साँस लेने से लोग डरते हैं

हुस्न वैसा रहेगा जैसा है
इस तरह आप क्यूँ सँवरते हैं

तुम कहो क्या जवाब दूँ उनको
चाँद तारे सवाल करते हैं

भूल जाऊँ वो हादिसे कैसे
ज़ख़्म तो भरते भरते भरते हैं

वो अमर हैं 'चिराग़' दुनिया में
इश्क़ की राह में जो मरते हैं

किसी की आँख का सपना हुआ हूँ
चमन में फूल सा महका हुआ हूँ

मिरी हस्ती मिटा डाले न पत्थर
मैं शीशे की तरह सहमा हुआ हूँ

नज़र आता हूँ बाहर से मुक़म्मल
मगर अन्दर से मैं टूटा हुआ हूँ

नहीं कोई जो मेरा हाथ थामे
भरी दुनिया में यूँ तन्हा हुआ हूँ

'चिराग़' ऐसे मक़ाम आए हैं अक्सर
कभी सागर कभी सहरा हुआ हूँ

मुझे वो मोतियों में तोल देता
अगर मैं उसके हक़ में बोल देता

किसे मज़बूरियाँ होती नहीं हैं
जो कोई बात थी तो बोल देता

खुले आकाश में उड़ सकता मैं भी
ख़ुदा जो तू मिरे पर खोल देता

सुना कर प्यार के दो बोल मीठे
मिरे कानों में भी रस घोल देता

'चिराग़' उस को यक़ीं होता जो मुझ पर
वो सारे राज़ मुझ पर खोल देता

दे सभी मुश्किलों का हल मुझ को
पूछना है किसी ने कल मुझ को

आप अपने से बात करता हूँ
क्या हुआ है ये आज कल मुझ को

जो गुज़ारा है तुमने साथ मिरे
याद है एक एक पल मुझ को

चैन से बैठने नहीं देता
दे मिरी सोच का ख़लल मुझ को

कह रही है ये ज़िन्दगी की ख़ाक
अपने मुँह पर 'चिराग़' मल मुझ को

सब का सब कारवान मिट्टी का
है ये सारा जहान मिट्टी का

अपनी ख़ुशबू बिखेर जाता है
टूट कर फूलदान मिट्टी का

इक नहीं होने देता रूहों को
फ़ासला दरमियान मिट्टी का

शीश महलों में सोचते हैं लोग
कैसा होगा मकान मिट्टी का

जाग उट्ठे है चाँद, तारे 'चिराग़'
सो गया है जहान मिट्टी का

रवीन्द्र रवि

जन्मतिथि : 9.8.1977
शिक्षा : स्नातकोत्तर
प्रकाशन : अनेक पत्र-पत्रिकाओं, संकलनों में रचनाएँ प्रकाशित
सम्प्रति : आरक्षक म.प्र. पुलिस, कटनी
सम्पर्क : निकट विवेकानन्द चौक, कटनी (म.प्र.) - 483504
फोन : 07622 - 297001

हादसों के बाद नया हादसा मिला
ज़िन्दगी का हमको यही फ़लसफ़ा मिला

लेके आइना यहाँ न फ़ैसला करो
कौन इस शह्र में तुम्हें बावफ़ा मिला

हैं क़दम कहीं पे और मंज़िलें कहीं
रास्तों में गुम मुझे इक रास्ता मिला

आसमाँ से जिसकी यारदारी न थी
हमको वो परिन्दा नई ज़मीं का मिला

ज़िन्दगी की जुस्तजू में सब हैं मगर
ज़िन्दगी का किसको आज तक पता मिला

मेरा है पर मेरा नहीं है
उसका सच कुछ पता नहीं है

मैं उसकी ख़ामोशी सुनता
उसने कुछ भी कहा नहीं है

शायद उसने भुला दिया है
महकी-महकी हवा नहीं है

कई समुन्दर आँखों में हैं
पलक से क़तरा गिरा नहीं है

दूर-दूर तक सन्नाटें हैं
इस सहरा में सदा नहीं है

आँखों में आग का इक दरिया सा रहता है
क्या सोचता है तू क्यों ख़फ़ा सा रहता है

हर तरफ़ तू ही तेरा ही शोर है
ता-हदे-नज़र तेरा क़ाफ़िला सा रहता है

दूर हो गई है सारी मुफ़लिसी मेरी
बस यही ख़्वाब में गुमाँ सा रहता है

इक यही सवाल का हल निकलता नहीं
किस शहर में, कौन, कहाँ अपना सा रहता है

खुले हाथ से ग़मे-दौलत लुटा दी मुझपे
ज़िन्दगी से फिर क्यों गिला सा रहता है

आगे-आगे चलता है
मुझसे कितना जलता है

दुश्मन है तभी तो मेरी
वो साँसों में पलता है

उठकर मेरी नींदों में
करवट कोई बदलता है

तन्हाई जब साथ चले तो
साथ किसी का खलता है

ग़म का दरिया यादों में
लम्हा-लम्हा जलता है

ये दुनिया, जरा सा सिमट जाए
या मेरे रास्ते से हट जाए

इक इन्साँ मुक्कमल में हो जाऊँ
कोई हादसा सफ़र में घट जाए

दिल में ही दर्द ये महफ़ूज़ रहे
मैं बोलूँ जुबाँ मेरी कट जाए

हो जाए कुबूल दुश्मन की दुआ
आफ़तें घर मेरे ही डट जाए

मेरी ज़िन्दगी की जब मौत से जंग हो
एक बार में ही ज़िन्दगी निपट जाए

मु. फ़रहान खान

जन्मतिथि : 24.4.1978, खमरिया (भदोही)
शिक्षा : बी.एस-सी.
प्रकाशन : पत्र-पत्रिकाओं में रचनाएँ प्रकाशित
सम्प्रति : निजी व्यवसाय
सम्पर्क : एम.आई.जी. 12, गौस नगर, करेली, इलाहाबाद (उ.प्र.) 211016

मेरी अक्ल को तू शऊर दे मेरे इल्म को तू निखार दे
ये दुआ है तुझसे मेरे ख़ुदा मेरी ज़िन्दगी को सँवार दे

वो बहार जो किं गुज़र गई हैं उसी बहार के फूल हम
था निखार अपना उसी से बस हमें ऐ ख़ुदा वो बहार दे

तेरी ज़िन्दगी हो चराग़ सी जो मिटाए दहर की तीरगी
जो धुआँ बशक्ले बदी उठे उसे दिल में अपने तू मार दे

कोई दोस्त तेरे सिवा नहीं मेरे दिल पे जिसका करम न हो
तू भी तीर तंज़ के आज ही मेरे दिल के पार उतार दे

कभी ज़र के जाहो जलाल से मेरी ज़िन्दगी न ज़लील हो
इसे नाज़ फ़ाकाकशी पे हो मेरे दिल को ऐसा क़रार दे

कहीं राज़ ग़म का न फ़ाश हो कोई दर्द से न हो आशना
कोई राज़ दिल का न खोल दें तू इन आँसुओं को क़रार दे

अभी है और सफ़रे-शब का सामना करना
अभी से गुल न कहीं शम-ए-हौसला करना

बहुत ही तेज़ हो तूफ़ान ख़ौफ़ क्या करना
हमें है इसका बहरहाल सामना करना

हों लाख ज़ख़्म मगर मुस्कराना पड़ता है
कोई मज़ाक़ नहीं दिल का आइना करना

अभी तो सुबूह की लाली भी यारो आई नहीं
चरागे़-ख़ूँ से अभी तय है रास्ता करना

हज़ार आतिशे-नमरूद हो मगर 'फ़रहान'
हमें तो तादमे-आख़िर है सामना करना

हो गया सर नज़्रे-नेज़ा बात जब सच्ची कही
वाह क्या इनआम पाया बात जब सच्ची कही

मेरी सच्चाई पे उसको नाज़ था बेशक मगर
हो गया दुश्मन ज़माना बात जब सच्ची कही

दुश्मनों की बात क्या थी सारे अपनों ने मुझे
ज़हर का सागर पिलाया बात जब सच्ची कही

हर कोई अपना दिखाई देता था मुझको मगर
हो गया मैं बेसहारा बात जब सच्ची कही

दुश्मनी 'फ़रहान' उजालों को थी क्या सच बात से
छा गया हर सू अँधेरा बात जब सच्ची कही

सँभल न पाए तो समझो कि हाथ मलना है
वक़ार नाम का जो कुछ है जाने वाला है

अजीब कर्ब से दिल काँप-काँप जाता है
कोई उरूज की जब दासताँ सुनाता है

मिली जो बूँद तो दरिया समझ लिया उसने
तमाम उम्र का प्यासा दिखाई देता है

ख़ुदा को भूलकर अपना हुआ है हाल अजीब
है आज कोई तो कल कोई और दाता है

ये किस मुक़ाम पे आए हैं आज हम 'फ़रहान'
जो नाख़ुदा है हमारा वहीं डुबोता है

जो है ज़ालिम वही मसीहा है
ये ज़माना भी क्या ज़माना है

किसी मुफ़लिस का दिल जला है क्या
आसमाँ पर धुआँ-धुआँ सा है

जिनको लेना था ले गए बाज़ी
अपनी क़िस्मत में हाथ मलना है

आँधियाँ हों तो हों हमें क्या ग़म
अज़्मे-मंज़िल तो साथ देता है

कल तो 'फ़रमान' दौलतें थी पास
आज ख़ाली जहाँ से जाता है

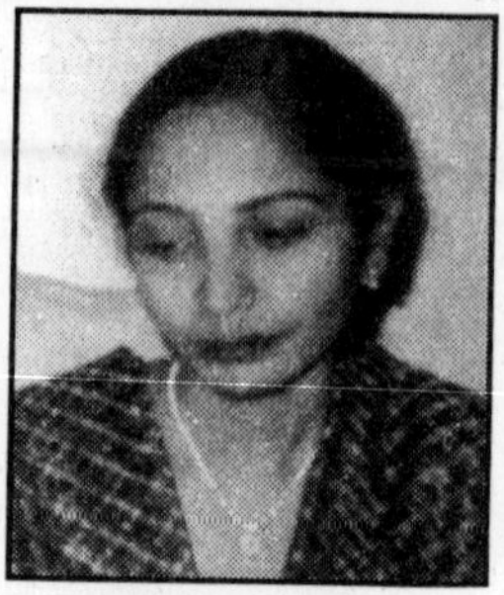

कुसुम ख़ुशबू

जन्मतिथि : 17.6.1978
शिक्षा : बी.ए., बी.एड.
प्रकाशन : पत्र-पत्रिकाओं में रचनाएँ प्रकाशित
सम्प्रति : गृहणी, स्वतन्त्र लेखन
सम्पर्क : द्वारा श्री विजय गुप्ता, निकट डा. पाल, वसन्त विहार, धारीवाल-143519 (गुरदासपुर) पंजाब-143519
फोन : (01874) 278904

मेरे जीवन की हर इक साँस को महका गया कोई
कि ख़ुशबू बन के मेरी ज़िन्दगी पर छा गया कोई

भटक जाऊँ न मैं सहरा में जीवन के कहीं तन्हा
निशाने-मंज़िले-हस्ती मुझे बतला गया कोई

कदूरत और नफ़रत मेरे दिल से हो गई रुख़सत
मिरी रग-रग में उल्फ़त का लहू दौड़ा गया कोई

गले में तौक़, बेड़ी पाँव में, हाथों में ज़ंजीरें
मुहब्बत में हमें क्या-क्या नहीं पहना गया कोई

अँधेरों के भँवर में डूबने वाली ही थी मैं तो
कि तिनका चाँदनी का ऐसे में पकड़ा गया कोई

खिले हैं फूल हर सू और फिर बादल भी छाए हैं
वो लब पत्थर के, सदियों बाद आख़िर मुस्कुराए हैं

ज़रूरत क्या मिरे अश्कों को लफ़्ज़ों के सहारे की
कि अक्सर आँसुओं ने माजरे दिल के सुनाए हैं

किसी ने नामुक़म्मल प्यार की तस्वीर छोड़ी थी
हम उसमें रंग आज अपनी वफ़ा का भर के आए हैं

अँधेरों में थी कल तक रहगुज़र डूबी हुई अपनी
वो आख़िर कौन है, किसने यहाँ दीपक जलाए हैं

भँवर में फँस के मेरी नाव डूबी या उभर आई
नज़ारा करने साहिल पर 'कुसुम' कुछ दोस्त आए हैं

ख़राब-हालों को यूँ ही ख़राब रहने दो
वो क्या करेंगे, ख़ुशी के गुलाब रहने दो

समेट लो सभी ख़ुशियाँ तुम अपने दामन में
मगर जो देखे थे हमने वो ख़ाब रहने दो

हमारे लफ़्ज़ ख़लाओं में खो चुके कब के
न करना हमसे सवालो-जवाब रहने दो

जो जगमगाता रहे तारा ज़िन्दगी को मेरी
तुम अपनी याद का इक आफ़्ताब रहने दो

तुम्हारा ग़म किसी नेमत से कम नहीं उसको
'कुसुम' के वास्ते ग़म बेहिसाब रहने दो

पानी आँखों से छलका लगता है
दाग़ रुख़ पर कजल का लगता है

कितना आसाँ है जान से जाना
वक़्त बस एक पल का लगता है

यह जहाँ ख़ारज़ार है लेकिन
सबको धोखा कँवल का लगता है

हमसे बिछुड़े थे वो ज़माना हुआ
वाक़या फिर भी कल का लगता है

आज आँचल हमारा नम है 'कुसुम'
अश्क आँखों से ढलका लगता है

किसी का नाम तन्हाई में मेरे लब पे आया था
और उसके साथ मेरे दिल का गुंचा मुस्कराया था

अगर ग़ैरों की क़िस्मत में लिखी थी रौशनी उसकी
सितारा मेरी नज़रों में वो क्यों फिर झिलमिलाया था

हवाए-गर्म ने झुलसा दिए वो अधखिले गुंचे
कि जिनकी मुस्कराहट से खुदा भी मुस्कराया था

चले हम उम्र भर लेकिन न आई सामने मंज़िल
उफ़क़ को मान के मंज़िल क़दम हमने बढ़ाया था

ये किसने छेड़ दी फिर बात बीते वक़्त की 'खुश्बू'
बड़ी मुश्किल से मेरा ज़ख़्मे-दिल भरने को आया था

विकाश

जन्मतिथि : 31.12.1978
शिक्षा : स्नातक (प्रतिष्ठा)
प्रकाशन : पत्र-पत्रिकाओं में रचनाएँ प्रकाशित
सम्प्रति : स्वतन्त्र लेखन
सम्पर्क : द्वारा श्री अनिरुद्ध सिन्हा, गुलज़ार पोखर, मुंगेर (बिहार) 811201

छुपाकर दिल में ख़ामोशी तुझे तन्हा बहुत देखा
किसी की फ़िक्र में चेहरा तेरा सहमा बहुत देखा

जहाँ पर बेवज़ह ही बिजलियाँ भी रोज़ गिरती हैं
वहीं पर ज़िन्दगी का बाँकपन ठहरा बहुत देखा

नदी कल रो रही थी बादलों की फ़िक्र में ऐसे
समुन्दर के किनारे बेवज़ह सहरा बहुत देखा

किया है वार उसने मुस्कुराकर दिल के आँगन में
कि उसके वार में हालात का गुस्सा बहुत देखा

हमारी बेबसी नीलाम सड़कों पर न हो पाए
हमारी बेबसी का रंग को गाढ़ा बहुत देखा

हवा ज़ख़्मों को देते हैं उसे ताज़ा बनाते हैं
हमारे अंजुमन में लोग फिर भी मुस्कराते हैं

हज़ारों लोग शामिल हैं सफ़र की भीड़ में फिर भी
मगर क्या बात है हँसकर हमीं को आज़माते हैं

हक़ीक़त है नहीं मालूम लिहाज़ा ज़िन्दगी को, पर
कोई टूटा हुआ चलते हुए दर्पण दिखाते हैं

धुआँ उठता हुआ है जो कहीं शोला न बन जाए
उसे जलधार देकर हम हमेशा ही बुझाते हैं

कोई मासूम बच्चा पर नज़र उसकी नहीं आए
फटे आँचल तले उसको जिगर में हम छुपाते हैं

मेरे सवाल में कोई ख़ता न ढूँढिए
तूफ़ान में बहार की हवा न ढूँढिए

ये शोख़ियों के दौर हैं ठगी ठगी किरण
क़ातिल है आईना अभी सज़ा न ढूँढिए

चेहरे की उदासियाँ उन्हें दिखाइए
लेकिन क़रार के लिए वफ़ा न ढूँढिए

सहमा हुआ लगे जहाँ हरेक रास्ता
उस रास्ते में वक़्त का पता न ढूँढिए

बारिश की शोख़ धूप में उदासियाँ लिए
इस प्यार में क़रार का नशा न ढूँढिए

बुत बनाकर उसे मिटाना है
भूल जाने का ये बहाना है

इस विरासत को लौट जाना है
ख़त वही है मगर पुराना है

आदमी देवता वफ़ा क़िस्मत
धूल मिट्टी है या फ़साना है

सोच में डूबकर कहा उसने
दर्द है आप हैं ज़माना है

कोख बंजर नहीं रहे अपनी
एक पौधा हमें उगाना है

आप मेरा हिसाब रखते हैं
वक़्त का क्या जवाब रखते हैं

बारिशों का भरम नहीं देना
हम भी सीने में आब रखते हैं

क्या अँधेरा हमें डराएगा
आँख में आफ़ताब रखते हैं

हम नशेमन से टूटकर फिर भी
एक ताज़ा गुलाब रखते हैं

लोग आए चले गए लेकिन
याद के चन्द ख़्वाब रखते हैं

शंकरानंद

जन्मतिथि : 8.10.1983
शिक्षा : स्नातक
प्रकाशन : पत्र-पत्रिकाओं में रचनाएँ प्रकाशित
सम्प्रति : अध्ययनरत
सम्पर्क : क्रान्ति भवन, चित्रगुप्त नगर, खगड़िया (बिहार) 851204
फ़ोन : 062244 - 225413

तेरे बारे में क्या सोचूँ
सोचूँ तो मैं कैसा सोचूँ

जब भी सोचूँ जैसा सोचँ
बेहतर से भी अच्छा सोचूँ

जिसमें सबकुछ नया नया हो
ऐसा कोई सपना सोचूँ

घर तो हो दीवार नहीं हो
दुनिया में ये दुनिया सोचूँ

तुझको, इसको, उसको, खुद को
मैं भी जाने क्या क्या सोचूँ

अब तो वो हालात नहीं हैं
पहले जैसी बात नहीं है

खुशियाँ लाख क़दम को चूमे
आँखों में बरसात नहीं है

बादल बिजली तूफ़ाँ भी हैं
लेकिन भीगी रात नहीं है

सर मेरा है कब से आगे
ख़ंजर उनके हाथ नहीं है

आस-पास तो सब हैं लेकिन
कोई मेरे साथ नहीं है

आँखों में कुछ चुभता है
सपना कोई टूटा है

मेरा दुश्मन लगता है
मेरे घर में रहता है

जो भी कहना होता है
सीधे-सीधे कहता है

खोया रहता है खुद में
खुद को ही वह मिलता है

खुलता है धीरे-धीरे
तुझसे मिलता-जुलता है

आते हो तुम जाते हो तुम
नख़रे रोज़ दिखाते हो तुम

और ज़ियादा भाते हो जब
फूलों-सा बतियाने हो तुम

सबके सब ही टूटे बिखरे
कैसे ख्वाब सजाते हो तुम

जिस घर में पलते-जलते हो
उसमें आग लगाते हो तुम

बोल रहा है चेहरा सब कुछ
सच को क्यों झुठलाते हो तुम

घर में पानी बरसा है
सबकुछ भीगा भीगा है

रोती है बिटिया मेरी
आँखों में कुछ डूबा है

चश्मा जब से टूट गया
टुकड़ा-टुकड़ा दिखता है

सबको पास बुलाता है
सबसे बातें करता है

कोरा काग़ज़ रखता है
स्याही से वो डरता

दिव्य हंस दीपक

जन्मतिथि : 16.4.1987

शिक्षा : बी.ए. (अध्ययनरत), अदीब माहिर के बाद यू.टी.सी. में अध्ययनरत

प्रकाशन : ग़ज़ल-संग्रह 'सितम की आग बरसी है'। विभिन्न पत्र-पत्रिकाओं में रचनाएँ प्रकाशित

सम्मान/पुरस्कार : 'राष्ट्रीय बाल कवि एवं कविता एवार्ड', 'साहित्य मनीषी सुकवि एवं किशोर प्रतिभा सम्मान' सहित अनेक साहित्यिक संस्थाओं द्वारा पुरस्कार, सम्मान

सम्प्रति : अध्ययनरत

सम्पर्क : बैनीपुर, पो. ग़ाज़ीपुर (बुलन्दशहर) उ.प्र.
फ़ोन : 05735 - 244684

अगर मिल जाए तो ढूँढें सदा अपनी कमी ढूँढें
किसी के सुर्ख़ होठों पर मुहब्बत की नमी ढूँढें

सदाकत के धरातल पर हमारे पाँव टिक जाए
चलो यारो, चलें चलकर कहीं ऐसी ज़मीं ढूँढें

हुए सूराख़ कितने ही मुहब्बत के दुशाले में
रफ़ू सूराख़ करने को मुहब्बत रेशमी ढूँढें

वो लड़की नौजवाँ है, प्यार से सब आबरू कहते
कहीं पर गुम न हो जाए उसे हम लाज़िमी ढूँढें

यहाँ इंसान की सूरत में आदमख़ोर रहते हैं
चलो जंगल में चलकर मीत कोई आदमी ढूँढें

अर्ज़ है आपसे बस इधर देखिए
बुलबुलों के कटे बालो-पर देखिए

अब इधर देखिए या उधर देखिए
हाय तौबा मची है जिधर देखिए

जो बढ़े आ रहे हैं हमें नोंचने
कैसे-कैसे सियासत के कर देखिए

हर तरफ़ सभ्यता की लुटी आबरू
देखना तो मना है मगर देखिए

कैसे महफ़ूज़ हों बालो-पर आपके
हर तरफ़ कैंचियों के नगर देखिए

हम न दीपक थे, न दिनकर थे मगर जलते रहे
चोट खा-खाकर बुतों की शक्ल में ढलते रहे

जो चले हैं साथ में लेकर बुजुर्गों की दुआ
ज़िन्दगी की बेल पर वो फूलते-फलते रहे

दूर तक तूफ़ान, झंझा और अँधेरी रात थी
चलने वाले मुस्कुरा कर रात भर चलते रहे

प्यार में हर पल गुज़ारा ज़िन्दगी का इसलिए
हम ज़माने की नज़र में उम्र भर खलते रहे

कुछ सँभलकर हम चले कुछ साथ थी माँ की दुआ
इस तरह से ज़िन्दगी के हादसे टलते रहे

जब तक हमारे पास हमारी है ज़िन्दगी
कैसे कहें हुज़ूर तुम्हारी है ज़िन्दगी

जब भी मिली हैं तेरे आ जाने की चिट्ठियाँ
ज़ुल्फ़ों की तरह हमने सँवारी है ज़िन्दगी

इसमें लगे न दाग़ तू इसको सँभाल ले
ये तेरे दुपट्टे की किनारी है ज़िन्दगी

वरना तो फटेहाल न होती ये दोस्तो
मैं क्या बताऊँ वक़्त की मारी है ज़िन्दगी

मर्ज़ी है इसकी ये जिधर ले जाए मोड़कर
ये वक़्त है सवार, सवारी है ज़िन्दगी

अश्क क्या हैं शब्द की पिचकारियाँ हैं
ये हमारी आँख की फुलवारियाँ हैं

मालियों के हाथ में अब आरियाँ हैं
काटने की कर रहे तैयारियाँ हैं

हर तरफ आहें, कराहें और आँसू
अब नहीं वो रेशमी किलकारियाँ हैं

रोग इक हो तो करें उपचार इसका
अब भरत को सैकड़ों बीमारियाँ हैं

क्या करूँ सीमित है 'दीपक' का उजाला
इसलिए इसकी बहुत लाचारियाँ हैं

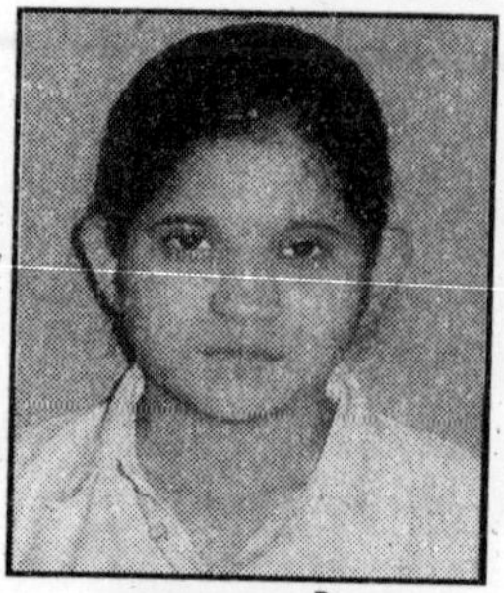

खुशबू सक्सेना

जन्मतिथि : 4.1.1988 ग़ाज़ियाबाद (उ.प्र.)
शिक्षा : कक्षा 11 में अध्ययनरत
प्रकाशन : पत्र-पत्रिकाओं में रचनाएँ प्रकाशित
सम्मान/पुरस्कार : विद्यालय स्तर पर पुरस्कृत
सम्प्रति : विद्यार्थी
सम्पर्क : 224 सैक्टर - 1 चिरंजीव विहार, ग़ाज़ियाबाद (उ.प्र.)
फ़ोन : 2766040

सबके दिल में उतर गई ख़ुशबू
हाय क्या काम कर गई ख़ुशबू

जाने किस की तलाश है क्या है
हर दिशा में बिखर गई ख़ुशबू

एक दूजे के साथ चलते रहे
मैं रुकी तो ठहर गई ख़ुशबू

रोकने से कहाँ रुकी है वो
कोने-कोने में भर गई खुशबू

रोज़ दुःख-सुख की बात करती थी
आज यूँ ही गुज़र गई ख़ुशबू

कल पता मिल गया उसे शायद
आज 'ख़ुशबू' के घर गई ख़ुशबू

ढल गया देके रौशनी सूरज
कह गया बात एक नई सूरज

एक्टिंग डूबने की करता है
डूबता तो नहीं कभी सूरज

शाम होते ही छोड़ जाता है
रोज़ आँखों में कुछ नमी सूरज

बात सब आसमाँ की करते हैं
मेरी नज़रों में हैं कई सूरज

रात ढलने का इन्तज़ार तो कर
सुब्ह लाएगी फिर वही सूरज

मैं अगर सीढ़ियाँ उतर जाती
इसका मतलब है मैं तो मर जाती

मैं अगर शाम की हवा होती
रोज़ ही चाँदनी के घर जाती

वो अगर मुझको सान्त्वना देता
मेरी आवाज़ और भर जाती

आपने मुझको पुकारा होता
मैं हवा हूँ मगर ठहर जाती

मैं अगर सोचती तुम्हारी तरह
मैं भी हर बात से मुकर जाती

ख़्वाब पलकों पे तो धरे कोई
पर मुक़द्दर का क्या करे कोई

लोग भगवान से नहीं डरते
आदमी से तो क्या डरे कोई

ज़िन्दगी मैंने जी, किसी के लिए
काश मेरे लिए मरे कोई

जब सफ़र चुन लिया मुहब्बत का
आग, पानी से क्या डरे कोई

सारे उल्टे हुए नियम क़ानून
जुर्म कोई करे भरे कोई

हम तरसते रहे इक नज़र के लिए
वो न आए हमारी ख़बर के लिए

ज़िन्दगी का हो या हो कोई भी सफ़र
हमसफ़र है ज़रूरी सफ़र के लिए

धूप में जिस्म जलता है जलने भी दो
क्या ज़रूरी है साया शजर के लिए

रात की बात क्या रात कट जाएगी
आज डूबा है सूरज सहर के लिए

गुनगुनाती है ग़ज़लों को बादे-सबा
जब निकलती है 'ख़ुशबू' सफ़र के लिए

सम्पादकीय *(पूर्व प्रकाशित 'ग़ज़ल...दुष्यंत के बाद' भाग-1 का)*

...कई मुसाफ़िर आए हैं

ग़ज़ल का ज़िक्र होते ही मेरे ज़ह्न में एक अज़ीम शख़्सियत का नाम बड़ी श्रद्धा के साथ उभरता है—आली जनाब 'मुशीर' झिंझानवी साहब। बात क़रीब बीस-इक्कीस साल पुरानी है, जब ग़ज़ल की दुनिया में मैंने क़दम रखा ही था। भाई मोईन अख़्तर अंसारी के प्रयास और प्रेरणा से मैं यहाँ-वहाँ शे'री नशिस्तों में हिस्सा लिया करता था। 'मुशीर' साहब के सान्निध्य में भी अपना कलाम पढ़ने का मुझे कई बार सौभाग्य प्राप्त हुआ है। मेरे ही क्या, हर नए शायर के कलाम पर 'मुशीर' साहब जिस दरियादिली से दाद देकर हौसला अफ़ज़ाई करते थे, ऐसे विशाल हृदय शख़्स को देखने के लिए आँखें तरसती हैं। एक बार एक नशिस्त के बाद बातों-बातों में एक साहब ने 'मुशीर' साहब से कहा, ''जनाबे आली! आप दीक्षित जी की जिस ग़ज़ल पर दाद दे रहे थे, उसके तो कई शे'र बहूर से ख़ारिज हैं।' मैं भी बात-चीत सुन रहा था। 'मुशीर' साहब ने उन साहब को जो जवाब दिया वह मेरी ग़ज़ल-यात्रा का आदर्श वाक्य बन गया। 'मुशीर' साहब ने पहले तो स्नेहिल मुस्कान से मुझे नवाज़ा, उसके बाद उन साहब की ओर मुख़ातिब होकर कहा, ''क़िबला! आज दीक्षित जी ग़ज़ल की दुनिया में आए हैं, कल बहूर में भी आ जाएँगे।''

इस घटना का ज़िक्र करना मैंने इसलिए भी मुनासिब समझा कि इस संकलन के सम्पादन के दौरान इन ग़ज़लों को पढ़ते हुए 'मुशीर' साहब का यह जुमला मुझे कई बार याद आया।

प्रत्येक शब्द का अपना एक अलग ब्रह्माण्ड होता है। अभी पिछले दिनों एक उर्दू पत्रिका में एक लेख छपा है, जिसमें 'फ़िराक़' गोरखपुरी की शायरी को साधारण दर्जे की शायरी सिद्ध करते हुए लेखक ने एक जगह एक वाक्य लिखा है, 'तुलसीदास ने राम और सीता की मुहब्बत का अपनी शायरी में वह बयान किया है कि 'फ़िराक़' उस मंज़िल पर पहुँचना तो दूर, सोच भी नहीं सकते।' मेरा मक़सद 'फ़िराक़' की शायरी के पक्ष या विपक्ष में अपनी राय ज़ाहिर करना नहीं बल्कि शब्द के सटीक प्रयोग करने के बारे में थोड़ा चर्चा करना है। इस वाक्यांश में राम और सीता के लिए 'मुहब्बत' शब्द कितना खटक रहा है। इसी प्रकार तुलसीदास की 'शायरी'। यानि 'रामचरित मानस' भी तुलसीदास की 'शायरी' हो गई। माना कि उर्दू में 'प्रेम' के लिए 'मुहब्बत' शब्द का प्रयोग किया जाता है, और 'कविता' के लिए 'शायरी'। लेकिन 'मुहब्बत' शब्द का प्रयोग लैला-मजनूं, शीरी-फ़रहाद इत्यादि के लिए तो जायज़ है, राम-सीता या राधा-कृष्ण के लिए क़तई नहीं। इसी प्रकार 'शायरी' शब्द का प्रयोग

'मीर', 'ग़ालिब', 'फ़िराक़' आदि के कलाम के लिए तो उपयुक्त है, तुलसीदास, सूरदास, मीरा आदि के काव्य के लिए नहीं। काल और परिवेश के अनुसार प्रयोग किया गया शब्द ही अपना सार्थक प्रभाव छोड़ता है।

प्रत्येक भाषा का अपना एक विशिष्ट संस्कार भी होता है। एक फ़िल्मी डायरेक्टर ने अपनी अभिनेत्री बेटी की प्रशंसा में कहा था, **'Had she not been my daughter, I would have married her'.** क्या यह बात हिन्दी या उर्दू में कही जा सकती है? और संस्कृत में तो सोची भी नहीं जा सकती। भारतीय परिवेश में उक्त बेहूदा बात, निर्लज्जता पूर्वक सिर्फ़ अंग्रेज़ी में ही कही जा सकती है। पिता को अपनी लाड़ली बेटी की प्रशंसा यदि करनी ही पड़े, तो हिन्दी में यूँ की जाती है–

कुँवर मनोहर विजय बढ़ि कीरति अति कमनीय।
पावनहार विरंचिजन रचेहु न धनु दमनीय॥ (रामचरित मानस)

अपने भाषागत संस्कारों की सीमाओं के कारण ही हम अन्य भाषाओं के शब्दों और भावों को अपनी भाषा में ठीक वैसा ही व्यक्त कर पाने में असमर्थ होते हैं। इसी कारण भाषाएँ अन्य भाषाओं के शब्दों को ज्यों का त्यों अपने में समो लेती हैं। और यही दृष्टिकोण किसी भाषा के विकास में सहायक होता है। जैसे फ़ारसी शब्द 'ग़म' के लिए हिन्दी में शब्द नहीं है। और यह शब्द हिन्दी में अपने सटीक अर्थ में रच-बस गया है, तो इसके लिए हिन्दी में शब्द क्यों गढ़ा जाए? रेलगाड़ी को रेलगाड़ी न कहकर 'लौहपथगामिनी' कहने का आग्रह क्यों किया जाए? इसी प्रकार हिन्दी के अनेक शब्दों–धर्म, नयन, भक्त, संस्कार, आरती आदि के लिए उर्दू-फ़ारसी, अंग्रेज़ी ही क्या संसार की किसी भी भाषा में शब्द नहीं हैं। अंग्रेज़ी के 'कॉलगर्ल', सैक्स वर्कर', 'गुडआफ़्टर नून' आदि अनेक शब्दों के लिए हिन्दी-उर्दू में कोई शब्द नहीं है। अरबी-फ़ारसी के सैकड़ों शब्दों–'ईमान', 'वज़ू', क़ुर्बान आदि के लिए हिन्दी में शब्द नहीं हैं तो इन्हें ज्यों का त्यों प्रयोग क्यों न किया जाए? ...और यही कारण है कि हिन्दी ने अरबी-फ़ारसी-अंग्रेज़ी आदि भाषाओं के लगभग सात हज़ार शब्दों को ज्यों का त्यों अपना लिया है।

एक बार अटल जी से उनके एक उर्दू-भाषी मित्र ने विनोदी लहजे में कहा, "आपकी हिन्दी में तो 'ईमानदार' तक नहीं है।" हाज़िर जवाब अटल जी ने उसी लहजे में कहा, "हमारे यहाँ 'बेईमान' भी नहीं है।"

संसार की प्रत्येक भाषा ने अपने काल, परिवेश और संस्कारों के अनुरूप अपना विकास किया है। मनुष्य ने अपने जज़्बातो-अहसासात को अभिव्यक्त करने के लिए जितने भी माध्यम ईज़ाद किए उनमें भाषा/बोली सबसे अधिक कारगर तो है लेकिन कम्प्लीट नहीं है। हम अपने सुख-दुःख, हर्ष-विषाद, करुणा, प्रेम, क्रोध, ममता आदि अनुभूतियों को भाषा के माध्यम से अभिव्यक्त तो कर सकते हैं लेकिन एक हद तक। जैसे कोई व्यक्ति अपने सिर के दर्द को बताना चाहता है। तो वह दर्द की

तीव्रता बताने के लिए अपने कथन में 'असहनीय', 'बहुत', 'भयंकर' आदि विशेषण तो लगा सकता है लेकिन दर्द की वास्तविक अनुभूति जो उसे हो रही है, इन विशेषणों से परे है। फिर भी भाषा मनुष्य से मनुष्य तक विचारों, संवेदनाओं और भावनाओं को पहुँचाने का एक सशक्त माध्यम तो है ही।

अनेक विचार या भाव भाषातीत होते हैं। गुरुवर रवीन्द्रनाथ टैगोर ने अपने निधन से कुछ समय पूर्व कहा था कि "मुझे इतना सब कुछ लिखना ही इसलिए पड़ा कि मैं जो कहना चाहता था, बस वही नहीं कह पाया।" कहते हैं, सिद्धार्थ 'बुद्धत्व' को प्राप्त होने के पश्चात कभी बोले ही नहीं। अपने शिष्य आनन्द को मौन की भाषा में उपदेश दिया करते थे, जिनको आनन्द लोक-भाषा में अन्य लोगों को बताया करते थे।

बहरहाल... हम आमजन न तो 'बुद्ध' हैं और न ही 'आनन्द'। हमें तो अपनी बात भाषा के माध्यम से ही एक-दूसरे तक पहुँचानी होती है।

सबसे पहले तो मैं अपने उन हिन्दी ग़ज़लकार मित्रों से एक नम्र निवेदन करना चाहता हूँ जो बाक़ायदा 'हिन्दी-ग़ज़ल' का अभियान छेड़े हुए हैं, जिसके तहत हिन्दी-ग़ज़ल को उर्दू-ग़ज़ल से बहुत आगे बढ़ी हुई मानते हैं व प्रचारित करते हैं। दुष्यन्त कुमार चूँकि उर्दू अदब, विशेषकर ग़ज़ल-साहित्य से भली-भाँति परिचित थे, इसीलिए भरपूर तग़ज़्ज़ुल के साथ अपनी कालजयी ग़ज़लें कह पाए। अर्थात उर्दू-ग़ज़लों या उर्दू-ग़ज़लकारों के प्रति उदासीनता या उपेक्षा-भाव रखने पर हम अपना ही नुकसान करेंगे। मेरा स्पष्ट मानना है कि यदि किसी को ग़ज़ल कहनी है, चाहे किसी भी भाषा में, तो उसे उर्दू-ग़ज़ल को गम्भीरता से पढ़ना/सुनना, और ग़ज़ल के मिज़ाज को समझना चाहिए। शे'र में बह्र (छन्द-विधान) की जानकारी के साथ-साथ शतुरगुर्बा, ज़म आदि दोषों और अन्य अनेक बारीक़ियों का ज्ञान हासिल करते रहने में कभी भी संकोच नहीं करना चाहिए।

दूसरा निवेदन उन उर्दू-ग़ज़लकार अग्रजों से है जो हिन्दी-ग़ज़ल यानी आम बोल चाल की भाषा में कही जाने वाली ग़ज़लों को, या कहिए ग़ैर-उर्दूभाषी ग़ज़लकारों द्वारा कही जाने वाली ग़ज़लों को हेय या तुच्छ दृष्टि से देखते हैं। दुष्यन्त कुमार द्वारा 'शह्र' को 'शहर' के वज़न (वज़्न) में बाँध देने मात्र से उनकी तमाम शायरी को सिरे से नकार देना ठीक नहीं है। आख़िर उर्दू ने भी हिन्दी और अन्य भाषाओं के शब्दों को अपनी सुविधानुसार बदल ही लिया है। 'ब्राह्मण' को 'बिरहमन', 'चन्द्र' को 'चन्दर', 'समुद्र', को 'समुन्दर' ही नहीं 'समन्दर' भी, 'सौक्रेटीज़' को 'सुकरात', 'एरिस्टोटल' को 'अरस्तू', 'अलैक्ज़ैण्डर' को 'सिकन्दर' आदि सैकड़ों शब्दों का उर्दूकरण किया जा सकता है तो 'शह्र' को 'शहर' या 'वज़्न' को 'वज़न' भी बोलने/लिखने, यानि कुछ अरबी-फ़ारसी शब्दों के हिन्दीकरण पर भी आपत्ति नहीं होनी चाहिए।

इस ग़ज़ल-संकलन के प्रकाशन के उद्देश्यों में एक उद्देश्य यह भी है कि उर्दू अदब के सुधी पाठक/समीक्षक सरल भाषा में कही जा रही आज की इन गज़लों को उदारता पूर्वक देखें/परखें। शायद उनका यह मुग़ालता दूर हो जाए कि ग़ैर-उर्दूभाषी ग़ज़लकारों द्वारा अच्छी ग़ज़लें नहीं कही जा रहीं। वहीं, दूसरी ओर उन हिन्दी-ग़ज़लकारों का भी भ्रम दूर हो जिनकी निगाह में 'हिन्दी-ग़ज़ल' आज 'उर्दू-ग़ज़ल' को पीछे छोड़ चुकी है।

वैसे तो ग़ज़ल का मूल रस 'करुण' रस है। फिर भी ग़ज़ल के कथ्य को आमतौर पर तीन भागों में बाँटा जा सकता है। ग़मे-जानाँ, ग़मे-दौराँ और सूफ़ियाना (तसव्वुफ़)। यूँ तो हर दौर में तीनों ही प्रकार की शायरी में लाजवाब शायरी हुई है मगर काल, परिवेश और शायरों व सामईन के बौद्धिक स्तर एवं रुचि के अनुसार इन तीनों प्रकार की शायरी में संख्या के लिहाज़ से कमी या वृद्धि होती रही है। किसी भी शायर का कथ्य आमतौर पर इन्हीं तीनों सोपानों से होकर गुज़रता है। दुष्यन्त ने भी इश्क़िया शे'र कहे, मगर बहुत कम–

फिर मेरा ज़िक्र आ गया होगा
वो बरफ़-सी पिघल रही होगी

हमने भी पहली बार चखी तो बुरी लगी
कड़वी तुम्हें लगेगी मगर एक जाम और

लेकिन दुष्यन्त का असली तेवर उनके उन शे'रों में है जो उन्होंने आम आदमी की पीड़ा को अभिव्यक्त करते हुए तत्कालीन व्यवस्था के विरोध में कहे–

कहाँ तो तय था चराग़ाँ हरेक घर के लिए
कहाँ चिराग़ मयस्सर नहीं शहर के लिए

•

कैसी मशालें ले के चले तीरगी में आप
जो रोशनी थी वो भी सलामत नहीं रही

•

कल नुमाइश में मिला वो चीथड़े पहने हुए
मैंने पूछा नाम तो बोला कि हिन्दुस्तान है

•

हो गई है पीर पर्वत सी पिघलनी चाहिए
इस हिमालय से कोई गंगा निकलनी चाहिए

इस तेवर के अनेक कालजयी शे'रों के कारण ही दुष्यन्त कुमार को हिन्दी ग़ज़ल का एक प्रकाश स्तम्भ माना जाता है। और ऐसा भी नहीं कि सिर्फ़ दुष्यन्त ने ही इस तेवर में ग़ज़लें कहीं। उनसे पहले और उनके समकालीन अनेक ग़ज़लकारों ने भी बहुत प्रभावशाली तरीक़े से इसी तेवर में शे'र कहे हैं। फ़र्क़ बस इतना है कि उन ग़ज़लों में प्रयुक्त भारी भरकम अरबी-फ़ारसी शब्दों को एक ख़ास वर्ग ही

समझ पाता था।

हिन्दी-ग़ज़ल दुष्यन्त के बाद ही परवान चढ़ी। दुष्यन्त ने कहा था–

थोड़ी आँच बनी रहने दो, थोड़ा धुआँ निकलने दो
कल देखोगी, कई मुसाफ़िर इसी बहाने आएँगे

सो, दुष्यन्त की उसी आँच और धुएँ की तपिश का फल है कि आज देश में सिर्फ़ कवि या ग़ज़लकार ही नहीं, आमजन भी जिनमें गृहणियाँ, डॉक्टर्स, इंजीनियर्स, वकील, जज, छात्र-छात्राएँ, किसान-मजदूर...यानि हर वर्ग का व्यक्ति अपनी अकुलाहट और बेचैनी को ग़ज़ल के माध्यम से व्यक्त कर रहा है। कुछ को इसमें कामयाबी मिली है और कुछ कामयाबी की ओर बढ़ रहे हैं। यहाँ ग़ज़ल-समीक्षकों से एक निवेदन करना चाहता हूँ कि कोई शे'र अच्छा या बुरा नहीं होता। शे'र तो बस होता है या नहीं होता। बकौल रमेश 'तन्हा'–

दिल के मौसम से इबारत है ये दुनिया वर्ना
आइना क्या है, नज़र क्या है, नज़ारा क्या है

रिवायती और जदीद शायरी के मामले में भी ऐसा ही है। एक ओर जहाँ 'मासूम' ग़ाज़ियाबादी कहते हैं–

जदीदाने-ग़ज़ल हम आपका सदक़ा उतारेंगे
ज़रा रूहे-ग़ज़ल की हिचकियाँ ख़ामोश हो जाएँ

वहीं दूसरी ओर 'अदम' गोंडवी साहब 'फ़रमाते हैं–

ग़ज़ल को ले चलो अब गाँव के दिलकश नज़ारों में
मुसलसल फ़न का दम घुटता है इन अदबी इदारों में

हर पाठक/श्रोता अपने संस्कारगत स्वभाव और दिल के मौसम के हिसाब से ही किसी शे'र को पसन्द या नापसन्द करता है। हिन्दी ग़ज़ल की समीक्षा के क्षेत्र में एक विडम्बना यह रही है कि ग़ज़ल के मिज़ाज और छन्द विधान से वाक़िफ़ योग्य और तटस्थ समीक्षकों का प्रायः अभाव ही रहा है।

निःसन्देह 'ग़ज़ल' हिन्दी की प्रकृति नहीं रही, जैसा कि डॉ. रामदरश मिश्र जी ने भी कहा है, लेकिन आज हिन्दी और उर्दू में मात्र लिपि के, और कोई ख़ास फ़र्क़ नहीं है। यही कारण है कि हिन्दी की प्रकृति में भी धीरे-धीरे ग़ज़ल विधा का समावेश हो रहा है।

ग़ज़ल का यह कारवाँ धीरे-धीरे ही सही, अपनी मंज़िल की ओर बढ़ रहा है। ग़ज़ल-यात्रा के इन तमाम मुसाफ़िरों की ओर से, नूरुल इस्लाम 'निश्तर' साहब के शब्दों में दुआ करता हूँ–

ऐ ख़ालिके-हुनर हमें इतना कमाल दे
दुनिया मिसाल दे तो हमारी मिसाल दे

–दीक्षित दनकौरी